Messung von Unterrichtsqualität durch Ratings

AF272680

Waxmann Verlag GmbH
Steinfurter Straße 555, 48159 Münster
info@waxmann.com

Pädagogische Psychologie und Entwicklungspsychologie

herausgegeben von Detlef H. Rost

Editorial

Pädagogische Psychologie und Entwicklungspsychologie sind seit jeher zwei miteinander eng verzahnte Teildisziplinen der Psychologie. Beide haben einen festen Platz im Rahmen der Psychologenausbildung: Pädagogische Psychologie als wichtiges Anwendungsfach im zweiten Studienabschnitt, Entwicklungspsychologie als bedeutsames Grundlagenfach in der ersten und als Forschungsvertiefung in der zweiten Studienphase. Neue Zielsetzungen, neue thematische Schwerpunkte und Fragestellungen sowie umfassendere Forschungsansätze und ein erweitertes Methodenspektrum haben zu einer weiteren Annäherung beider Fächer geführt und sie nicht nur für Studierende, sondern auch für die wissenschaftliche Forschung zunehmend attraktiver werden lassen. „Pädagogische Psychologie und Entwicklungspsychologie" nimmt dies auf, fördert die Rezeption einschlägiger guter und interessanter Forschungsarbeiten, stimuliert die theoretische, empirische und methodische Entfaltung beider Fächer und gibt fruchtbare Impulse zu ihrer Weiterentwicklung einerseits und zu ihrer gegenseitigen Annäherung andererseits.

Der Beirat der Reihe „Pädagogische Psychologie und Entwicklungspsychologie" repräsentiert ein breites Spektrum entwicklungspsychologischen und pädagogisch-psychologischen Denkens und setzt Akzente, indem er auf Forschungsarbeiten aufmerksam macht, die den wissenschaftlichen Diskussionsprozess beleben können. Es ist selbstverständlich, dass zur Sicherung des Qualitätsstandards dieser Reihe jedes Manuskript – wie bei Begutachtungsverfahren in anerkannten wissenschaftlichen Zeitschriften – einem Auswahlverfahren unterzogen wird („peer review"). Nur qualitätsvolle Arbeiten werden der zunehmenden Bedeutung der Pädagogischen Psychologie und Entwicklungspsychologie für die Sozialisation und Lebensbewältigung von Individuen und Gruppen in einer immer komplexer werdenden Umwelt gerecht.

Anna-Katharina Praetorius

Messung von Unterrichtsqualität durch Ratings

Waxmann 2014
Münster • New York

Diese Veröffentlichung wurde mit einem Publikationszuschuss durch das Förder-programm für Nachwuchswissenschaftlerinnen (NaWi) des Interdisziplinären Promotionszentrums (IPZ) der Universität Koblenz-Landau gefördert.

Bei dieser Arbeit handelt es sich um eine vom Promotionsausschuss des Fach-bereichs Psychologie der Universität Koblenz-Landau zur Verleihung des akademischen Grades Doktor der Philosophie (Dr. phil.) genehmigte Dissertation. Der Originaltitel der Dissertation lautete: „Eignung von hoch-inferenten Be-obachterratings zur Messung von Unterrichtsqualität".

Vorsitzender des Promotionsausschusses: Prof. Dr. Ingmar Hosenfeld
Berichterstatter: Prof. Dr. Andreas Helmke; Dr. Friedrich-Wilhelm Schrader
Datum der wissenschaftlichen Aussprache: 30.11.2012

Bibliografische Informationen der Deutschen Nationalbibliothek
Die Deutsche Nationalbibliothek verzeichnet diese Publikation in der Deutschen Nationalbibliografie; detaillierte bibliografische Daten sind im Internet über http://dnb.d-nb.de abrufbar.

Pädagogische Psychologie und Entwicklungspsychologie; Bd. 90
herausgegeben von Prof. Dr. Detlef H. Rost
Philipps-Universität Marburg
Fon: 0 64 21 / 2 82 17 27
Fax: 0 64 21 / 2 82 39 10
E-Mail: rost@mailer.uni-marburg.de

ISSN 1430-2977
Print-ISBN   978-3-8309-2980-2
E-Book-ISBN 978-3-8309-7980-7

© Waxmann Verlag GmbH, 2014
Postfach 8603, D-48046 Münster

www.waxmann.com
info@waxmann.com

Umschlaggestaltung: Pleßmann Design, Ascheberg
Satz: Helmut Eberle, Erdweg
Gedruckt auf alterungsbeständigem Papier, DIN 9706

„It is one thing to say that error
is an inherent aspect of measurement procedure;
it is quite another thing to quantify error
and specify which conditions of measurement contribute to it."
(Brennan, 2001a, S. 2)

Zusammenfassung

Beobachterratings sind eine zentrale Methode zur Erfassung von Unterrichtsqualität. Dennoch wird nur in wenigen Arbeiten gezielt untersucht, wie gut Beobachterratings zur Messung von Unterrichtsqualität geeignet sind. Die vorliegende Arbeit geht daher der Frage nach, wie reliabel und valide hochinferente Beobachterratings zur Messung von Unterrichtsqualität sind. Es wurden fünf Studien zur Beantwortung der folgenden Fragen durchgeführt: (1) In welchem Ausmaß sind hoch-inferente Beobachterratings zu Unterrichtsqualität durch Rater-Bias verzerrt? (2) Sind Unterrichtseinschätzungen geschulter Beobachter reliabler und valider als solche von ungeschulten Ratern? (3) In welchem Ausmaß sind Unterrichtsratings geschulter Beobachter durch situationale Merkmale beeinflusst? (4) Lassen sich bei der Einschätzung von Unterrichtsqualität Probleme im Urteilsprozess der Rater identifizieren? (5) Wie stabil sind Merkmale von Unterrichtsqualität über Unterrichtsstunden hinweg?

Zur Beantwortung der Fragen 1 bis 4 bewerteten 12 geschulte Beobachter 57 Unterrichtssequenzen, die im Rahmen des Projekts „VERA – Gute Unterrichtspraxis" videografiert worden waren (s. Helmke et al., 2008). Die Rater bewerteten die Unterrichtssequenzen im Hinblick auf die Qualitätsdimensionen „Klassenführung" und „Schülerorientierung". Bei einigen Unterrichtssequenzen wurde zudem das Vorgehen der Rater während des Urteilens mittels lauten Denkens, teilstandardisierter Interviews sowie schriftlicher Darlegung erfasst. Einige Videos wurden außerdem denselben Ratern mehrmals zur Bewertung vorgelegt, um die zeitliche Stabilität der Ratings abschätzen zu können. Für den Vergleich der Ratings trainierter und untrainierter Rater wurden drei Unterrichtssequenzen auch von 287 untrainierten Ratern (Lehrkräfte; Lehramtsstudierende) eingeschätzt. Zur Beantwortung von Frage 5 wurden schließlich hoch-inferente Ratings aus der Pythagoras-Studie (Hugener, Klieme, Pauli & Reusser, 2006) reanalysiert. In dieser Studie schätzen zwei bis drei Rater jeweils fünf Unterrichtsstunden von 38 Lehrkräften im Hinblick auf die drei Basisdimensionen von Unterrichtsqualität (Klassenführung, Schülerorientierung, kognitive Aktivierung) ein. Zur Datenanalyse wurden in der vorliegenden Arbeit die Generalisierbarkeitstheorie, die qualitative Inhaltsanalyse nach Mayring sowie ordinale Multi-State-Multi-Trait-Analysen eingesetzt.

Die Ergebnisse zeigen, dass ca. 20% der Varianz der Ratings in Bezug auf die Dimensionen Klassenführung und Schülerorientierung auf Rater-Effekte zurückzuführen sind (Studie 1). Die Reliabilität der Ratings ist für beide Dimensionen bei ungeschulten Ratern vergleichbar hoch wie bei geschulten

Ratern (Studie 2). Die zeitliche Stabilität der Ratings ist für die beiden Dimensionen Klassenführung und Schülerorientierung hoch bis sehr hoch und der Einfluss situativer Merkmale auf die Ratings damit nur gering; die Rater begründeten ihr Urteil zu den Messzeitpunkten jedoch zum Teil deutlich unterschiedlich (Studie 3). Betrachtet man die Urteilsprozesse der Rater, deuten sich Probleme in Bezug auf die Iteminterpretation, die Indikatorensuche und -auswahl, die Informationsintegration sowie die Antwortkategoriewahl an (Studie 4). Die Analysen zur Stabilität der Merkmale von Unterrichtsqualität selbst weisen darauf hin, dass die Variation der Merkmale über Unterrichtsstunden hinweg deutlich von der untersuchten Dimension abhängt: Die Dimensionen Klassenführung und Schülerorientierung sind sehr stabil über Unterrichtsstunden, die Dimension kognitive Aktivierung hingegen ist nur wenig stabil (Studie 5).

Insgesamt zeigen die Studien, dass Beobachterratings zum Teil deutliche Einschränkungen in Bezug auf die Reliabilität und damit auch die Validität von Unterrichtseinschätzungen aufweisen. Aufgrund der großen Bedeutung von Beobachterratings in der Unterrichtsforschung sollte in zukünftigen Untersuchungen daher eine Erhöhung der Reliabilität und Validität dieser Ratings angestrebt werden. Diskutiert werden u. a. die Konzeption von Rater-Trainings und Rating-Manualen, die Eignung von unterschiedlichen Kriterien zur Bestimmung der Qualität von Ratings und die Aussagekraft von Unterrichtsvideos in Bezug auf die Qualität von Unterricht. Schließlich wird kritisch reflektiert, inwiefern die in der vorliegenden Arbeit eingesetzten Methoden zur Untersuchung der Reliabilität und Validität von Beobachterratings geeignet sind und es wird die Notwendigkeit thematisiert, in weiteren Untersuchungen die Generalisierbarkeit der Befunde auf andere Rater, Instrumente und Unterrichtsstunden zu überprüfen.

Inhalt

1 Einleitung

Das Thema Unterrichtsqualität wird derzeit in der Forschung, der Bildungspolitik und auch der Öffentlichkeit vielfach diskutiert. Dies ist u. a. darauf zurückzuführen, dass Studien wie die TIMS-Videostudie (s. z. B. Baumert et al., 1997) Indizien dafür lieferten, dass die Qualität der Unterrichtsprozesse eine der Ursachen für die nicht zufriedenstellenden Leistungen deutscher Schüler[1] in internationalen Vergleichsstudien ist (Köller, 2008). In diesem Zusammenhang ist auch die Messung der Qualität von Unterricht vermehrt in den Fokus gerückt: In den letzten Jahren hat sich vielfach das Verständnis durchgesetzt, dass neben Empfehlungen und Vorgaben zur Unterrichtsgestaltung vor allem auch eine empirische Überprüfung des tatsächlichen Erfolgs von Unterricht und Schule notwendig ist (zsf. Helmke, 2009). Dabei ist es von hoher Bedeutung, dass die gewonnenen empirischen Daten eine hinreichende Reliabilität und Validität aufweisen: Für die Unterrichtsforschung sind zuverlässige und valide Messungen wichtig, da nur dann Ergebnisse zur Qualität von Unterricht sinnvoll interpretiert werden können. Auch Überprüfungen von Modellannahmen zu Unterrichtsqualität sind nur dann zielführend, wenn die zugrundeliegenden Messungen zuverlässig und valide sind. Eine reliable und valide Messung von Unterrichtsqualität ist darüber hinaus auch für die Unterrichtsentwicklung und damit die schulische Praxis bedeutsam: Oft wird argumentiert, dass die Grundlage zur Verbesserung von Unterricht die Feststellung des Ist-Stands und damit die Messung von Unterrichtsqualität sein sollte (s. z. B. Altrichter, Messner & Posch, 2004; Bastian, 2007; Helmke, 2009; Horster & Rolff, 2001). Zentral für die Nützlichkeit der Ermittlung eines solchen Status quo ist die Zuverlässigkeit und Validität dieser Messung.

Für eine solche empirische Überprüfung des Status quo sind unterschiedliche Vorgehensweisen möglich. Sowohl in der Unterrichtsforschung, als auch in der Schulpraxis, werden hierzu oft Einschätzungen externer Beobachter herangezogen, da diesen Einschätzungen die notwendige hohe Reliabilität und Validität zugeschrieben wird (zusammenfassend Clausen, 2002; s. auch Helmke, 2009; Rakoczy & Pauli, 2006). Unterrichtsbeobachtungen werden daher trotz ihres hohen Kostenaufwands in vielen Studien als zentrale Erhebungsmethode eingesetzt. So investierte die Gates-Stiftung beispielsweise vor kurzem 50 Millionen US-Dollar in ein Projekt zur Erforschung von Lehrerprofessionalität, in dem Beobachterratings eine zentrale Rolle spielen (Kane, McCaffrey, Miller & Staiger, 2013). Auch in der Lehrerausbildung

---

[1] Aus Gründen der Lesbarkeit wird im Folgenden lediglich die männliche Form verwendet. Es sind jedoch stets beide Geschlechter gemeint.

wird in hohem Maß auf Beobachtereinschätzungen zu Unterricht zurückgegriffen: Bei Praktika im Rahmen des Studiums, bei Beurteilungen im Rahmen des Referendariats, und auch bei Fragen der Verbeamtung oder Beförderung von Lehrkräften sind Einschätzungen von externen Beobachtern oft die entscheidende Informationsquelle zur Qualität des zu beurteilenden Unterrichts. Und schließlich werden auch im Rahmen der externen Schulevaluation Unterrichtsbesuche durch externe Beobachter durchgeführt.

Trotz des häufigen Einsatzes von Unterrichtseinschätzungen externer Beobachter wurde bislang kaum erforscht, wie zuverlässig und valide diese Einschätzungen tatsächlich für Aussagen über Unterrichtsqualität sind. Aus anderen Forschungsbereichen weiß man, dass Einschätzungen externer Beobachter stark fehlerbehaftet sein können (s. z. B. Hoyt & Kerns, 1999). Daher sind die Reliabilität und Validität der Einschätzungen von Unterrichtsqualität durch externe Beobachter das zentrale Thema der vorliegenden Arbeit.

Gliederung des Theorieteils

Im theoretischen Teil dieser Arbeit wird zunächst auf Grundlagen der Forschung zu Unterrichtsqualität eingegangen (Kapitel 2): Neben der Bedeutung von Unterrichtsqualität (Kapitel 2.1) werden Definitionen und Konzepte der Unterrichtsqualität vorgestellt (Kapitel 2.2). Kapitel 3 thematisiert die Messung von Unterrichtsqualität. Dabei wird zunächst auf Gründe zur Messung von Unterrichtsqualität eingegangen (Kapitel 3.1), anschließend werden Anforderungen an Messinstrumente zur Messung von Unterrichtsqualität angesprochen (Kapitel 3.2). Es folgt eine Darstellung von Möglichkeiten der Datenerhebung (Kapitel 3.3) und eine Übersicht über die drei zentralen Datenquellen – Lehrkräfte, Schüler und Beobachter – zur Erhebung von Unterrichtsqualität (Kapitel 3.4). In Kapitel 4 werden Urteilsfehler bei der Einschätzung von Unterrichtsqualität durch externe Beobachter thematisiert. Nach einer Definition von Rater-Bias (Kapitel 4.1) und einer Übersicht über verschiedene Arten von Rater-Bias (Kapitel 4.2) wird auf das Ausmaß an Rater-Bias in bisherigen Untersuchungen eingegangen (Kapitel 4.3) sowie auf potentielle Ursachen von Rater-Bias (Kapitel 4.4). In Kapitel 5 wird das Forschungsanliegen der vorliegenden Arbeit konkretisiert.

2 Grundlagen der Forschung zu Unterrichtsqualität

2.1 Die Bedeutung von Unterrichtsqualität

Ein wichtiger Ausgangspunkt für die *theoretische* Auseinandersetzung mit der Bedeutsamkeit von Unterrichtsqualität waren Einsiedler (2000) zufolge die theoretischen Modelle schulischen Lernens, wie sie beispielsweise von Carroll (1963) oder Bloom (1976) entwickelt wurden. In diesen Modellen wurde Unterrichtsqualität als bedeutsamer Prädiktor für die Leistungsentwicklung oder motivational-emotionale Entwicklung angenommen (für nähere Ausführungen zu den Modellen siehe Gruehn, 2000; Helmke, 2009).

Als Beginn der *empirischen* Auseinandersetzung mit der Bedeutsamkeit von Unterrichtsqualität werden oftmals der sogenannte Coleman-Report (Coleman et al., 1966) und die Studie von Jencks und Kollegen (1972) genannt. Sowohl Coleman und Kollegen (1966) als auch Jencks und Kollegen (1972) fanden nahezu keinen Einfluss der Schule auf die Leistung von Schülern. Daran anschließende Studien berücksichtigten methodische Kritikpunkte am Coleman-Report und an der Studie von Jencks und Kollegen und kamen zu positiveren Aussagen über die Wirksamkeit von Unterricht und Schule (zusammenfassend Gruehn, 2000; vgl. auch die Metaanalyse von Wang, Haertel & Walberg, 1993). Die umfangreichste bislang existierende empirische Arbeit zu der Frage nach der Bedeutsamkeit von Unterrichtsqualität für das Lernen von Schülern stammt von Hattie (2009). In seiner Forschungssynthese fasst er über 800 Metaanalysen zusammen und kommt zu dem Schluss, dass Unterrichts- und Lehrervariablen im Durchschnitt 30% der Leistungsvarianz von Schülern erklären können.[2] Neben weiteren Variablen – v. a. individuellen Lernvoraussetzungen mit ca. 50% Varianzaufklärung – zählen Unterrichts- und Lehrervariablen damit zu den zentralen Determinanten von Schülerleistungen und insbesondere auch zu den zentralen, veränderbaren Determinanten (s. auch Bloom, 1984; Lipowsky, 2006; Reusser, 2011).

Ein Indiz dafür, dass der Qualität von Unterricht auch aktuell eine hohe Bedeutung beigemessen wird, sind die in den einzelnen Bundesländern eingerichteten Qualitätsagenturen und Schulinspektionen, deren Aufgabe u. a. die Beurteilung von Unterrichtsqualität ist. Unterrichtsqualitätsvariablen sind

---

2   Die von Hattie (2009) einbezogenen Studien verwenden als Maß für Unterrichtsqualität allerdings lediglich Schülerwahrnehmungen von Unterricht (vgl. hierzu Kapitel 3.4).

außerdem Bestandteil der prominenten PISA-Studien (z. B. Baumert et al., 2004) der Organisation für wirtschaftliche Zusammenarbeit und Entwicklung OECD, was dafür spricht, dass Unterrichtsqualität auch eine wirtschaftliche Bedeutsamkeit zugemessen wird. Die gestiegene Bedeutung der Thematik ist auch daran abzulesen, dass in den letzten Jahren vermehrt empirische Untersuchungen zu Unterrichtsqualität entstanden: Zieht man die Literaturdatenbank FIS Bildung des Deutschen Instituts für Internationale Pädagogische Forschung (DIPF) heran,[3] wurden zwischen 1983 und 1999 pro Jahr durchschnittlich zwei Publikationen zum Thema Unterrichtsqualität veröffentlicht. Zwischen 2000 und 2011 stieg die durchschnittliche Anzahl auf 49 Veröffentlichungen pro Jahr.

Betrachtet man aktuelle Studien zur Bedeutsamkeit von Unterrichtsqualität im Hinblick auf die Wirkung von Unterricht auf Leistungsvariablen und motivationale Variablen von Schülern, lassen sich im Großteil der (korrelativ angelegten) Studien allerdings lediglich kleine Effekte, zum Teil auch keine Effekte finden (z. B. Klieme, Pauli & Reusser, 2009; Lipowsky et al., 2009; Seidel & Shavelson, 2007; Sommer, 2011). Mögliche Ursachen für die kleinen Effekte sind: (a) Viele Faktoren (insbesondere individuelle Lernvoraussetzungen der Schüler sowie das familiäre Umfeld) haben einen Einfluss auf Schülerleistungen (Seidel & Shavelson, 2007). (b) Neben den oftmals als Kriterium für die Wirksamkeit von Unterricht herangezogenen Leistungsvariablen von Schülern sind auch affektive Merkmale wie beispielsweise das Interesse der Schüler bedeutsam für Unterrichtsqualität (vgl. die Diskussion zur multikriterialen Zielerreichung, Helmke, 2009; Kunter, 2005). (c) Ein und derselbe Unterricht kann unterschiedliche Auswirkungen auf unterschiedliche Schüler haben (vgl. die Forschung zu ATI-Effekten, zusammenfassend Snow, 1989). So zeigt beispielsweise eine Studie von Barber und Mourshed (2007), dass guter Unterricht insbesondere für durchschnittlich und unterdurchschnittlich begabte Schüler wichtig ist, während überdurchschnittliche Schüler weniger auf guten Unterricht angewiesen sind (vgl. hierzu auch Babu & Mendro, 2003, zit. nach Lipowsky, 2006; Reusser, 2011). (d) Die eher geringen Zusammenhänge zwischen Unterrichtsqualitätsmerkmalen und Schü-

---

3   Die Literaturdatenbank FIS Bildung wurde gewählt, weil hier im Vergleich zu internationalen Datenbanken wie ERIC oder EBSCOhost ein deutlich höherer Anteil der im deutschsprachigen Raum veröffentlichten Literatur zum Thema Unterrichtsqualität verzeichnet ist. Die Literaturdatenbank ist zu finden unter http://www.fachportal-paedagogik.de/fis_bildung/ fis_form.html. Durchgeführt wurde die Literaturrecherche im Frühjahr 2012. Als Schlagwort wurde der Begriff „Unterrichtsqualität" verwendet. Die Gesamtanzahl der zwischen 1983 und 2011 in die Datenbank aufgenommenen, vorwiegend deutschsprachigen Publikationen beträgt 629. Das Jahr 1983 wurde als Beginn gewählt, da vor diesem Zeitpunkt keine entsprechenden Publikationen in der Datenbank aufgeführt sind.

lervariablen können auch durch Messfehler bei der Erfassung von Unterrichtsqualität bedingt sein, da diese zu einer Unterschätzung des Einflusses von
Unterrichtsqualität führen können (Hill, Charalambous & Kraft, 2012; Lanahan, McGrath, McLaughlin, Burian-Fitzgerald & Salganik, 2005; Praetorius,
Lenske & Helmke, 2012).

2.2   Definition und Konstruktverständnis

Es ist nicht leicht zu beantworten, was guten Unterricht ausmacht. Die Frage
danach wird thematisiert und diskutiert, seit der Lehrberuf existiert (Reusser,
2009). Je nach Forschungstradition und Forschungsschwerpunkt sehen die
Ansatzpunkte zur Beantwortung der Frage nach der Qualität von Unterricht
sehr unterschiedlich aus: Theoretische Auseinandersetzungen finden sich insbesondere im Kontext der Allgemeinen Didaktik, empirische Auseinandersetzungen mit dieser Frage v. a. im Kontext der empirischen Bildungsforschung.
Beide Forschungsfelder existieren relativ unabhängig voneinander (Helmke,
2009; Lipowsky, 2009; Reusser, 2008; für eine Ausnahme siehe Blömeke & Müller, 2008).

Sowohl in der Allgemeinen Didaktik als auch in der Unterrichtsforschung wird
Unterrichtsqualität als Konstrukt verstanden, das über Jahrgangsstufen,
Unterrichtsformen und Fächer hinweg ausgeprägt ist. Dies erlaubt eine
Verallgemeinerung von Merkmalen der Qualität von Unterricht und trägt
damit der Forderung Rechnung, dass theoretische Modelle so umfassend wie
möglich konzipiert sein sollten (Westermann, 2000).[4] Die vorliegende Arbeit
fokussiert auf die Erfassung von solchen fachübergreifend konzipierten
Unterrichtsqualitätsmerkmalen. Damit in Verbindung stehende Modelle und
Merkmale werden nachfolgend vorgestellt, während Modelle mit fachdidakti-
schem Schwerpunkt nicht behandelt werden.

Im Folgenden wird zunächst auf das Verständnis von Unterrichtsqualität in der
Allgemeinen Didaktik eingegangen; dabei wird insbesondere das didaktische
Dreieck dargestellt (Kapitel 2.2.1). Anschließend folgen Ausführungen zur
Konzeption von Unterrichtsqualität in der empirischen Unterrichtsforschung
(Kapitel 2.2.2).

---

4   Es muss jedoch einschränkend hinzugefügt werden, dass zentrale – insbesondere fachspezi-
    fische – Aspekte von Unterricht mit einem solchen fachübergreifenden Ansatz nicht berück-
    sichtigt werden. Eine fachspezifische Ergänzung stellt somit eine wichtige Weiterentwicklung
    aktueller Modelle und Merkmalskataloge von Unterrichtsqualität dar (z B. Baumert et al.,
    2004; Helmke, Helmke & Schrader, 2007; Klieme & Rakoczy, 2008; Köller, 2008).

2.2.1   Unterrichtsqualität in der Allgemeinen Didaktik

In der Allgemeinen Didaktik stehen theoretische Auseinandersetzungen zur Qualität von Unterricht im Vordergrund. Hier finden sich v. a. Modelle bzw. Theorien, die als Grundlage für die Planung und Analyse von Unterricht dienen (Lipowsky, 2009; Reusser, 2009). Besonders populär sind nach Gudjons, Teske und Winkel (1997) oder auch Lipowsky (2009) die Entwürfe von Klafki (1963), Heimann, Otto und Schulz (1965), Aebli (1983)[5] und Winkel (1997). Jeder dieser theoretischen Entwürfe fokussiert auf unterschiedliche Aspekte von Unterrichtsqualität. So geht es Klafki (1963) in seiner bildungstheoretischen Didaktik v. a. um die begründete Auswahl von Unterrichtsinhalten. Heimann, Otto und Schulz (1965) betonen in ihrem lehrtheoretisch ausgerichteten Modell hingegen vornehmlich die Bedeutung des adäquaten Zusammenhangs zwischen Zielen, Methoden und Inhalten von Unterricht. Bei Aebli (1983) stehen die Verstehens- und Lernprozesse der Lernenden im Vordergrund. Winkel (1997) schließlich hebt in seinem auf die Kommunikation im Unterricht fokussierten Modell die Interaktion zwischen Lehrkräften und Schülern hervor. Eine Integration der entwickelten Modelle in einen ganzheitlichen Ansatz sowie eine empirische Überprüfung dieser Modelle stehen bislang aus (Arnold, Koch-Priewe & Lin-Klitzing, 2007; Lipowsky, 2009; Reusser, 2009). Eine solche Integration würde Reusser (2008, 2011) zufolge das didaktische Dreieck ermöglichen, da die in den unterschiedlichen Modellen gesetzten Schwerpunkte über die Längsseiten des didaktischen Dreiecks zeitgleich abgebildet werden können.

Beim didaktischen Dreieck handelt es sich um eine allgemeindidaktische Denkfigur (s. Abbildung 1). Das didaktische Dreieck bietet Reusser (2008) zufolge die Möglichkeit, „die strukturelle Grundsituation didaktischen Handelns und damit die Kernaufgabe institutionell gerahmten Lernens aus der Perspektive der zentralen Elemente und Akteure zu bestimmen" (S. 224).

---

5   Das Modell von Aebli hat Reusser (2008) zufolge aufgrund seiner kognitionspsychologischen Fundierung in Deutschland jedoch erst relativ spät Beachtung in der Allgemeinen Didaktik gefunden.

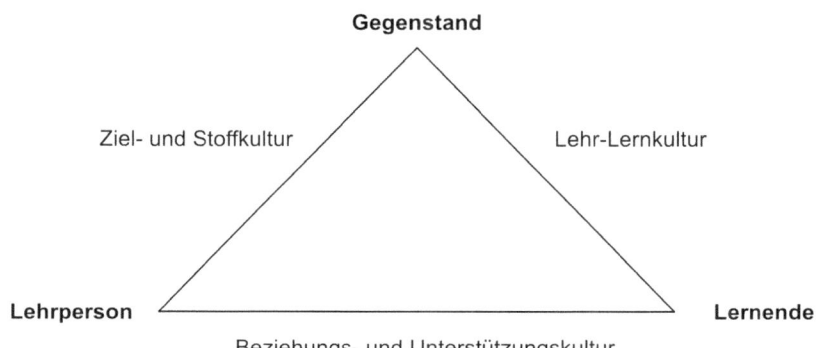

Abbildung 1:   Das didaktische Dreieck (nach Reusser 2008, 2011)

Konkret umfasst das Modell die drei Pole Bildungsgegenstand, Lernende und Lehrperson. Die Ziel- und Stoffkultur umfasst die Auseinandersetzung des Lehrenden mit dem Lerngegenstand und daher die bildungsinhaltliche Dimension von Unterricht (was, warum, wozu). Die Lehr-Lernkultur umfasst die Verknüpfung zwischen den Lernenden und dem Unterrichtsgegenstand und damit die Art und Weise der Inszenierung des Lernens (wie, in welcher Prozessqualität). Reusser (2011) zufolge beinhaltet der Aspekt der Lehr-Lernkultur einerseits die durch die Lehrkraft inszenierten Lerngelegenheiten, andererseits aber auch die tatsächlich dadurch ausgelösten Lern- und Verstehensprozesse auf Seiten der Schüler. Die Beziehungs- und Unterstützungskultur schließlich fokussiert mit der Beziehung zwischen Lernenden und Lehrenden auf die soziale Dimension von Lernen. Diese umfasst Partizipations- und Interaktionsstrukturen sowie die Kommunikations- und Beziehungsgestaltung im Unterricht zwischen Lehrperson und Schülern sowie zwischen den Schülern (womit, wodurch).

Das didaktische Dreieck kann Reussers Einschätzung nach (2008, 2011) auch als Verständigungsgrundlage zwischen Allgemeiner Didaktik und empirischer Unterrichtsforschung dienen. Das didaktische Dreieck bietet sich dabei zum einen als Bezugsrahmen für die in der empirischen Unterrichtsforschung einbezogenen Qualitätsmerkmale von Unterricht an; zum anderen ermöglicht es eine Reflexion der in der Unterrichtsforschung bislang gesetzten Schwerpunkte (s. auch Kapitel 2.2.2 sowie 3.2).

2.2.2   Unterrichtsqualität in der empirischen Unterrichtsforschung

Die empirische Unterrichtsforschung verfolgt im Hinblick auf die Auseinandersetzung mit dem Konstrukt Unterrichtsqualität einen anderen Ansatz als die Allgemeine Didaktik: Ein Großteil der Untersuchungen in der empirischen Unterrichtsforschung basiert auf Annahmen des Prozess-Produkt-Paradigmas (s. Kapitel 2.2.2.1). Aufgrund der Kritik an der atheoretischen Vorgehensweise im Rahmen dieses Paradigmas entwickelten Klieme, Schümer und Knoll (2001) das Modell der Basisdimensionen (s. Kapitel 2.2.2.2).

2.2.2.1   Das Prozess-(Mediations-)Produkt-Paradigma

Das Prozess-Produkt-Paradigma wurde in den 1960er-Jahren mit dem Ziel entwickelt, von empirisch ungeprüften Annahmen über guten Unterricht zu wissenschaftlichen Aussagen zu kommen (zusammenfassend Brophy, 2006). Seit seinen Anfängen hat das Paradigma einen prägenden Einfluss auf die internationale Lehrereffektivitätsforschung sowie die deutschsprachige Unterrichtsforschung (z. B. Dunkin & Biddle, 1974; Gage & Needels, 1989). Kennzeichnend für das Prozess-Produkt-Paradigma ist die Annahme, dass guter Unterricht zu wünschenswerten Ergebnissen auf Seiten der Schüler führt. In der Regel wird dabei von überdurchschnittlichen Schülerleistungen oder einer überdurchschnittlichen Leistungsentwicklung von Schülern kausal auf im Unterricht ablaufende Prozesse geschlossen. Seitdem das Prozess-Produkt-Paradigma existiert, wird jedoch bemängelt, dass simple Prozess-Produkt-Annahmen die Unterrichtsrealität nicht abbilden können. Basierend auf diesen Überlegungen wurden seit den 1990er-Jahren Mediationsprozesse einbezogen, wodurch das Modell zu einem Prozess-Mediations-Produkt-Modell weiterentwickelt wurde (Brophy, 2000; Shuell, 2001). Als wichtiger Aspekt von Unterrichtsqualität wurde – u. a. beeinflusst durch die Forschung zum Klassen- und Schulklima (z. B. Anderson & Walberg, 1968; Walberg, 1966) und entsprechend einem sozial-konstruktivistischen Lernverständnis (s. Reusser, 2011) – auch die Unterrichtswahrnehmung durch die Schüler aufgenommen. Im Prozess-Mediations-Produkt-Modell (zusammenfassend Reusser & Pauli, 2010b) wird angenommen, dass Lehrkräfte lediglich Lernmöglichkeiten bieten können (= Prozess). Die Nutzung dieses Angebots (= Mediation) obliegt den Schülern. Nur wenn diese Nutzung erfolgt, können in einem nächsten Schritt Lernerfolge (= Produkte) entstehen. Das Prozess-Mediations-Produkt-Modell macht deutlich, dass Bildung durch guten Unterricht unterstützt werden kann, Bildung aber auch immer Selbstbildung ist (s. auch Reusser, 2009).

Das Produkt: Die Frage nach dem geeigneten Effektivitätskriterium

Guter Unterricht wird im Rahmen des Prozess-Produkt-Paradigmas als effektiver bzw. lernwirksamer Unterricht verstanden (s. z. B. Reusser & Pauli, 2010b; Weinert, Schrader & Helmke, 1989). Die Definition von gutem Unterricht ist daher grundlegend von den gewählten Kriterien für die Wirksamkeit von Unterricht abhängig. Dass Schlussfolgerungen über die Wirksamkeit von Unterricht in Abhängigkeit vom gewählten Effektivitätskriterium tatsächlich sehr unterschiedlich aussehen können, zeigt eine Studie von Stehle, Spinath und Kadmon (2012): Während der (um die Leistung zu Beginn des Kurses kontrollierte) Zusammenhang zwischen den Einschätzungen von Medizinstudierenden zur Kursqualität und einem Leistungstest nahe Null lag und nicht signifikant war, fand sich ein mittlerer Zusammenhang von $r = .53$ zwischen der eingeschätzten Kursqualität und einem praktischen Test (für ähnliche Befunde siehe auch Papay, 2011).

Die Wahl der Kriterien zur Bestimmung von Unterrichtsqualität steht daher auch immer wieder in der Diskussion. So wird seit den Anfängen der Prozess-Produkt-Forschung kritisiert, dass Studien in diesem Kontext vornehmlich standardisierte Schülerleistungsmessungen als Kriterium für Unterrichtsqualität einsetzen (zusammenfassend Kennedy, 1999). In der neueren deutschsprachigen Unterrichtsforschung wird vermehrt darauf hingewiesen, dass neben Leistungsaspekten weitere Schülermerkmale als Zielvariablen von Unterricht angesehen und untersucht werden sollten. Dies wird unter dem Begriff „multiple Bildungsziele von Unterricht" diskutiert (s. z. B. Klieme et al., 2008; Kunter, 2005; Lipowsky, Rakoczy, Klieme, Reusser & Pauli, 2005; Seidel et al., 2006). So nennt Lipowsky (2009) beispielsweise die Vereinbarkeit von Leistungs- und Motivationsförderung, Ditton (2002) Chancengleichheit und Reusser und Pauli (2010b) nennen die Förderung metakognitiver, kommunikativer und motivationaler Schülerfähigkeiten. Zudem können auch innerhalb des Leistungsbereichs verschiedene Zielkriterien unterschieden werden. So wird beispielsweise insbesondere für den Grundschulbereich die Gleichzeitigkeit von Leistungssteigerung und Leistungsausgleich gefordert (z. B. Lipowsky, 2009).

In der Forschung herrscht demnach keine Einigkeit in Bezug auf das ideale Kriterium zur Feststellung von Unterrichtsqualität. Eine Erklärung für diese Uneinigkeit findet sich bei Berliner (2005): „Defining quality in teaching is unusually difficult. Were anyone serious about this issue, they would soon realize that quality is an ineffable concept ... Defining quality always requires value judgments about which disagreements abound" (S. 206).

Unabhängig von der Wahl eines konkreten Kriteriums wird immer wieder kritisiert, Unterrichtsqualität ausschließlich über die Wirksamkeit von Unterricht zu definieren. Begründet wird diese Kritik zum einen damit, dass Unterrichtsqualität nicht ausschließlich Zweck-Mittel-Rationalität sein kann: der Begriff Qualität impliziert Berliner (2005) oder auch Einsiedler (2000) zufolge, dass die zur Erreichung der Wirksamkeit eingesetzten Mittel bestimmten Qualitätsstandards genügen müssen. Zum anderen zeigen Studien, dass die Effektivität von Lehrkräften (gemessen über die Korrelation zwischen Unterrichts- und Schülermerkmalen) zwischen verschiedenen Messzeitpunkten deutlich variieren kann (Aaronson, Barrow & Sander, 2007; Rosenshine, 1970). Dies deutet darauf hin, dass Lehrkräfte unter Umständen nicht stabil gute Schülerleistungen produzieren und Schülerleistungen somit als Effektivitätskriterium auch nur bedingt geeignet sind (Kennedy, 2010).

Der Prozess: Merkmale guten Unterrichts

Im Rahmen des Prozess-Produkt-Paradigmas wurden ab den 1960er-Jahren etliche Studien durchgeführt, die Zusammenhänge zwischen Kriteriumsvariablen und einzelnen Unterrichtsvariablen untersuchten. Überblicksartikel und Metaanalysen fassten ab den 1980er-Jahren die Unmenge an Einzelbefunden zusammen. Neben einer ersten systematischen Übersicht durch Brophy und Good (1986) leistete insbesondere die Zusammenfassung von Expertenurteilen, Metaanalysen, narrativen Reviews sowie Handbuchartikeln durch Wang, Haertel und Walberg (1993) eine Integration von Befunden. Die vier wichtigsten Unterrichtsvariablen sind laut den Autoren: Klassenführung, Lehrer-Schülerinteraktionen, Unterrichtsquantität sowie Klassenklima. Auch in den darauffolgenden Jahren wurden diverse Merkmalskataloge entwickelt, die basierend auf dem Prozess-Mediations-Produkt-Paradigma zentrale Aspekte von Unterrichtsqualität zusammenfassten. Die zwölf fach- und stufenübergreifend konzipierten Merkmale guten Unterrichts nach Brophy (2000) sind insbesondere im englischsprachigen Raum sehr populär. Es handelt sich um: Unterstützendes Unterrichtsklima, Lerngelegenheiten, Orientierung am Lehrplan, Herstellung einer Lern- und Aufgabenorientierung, inhaltliche Kohärenz, durchdachte Gespräche, Praxis- und Anwendungsaktivitäten, Unterstützung der Lerntätigkeit, Lehren von Lernstrategien, kooperatives Lernen, kriteriumsorientierte Beurteilungen und Leistungserwartungen. Im deutschsprachigen Raum sind insbesondere die Merkmalskataloge nach Helmke sowie Meyer sehr verbreitet. Helmke (2009) unterscheidet zehn Merkmale guten Unterrichts, die ebenfalls fach- und stufenübergreifend gelten: Klassenführung, Klarheit und Strukturiertheit, Konsolidierung und Sicherung, Aktivierung, Motivierung, lernförderliches Klima, Schülerorientierung, Kompetenzorientierung, Umgang mit Heterogenität und Angebotsvariation. Der Merkmalskatalog von Meyer (2004) weist große Überschneidungen mit den Merkmalen von Helmke auf. Auch innerhalb der Merkmalskataloge existieren inhaltliche Überlappungen, so z. B. zwischen den Merkmalen Schülerorientierung und lernförderliches Klima (s. auch Helmke, 2009). Die Merkmalskataloge als solche postulieren aber nicht, in welchem Ausmaß die genannten Merkmale zusammenhängen.

Betrachtet man die Merkmalskataloge, wird deutlich, dass diese sowohl Oberflächenmerkmale von Unterricht, als auch Merkmale der Tiefenstruktur umfassen (s. auch Reusser & Pauli, 2010b). Während es sich bei methodischen und organisatorischen Oberflächenmerkmalen um die Sichtstruktur von Unterricht handelt, um Aspekte also, die sichtbar und damit auch abzählbar sind (z. B. Häufigkeit und Dauer des Einsatzes von Sozialformen), handelt es sich bei Tiefenmerkmalen um nicht direkt beobachtbare Prozesse und Elemente, die erschlossen werden müssen (z. B. Schülerorientierung; s. auch Klieme, 2006; Pauli, 2012). Tiefenmerkmale von Unterricht stehen dabei in einem engeren Zusammenhang mit Effektivitätskriterien als Oberflächenmerkmale (Hattie, 2009; Klieme, 2006; Reusser, 2011).

Merkmalskataloge suggerieren leicht, dass eine eindeutige Forschungslage in Bezug auf die Frage danach existiert, was guten Unterricht ausmacht. Die Metaanalysen und Forschungszusammenfassungen, auf die sich die Merkmalskataloge beziehen, können jedoch unzuverlässig sein: Mittlerweile existieren zur Beschreibung des unterrichtlichen Geschehens mehr als 100 Konstrukte (Clausen, Schnabel & Schröder, 2002). Die Benennungen der Konstrukte sind dabei sehr uneinheitlich und auch die Gruppierung einzelner Merkmale wird sehr unterschiedlich vorgenommen (Einsiedler, 1997). Daher ist es auch wenig verwunderlich, dass die einzelnen im Kontext des Prozess-Produkt-Paradigmas durchgeführten Studien keine konsistenten Befundmuster aufweisen (Ditton, 2002; Shavelson & Dempsey-Atwood, 1976; Weinert, 1989). So interpretiert Weinert (1989) die damalige Forschungslage beispielsweise wie folgt: „Das heißt nicht mehr und nicht weniger, als dass es isolierte, einfache, stabile und invariant gültige Abhängigkeitsbeziehungen zwischen Kriterien des Unterrichtserfolgs und Merkmalen des Unterrichts nicht gibt. Damit fehlt den vielen vereinfachenden Prozess-Produkt-Modellen des Lehrens die wissenschaftliche Basis" (S. 210f.). Köller (2008) merkt in diesem Zusammenhang kritisch an, dass in der Forschung zu Unterrichtsqualität seit den wegweisenden, frühen Arbeiten von Kounin (1976) kaum Fortschritte festzustellen sind.

2.2.2.2 Theoretische Fundierung: Notwendigkeit und erster Ansatz

Wie der letzte Abschnitt deutlich macht, wurde im Rahmen der Prozess-Mediations-Produkt-Forschung eine Vielzahl an Merkmalen identifiziert, die in Zusammenhang mit diversen Effektivitätskriterien stehen. Es fehlt jedoch weitestgehend eine theoretische Fundierung dieser Forschungsrichtung (Brophy, 2006). Diese atheoretische Vorgehensweise wird seit einigen Jahren vermehrt kritisiert (Einsiedler, 2000; Gruschka, 2007; Klieme, Lipowsky, Rakoczy & Ratzka, 2006; Köller, 2008; Pianta & Hamre, 2009; Weinert, 1989).

Einen ersten Versuch einer stärker theoriegeleiteten Zusammenstellung von Unterrichtsqualitätsmerkmalen sowie von Annahmen zum Zusammenhang von Lehraktivitäten und der Verarbeitung bei den Schülern findet sich im Modell der Basisdimensionen von Unterrichtsqualität von Klieme, Lipowsky, Rakoczy und Ratzka (2006). Dieses Modell ist insbesondere im deutschsprachigen Raum seit seiner Entwicklung sehr populär und liegt daher vielen aktuellen Studien zugrunde (z. B. Fauth, Decristan, Rieser, Klieme & Büttner, 2014; Kunter & Voss, 2011; Lipowsky et al., 2009; Lotz, Lipowsky & Faust, 2011; Pauli, Drollinger-Vetter, Hugener & Lipowsky, 2008). Das Modell der Basisdimensionen von Unterrichtsqualität von Klieme und Kollegen (2006) basiert auf theoretischen Annahmen über die Beziehungen zwischen dem Lernangebot der Lehrkräfte, dessen Nutzung durch die Schüler und dem tatsächlichem Lernerfolg der Schüler (vgl. hierzu auch das Angebots-Nutzungs-Modell, s. z. B. Helmke, 2009; Reusser, 2011). Das Modell der Basisdimensionen stellt Klieme und Kollegen (2009) zufolge eine Verbindung aus Befunden der Prozess-Produkt-Forschung und konstruktivistischen Ansätzen dar. Auch dieses Modell ist als gültig über Fächer, Schultypen und Schulstufen hinweg konzipiert (Klieme et al., 2001). In dem Modell von Klieme und Kollegen (2001) werden drei Basisdimensionen von Unterrichtsqualität unterschieden: Klassenführung, Schülerorientierung und kognitive Aktivierung.

Die Dimension *Klassenführung* fokussiert darauf, Schülern im Rahmen von Unterricht hinreichend Zeit zum Lernen zu ermöglichen. Die hinter dieser Dimension stehende Annahme lautet: Je mehr Zeit Schülern für das Lernen zur Verfügung steht, desto mehr Gelegenheiten haben sie, auch tatsächlich in Lernprozesse involviert zu sein (Borich, 2007; Brophy, 2000; Walberg & Paik, 2000). Um hinreichend Zeit zum Lernen zur Verfügung zu stellen, müssen Lehrkräfte in effektiver Weise präventiv oder intervenierend mit Unterbrechungen und Disziplinproblemen umgehen (Borich, 2007). Seit den ersten Arbeiten hierzu von Kounin (1976) wurde dieser Dimension von Unterrichtsqualität in der Forschung viel Aufmerksamkeit gewidmet. Diesen Studien zufolge sind die wichtigsten Indikatoren einer guten Klassenführung (für einen Überblick siehe auch Borich, 2007): klar formulierte, verbindliche Regeln und Routinen, eine gute Organisation (z. B. sollten alle Materialien bereit liegen) und gut strukturierte Unterrichtsstunden (z. B. klare und strukturierte Arbeitsanweisungen, fließende Übergänge zwischen Unterrichtsphasen).

Die Dimension *Schülerorientierung* umfasst Klieme und Kollegen (2006) zufolge Merkmale der Schülermotivation im Bereich Lernen: individuelle Lernunterstützung, eine positive Lehrer-Schüler-Beziehung, konstruktives und positives Lehrerfeedback sowie ein positiver Umgang mit Schülerfehlern. Bei der Konzeptualisierung der Dimension Schülerorientierung wird oftmals auf die Selbstbestimmungstheorie von Deci und Ryan (1985) verwiesen und dabei auf das Bedürfnis nach sozialer Eingebundenheit (z. B. Lipowsky et al., 2009; Rakoczy, 2008). Auch Einsiedler (2000) verweist darauf, dass Unterrichtsqualität nicht nur eine Zweck-Mittel-Rationalität abbilden darf und dass daher ein Bezug zur Erziehungsstilforschung wichtig ist. Während für die Dimension Klassenführung in der Forschung hohe Überlappungen zwischen Operationalisierungen in verschiedenen Studien existieren, besteht für die Dimension Schülerorientierung deutlicher Präzisierungsbedarf (K. Reusser, persönl. Mitteilung, 27.03.2012): Reusser zufolge wird Schülerorientierung je nach Untersuchung sehr unterschiedlich gefasst. So wird die Dimension zum Teil so konzipiert, dass sie lediglich Klimavariablen umfasst, zum Teil enthält sie darüber hinaus aber auch Variablen zur Fehlerkultur, zur Qualität der Lehrerfragen etc.

Die Dimension *kognitive Aktivierung* bezieht sich auf das Ausmaß, in dem Schüler in kognitiv anspruchsvolle Prozesse des Problemlösens und des Verstehens involviert sind (Hugener et al., 2009; Reusser, 2006). Hinter dieser Dimension steht ein Verständnis von Lernen als aktive Wissenskonstruktion des Lernenden. Auch die Dimension kognitive Aktivierung hat Reusser (K. Reusser, persönl. Mitteilung, 27.03.2012) zufolge einen hohen Präzisierungsbedarf. Dementsprechend unterscheiden sich Studien auch deutlich darin, wie sie kognitive Aktivierung verstehen. So wird kognitive Aktivierung beispielsweise im Kontext der COACTIV-Studie (Baumert et al., 2010; Neubrand, Jordan, Krauss, Blum & Löwen, 2011) über den Anregungsgehalt der von Lehrkräften gestellten Aufgaben erfasst. Dazu werden die Aufgaben u. a. hinsichtlich des Stoffgebiets (z. B. Arithmetik), ihrer curricularen Wissensstufe (z. B. Grundkenntnisse), des Typs mathematischen Arbeitens (z. B. technische Aufgabe), des außer- und innermathematischen Modellierens und der Kenntnis variabler Lösungswege eingeschätzt.[6] In der Pythagoras-Studie (Klieme et al., 2006) hingegen wird kognitive Aktivierung über Unterrichtsbeobachtung erfasst. Da kognitive Aktivierung nicht direkt beobachtet werden kann, werden annäherungsweise v. a. Lehrerverhaltensweisen herangezogen, um auf die kognitive Aktivierung der Schüler zu schließen (Lipowsky, 2006). Kognitive Aktivierung wird in der Pythagoras-Studie operationalisiert als (a) Exploration der Denkweisen von Schülern, (b) Vorhandensein von zum Denken herausfordernder Probleme und (c) ein rezeptives Lernverständnis der Lehrperson (negative Polung; s. Lipowsky et al., 2009). Beide Vorgehensweisen unterscheiden sich deutlich in ihrem Fokus und haben ihre eigenen Vor- und Nachteile. So verfügen Aufgaben über den Vorteil, dass sie konkrete Anhaltspunkte für kognitive Aktivierung bieten und eindeutiger auswertbar sind als hoch-inferente Beobachtungen. Unterrichtsbeobachtungen hingegen haben den Vorteil, dass sie ein breiteres Spektrum an kognitiver Aktivierung erfassen können, als dies mittels Aufgaben der Fall ist. Unabhängig von der konkreten Operationalisierung ist die Dimension kognitive Aktivierung stärker fachbezogen als die Dimension Klassenführung: Die Merkmale einer herausfordernden Aufgabe im Fach Mathematik unterscheiden sich z. B. von denen sprachlicher Fächer (Klieme, 2006; Klieme et al., 2009).

2.2.3 Fazit

In der didaktischen Forschungstradition existieren verschiedenste Ansätze zur Beschreibung der Qualität von Unterricht (zusammenfassend Lipowsky, 2009). Eine Integration der unterschiedlichen Schwerpunkte dieser Modelle ermöglicht das didaktische Dreieck mit seinen drei Aspekten Ziel- und Stoffkultur, Lehr-Lernkultur sowie Beziehungs- und Unterstützungskultur (Reusser, 2008, 2011).

In der empirischen Unterrichtsforschung dominierte mit der Prozess-Produkt-Forschung über Jahrzehnte hinweg eine Forschungsrichtung, die ohne eine explizite theoretische Rahmung den Zusammenhang zwischen einzelnen Merkmalen von Unterricht und der Leistung von Schülern untersuchte, um Merkmale von Unterrichtsqualität zu identifizieren. Das Modell der Basisdimensionen von Unterrichtsqualität von Klieme und Kollegen (2001), in dem die Dimensionen Klassenführung, Schülerorientierung und kognitive Aktivierung unterschieden werden, geht über diese Forschungsrichtung hinaus: Zum

---

6   Um zu verdeutlichen, dass die tatsächliche kognitive Aktivierung von Schülern über die Analyse von Aufgaben nicht gemessen werden kann, wird die entsprechende Dimension in der COACTIV-Studie (Baumert et al., 2010) als „Potenzial zur kognitiven Aktivierung" bezeichnet.

einen werden die Dimensionen und ihre Bedeutsamkeit explizit auf existierende Theorien und Forschungsrichtungen (z B. Konstruktivismus) bezogen. Zum
anderen werden dezidierte Annahmen zu den vermittelnden Prozessen (vgl.
den Nutzungs-Aspekt im Angebots-Nutzungs-Modell) sowie zu den Auswirkungen auf Seiten der Schüleraufgestellt. Wenngleich unter Bezug auf das didaktische Dreieck ersichtlich wird, dass nicht alle Aspekte von Unterricht
mittels des Modells der drei Basisdimensionen (Klieme et al., 2006) abgebildet
werden können,[7] stellt das Modell dennoch einen Schritt in Richtung einer
theoretischen Weiterentwicklung der empirischen Unterrichtsforschung dar.

---

7   Durch die fachübergreifende Konzeption des Modells wird der Aspekt der Ziel- und
    Stoffkultur nahezu vollständig ausgeblendet. Der mangelnde fachliche Bezug in der
    Unterrichtsforschung wird dementsprechend auch immer wieder thematisiert und kritisiert
    (Arnold, Koch-Priewe & Lin-Klitzing, 2007; Helmke, 2009; Klieme & Rakoczy, 2008; Köller,
    2008).

3   Die Messung von Unterrichtsqualität

Basierend auf dem für weiterführende Forschung gewählten theoretischen Verständnis von Unterrichtsqualität stellt sich in einem nächsten Schritt die Frage nach der Messung dieses Verständnisses. Zentrale Gründe für die Messung von Unterrichtsqualität werden in Kapitel 3.1 angesprochen. Auf Anforderungen an Messinstrumente zur Erfassung von Unterrichtsqualität wird in Kapitel 3.2 eingegangen. In Kapitel 3.3 werden mit der direkten und indirekten Erfassung von Unterrichtsqualität Möglichkeiten der Datenerhebung thematisiert. Die drei im deutschsprachigen Raum zentralen Datenquellen zur Erfassung von Unterrichtsqualität (Schüler, Lehrer, Beobachter) schließlich werden in Kapitel 3.4 besprochen.

3.1   Gründe für die Messung von Unterrichtsqualität

Waxman, Hilberg und Tharp (2004) nennen vier Gründe zur Erfassung von Unterrichtsqualität:[8]

1)   Beschreibung der Unterrichtspraxis

2)   Untersuchung der unterrichtlichen Benachteiligung bestimmter Schülergruppen

3)   Verbesserung der Lehrerbildung

4)   Unterrichtsentwicklung

Bei den ersten beiden von Waxman und Kollegen (2004) genannten Gründen handelt es sich um wissenschaftliches Interesse. So wurde beispielsweise im Rahmen der TIMS-Studie der Frage nachgegangen, wie Unterricht im Vergleich zwischen unterschiedlichen Ländern gestaltet ist (z. B. Stigler & Hiebert, 1999). Auch Vergleiche zwischen Unterrichtsmethoden hinsichtlich ihrer Effektivität werden durchgeführt (z. B. Farkas, 2003). Weiterhin wird untersucht, welche Schüler von welcher Art von Unterricht am meisten profitieren (sogenannten Aptitude-Treatment-Interaktionen, für einen Überblick siehe Snow, 1989; s. auch Kieft, Rijlaarsdam & van den Bergh, 2008).

Der dritte Punkt basiert auf wissenschaftlichen Erkenntnissen und fokussiert auf deren Vermittlung in der Lehrerbildung (vgl. hierzu auch Reusser & Pauli,

---

8   Diese Punkte bilden sicherlich nicht das gesamte Spektrum an möglichen Gründen für die Erfassung von Unterrichtsqualität ab, bieten jedoch eine erste Orientierung.

2010a). Auf die Bedeutung dieses Punktes weist auch Reusser (2009) hin, wenn er schreibt, dass Unterrichtsforschung nicht nur Erklärungswissen, sondern auch Reflexions- und Handlungswissen für Lehrende und Lernende zur Verfügung stellen sollte.

Der vierte Punkt schließlich fokussiert auf die Entwicklung von Unterricht und damit unmittelbar auf praxisrelevante Aspekte von Unterrichtsqualität. Auf die Bedeutung einer solchen Entwicklung wird in den letzten Jahren vermehrt hingewiesen (Altrichter, 2010; Altrichter et al., 2004; Bastian, 2007; Helmke, 2009; Horster & Rolff, 2001; Pianta & Hamre, 2009; Reusser, 2009).

3.2   Anforderungen an Messinstrumente

Füglister und Messner (1976, zit. nach Feller, 1999) sowie Kuster (1988) nennen vier zentrale Punkte, die für die Messung von Unterrichtsqualität zu beachten sind: (a) die Notwendigkeit einer Unterrichtstheorie, (b) die Nachvollziehbarkeit der Auswahl von Qualitätsmerkmalen, (c) die Operationalisierung der Merkmale und (d) Gütemaßstäbe zur Einschätzung der Merkmalsausprägungen. Die vier Punkte werden im Folgenden kurz beschrieben.

Unterrichtstheorie als Basis der Messung von Unterrichtsqualität

Kuster (1988) zufolge ist eine Beurteilung von Unterricht nur mit einer fundierten Unterrichtstheorie möglich. Helmke (2009), dessen Merkmale guten Unterrichts Grundlage vieler Messinstrumente sind (z. B. Hamburger Schulinspektion, s. Pietsch & Tosana, 2008; externe Evaluation in Rheinland-Pfalz, s. Helmke, 2009), weist jedoch darauf hin, dass eine umfassende Theorie von Unterrichtsqualität bislang nicht existiert und Merkmalslisten daher auch immer ein stückweit arbiträr sind (s. auch Helmke & Schrader, 2008). Einen ersten Schritt in die Richtung einer Unterrichtstheorie bildet das Modell der drei Basisdimensionen von Unterrichtsqualität nach Klieme und Kollegen (2006, s. Kapitel 2.2.2.2).

Nachvollziehbarkeit der Auswahl von Qualitätsmerkmalen

Füglister und Messner (1976, zit. nach Feller, 1999) weisen darauf hin, dass es für die Nützlichkeit von Instrumenten wichtig ist, dass in diesen expliziert wird, welche Bereiche von Unterrichtsqualität nicht in das Instrument aufgenommen wurden und welche Gründe dafür bestehen. Aufgrund der bislang nur unzureichenden theoretischen Fundierung von Unterrichtsqualität finden sich in Zusammenhang mit der Publikation von Instrumenten kaum diesbezügliche Aussagen. Auch hier bieten die von Klieme und Kollegen (2006) vorgeschlagenen Basisdimensionen von Unterrichtsqualität Vorteile: Da die Basisdimensionen in Kombination als konstituierend für guten Unterricht angenommen werden, sollten zur Messung von Unterrichtsqualität nach Möglichkeit alle Dimensionen erfasst werden. Allerdings kann unter Bezug auf das didaktische Dreieck (vgl. Reusser, 2008, 2011; s. auch Kapitel 2.2.1) wiederum die Ausblendung der Ziel- und Stoffkultur kritisiert werden.

Operationalisierung der Qualitätsmerkmale

Bei der Operationalisierung schließlich geht es um eine Übersetzung der abstrakten Merkmale in konkret beobachtbares Schüler- und Lehrerverhalten, anhand dessen auf die Ausprägung der jeweiligen Merkmale geschlossen werden kann (s. z. B. Steyer & Eid, 2001). Gerade für hoch-inferente Merkmale (s. Kapitel 3.3.2) ist die operationale Definition durch geeignete Indikatoren eine komplexe Angelegenheit (Sommer, 2011). Dementsprechend existieren auch deutliche Unterschiede zwischen Beurteilungsinstrumenten im Hinblick auf die Operationalisierung von Unterrichtsqualitätsmerkmalen. Wie in Kapitel 2.2.2.2 dargestellt, trifft diese Problematik auch für zwei der drei Basisdimensionen von Unterrichtsqualität – Schülerorientierung und kognitive Aktivierung – zu. Unsicherheiten in Bezug auf die Operationalisierung von Merkmalen sind gerade in frühen Phasen eines Forschungsbereichs oftmals zu finden, sollten allerdings anschließend eliminiert werden: „Während bei der Entdeckung eines neuen Gebiets oft grobe Skizzen genügen, um zu den interessanten Stelle zu gelangen, sind spätestens bei seiner Erschließung und Kultivierung mehr Präzision und weniger Willkür bei der Überbrückung von Theorie und Empirie erforderlich" (Steyer & Eid, 2001, S. 2).

Gütemaßstab zur Bewertung von Verhaltensweisen

Neben der Formulierung von beobachtbaren Lehrer- und Schülerverhaltensweisen sind Überlegungen dahingehend notwendig, anhand welcher Ausprägungen der Verhaltensweisen von Lehrkräften und Schülern auf das dahinter stehende Qualitätsmerkmal von Unterricht geschlossen werden kann. Problematisch in diesem Zusammenhang ist die Tatsache, dass die höchstmögliche Ausprägung an Schüler- und Lehrerverhaltensweisen nicht unbedingt auch mit der höchsten Ausprägung des jeweiligen Qualitätsmerkmals einhergehen muss (Helmke, 2009; Klieme et al., 2001; Sommer, 2011). Da in den meisten Modellen aufgrund der Verwendung der klassischen Testtheorie ein linearer Zusammenhang zwischen den beobachteten Indikatoren und dem dahinterstehenden Merkmal angenommen wird (Eid, Gollwitzer & Schmitt, 2011), sollten sowohl die Items als auch die Antwortstufen so formuliert werden, dass höhere Ausprägungen mit einer höheren Qualität einhergehen.

Nimmt man die im vorangegangen Abschnitt diskutierten Sachverhalte zusammen, lässt sich festhalten, dass die Unterrichtsqualitätsforschung eher am Anfang steht, was die Konzeption und Entwicklung von Messinstrumenten angeht.

3.3   Möglichkeiten der Datenerhebung

Zur Erfassung von Unterrichtsqualität bieten sich zwei Möglichkeiten an: Indirekte und direkte Verfahren. Während direkte Verfahren auf den Unterrichtsprozess als solchen fokussieren, werden bei indirekten Verfahren dem Unterricht vorgeschaltete Aspekte (z. B. Stundenplanung) oder aber Unterrichtsprodukte (z. B. durch die Schüler bearbeitete Aufgaben) erfasst. Auf beide Möglichkeiten wird im Folgenden eingegangen.

3.3.1   Indirekte Erfassung von Unterrichtsqualität

Insbesondere im angloamerikanischen Raum werden eine Reihe indirekter Methoden zur Erfassung von Unterrichtsqualität eingesetzt. Clare (2000) sowie Matsumura, Garnier, Pascal und Valdés (2002) beispielsweise untersuchten Aufgaben in Bezug auf Kriterien wie Zieltransparenz oder kognitiven Anregungsgehalt (vgl. auch Baumert et al., 2010). Mathers, Oliva und Laine (2008) nennen neben Aufgabenanalysen auch Stundenplanungen, Portfolios, Schülerleistungsdaten und korrigierte Schülerarbeiten als Möglichkeiten, um Schlussfolgerungen über Unterrichtsqualität anzustellen. Auch Wissenstests für Lehrkräfte stellen eine Möglichkeit zur indirekten Erfassung von Unterrichtsqualität dar, werden jedoch von Berliner (2005) stark kritisiert: „If we genuinely want a highly qualified teacher in every classroom, we should not confuse a highly qualified taker of tests about teaching with a highly qualified classroom teacher" (S. 208).

3.3.2   Direkte Erfassung von Unterrichtsqualität

Mit der direkten Erfassung von Unterrichtsqualität ist die Einschätzung von Unterrichtsprozessen gemeint. Diese Einschätzungen werden in der Regel durch Lehrer, Schüler oder Beobachter vorgenommen (s. Kapitel 3.4). In der deutschsprachigen Unterrichtsforschung dominiert eine solche direkte Erfassung von Unterrichtsqualität; zum Teil wird in der entsprechenden Literatur sogar lediglich auf die Möglichkeit einer direkten Erfassung von Unterricht verwiesen (z. B. Clausen, 2002; Clausen, Reusser & Klieme, 2003; Gruehn, 2000; Helmke, 2009; Helmke & Schrader, 2008; Waldis, Grob, Pauli & Reusser, 2010).

Untersuchungen zu Unterrichtsprozessen unterscheiden sich u. a. hinsichtlich der Methodenwahl, d. h. ob sie hoch- oder niedrig-inferente Items einsetzen[9] sowie in Bezug auf den gewählten Beurteilungszeitraum. Auf beide Aspekte wird im Folgenden eingegangen.

Hoch- und niedrig-inferente Einschätzungen

Die Beurteilung von Unterricht kann mittels niedrig-inferenter Einschätzungen erfolgen. Solche Einschätzungen beziehen sich auf abzählbare Ereignisse und Merkmale, wie beispielsweise die Häufigkeit oder Dauer bestimmter Sozial-formen. Mittels niedrig-inferenter Einschätzungen werden daher Sichtstruktu-ren von Unterricht erfasst. Sollen Tiefenstrukturen von Unterricht erfasst werden (s. auch Kapitel 2.2.2), sind Schlussfolgerungen und Beurteilungen über das Sichtbare hinaus erforderlich. Solche Einschätzungen werden als hoch-inferent bezeichnet.

Niedrig-inferente Merkmale können in der Regel mit weniger Fehlervarianz erfasst werden als hoch-inferente Merkmale, da sie in geringerem Maß durch Beobachterfehler beeinflusst sind. Aus diesem Grund gibt es einige Autoren, die für die Erfassung von Unterrichtsqualität allein über niedrig-inferente Items plädieren (z. B. Soar, Medley & Coker, 1983). Niedrig-inferente Merk-male sind aber auch weniger bedeutsam für die Qualität von Unterricht (Clausen, 2002; Sommer, 2011). Der Einsatz von hoch- versus niedrig-inferenten Items ist daher abhängig vom Fokus der jeweiligen Untersuchung: Können interessierende Aspekte ohne Informationsverlust mittels niedrig-inferenter Einschätzungen erfasst werden, ist dies sicherlich von Vorteil. Viele bedeutsame Aspekte von Unterricht lassen sich aber nicht ausschließlich mittels Abzählen bestimmter Ereignisse erfassen. Der Einsatz von hoch-inferenten Ratings ist daher zur Erfassung der Tiefenstruktur von Unterricht unumgänglich.

Beurteilungszeitraum: Spezifische versus allgemeine Urteile

Unterrichtseinschätzungen können sich auf eine konkrete Unterrichtsstunde oder auf einen längeren Zeitraum beziehen (vgl. Helmke, 2009). Urteile über einen längeren Zeitraum bieten den Vorteil, dass sie die Variabilität zwischen einzelnen Unterrichtsstunden berücksichtigen. Die dafür notwendige, kumu-lative Urteilsbildung ist jedoch komplex und kann zu Verzerrungen führen (Helmke et al., 2010). Die Komplexität für die Einschätzungen ist deutlich

---

9   Neben hoch- und niedrig-inferenten Items, die jeweils ein geschlossenes Antwortformat aufweisen, kann Unterricht mit einer Vielzahl weiterer Methoden erfasst werden. Auf diese wird im Rahmen der vorliegenden Arbeit jedoch nicht näher eingegangen.

geringer, wenn konkrete Unterrichtsstunden beurteilt werden sollen. Allerdings ist diese Vorgehensweise mit dem Nachteil verbunden, dass einzelne Unterrichtsstunden Momentaufnahmen darstellen, die unter Umständen die Unterrichtsqualität von Lehrkräften nur unzureichend abbilden können (Calkins, Borich, Pascone, Kluge & Marston, 1997; Shavelson, Webb & Burstein, 1986). Welcher Zeitraum in konkreten Untersuchungen gewählt wird, hängt von den inhaltlichen Schwerpunkten und Interessen der jeweiligen Studie ab. Darüber hinaus ist die Wahl des Zeitraums aber auch von der verwendeten Datenquelle zur Erfassung von Unterrichtsqualität abhängig (s. Kapitel 3.4).

3.4   Drei zentrale Datenquellen: Lehrkräfte, Schüler und Beobachter

Ein spezifisches Charakteristikum der Messung von Unterrichtsqualität ist, dass Unterrichtsqualität nicht objektiv feststellbar ist: Die Qualität von Unterrichtsprozessen kann – im Gegensatz zur Qualität von Unterrichtsprodukten – lediglich anhand von Einschätzungen (Fremd- oder Selbsteinschätzungen) beurteilt werden. Für diese Beurteilungen bieten sich verschiedene Personengruppen an (z. B. Lehrkräfte, Schüler, geschulte Beobachter, Schulleitung, Schulaufsicht, Eltern). Die am häufigsten genannten und in empirischen Untersuchungen eingesetzten Gruppen sind die Lehrkräfte selbst, deren Schüler sowie geschulte Beobachter (Clausen, 2002; Ditton, 2002; Helmke, 2009; Turner & Meyer, 2000; Waldis et al., 2010). Für jede dieser drei Personengruppen werden diverse Vor- und Nachteile in Bezug auf ihre Eignung als Datenquelle zur Erfassung von Unterrichtsqualität diskutiert, auf die im Folgenden überblicksartig eingegangen wird. Ausführliche Auseinandersetzungen mit den unterschiedlichen Perspektiven auf Unterricht finden sich beispielsweise bei Clausen (2002), Helmke (2009) oder Turner und Meyer (2000).

3.4.1   Einschätzungen des eigenen Unterrichts durch Lehrkräfte

In einigen Untersuchungen schätzen Lehrkräfte die Qualität ihres eigenen Unterrichts ein. Die Eignung von Lehrereinschätzungen zu ihrem eigenen Unterricht wird folgendermaßen begründet: (a) Lehrkräfte sind aufgrund ihrer beruflichen Tätigkeit Experten für die Planung und Durchführung von Unterricht (Kunter & Baumert, 2006). (b) Eine angemessene Wahrnehmung des eigenen Unterrichts sowie die fortlaufende Überprüfung und Verbesserung der eigenen, damit verbundenen Handlungskompetenzen sind bedeutsame

Merkmale beruflicher Professionalität von Lehrkräften (Bromme, 1997; Gruber, 2004; Helmke & Schrader, 2008; Schwindt, 2008).

Einige Argumente sprechen jedoch auch gegen den Einsatz von Lehrerein-schätzungen zur Messung der Qualität von Unterricht: (a) Unterrichten ist ein äußerst komplexer Vorgang (Berliner, 2001; Bromme, 1992). So sind Lehrkräfte im Rahmen des Unterrichts in vielfältige Interaktionsprozesse eingebunden, die schnelle Wahrnehmungs- und Handlungsentscheidungen erfordern (Schweer & Thies, 2000; Schwindt, 2008) und es daher nicht ermöglichen, Unterricht in seiner Komplexität vollständig wahrzunehmen und zu verarbeiten. (b) Lehrkräfte können als Akteure im unterrichtlichen Geschehen ihre eigenen Handlungen im Nachhinein nicht losgelöst von ihrer Rolle beurteilen (vgl. die Forschung zu Actor-Observer-Differenzen; z. B. Jones & Nisbett, 1972; Storms, 1973). (c) Etliche Autoren verweisen zudem darauf, dass Lehrkräfte diverse Selbstwahrnehmungsverzerrungen aufweisen (zusammenfassend Clausen, 2002; s. auch Helmke, 2009; Terhart, 2006).[10]

Desimone und Kollegen (2010) sowie Porter (2002) ziehen unter Verweis auf Burstein und Kollegen (1995), Herman, Klein und Abedi (2000), Mayer (1999), McCaffrey und Kollegen (2001) sowie Spillane und Zeuli (1999) folgendes Fazit: Lehrereinschätzungen eignen sich vornehmlich als Informati-onsquelle in Bezug auf die Häufigkeit des Einsatzes von Unterrichtspraktiken, weniger hingegen für die Einschätzung der Qualität von Unterricht.

3.4.2 Schülerwahrnehmungen von Unterricht

In vielen Untersuchungen werden Schüler dazu aufgefordert, die Qualität des von ihnen erlebten Unterrichts einzuschätzen. In der Literatur finden sich daher entsprechend viele Auseinandersetzungen mit der Eignung von Schüler- bzw. Studentenratings für die Erfassung von Unterrichtsqualität (u. a. Chen & Watkins, 2010; Clausen, 2002; Costin, Greenough & Menges, 1971; Dickey, 2003; Ditton, 2002; Firth, 1979; Fraser, 1982; Gillmore & Greenwald, 1999; Greenwald, 1997; Kulik, 2001; Kunter & Baumert, 2006; Lenske, 2013; Lüdtke, Trautwein, Kunter & Baumert, 2006; Marsh, 1982; Marsh & Roche,

---

10 Clausen (2002) weist in diesem Zusammenhang jedoch darauf hin, dass Urteile von
    Lehrkräften über den eigenen Unterricht nicht nur als Selbsteinschätzungen zu sehen sind, da
    bei der Einschätzung von Unterricht nicht nur Lehrerverhaltensweisen, sondern beispielsweise
    auch Schüler-Schüler-Interaktionen beurteilt werden.

1997; McKeachie, 1997; Smith, 1979; Tom, Tong & Hesse, 2010; Wagner, 2008).[11]

In den genannten Publikationen werden folgende Gründe für die Verwendung von Schülerratings genannt: (a) die im Vergleich zu Beobachterdaten ökonomische Erhebungsweise und der damit verbundene geringere Kostenaufwand, (b) der im Vergleich zu Beobachterdaten mögliche längere Beurteilungszeitraum, (c) die Tatsache, dass Schülerratings reliabler sein dürften als Lehrer- oder Beobachterratings, da die Daten klassenweise aggregiert werden, sowie (d) die Überlegung, dass Schülerwahrnehmungen unter Umständen für das Lernen von Schülern relevanter sind als das beobachtbare Verhalten von Schülern.

Als Nachteile werden u. a. genannt: (a) das fehlende methodisch-didaktische Wissen von Schülern, (b) die Involviertheit der Schüler in das unterrichtliche Geschehen, (c) Unklarheiten in Bezug auf die zugrunde gelegten Bewertungskriterien und die Beurteilungsstichprobe sowie (d) Tendenzen sozialer Erwünschtheit gegenüber der Lehrkraft.

Als Fazit lässt sich festhalten: Zur Erfassung bestimmter Aspekte der Unterrichtsqualität (z. B. in Bezug auf das Unterrichtsklima) sind Schülereinschätzungen zu Unterricht sinnvoll. Deutlich begrenzt ist die Nutzbarkeit von Schülereinschätzungen aber, sobald für die Einschätzungen methodisch-didaktisches Wissen notwendig ist (z. B. bei einem Vergleich verschiedener Unterrichtsansätze, s. auch Kunter & Baumert, 2006). Aus diesem Grund wird in der Literatur oft auch von Schülerwahrnehmungen anstelle von Schülereinschätzungen von Unterrichtsqualität gesprochen (z. B. Clausen, 2002; Wagner, 2008).

3.4.3 Erfassung von Unterrichtsqualität durch externe Beobachter

Im Vergleich zur Lehrer- und Schülerperspektive werden Beobachterratings in der Unterrichtsforschung oft als „Königsweg" zur Erfassung von Unterrichtsqualität beschrieben (Helmke, 2009, S. 288; s. auch Clare, Valdés, Pascal & Steinberg, 2001; Pianta & Hamre, 2009; Petko, Waldis, Pauli & Reusser, 2003). In einigen Publikationen findet sich diese Erhebungsmethode sogar als konstitutiver Bestandteil der Definition von Unterrichtsforschung (Helmke, 2009; Klieme, 2006).

---

11 Etliche der genannten Studien beziehen sich auf die Einschätzungen von Studierenden und stellen damit keine Studien zu Schülerurteilen im engeren Sinne dar.

Basierend auf der Annahme, dass Beobachter durch das absolvierte Training
über eine hinreichende Beobachtungs- und Urteilskompetenz verfügen, wird
geschulten Beobachtern v. a. aus den folgenden Gründen eine hohe Expertise
zur Beurteilung von Unterrichtsqualität zugesprochen: (a) Beobachterratings
gelten als „the most direct way to measure instructional quality" (Clare et al.,
2001, S. 2; vgl. auch Pianta & Hamre, 2009; Walberg & Haertel, 1980). (b)
Die hohe Komplexität von Unterricht lässt sich mittels Beobachterratings am
angemessensten erfassen (Helmke, 2009; Petko et al., 2003). (c) Einige
Aspekte von Unterricht (v. a. in Bezug auf Lehrer-Schüler-Interaktionen)
lassen sich über Befragungen nicht erfassen, sondern erfordern Beobachtungen
(Burstein et al., 1995). (d) Lehrkräfte und Schüler sind als Akteure in das
Unterrichtsgeschehen involviert und können sich daher nicht uneingeschränkt
darauf konzentrieren zu beobachten; dem Urteil externer Beobachter wird
daher eine höhere Validität zugesprochen (Rakoczy, 2008; Waldis et al., 2010;
vgl. auch die Actor-Observer-Studien, z. B. Jones & Nisbett, 1972; Storms,
1973). (e) Da geschulte Beobachter in der Regel eine große Anzahl an
Unterrichtsstunden einschätzen, verfügen sie in einem höheren Ausmaß über
Vergleichsmöglichkeiten zwischen Lehrkräften als die Lehrkräfte selbst oder
Schüler (Clausen, 2002; Rakoczy, 2008).

Als Gründe gegen den Einsatz von Beobachterratings werden angesprochen
(z. B. Clausen, 2002; Kunter, 2005; Lüdtke, 2009; Seidel et al., 2006; Waldis
et al., 2010): (a) Der hohe Kostenaufwand, (b) der im Vergleich zur Langzeitperspektive von Schülern und Lehrern nur geringe Beobachtungszeitraum,
(c) mögliche Reaktivitätseffekte auf Seiten der Lehrkräfte und/oder Schüler
durch das Vorhandensein eines Beobachters bzw. einer Kamera und (d) die
einem Beobachter in der Regel fehlenden Informationen über den Klassenkontext und die einzelnen Schüler.

Die potentiellen Nachteile von Beobachterratings zur Erfassung von Unterrichtsqualität werden in der Literatur an vielen Stellen als weniger schwerwie-
gend gewertet als die Nachteile von Lehrer- und Schülerratings (z. B. Clare
et al., 2001; Helmke, 2009; Rakoczy, 2008). Entsprechend spielen Beobachterratings seit den Anfängen der Unterrichtsforschung eine große Rolle für
dieselbe: Ein Großteil der Befunde im Rahmen des Prozess-Produkt-Paradigmas basiert auf solchen Beobachterratings (Berliner, 2005; Brophy, 2006;
Clausen, 2002; Pauli, 2008). Auch Ratings von externen Beobachtern können
jedoch deutliche Verzerrungen aufweisen (s. Kapitel 4).

4 Rater-Bias bei der Beurteilung von Unterrichtsqualität durch externe Beobachter

Inwiefern Ratings Verzerrungen durch Rater aufweisen, wurde in Studien der unterschiedlichsten Forschungsbereiche untersucht (z. B. Leistungsmessung oder Assessment-Center). Im Folgenden wird zunächst darauf eingegangen, was in diesen Studien unter Rater-Bias verstanden wird (Kapitel 4.1). Anschließend folgt eine Übersicht dazu, welche Arten von Rater-Bias sich unterscheiden lassen (Kapitel 4.2). In welchem Ausmaß Rater-Bias in bisherigen Studien auftritt, wird nachfolgend thematisiert (Kapitel 4.3) – zum einen für Ratings im Allgemeinen und zum anderen für Ratings im Bereich der Unterrichtsforschung. Abschließend wird auf mögliche Ursachen von Rater-Bias eingegangen (Kapitel 4.4).

4.1 Definition von Rater-Bias

Unter Rater-Bias – auch als Rater-Fehler, Rater-Verzerrungen oder Rater-Effekte bezeichnet (Myford & Wolfe, 2003) – wird der Anteil an Ratings verstanden, der durch die Rater bedingt ist und nicht durch das einzuschätzende Merkmal selbst (z. B. Hoyt, 2000; Lumley & McNamara, 1995; Schaefer, 2008).

Operationalisiert wird Rater-Bias in der Regel als Abweichung individueller Raterwerte von einem Standard. Dieser Standard ist bei vielen Rater-Effekten die über alle Rater gemittelte Einschätzung des jeweiligen Ratinggegenstands; Rater-Bias ist daher meist über Nicht-Übereinstimmungen zwischen Ratern definiert (Hoyt, 2000; Wolfe, 2004) und stellt somit eine Einschränkung hinsichtlich der Reliabilität von Ratings dar.

Einige Autoren (z. B. Cronbach, Gleser, Nanda & Rajaratnam, 1972; Hoyt, Warbasse & Chu, 2006; Pietsch & Tosana, 2008) weisen zudem darauf hin, dass Rater-Bias auch eine Einschränkung der Validität darstellt. Begründet wird dies damit, dass die in den Daten vorhandenen Verzerrungen durch Rater merkmalsunabhängige Varianz in den Daten darstellen und damit die Validität der Daten einschränken (Hoyt & Kerns, 1999; Pietsch & Tosana, 2008; Tiffin-Richards, Pant & Köller, 2013).

4.2   Arten von Rater-Bias

Messfehler im Kontext von Ratings definieren sich als Abweichungen
zwischen der gegebenen Antwort und dem entsprechenden true score (Groves,
Fowler, Couper, Lepkowski & Singer, 2009). Im Rahmen der klassischen
Testtheorie wird angenommen, dass der Messfehler unsystematisch (d. h.
unabhängig von der Merkmalsausprägung des jeweiligen Untersuchungsobjekts[12]) und damit zufällig ist (Eid et al., 2011; Lord & Novick, 1968). Solche
unsystematischen Messfehler auf Seiten der Rater können beispielsweise durch
situationale Faktoren wie Müdigkeit oder räumliche Gegebenheiten bedingt
sein (Lunz, Stahl & Wright, 1994).

Murphy und DeShon (2000) kritisieren, dass Rater-Effekte in einigen Studien
generell als unsystematische Messfehler angenommen werden, auch wenn dies
aus Sicht aktuellerer psychometrischer Annahmen zu Ratings, wie sie beispielsweise im Rahmen der G-Theorie (s. auch Kapitel 6) getroffen werden,
nicht adäquat erscheint (für eine Gegenposition siehe Schmidt, Viswesvaran &
Ones, 2000). In Ratings sind demnach neben unsystematischen Rater-Fehlern
auch *systematische Rater-Fehler* zu erwarten.

4.2.1   Vier prominente Rater-Effekte

Je nach Veröffentlichung werden zwischen zwei und vier Effekte als
besonders prominente systematische Rater-Fehler genannt (Hoyt, 2000; Hoyt
& Kerns, 1999; Myford & Wolfe, 2003; Saal, Downey & Lahey, 1980; Wolfe,
2004): (a) Milde-/Strenge-Fehler, (b) Halo-Effekte, (c) zentrale Tendenzen und
(d) Einschränkungen des Range. Auf alle vier Rater-Fehler soll im Folgenden
eingegangen werden.

Strenge-/Milde-Effekte

Strenge-/Milde-Effekte stellen Wolfe (2004) zufolge die am häufigsten
untersuchten Rater-Effekte dar. Diese Effekte treten in ihrer Reinform dann
auf, wenn Rater zwar dasselbe Kriterium für ihre Einschätzungen verwenden,
das durchschnittliche Rating sich jedoch in seiner Ausprägung unterscheidet.[13]
Milde Rater weisen dann im Mittel überdurchschnittliche Werte auf, strenge
Rater unterdurchschnittliche Werte. Eine solche Verschiebung von Messwer-

---

12 Im Folgenden wird für den einzuschätzenden Gegenstand bzw. die einzuschätzende Person der
    Begriff (Untersuchungs-)Objekt verwendet, weil dieser sowohl Personen als auch
    Gegenstände umfasst.
13 Dieses Verständnis von Strenge-/Milde-Effekten ist mittlerweile das populärste. Daneben
    existieren jedoch weitere Konzipierungen (zusammenfassend Saal, Downey & Lahey, 1980).

ten im Niveau ist unkritisch, wenn Messungen normorientiert verwendet werden: In einem solchen Fall spielt lediglich die Rangreihe, nicht jedoch die absolute Höhe der Messwerte eine Rolle. Bei kriteriumsorientierten Messungen hingegen führen Strenge-/Milde-Effekte zu einer kritischen Veränderung der Interpretation von Messwerten (Wolfe, 2004).

Deutliche Unstimmigkeiten existieren im Hinblick auf die empirische Bestimmung von Strenge-/Milde-Effekten. Die Vorgehensweise zur Bestimmung der Effekte wird zwischen Studien so unterschiedlich vorgenommen, dass ein Vergleich der Effekte zwischen Studien nur sehr begrenzt möglich ist (Saal et al., 1980; Hoyt & Kerns, 1999). Hoyt und Kerns (1999) schlagen die Bestimmung von Strenge-/Milde-Effekten über Varianzkomponenten vor. Im Falle einer Varianzzerlegung von Ratings im Kontext der G-Theorie entspricht der Haupteffekt der Rater dem Strenge-/Milde-Effekt (Brennan, 2001a; Hoyt, 2000; Hoyt & Kerns, 1999; Shavelson & Webb, 1991; s. auch Kapitel 6).

Um Strenge-/Milde-Effekte in Untersuchungen zu minimieren, schlagen Myford und Wolfe (2003) vor, die einzuschätzenden Dimensionen klar zu definieren und nach Möglichkeit Ankerbeispiele für die entsprechenden Antwortkategorien vorzugeben. Bortz und Döring (2006) weisen zudem darauf hin, dass eine Minimierung von Rater-Effekten auch dadurch erreicht werden kann, wenn Rater auf deren Existenz hingewiesen werden.

Halo-Effekte

Neben Strenge-/Milde-Effekten wird auch der Halo-Effekt vielfach untersucht (Hoyt, 2000; Hoyt & Kerns, 1999). Dieser Effekt besagt, dass die Einschätzungen einer Person in Bezug auf konzeptuell unterschiedliche Dimensionen teilweise deutlich höher zusammenhängen als aufgrund der Ähnlichkeit der Dimensionen zu erwarten wäre. In der Regel wird dieser Effekt auf den generellen Eindruck zurückgeführt, den ein Rater von dem einzuschätzenden Objekt hat (Lance, LaPointe & Fisicaro, 1994).[14]

Ähnlich wie bei den Strenge-/Milde-Effekten wird die empirische Bestimmung des Halo-Effekts in den diversen Untersuchungen sehr unterschiedlich vorgenommen und ist damit nur schwer zwischen Studien vergleichbar (Hoyt & Kerns, 1999; Lance & Woehr, 1986). Murphy, Jako und Anhalt (1993)

---

14 Neben dieser Erklärungsmöglichkeit unterscheiden Fisicaro und Lance (1990) zwei weitere Erklärungsmöglichkeiten: (a) Eine Dimension wird von dem entsprechenden Rater als besonders hervorstechend wahrgenommen. Dadurch werden alle anderen Dimensionseinschätzungen beeinflusst (*salient dimension halo*). (b) Ratern gelingt es nicht, unterschiedliche Dimensionen konzeptuell hinreichend voneinander zu trennen (*inadequate discrimination halo*).

kritisieren, dass zur Bestimmung von Halo-Effekten oftmals Annahmen herangezogen werden, die empirisch nicht hinreichend fundiert sind. So ist beispielsweise rein empirisch nicht feststellbar, welcher Anteil an Korrelationen zwischen Merkmalen auf tatsächliche Zusammenhänge zwischen diesen Merkmalen zurückzuführen ist (*true halo*) und welcher Anteil eine künstliche Erhöhung der Zusammenhänge darstellt, die durch Rater-Fehler bedingt ist (*invalid halo*). Murphy und Kollegen (1993) postulieren daher, dass die Bestimmung von Halo-Effekten nur mittels theoretischer Annahmen im Sinne eines nomologischen Netzwerks (Cronbach & Meehl, 1955) möglich ist.

Zur Reduktion von Halo-Effekten schlagen Myford und Wolfe (2003) vor, dass Forscher sicherstellen sollten, dass die einzuschätzenden Dimensionen sorgfältig definiert werden und dass Unterschiede zwischen den einzuschätzenden Dimensionen hinreichend deutlich gemacht werden.

Zentrale Tendenzen

Zentrale Tendenzen stellen eine weitere prominente Form des Rater-Bias dar. Dieser Bias wird seltener thematisiert als Halo-Effekte oder Strenge-/Milde-Effekte und wurde empirisch bislang kaum überprüft (Saal et al., 1980; Wolfe, 2004). Zentrale Tendenzen entstehen dadurch, dass Rater die Extrema der Antwortkategorien in unterschiedlichem Ausmaß nutzen (Wolfe, 2004). Zentrale Tendenzen sollten v. a. dann auftreten, wenn Rater sich bei ihren Einschätzungen nicht sicher sind (Pietsch & Tosana, 2008) oder wenn Rater Personen einschätzen, die sie nicht oder nicht gut kennen (Bortz & Döring, 2006; Myford & Wolfe, 2003).

Myford und Wolfe (2003) schlagen zur Reduktion von zentralen Tendenzen vor, Ratern Ankerbeispiele für die Antwortkategorien vorzulegen, so dass ihnen die Bedeutung der einzelnen Antwortkategorien hinreichend klar ist und es ihnen leichter fällt, zwischen unterschiedlichen Ausprägungen der einzuschätzenden Dimensionen zu unterscheiden.

Einschränkungen des Ranges

Einschränkungen des Ranges stellen eine Kombination der beiden Rater-Effekte zentrale Tendenzen und Milde-/Strenge-Effekte dar (Saal et al., 1980; Wolfe, 2004). Dieser Effekt wurde bislang, ähnlich wie zentrale Tendenzen, empirisch nur selten untersucht.

Zur Reduktion von Einschränkungen des Ranges schlagen Myford und Wolfe (2003) analog zum Effekt der zentralen Tendenz vor, Ratern Ankerbeispiele für die Antwortkategorien vorzulegen.

4.2.2   Weitere Komponenten von Rater-Bias

Die oben genannten Rater-Effekte werden in der Regel als Effekte angenommen, die einen Rater über unterschiedliche Einschätzungen hinweg charakterisieren. Darüber hinaus existieren jedoch auch Rater-Effekte, die auf spezifische Wahrnehmungen von Ratern in Bezug auf einzelne Objekte (Rater-Target-Interaktionen), einzelne Dimensionen (Rater-Trait-Interaktionen), einzelne Items (Rater-Item-Interaktionen) oder einzelne Messzeitpunkte (Rater-Messzeitpunkt-Interaktionen) zurückzuführen sind (Hoyt, 2000; Hoyt & Kerns, 1999; s. auch Salvia & Meisel, 1980). Solche Interaktionen sind deutlich problematischer als die zuvor genannten Effekte, da sie durch den Einsatz herkömmlicher Methoden zur Bestimmung der Zuverlässigkeit von Ratings (z. B. Interraterreliabilität) nicht empirisch bestimmt werden können (Hoyt, 2000). Dies ist vermutlich auch ein entscheidender Grund dafür, warum diese Effekte bislang nur wenig untersucht wurden.

4.3   Ausmaß von Rater-Bias

Um sichergehen zu können, dass die in Untersuchungen erhaltenen ratingbasierten Ergebnisse sinnvoll interpretierbar sind, ist es unumgänglich zu bestimmen, in welchem Ausmaß die Ergebnisse durch Rater-Bias verzerrt sind: „Unless some control for differences among judges is implemented, decisions are irrevocably tied to the judges who made them and the opportunity for decision reproducibility is compromised" (Lunz et al., 1994, S. 915). Aus diesem Grund werden in Studien, die Ratings einsetzen, standardmäßig Koeffizienten berichtet, die Auskunft darüber geben, wie zuverlässig die zugrundeliegenden Ratings sind. Es existieren verschiedene Koeffizienten, die Angaben zur Reliabilität von Ratings machen (z. B. Cohens κ, Intraklassenkoeffizient ICC, Kendalls τ). Ein Nachteil dieser Koeffizienten ist, dass sie nicht flexibel sind und lediglich Aussagen über die Reliabilität in Bezug auf ein einzelnes Merkmal der Messung (z. B. Rater oder Items) machen können. Ein weiterer Nachteil der genannten Koeffizienten ist, dass sie über den Koeffizienten hinaus keine weiteren Informationen über das Ausmaß und die Ursachen der in den Daten enthaltenen Verzerrungen ermöglichen. Um diese Nachteile zu umgehen, haben Cronbach und Kollegen (1972) die Generalisierbarkeitstheorie (G-Theorie) entwickelt. Mittels dieser Theorie ist es möglich, die Varianz in Ratings in unterschiedliche Anteile zu zerlegen und so zu bestimmen, welcher Varianzanteil in Ratings auf den zu messenden Gegenstand, auf die Rater, auf die Items sowie ggf. weitere Merkmale der Messung zurückzuführen ist (für weitere Informationen zur G-Theorie siehe Kapitel 6). Aufgrund ihrer nützlichen Eigenschaften zur Identifikation der Zuverlässigkeit von Ratings wird die G-Theorie in den letzten Jahren vielfach zur Untersu-

chung von Rater-Bias in unterschiedlichen Bereichen eingesetzt. Die diesbezüglichen Befunde werden im Folgenden zunächst für Ratings im Allgemeinen
(Kapitel 4.3.1) und anschließend für Ratings im Bereich der Unterrichtsforschung (Kapitel 4.3.2) dargestellt.

4.3.1 Rater-Bias in der empirischen Forschung

Hoyt und Kerns (1999) fassten in ihrer Metaanalyse Ergebnisse zur Zuverlässigkeit von Ratings in Untersuchungen unterschiedlicher Forschungsbereiche
(z. B. Psychotherapie oder Leistungsmessung) zusammen. Die Autoren stellten
fest, dass im Mittel über alle 79 einbezogenen Untersuchungen 37% der
Varianz in den Ratings auf Rater-Bias zurückzuführen ist. Hoyt und Kerns
(1999) halten in ihrer Metaanalyse auf Basis von Moderatoranalysen
(s. Kapitel 4.4) fest, dass das Ausmaß an Rater-Bias nicht über Forschungsbereiche und Gegenstände hinweg generalisierbar ist und daher jeweils spezifisch
untersucht werden sollte.

4.3.2 Rater-Bias in der Forschung zu Unterrichtsqualität

Dass die Thematik von Rating-Verzerrungen durch Rater auch für den Bereich
der Unterrichtsforschung eine hohe Relevanz hat, wird vereinzelt thematisiert.
So schreiben Waxman und Kollegen (2004) beispielsweise, dass die Reliabilität und Validität vorrangige Probleme für die Unterrichtsbeobachtung darstellen. Calkins und Kollegen (1997) sowie Shavelson und Dempsey-Atwood
(1976) thematisieren die Problematik, dass die inkonsistenten Zusammenhänge
zwischen Unterrichtsvariablen und Schülerleistungen möglicherweise auch auf
die Unreliabilität der Messung der Unterrichtsvariablen zurückzuführen ist.
Soar, Medley und Coker (1983) weisen darauf hin, dass Lehrer- bzw. Unter-
richtbeurteilungen bei unzuverlässigen Ratings negative Folgen nach sich
ziehen können.

Im Vergleich zu anderen Forschungsbereichen existieren bislang in der
Unterrichtsforschung allerdings nur wenige Untersuchungen, die sich mit
Rater-Bias bei der Messung von Unterrichtsqualität auseinandersetzen. Calkins
und Kollegen (1997) schreiben in diesem Zusammenhang: „Of the several
factors that can cause a behavioral measure to be unreliable, variation in the
conditions of observation is perhaps most frequently overlooked" (Calkins
et al., 1997, S. 10).

Shavelson und Dempsey-Atwood (1976) verweisen darauf, dass Interrater-
übereinstimmungen als einziger Indikator für die Reliabilität von Ratings nicht
hinreichend sind. Hill und Kollegen (2012) bestätigen dies empirisch: Im

Rahmen der von ihnen durchgeführten G-Analysen wiesen einige Items problematische Eigenschaften auf, die über prozentuale Interraterübereinstimmungen unauffällig waren und vice versa. Die Autoren empfehlen, anstelle von herkömmlichen Interraterübereinstimmungsmaßen auf die G-Theorie zurückzugreifen. Die G-Theorie findet im Bereich der Unterrichtsforschung allerdings bislang eher selten Anwendung. Die vorhandenen Studien fokussieren v. a. auf Schüler- oder Studierendeneinschätzungen von Unterricht (z. B. Barnes & Barnes, 1993; Crooks & Kane, 1981; Gillmore, Kane & Smith, 1983). Nur wenige Studien sind hingegen zu Unterrichtsbeobachtungsratings zu finden. Alle diese Studien beziehen sich auf trainierte Rater, wie dies für den Bereich der Unterrichtsforschung üblich ist. Von diesen wenigen Studien, die auf die G-Theorie zurückgreifen, berichten einige (z. B. Hugener et al., 2009) lediglich G-Koeffizienten (diese können wie Reliabilitätskoeffizienten der klassischen Testtheorie interpretiert werden), weiterführende Informationen zu den einzelnen Varianzanteilen werden jedoch nicht berichtet.

Eine Übersicht über das Design und die Ergebnisse der Studien, die solche Varianzanteile berichten, findet sich in Tabelle 1. Für die Untersuchung von Rater-Bias bei der Einschätzung von Unterrichtsqualität weisen diese Studien jedoch Nachteile auf:

(1) Unterschiedliche Item-Interpretationen von Ratern werden als eine der Hauptursachen für Rater-Bias angesehen (z. B. Hoyt, 2000; Myford & Wolfe, 2003; Pietsch & Tosana, 2008). Diese unterschiedlichen Interpretationen lassen sich im Kontext der G-Theorie über den Interaktionseffekt zwischen Ratern und Items abbilden (s. auch Kapitel 6). In drei der fünf in Tabelle 1 aufgeführten Studien (Clausen et al., 2003; Kobarg & Seidel, 2005; Newton, 2010) ist die Bestimmung einer solchen Interaktion aufgrund des gewählten Designs nicht möglich. In den Daten potentiell vorhandene Fehleranteile im Hinblick auf unterschiedliche Item-Interpretationen können demnach in diesen Studien nicht identifiziert werden.

(2) In der Studie von Pietsch und Tosana (2008) wurden Livebeobachtungen durch Schulinspektoren zur Einschätzung von Unterrichtsqualität eingesetzt. Aus diesem Grund wurde in dieser Studie jede Unterrichtsstunde nicht von allen 14 Ratern, sondern jeweils durch zwei Rater eingeschätzt. In der Terminologie der G-Theorie sind daher in dieser Studie Unterrichtsstunden in Rater geschachtelt. Dies ermöglicht es nicht, die Varianz, die auf unterschiedliche Wahrnehmungen der Unterrichtsstunden durch die Rater zurückzuführen ist, eindeutig von derjenigen Varianz zu trennen, die alleinig auf Unterschiede in den Unterrichtsstunden zurückgeht.

(3) In der Studie von Newton (2010) handelt es sich bei den Beobachtern und bei den Ratern nicht um dieselben Personen. In das Design konnten in einem nächsten Schritt lediglich die Rater aufgenommen werden, so dass der Anteil an Varianz, der durch die Beobachter verursacht wurde, nicht bestimmt werden kann.

(4) Matsumura und Kollegen (2002) verwenden Aufgaben als Indikatoren für Unterrichtsqualität. Diese stellen keine direkte Messung von Unterrichtsqualität dar (s. Kapitel 3.3) und ermöglichen daher keine Aussagen zu Rater-Bias bei Unterrichtsbeobachtungen.

Tabelle 1: Überblick über Generalisierbarkeitsstudien zur Untersuchung von Beobachterratings zu Unterrichtsqualität

Studie	Messgegenstand	Design	Ergebnisse			
			universe score[a] (%)	Rater-Effekte (%)	Eρ^2	Φ
Clausen et al. (2003)	Fachübergreifende Unterrichtsqualität	Ein-Facetten-Design mit Zufallseffekten und einem festen Effekt: Rater × Unterrichtsstunden; Kurzskalen sind fixiert	10 - 77	0 - 41	.41 - .94	.31 - .93
Kobarg & Seidel (2005)	Qualität von Lehrerhandeln in Physik	Ein-Facetten-Design mit Zufallseffekten und einem festen Effekt: Rater × Unterrichtsstunden; Kurzskalen sind fixiert	5 - 78	0 - 34	.13 - .88	–
Matsumura et al. (2002)	Qualität von Aufgaben	Vollständig gekreuztes Zwei-Facetten-Design mit Zufallseffekten: Lehrkräfte × Rater × Aufgabenart	16 - 57	11	.46 - .88	–
Newton (2010)	Qualität von Lehrerhandeln in Mathematik	Vollständig gekreuztes Zwei-Facetten-Design mit Zufallseffekten: Lehrkräfte × Rater × Messzeitpunkte	35 - 39	11 - 15	.67 - .73	.63 - .69
Pietsch & Tosana (2008)	Fachübergreifende Unterrichtsqualität	Teilweise genestetes Zwei-Facetten-Design mit Zufallseffekten: (Rater genestet in Unterrichtsstunden) × Items	25[b]	9	.92	–

Anmerkungen. Eρ^2 = relativer G-Koeffizient; Φ = absoluter G-Koeffizient; „–" = Die Daten wurden in der entsprechenden Publikation nicht berichtet.
Die prozentualen Anteile der Studien sind nicht direkt vergleichbar, da sie auf unterschiedlichen Designs basieren.
[a]Der universe score ist vergleichbar mit dem true score der klassischen Testtheorie (s. Kapitel 6).
[b]Diese Varianzkomponente ist ein in Rater genesteter Effekt und kann daher nicht eindeutig im Sinne eines universe score interpretiert werden.

4.4 Ursachen von Rater-Bias

Rater-Bias kann den in Kapitel 4.3 aufgeführten Untersuchungen zufolge zum Teil ein sehr hohes Ausmaß annehmen. Was reinen Untersuchungen zum Ausmaß an Rater-Bias fehlt, sind Erkenntnisse dazu, wie Rater-Bias zustande kommt. Hierfür kann das PERSON-Modell von Kenny (2004) hilfreich sein: Auf Basis dieses Modells lassen sich Faktoren identifizieren, die in Zusammenhang mit dem Ausmaß an Rater-Bias stehen (Kapitel 4.4.1). Über diese Faktoren hinaus lassen sich weitere Merkmale identifizieren, die einen Einfluss auf Rater-Bias aufweisen (z. B. situationale Merkmale; Kapitel 4.4.2). Auch der Urteilsprozess von Ratern kann eine Ursache von Rater-Bias sein (Kapitel 4.4.3).

4.4.1 Das PERSON-Modell

Um zu erklären, in welchem Ausmaß Personen in ihren Urteilen übereinstimmen, bietet sich das PERSON-Modell von Kenny (2004) an. Dieses Modell wurde zur Erklärung von Unterschieden in der interpersonellen Wahrnehmung in Bezug auf Persönlichkeitsmerkmale entwickelt. Im Modell werden sechs Komponenten unterschieden: *P*ersonality, *e*rror, *r*esidual, *s*tereotype, *o*pinion und *n*orm. Kenny (2004) nimmt an, dass sich Einschätzungen von Personen aus zwei Informationsquellen speisen: der physischen Erscheinung von Personen und dem Verhalten von Personen. Die sechs Komponenten des Modells können diesen beiden Quellen zugeordnet werden (s. auch Tabelle 2). Relevante Informationen für die einzuschätzende Dimension, die alleinig auf der physischen Erscheinung von Personen beruhen, werden als *stereotype* bezeichnet, wenn sich verschiedene Urteiler in Bezug auf die Relevanz dieser Eigenschaft für die einzuschätzende Dimension einig sind, und als *residual*, wenn hierbei keine Einigkeit zwischen Ratern besteht. Relevante Informationen für die einzuschätzende Dimension, die auf Verhaltensweisen zurückgeführt werden können, die das Untersuchungsobjekt in konsistenter Weise zeigt, werden als *personality* bezeichnet, wenn sich verschiedene Urteiler in Bezug auf die Relevanz für die einzuschätzende Dimension einig sind, und als *opinion*, wenn diesbezüglich keine Einigkeit besteht. Relevante Informationen für die einzuschätzende Dimension schließlich, die auf Verhaltensweisen zurückgeführt werden, die das Untersuchungsobjekt in inkonsistenter Weise zeigt, werden als *norm* bezeichnet, wenn sich verschiedene Urteiler einig sind in Bezug auf die Relevanz dieser Information für die einzuschätzende Dimension, und als *error*, wenn sie sich diesbezüglich nicht einig sind.

Tabelle 2:   Die sechs Komponenten des PERSON-Modells

Informationsquelle	Geteilte Wahrnehmung	Ungeteilte Wahrnehmung
Kategoriale Information		
Physische Erscheinung	stereotype (s)	residual (r)
Verhaltensinformationen		
Konsistent über Verhaltensweisen	personality (p)	opinion (o)
Inkonsistent über Verhaltensweisen	norm (n)	error (e)

Anmerkung. Die Tabelle ist angelehnt an die Darstellung des PERSON-Modells von Kenny (2004) in Hoyt (2007).

Unter Bezug auf Kenny (2004) leitet Hoyt (2007) vier Merkmale der Ratingsituation ab, die beeinflussen, in welchem Ausmaß die Komponenten der geteilten Wahrnehmung oder aber jene der ungeteilten Wahrnehmung auftreten: *Acquaintance, overlap, consistency* und *shared meaning systems.*

Acquaintance sagt aus, in welchem Ausmaß ein Rater Gelegenheit hatte, das entsprechende Untersuchungsobjekt zu beobachten und damit das verfügbare Ausmaß an Verhaltensinformationen über das Objekt. Entgegen den ursprünglichen theoretischen Annahmen zeigte sich in empirischen Studien oftmals kein Anstieg in der Übereinstimmung zwischen Urteilen mit steigender Bekanntschaft (zusammenfassend Kenny, 2004; für einen gegenteiligen Befund siehe Letzring, Wells & Funder, 2006). In der bereits erwähnten Metaanalyse von Hoyt und Kerns (1999) ist der Rater-Bias sogar höher, wenn sich Rater und Objekt zuvor kannten. Hoyt (2007) zufolge kann das höhere Ausmaß an Rater-Bias bei acquaintance folgendermaßen begründet werden: (a) Wenn Rater nur die Objekte einschätzen, die sie kennen, entstehen genestete Designs (= Schachtelung von Objekten in Ratern, s. auch Kapitel 6), da nicht jeder Rater jedes Objekt einschätzt. Ratings aus genesteten Designs sind oft stärker fehlerbehaftet als Ratings aus vollständig gekreuzten Designs, Designs also, in dem jeder Rater jedes Objekt einschätzt (s. auch den Moderator overlap im nächsten Absatz). (b) Die Durchführung eines Rater-Trainings ist beim Einsatz genesteter Designs aus praktischen Gründen häufig nicht möglich.

Mit *overlap* wird beschrieben, in welchem Ausmaß unterschiedliche Rater für ihr Urteil auf dieselbe Verhaltensstichprobe des Untersuchungsobjekts zurückgreifen. Die theoretische Annahme hinter diesem Parameter ist, dass der Bezug auf dieselbe Verhaltensstichprobe zu einer höheren Übereinstimmung zwischen Urteilen führen sollte. Kenny, Albright, Malloy und Kashy (1994) zufolge ist eine solche Überschneidung daher auch eine zentrale Einflussgröße für Urteilerübereinstimmungen. Dies lässt sich auch empirisch bestätigen: So findet sich in der Metaanalyse von Hoyt und Kerns (1999) ein deutlicher Effekt zugunsten einer kompletten Überschneidung gegenüber einer partiellen Überschneidung sowie einer nicht vorhandenen Überschneidung im Hinblick auf das Ausmaß an Rater-Bias. In dem Review von Kenny und Kollegen (1994) sowie in der Studie von Sullivan (1995, zit. nach Kenny, 2004) lässt sich Kenny (2004) zufolge hingegen lediglich ein kleiner Effekt zugunsten einer kompletten Überschneidung finden.

Consistency bezieht sich auf das Ausmaß, in dem das Objekt konsistente Verhaltensweisen an den Tag legt. Insbesondere dann, wenn keine komplette Überschneidung zwischen Ratern gegeben ist, Verhaltensweisen nur selten auftreten oder Verhalten in unterschiedlichen Situationen beobachtet wird, sollten inkonsistente Verhaltensweisen dazu führen, dass Rater das Objekt unterschiedlich beurteilen (Hoyt, 2007). Hoyt (2007) vermutet darüber hinaus, dass internalisierende Verhaltensweisen schlechter beobachtbar und damit inkonsistenter sind als externalisierende Verhaltensweisen.

Shared meaning systems schließlich meint die Frage danach, in welchem Ausmaß Rater auf Basis derselben Verhaltensstichprobe auch dieselben Schlussfolgerungen ziehen. Empirischen Befunden zufolge können Rater trotz derselben Verhaltensstichprobe zu sehr unterschiedlichen Schlussfolgerungen kommen (z. B. Mohr & Kenny, 2006, zit. nach Hoyt, 2007) und dies insbesondere bei hoch-inferenten Ratings (zusammenfassend Hoyt & Kerns, 1999). Rater-Trainings sollten dazu dienen, ein shared meaning system herzustellen, indem Rater u. a. durch die Vorgabe klarer Definitionen von Items und Skalen darin geschult werden, die Ratingskala so zu verwenden, wie dies von den jeweiligen Forschern intendiert ist (Hoyt, 2007; Salvia & Meisel, 1980). Entsprechend zeigt sich auch in der Meta-Analyse von Hoyt und Kerns (1999), dass Rater, die nicht oder mit einer Dauer von weniger als fünf Stunden trainiert werden, einen deutlich höheren Rater-Bias aufweisen als Rater, die ein Training mit mehr als fünf Stunden Dauer durchlaufen haben.

4.4.2   Weitere Einflussfaktoren

Über die soeben genannten Variablen hinaus unterscheiden Hoyt und Kerns (1999) in ihrer Metaanalyse zwei weitere Einflussfaktoren für Rater-Bias. In Bezug auf die *Art der Ratings* fassen die Autoren zusammen, dass hoch-inferente Ratings mit deutlich höheren Anteilen an Rater-Bias verbunden sind als niedrig-inferente Ratings. Darüber hinaus spielt die *Art des Beobachtungs-*

gegenstands eine Rolle: Es findet sich ein deutlich höherer Rater-Bias für Beobachtungen von Personen als für die indirekte Einschätzung von Personen (z. B. basierend auf Antworten in einem Test) oder die Einschätzung von Gegenständen (z. B. Aufgaben).

Neben den bislang behandelten, überdauernden Ursachen für Rater-Bias können auch situationsspezifische Merkmale (z. B. die Tagesform der Rater) Einfluss auf Ratings nehmen. Solche situationalen Einflussfaktoren sind in Querschnitts-Untersuchungen mit überdauernden Rater-Effekten konfundiert (Murphy & De Shon, 2000). Congdon und McQueen (2000) weisen auf die hohe Bedeutung solcher situationalen Einflüsse hin: Die zeitliche Stabilität von Ratings ist den Autoren zufolge eine notwendige – wenngleich auch nicht hinreichende – Voraussetzung für die Akkuratheit von Ratings. Zeitliche Invarianz ist den Autoren zufolge demnach beim Einsatz von Ratings nicht nur in Bezug auf Items, sondern auch in Bezug auf Rater notwendig. Trotz der hohen Bedeutung situationaler Einflüsse für die Interpretation von Ratings existieren bislang nur wenige empirische Untersuchungen zur zeitlichen Stabilität von Ratings (Brennan, 2000, 2001a; Shavelson, Baxter & Gao, 1993; Webb, Schlackman & Sugrue, 2000). In den vorhandenen Untersuchungen findet sich – je nach Inhaltsbereich – ein sehr unterschiedliches Ausmaß an zeitlicher Stabilität (s. auch Kapitel 9). In einer Untersuchung von Finn (2007) mit Testkäufern sind die Ratings beispielsweise sehr instabil über die Zeit, während die Ratings in Bezug auf Fallsimulationen im medizinischen Bereich in einer Untersuchung von Clauser, Clyman und Swanson (1999) sehr zeitstabil sind.

4.4.3   Der Urteilsprozess von Ratern

Studien im Rahmen der kognitiven Surveyforschung zeigen, dass auch der Urteilsprozess von Personen eine bedeutsame Ursache für Unterschiede bei der Beantwortung von Items sein kann (für einen Überblick siehe Bradburn, 2004). Dass auch der Ratingprozess geschulter Beobachter fehleranfällig ist, wird klar, wenn man sich verdeutlicht, an welchen Stellen des Ratingprozesses Unterschiede zwischen Ratern auftreten können. Myford und Wolfe (2003) beispielsweise nennen in diesem Zusammenhang: (a) Unterschiede in der Beobachtung, (b) Unterschiede in der Expertise zur Interpretation des Beobachteten und (c) Unterschiede in der Bewertung und Interpretation des Beobachteten (vgl. auch Murphy & De Shon, 2000; Podsakoff, MacKenzie, Lee & Podsakoff, 2003; Salvia & Meisel, 1980; Woolley, Bowen & Bowen, 2004). Insbesondere unterschiedliche Interpretationen von Items und Antwortskalen werden in Bezug auf den Urteilsprozess in der Literatur zu Ratings oftmals als vorrangige Ursachen für Rater-Bias genannt (z. B. Hoyt,

2000; Myford & Wolfe, 2003; Pietsch & Tosana, 2008). Bei Fiske (1986, zit. nach Fiske, 1995) findet sich dazu das folgende Zitat:

> This reliance on words is a major factor in observer disagreement. ... Investigators tend to assume that the meanings of verbal materials are sufficiently shared so that the investigator's meanings can be taken as those of the subject to a large extent. Unfortunately, studies of words and their meanings show that not only connotations but also denotations vary among persons using words or perceiving them. (Fiske, 1995, S. 222)

5 Das Forschungsanliegen der Arbeit

Unterrichtsqualität gilt als eine der zentralen, veränderbaren Determinanten von Schulleistung (Hattie, 2009). Dementsprechend wird der Unterrichtsqualität und ihrer Verbesserung in der Forschung, der Bildungspolitik und der Öffentlichkeit hohe Bedeutung beigemessen. Für die Untersuchung der Unterrichtspraxis, zur Verbesserung der Lehrerbildung und für die Unterrichtsentwicklung ist dabei eine Messung der Qualität von Unterricht notwendig (s. auch Kapitel 3).

Die Messung von Unterrichtsqualität über die drei Perspektiven

Zur Messung von Unterrichtsqualität existiert kein objektives Maß. In der deutschsprachigen Forschung dominiert daher die Erfassung von Unterrichtsqualität über eine oder mehrere der drei Perspektiven Lehrkräfte, Schüler oder externe Beobachter. Zwischen diesen Perspektiven findet sich in Bezug auf hoch-inferente Einschätzungen von Unterrichtsqualität jedoch oftmals ein eher geringes Maß an Übereinstimmung (z. B. Clausen, 2002: $-.28 \leq r \leq .45$; Kunter & Baumert, 2006: $.00 \leq r \leq .64$; Waldis et al., 2010: $.16 \leq r \leq .42$).

Interpretation mangelnder Übereinstimmungen zwischen den Perspektiven

Geht man davon aus, dass die drei Perspektiven tatsächlich dasselbe Konstrukt messen, müssten Abweichungen zwischen den Perspektiven als Messfehler konzipiert werden. Clausen (2002) sowie Kunter und Baumert (2006) weisen jedoch darauf hin, dass Unterschiede zwischen den Perspektiven auch als perspektivenspezifische Validitäten interpretiert werden können: jede der Personengruppen nimmt teilweise unterschiedliche Aspekte von Unterricht wahr und interpretiert Vorkommnisse unterschiedlich – jede diese Sichtweisen hat jedoch ihre Berechtigung. Wagner (2008) weist darauf hin, dass eine solche Interpretation im Sinne perspektivenspezifischer Validitäten auch problematisch sein kann: „Bei der Generalisierung der Perspektivenspezifität der Unterrichtswahrnehmungen besteht im Einzelfall die Gefahr, dass Messfehler – oder schlimmstenfalls sogar spezifische Verzerrungstendenzen – als valide Varianzquellen betrachtet werden, anstatt eine Optimierung der jeweiligen Instrumente zu erwägen" (S. 4). Um sinnvolle Aussagen zur Perspektivenspezifität treffen zu können, ist daher für jede der Perspektiven der Nachweis einer hinreichenden Reliabilität und Validität der Unterrichtseinschätzungen vonnöten.

Der Fokus der vorliegenden Arbeit: Die Perspektive der Beobachter

Betrachtet man bisherige Studien zu den einzelnen Perspektiven auf Unterricht, fällt auf, dass v. a. die Reliabilität und Validität von Schülerwahrnehmungen am häufigsten untersucht wurde. Zu Beobachtereinschätzungen hingegen finden sich nur wenige Studien (zusammenfassend Praetorius et al., 2012; s. auch Kapitel 4.3.2). Hill und Kollegen (2012) kritisieren dies deutlich:

> However, current rhetoric tends to characterize measures of teacher quality, including classroom observations, as if only "true" teacher quality affects teachers' ratings. This is despite the fact that researchers have widely documented the multiple sources of variance in observational scores due to the sampling of lessons, differences among raters, and even the characteristics of the observational instrument itself. (Hill et al., 2012, S. 56)

Dass nur vereinzelt Untersuchungen zur Reliabilität und Validität von Beobachterratings existieren, ist erstaunlich, schließlich werden Beobachterratings in der Unterrichtsforschung oft als „Königsweg" zur Erfassung von Unterrichtsqualität beschrieben (Helmke, 2009, S. 288; s. auch Clare et al., 2001; Pianta & Hamre, 2009; Petko et al., 2003). Die externen Beobachtern zugeschriebene Reliabilität und Validität wird mittels des von ihnen durchlaufenen Trainings begründet – diese Zuschreibung beruht allerdings kaum auf empirischer Evidenz. Die vorliegende Arbeit fokussiert daher auf die Reliabilität und Validität der Einschätzung von Unterricht durch externe Beobachter.

Das Forschungsmodell und die Forschungsfragen der vorliegenden Arbeit

Der vorliegenden Arbeit liegt ein Forschungsmodell zugrunde, das sich an dem üblichen Ablauf im Rahmen von Videostudien der Unterrichtsforschung orientiert (s. auch Abbildung 2): Die Erfassung der Qualität von Unterricht erfolgt dabei so, dass aus der Vielzahl an möglichen Unterrichtsstunden einer Lehrkraft zunächst eine oder mehrere Unterrichtsstunden ausgewählt und videografiert werden. Diese Videos werden dann von mehreren geschulten Ratern angesehen und in einem nächsten Schritt beurteilt.

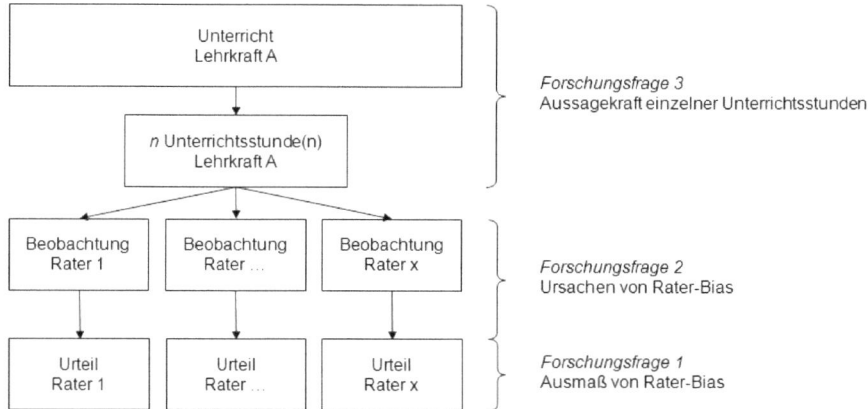

Abbildung 2:   Das Forschungsmodell der vorliegenden Arbeit

Die vorliegende Arbeit fokussiert auf unterschiedliche Aspekte dieses Ablaufs. Insgesamt wird drei globalen Forschungsfragen in Bezug auf die
Messung von Unterrichtsqualität mittels hoch-inferenten Beobachterratings
nachgegangen (s. auch Abbildung 2): (a) In welchem Ausmaß ist bei
Beobachterratings zu Unterrichtsqualität mit Rater-Bias zu rechnen (Studien 1
und 2)? (b) Welche Ursachen lassen sich für Rater-Bias in Beobachterratings
zu Unterrichtsqualität identifizieren (Studien 3 und 4)? (c) Wie aussagekräftig
sind Einschätzungen einzelner Unterrichtsstunden hinsichtlich der Unterrichtsqualität von Lehrkräften im Allgemeinen (Studie 5)?

Unterrichtsqualität wird dabei für alle Forschungsfragen über das Modell der
drei Basisdimensionen von Unterrichtsqualität operationalisiert (s. Kapitel
2.2.2.2; s. auch Kapitel 7.3 sowie 11.3).

Die Forschungsfragen und die ihnen zugeordneten Studien werden im Folgenden umrissen.

Forschungsfrage 1: In welchem Ausmaß ist bei Beobachterratings zu
Unterrichtsqualität mit Rater-Bias zu rechnen?

Wie in Kapitel 4.3 dargestellt wurde, weisen Ratingdaten zum Teil ein großes
Ausmaß an Rater-Bias auf. Dies ist problematisch: Enthalten Ratingdaten ein
großes Ausmaß an Informationen über urteilsirrelevante Merkmale, sind sie
nur begrenzt interpretierbar und verwertbar. In welchem Ausmaß bei der
Messung von Unterrichtsqualität durch geschulte Beobachter mit solchen

Verzerrungen zu rechnen ist, wurde in der Forschung bislang kaum thematisiert (s. Kapitel 4.3.2; vgl. auch Lanahan et al., 2005; Pietsch & Tosana, 2008). Die erste globale Fragestellung der vorliegenden Arbeit fokussiert daher auf das Ausmaß an Rater-Bias in Messungen zu Unterrichtsqualität, das zu erwarten ist, wenn geschulte Beobachter eingesetzt werden. Rater-Bias wird dabei – entsprechend dem aktuell vorherrschenden Verständnis in der Forschung zu Ratings (s. auch Kapitel 4.1) – als Nicht-Übereinstimmungen zwischen Ratern verstanden. Zur Untersuchung von Forschungsfrage 1 werden zwei Studien durchgeführt.

In *Studie 1* wird die Zuverlässigkeit von Ratings geschulter Beobachter untersucht. Ziel ist es zu bestimmen, in welchem Ausmaß Ratings geschulter Beobachter in Bezug auf die Basisdimensionen von Unterrichtqualität durch Rater-Bias verzerrt sind. Hill und Kollegen (2012) verweisen in Bezug auf den Einsatz von Beobachterratings darauf, dass ein wichtiger Punkt für die Forschung die Identifikation der kosteneffizientesten Kombination der Anzahl an Ratern sowie der Anzahl an Items ist. Auch dieser Frage soll daher in Studie 1 für die Basisdimensionen von Unterrichtsqualität nachgegangen werden.

Auf Basis des PERSON-Modells von Kenny (2004; s. auch Kapitel 4.4.1) kann vermutet werden, dass Rater durch das durchlaufene Training über ein höheres Ausmaß an shared meaning verfügen, als dies ohne ein entsprechendes Training der Fall wäre. Dies sollte dazu führen, dass geschulte Rater in einem höheren Ausmaß in ihren Urteilen übereinstimmen, als dies für untrainierte Rater der Fall ist. Entsprechend wird in der empirischen Unterrichtsforschung auch angenommen, dass geschulte Beobachter aufgrund des von ihnen durchlaufenen Trainings über eine hinreichende Beobachtungs- und Urteilskompetenz verfügen. Diese Annahme wurde bislang jedoch noch nicht empirisch überprüft: Zur Effektivität von Rater-Trainings im Bereich der Unterrichtsforschung existieren bislang keine Untersuchungen. Eine erste diesbezügliche Untersuchung soll *Studie 2* bieten; im Rahmen dieser Studie wird daher die Zuverlässigkeit der Ratings von geschulten und ungeschulten Ratern verglichen.

Forschungsfrage 2: Welche Ursachen lassen sich für Rater-Bias in Beobachterratings zu Unterrichtsqualität identifizieren?

Rater-Effekte können durch eine Vielzahl an Ursachen bedingt sein. Unter Bezug auf das PERSON-Modell von Kenny (2004) wird beispielsweise von Hoyt (2007) auf folgende Einflussmerkmale verwiesen (s. auch Kapitel 4.4.1): Acquaintance (d. h. die Bekanntschaftsdauer von Rater und Objekt), overlap

(d. h. die Überschneidung hinsichtlich der beobachteten Verhaltensstichprobe zwischen Ratern), consistency (d. h. das Ausmaß an konsistenten Verhaltensweisen des Objekts) und shared meaning (d. h. das durch Rater-Trainings steigerbare Ausmaß, in dem Rater auf Basis derselben Verhaltensstichprobe dieselben Schlussfolgerungen ziehen). Darüber hinaus finden sich Befunde zu Auswirkungen der Art der Ratings (hoch- vs. niedrig-inferent), der Art des Urteilsgegenstands (Personen vs. Gegenstände) sowie situationaler Merkmale (z. B. der Müdigkeit von Ratern; s. Kapitel 4.4.2). Auch Unterschiede im Urteilsprozess von Ratern (z. B. unterschiedliche Iteminterpretationen von Ratern; s. auch Kapitel 4.4.3) können zu Rater-Bias führen.

In der Unterrichtsforschung finden sich zur Erklärung von Rater-Effekten nur wenige, unspezifische Annahmen. Die zweite Forschungsfrage der vorliegenden Arbeit beschäftigt sich daher mit möglichen Ursachen von Verzerrungen in Ratings zu Unterrichtsqualität durch geschulte Beobachter. Von den soeben genannten potentiellen Ursachen von Rater-Effekten – acquaintance, overlap, consistency, shared meaning, Art des Ratings, Art des Urteilsgegenstands, situationale Merkmale, Urteilsprozess von Ratern – kommen einige für die videobasierte Unterrichtsforschung nicht in Frage, da diese Ursachen nicht zwischen Ratern variieren: Dazu gehören acquaintance (die Rater kennen die einzuschätzenden Lehrkräfte in der Regel nicht), overlap (üblicherweise werden alle Unterrichtsstunden von allen Ratern eingeschätzt) und die Art des Urteilsgegenstands (Unterrichtsqualität). Da der Schwerpunkt der vorliegenden Arbeit die Untersuchung von hoch-inferenten Beobachtereinschätzungen ist, ist auch die Art der Einschätzung festgelegt. Daher fokussiert die vorliegende Arbeit auf situationale Merkmale und den Urteilsprozess von Ratern.[15]

Situationale Merkmale können einen großen Einfluss auf Messungen haben (Steyer & Eid, 2001) und dadurch bewirken, dass Messungen nur sehr unzuverlässig sind, da sie neben dem zu messenden Merkmal auch einen nicht zu vernachlässigenden situationalen Anteil enthalten. In der Unterrichtsforschung existieren bislang keine Studien, die sich mit dem Einfluss von situationalen Merkmalen (z. B. Tagesform von Ratern) auf Ratings geschulter Beobachter auseinandersetzen (s. auch Kapitel 9). Es ist daher ungeklärt, ob und in welchem Ausmaß Ratings im Bereich der Unterrichtsforschung durch solche Merkmale beeinflusst sind. In *Studie 3* wird daher mit einer Untersuchung der zeitlichen Stabilität von Ratings der Frage nachgegangen, in

---

15 Die beiden nicht genannten Einflussmerkmale – shared meaning und consistency – können ebenfalls Variation aufweisen, werden im Rahmen von Fragestellung 2 jedoch nicht untersucht, da sie im Rahmen der beiden anderen Fragestellungen der vorliegenden Arbeit thematisiert werden (shared meaning in Fragestellung 1; consistency in Fragestellung 3).

welchem Ausmaß Ratings zu den drei Basisdimensionen von Unterrichtsqualität durch situationale Merkmale beeinflusst sind.

In der Surveyforschung wird zudem vielfach darauf hingewiesen, dass Rater-Bias auch durch Divergenzen im Urteilsprozess von Personen bei der Beantwortung von Items bedingt sein kann (z. B. Karabenick et al., 2007; Orr, 2002; Urdan & Mestas, 2006; s. auch Kapitel 10). In der explorativ angelegten *Studie 4* soll der Frage nachgegangen werden, wie der Urteilsprozess von geschulten Ratern bei der Einschätzung von Unterrichtsqualität mittels der drei Basisdimensionen aussieht und es sollen erste Anhaltspunkte für problematische Aspekte dieses Urteilsprozesses identifiziert werden.

Forschungsfrage 3: Wie aussagekräftig sind einzelne Unterrichtsstunden zur Messung von Unterrichtsqualität?

Eine oftmals genannte Einschränkung in Bezug auf die Nützlichkeit von Beobachterratings betrifft schließlich das Problem, dass sich Beobachterratings aus Kostengründen nur auf einen begrenzten Beobachtungszeitraum beziehen können (Clausen, 2002; Kunter, 2005; Waldis et al., 2010). Ist die Variabilität von Merkmalen der Unterrichtsqualität zwischen Unterrichtsstunden hoch, sind Aussagen zu einzelnen Unterrichtsstunden daher nur begrenzt nützlich, um Aussagen über die Unterrichtsqualität von Lehrkräften im Allgemeinen zu treffen (Berliner, 2005; Brophy, 2006; vgl. auch den Aspekt der Verhaltenskonsistenz in Bezug auf das PERSON-Modell, Kapitel 4.4.1). *Studie 5* thematisiert daher die Frage nach der Variabilität der Basisdimensionen von Unterrichtsqualität zwischen Unterrichtsstunden.

Die Gliederung der vorliegenden Arbeit

Der empirische Teil der vorliegenden Arbeit beginnt mit einem allgemeinen methodischen Teil, in dem der zentrale methodische Ansatz der vorliegenden Arbeit – die G-Theorie – beschrieben wird (Kapitel 6). Anschließend werden die fünf empirischen Studien vorgestellt. Die Darstellung der Studien ist entsprechend den soeben dargestellten Forschungsfragen und Fragestellungen gegliedert: In Studie 1 und 2 (Kapitel 7 und 8) wird das Ausmaß an Verzerrungen bei hoch-inferenten Ratings zu Unterrichtsqualität thematisiert. Studie 3 und 4 (Kapitel 9 und 10) nehmen mögliche Ursachen dieser Verzerrungen in den Blick. Studie 5 (Kapitel 11) schließlich thematisiert die Frage danach, wie zeitstabil die Unterrichtsmerkmale selbst über einzelne Unterrichtsstunden hinweg sind. Für jede der Studien werden der diesbezügliche Forschungsstand dargestellt und daraus die konkreten Fragestellungen sowie, wenn möglich, Forschungshypothesen abgeleitet; es folgt eine Übersicht über die gewählte Methode. Im Anschluss an den methodischen Teil werden die Ergebnisse präsentiert und schließlich diskutiert. Den Abschluss der Arbeit bildet eine Gesamtdiskussion der fünf Studien (Kapitel 12).

6 Der Ansatz der Generalisierbarkeitstheorie

Die Generalisierbarkeitstheorie (G-Theorie) ist eine statistische Theorie, die sich mit der Zuverlässigkeit von Verhaltensmessungen beschäftigt (Cronbach et al., 1972; Shavelson & Webb, 1991; Webb & Shavelson, 2005).

Im Folgenden wird zunächst die Kritik von Vertretern der G-Theorie an dem Reliabilitätskonzept der klassischen Testtheorie dargestellt (Kapitel 6.1). Aus dieser Kritik ergibt sich die Notwendigkeit eines alternativen Ansatzes wie der G-Theorie. Das Konzept der G-Theorie wird in Kapitel 6.2 vorgestellt. Abschließend werden grundlegende Informationen zum statistischen Modell der G-Theorie gegeben (Kapitel 6.3).

6.1 Kritik an der Reliabilität in der klassischen Testtheorie

Im Rahmen der klassischen Testtheorie wird die Zuverlässigkeit von Messungen über diverse Reliabilitätskoeffizienten überprüft (für eine ausführliche Darstellung siehe z. B. Schermelleh-Engel & Werner, 2007). Allen Reliabilitätsberechnungen liegt dabei eine additive Zerlegung des Messwerts (y) in den true score (τ) und einen Messfehler (ε) zugrunde: y = $\tau + \varepsilon$. Als true score bezeichnet man die messfehlerbereinigte Merkmalsausprägung eines Objekts. Diese Merkmalsausprägung ist über den Erwartungswert einer intraindividuellen Verteilung eines Objekts definiert (s. Eid et al., 2011). Der Messfehler ist die Abweichung eines konkreten, beobachteten Werts vom true score. Reliabilität ist im Kontext der klassischen Testtheorie definiert als der Anteil der true-score-Varianz (τ) an der Gesamtvarianz ($\tau + \varepsilon$). Je höher der Anteil der true-score-Varianz an der Gesamtvarianz, desto zuverlässiger bzw. reliabler ist eine Messung.

Die Schätzung der Reliabilität erfolgt über eine Bestimmung des systematischen sowie des unsystematischen Varianzanteils einer Messung.[16] Der systematische Varianzanteil wird dabei als true-score-Varianz interpretiert, der unsystematische Varianzanteil als Messfehlervarianz.

---

16 So wird z B. im Rahmen der Test-Retest-Reliabilität der stabile Anteil (d. h. die Korrelation einer Variablen zwischen zwei Messzeitpunkten) unter der Annahme bestimmter Voraussetzungen (vgl. z B. Schermelleh-Engel & Werner, 2007) als systematische true-score-Varianz angesehen.

Das Konzept der beiden zentralen Komponenten der klassischen Test-theorie – true score und Messfehler – ist aus Sicht der G-Theorie problematisch (s. z. B. Cronbach et al., 1972; Hoyt & Melby, 1999). Am Konzept des *true score* werden insbesondere drei Punkte kritisiert:

1) Nicht jegliche systematische Varianz einer Messung ist durch das zu messende Konstrukt verursacht:

> In classical theory, the coefficient of reliability is interpreted as an esti-mate of the proportion of variance due to true scores, with the remain-ing variance attributed to error. It is therefore easy to forget that not all of this "true" (i.e., systematic) variance in scores is due to the object of measurement. (Hoyt & Melby, 1999, S. 326)

2) Neben den in einer spezifischen Messung enthaltenen systematischen Einflüssen kann es weitere systematische Einflüsse geben, die lediglich in der betreffenden Messung nicht variiert wurden und somit empirisch nicht bestimmt werden können.

3) Die Definition dessen, was als true score zu gelten hat, ist abhängig vom Anwendungskontext:

> Sources of variability that contribute to valid variance relative to one research question may be considered error variance relative to a differ-ent research question. (…) It therefore makes little sense to label all sys-tematic variance from a single reliability study as true score variance without knowing anything about the context of the inquiry. (Hoyt & Melby, 1999, S. 329)

Über diese Kritikpunkte hinaus wird die undifferenzierte Erfassung des *Messfehlers* kritisiert: Da der Messfehler jegliche unsystematische Varianz enthält, können keine Aussagen über die Ursache(n) dieser Varianz getroffen werden. Um den Messfehler in zukünftigen Untersuchungen zu reduzieren, ist es jedoch notwendig zu bestimmen, welche Fehlerquellen besonders bedeut-sam sind (Shavelson & Webb, 1991). Einen Ansatz zur Lösung der aufgeführ-ten Probleme bietet die G-Theorie.

6.2   Das Konzept der G-Theorie

Ziel der G-Theorie ist es, die Varianzquellen einer Messung aufzuschlüsseln. Im Folgenden soll auf einige zentrale Aspekte der G-Theorie eingegangen werden (für eine ausführliche Darstellung s. Brennan, 2001a; Hoyt & Melby, 1999; Shavelson & Webb, 1991).

6.2.1   Universe score statt true score

Anstelle des true-score-Konzepts wird in der G-Theorie das Konzept des universe score verwendet. Der universe score ist – analog zum true score – definiert als der durchschnittliche Wert einer Person über alle möglichen Bedingungen einer Messung hinweg (Lynch & McNamara, 1998). Würde man unendlich viele Beobachtungen zu allen vorstellbaren Bedingungen durchführen, hätte man eine solche ideale Messung (Cronbach et al., 1972). Zur Bestimmung des universe score werden beobachtete Werte verwendet und von dieser Stichprobe auf die Grundgesamtheit generalisiert. Die Generalisierbarkeit, mit der der Schluss von der Stichprobe auf die Grundgesamtheit aller möglichen Messungen möglich ist, ersetzt in der G-Theorie das klassische Konzept der Reliabilität: „The question of 'reliability' thus resolves into a question of accuracy of generalization, or generalizability" (Cronbach et al., 1972, S. 15).

In der Konzeption des true score der klassischen Testtheorie finden sich Überlegungen, die den obigen sehr ähnlich sind (für eine Übersicht siehe Steyer & Eid, 2001). Den entscheidenden Unterschied zwischen den beiden Konzeptionen fassen Cronbach und Kollegen (1972) zusammen:

> Educators and psychologists have traditionally referred to the average reached via exhaustive measurement as "the true score" for the person. We speak instead of a universe score. This emphasizes that the investigator is making an inference from a sample of observed data, and also that there is more than one universe to which he might generalize. (…) Any observation likewise fits within a variety of universes. "The universe score is estimated to be 75" is without meaning until we answer the question, "Which universe?" This ambiguity is concealed in the statement "The estimated true score is 75," [sic] for no one thinks to inquire, "Which truth?". (S.18f.)

Aus diesen Ausführungen wird deutlich: Der universe score ist flexibel konzipiert – Wissenschaftler können also abhängig von ihrem Forschungsinteresse ihr eigenes, spezifisches *universe of interest* und damit auch den universe score definieren. Dies bedeutet zugleich, dass Wissenschaftler sich explizit Gedanken darüber machen müssen, wie in ihrem konkreten Fall das universe of interest aussieht und über welche Bedingungen sie folglich generalisieren wollen.

6.2.2   Erfassung von Fehlerquellen in Messungen

Die G-Theorie unterscheidet zwei Arten von Varianzquellen: Das − für jede Erhebung individuell definierbare − zu messende Objekt (*object of measurement*) sowie differenziert erfasste Fehlerquelle(n) (*Facetten*). Facetten können in empirischen Untersuchungen unterschiedlich repräsentiert sein (Cronbach et al., 1972):

1) Im Idealfall liegt eine Facette variiert vor (*Zufallsfacette*). Dies ist z. B. dann der Fall, wenn eine Zufallsauswahl an Ratern ein bestimmtes Objekt einschätzt.

2) Eine Facette kann in einer Untersuchung jedoch auch als *fixierte Facette* vorliegen. Dies ist v. a. dann der Fall, wenn Forscher nicht daran interessiert sind, über die vorhandenen Abstufungen einer Facette hinaus Aussagen zu treffen, oder dies keinen Sinn macht. Möchte man beispielsweise Unterschiede zwischen den Fächern Deutsch und Mathematik untersuchen, bietet es sich an, in die Studie eine fixierte Facette Unterrichtsfach mit genau zwei Ausprägungen (Deutsch und Mathematik) zu integrieren.

3) Eine weitere Möglichkeit ist, dass Facetten zwar unterschiedliche Ausprägungen aufweisen, diese jedoch nicht systematisch variiert vorliegen. Dies ist z. B. dann der Fall, wenn Schüler den Unterricht ihrer Lehrkräfte einschätzen sollen, manche Klassen ihre Lehrkraft jedoch erst seit wenigen Tagen und andere Klassen ihre Lehrkraft hingegen schon seit mehreren Jahren kennen.

Aufgrund der differenzierten Erfassung von Varianzquellen, die Messungen beeinflussen, bezeichnen Cronbach und Kollegen (1972) die G-Theorie als Verbindung von Reliabilität und Validität: „The theory of 'reliability' and 'validity' coalesce; the analysis of generalizability indicates how validly one can interpret a measure as representative of a certain set of possible measures" (S. 234).

6.2.3   Die Wahl des adäquaten Untersuchungsdesigns

Die Wahl des Untersuchungsdesigns in einer Studie ist abhängig von der Anzahl an Facetten, der Art an Abstufungen der Facetten sowie der Anzahl an Beobachtungen pro Abstufung der Facetten. Auf alle drei genannten Punkte wird im Folgenden eingegangen.

x-Facetten-Design

Eine grundlegende Unterscheidung zwischen Designs ist die Anzahl an Facetten, die in eine Untersuchung einbezogen wird. Wird *eine* Facette einbezogen, wird das Design als Ein-Facetten-Design bezeichnet, bei *zwei* Facetten spricht man von einem Zwei-Facetten-Design usw.

Gekreuzte versus genestete Designs

Liegen in einer Studie für alle Kombinationen der jeweiligen Facettenabstufungen Daten vor, spricht man zudem von einem gekreuzten Design (*crossed design*). Beispielsweise handelt es sich um ein gekreuztes Design, wenn alle Rater einer Studie alle Unterrichtssequenzen einschätzen. Genestet wird ein Design dann genannt (*nested design*), wenn Abstufungen einer Facette nur teilweise in Kombination mit den Abstufungen einer anderen Facette auftreten. Im obigen Beispiel wäre das dann der Fall, wenn jeder Rater nur einen Teil der Unterrichtssequenzen einschätzt (Nestung von Unterrichtssequenzen in Rater). Der Informationsgehalt ist für gekreuzte Designs höher als für genestete Designs (Webb & Shavelson, 2005).

Balancierte versus unbalancierte Designs

Balancierte Designs schließlich umfassen für alle einzelnen Abstufungen einer Messung die gleiche Anzahl an Beobachtungen. Dies ist z. B. dann der Fall, wenn alle Rater dieselben Items verwenden. Bei einem unbalancierten Design hingegen liegt in Bezug auf einzelne Abstufungen eine unterschiedliche Anzahl von Beobachtungen vor. Dies kann zwei Ursachen haben: Zum einen kann dies durch das Untersuchungsdesign so angelegt sein. Das wäre beispielsweise dann der Fall, wenn einige Rater mehr Objekte einschätzen als andere. Zum anderen kann ein unbalanciertes Design auch im Untersuchungsverlauf entstehen und zwar durch fehlende Daten: Überliest ein Rater z. B. einige Items, liegen von dieser Person weniger eingeschätzte Items vor als von anderen Ratern. Die statistische Umsetzung ist für unbalancierte Designs deutlich komplexer als für balancierte Designs (Brennan, 2001a; Webb & Shavelson, 2005).

6.2.4   Absolute versus relative Entscheidungen

In der G-Theorie wird zur Bestimmung der Zuverlässigkeit von Messungen auch der Zweck der jeweiligen Messung einbezogen (Cronbach et al., 1972): In einigen Untersuchungen sind absolute Ergebnisse von Bedeutung, so z. B. wenn es darum geht, ob ein Schüler eine bestimmte Kompetenzstufe erreicht hat (= absolute Entscheidung). In diesem Fall stehen also nicht Aussagen über

Zusammenhänge zwischen Variablen im Vordergrund, sondern Aussagen über die absolute Ausprägung der interessierenden Variablen. In anderen Untersuchungen hingegen geht es um inter- oder intraindividuelle Vergleiche oder den Zusammenhang zwischen Variablen. In diesem Fall spielt lediglich die relative Höhe eines Messwertes eine Rolle (= relative Entscheidung). Die Unterscheidung zwischen absoluten und relativen Entscheidungen ist für die Bildung der Generalisierbarkeitskoeffizienten (G-Koeffizienten) von entscheidender Bedeutung.

6.2.5   Koeffizienten zur Angabe der Messgenauigkeit

In der G-Theorie gibt es zwei Koeffizienten, die Auskunft darüber geben, wie zuverlässig eine Messung ist: den relativen G-Koeffizient $E\rho^2$ (relativer G-Koeffizient, gesprochen „rho Quadrat") und den absoluten G-Koeffizient Φ (absoluter G-Koeffizient, gesprochen „phi"). Beide Koeffizienten sind — wie die Reliabilitätskoeffizienten in der klassischen Testtheorie — als Verhältnis der universe-score-Varianz zur Gesamtvarianz (d. h. universe-score-Varianz plus Fehlervarianz) konzipiert und können daher analog zu klassischen Reliabilitätskoeffizienten interpretiert werden. Der relative G-Koeffizient wird dabei für relative Entscheidungen eingesetzt, der absolute G-Koeffizient für absolute Entscheidungen.

Der konkrete Unterschied in der Berechnung zwischen den beiden G-Koeffizienten liegt in der Bestimmung der Fehlervarianz: Beim absoluten G-Koeffizienten zählt all das zur Fehlervarianz, was nicht das jeweilige object of measurement (z. B. die mathematische Kompetenz von Schülern) misst; beim relativen G-Koeffizienten hingegen werden nur diejenigen Varianzanteile als Fehlervarianz gewertet, die eine Veränderung der Rangreihe des zu messenden Merkmals bewirken. So wird hier z. B. die Varianz, die auf unterschiedliche Itemschwierigkeiten zurückzuführen ist, nicht in die Bestimmung der Fehlervarianz einbezogen.

In der klassischen Testtheorie wird mit der Bestimmung der internen Konsistenz, der Retestreliabilität oder der Interraterreliabilität die Verallgemeinerbarkeit über jeweils *eine* Fehlerquelle (Items, Zeit oder Rater) berechnet. Im Rahmen von G-Analysen ist es möglich, diese Fehlerquellen zeitgleich zu berücksichtigen. Im Vergleich von klassischer Testtheorie und G-Theorie (GT) schlussfolgern Hoyt und Melby (1999) daher: „We would argue that GT does everything that classical reliability theory does and more" (S. 349).

6.2.6   Entscheidungsstudien (D-Studien)

Nach der Schätzung der Varianzkomponenten im Rahmen von G-Analysen (s. Kapitel 6.3), können die Varianzkomponenten in einem nächsten Schritt im Rahmen von sogenannten Entscheidungsstudien (D-Studien) zur Bestimmung der Reliabilität einer Messung unter verschiedenen hypothetischen Messbedingungen verwendet werden. So kann z. B. abgeschätzt werden, wie hoch die Reliabilität bei einem Einsatz von n Ratern und k Items wäre. Solche Informationen sind für die Forschungspraxis zur Planung genauer und zugleich ökonomischer Untersuchungen von hohem Wert.

6.3   Das statistische Modell der G-Theorie

Die G-Theorie geht von einer additiven Zusammensetzung der für eine Messung bedeutsamen Komponenten aus: Der individuelle Messwert einer Person setzt sich aus dem Gesamtmittelwert μ (gesprochen „mü") sowie diversen Abweichungen von diesem Gesamtmittelwert zusammen. Ein Personeneffekt besteht z. B. in der Abweichung einer Person vom Gesamtmittelwert. Analog besteht ein Itemeffekt in der Abweichung eines Items vom Gesamtmittelwert. Neben diesen Haupteffekten werden die Interaktionen zwischen den Effekten berücksichtigt.

Die Einschätzung einer Unterrichtssequenz (u) durch einen Rater (r) in Bezug auf ein Item (i) kann beispielsweise folgendermaßen zerlegt werden:

$x_{uir} =$	[Beobachtung]
μ	[Gesamtmittelwert = Konstante]
$+ \mu_u - \mu$	[Haupteffekt des Unterrichts]
$+ \mu_i - \mu$	[Haupteffekt des Items]
$+ \mu_r - \mu$	[Haupteffekt des Raters]
$+ \mu_{ui} - \mu_u - \mu_i + \mu$	[Interaktionseffekt Unterricht × Item]
$+ \mu_{ur} - \mu_u - \mu_r + \mu$	[Interaktionseffekt Unterricht × Rater]
$+ \mu_{ir} - \mu_i - \mu_r + \mu$	[Interaktionseffekt Rater × Item]
$+ x_{uir} - \mu_{ui} - \mu_{ur} - \mu_{ir} + \mu_u + \mu_i + \mu_r - \mu$	[Interaktion Unterricht × Item × Rater, Residuum]

Bei der Gleichung handelt es sich um eine Tautologie: Alle Elemente kürzen sich heraus, so dass letztendlich lediglich $x_{uir} = x_{uir}$ stehen bleibt. Mittels dieser Tautologie ist es möglich, die einzelnen Varianzkomponenten einer Messung voneinander zu trennen (für weiterführende Informationen siehe Brennan, 2001a).

6.3.1 Varianzkomponenten als Grundlage der Berechnungen

Unter der Annahme, dass es sich bei allen Effekten um Zufallseffekte handelt (s. Shavelson & Webb, 1991), hat jeder der eben genannten Effekte einen Mittelwert von Null und eine bestimmte Varianz: So variieren beispielsweise die Rater in ihren Einschätzungen (Varianzkomponente σ_r^2) oder die Items in ihren Itemschwierigkeiten (Varianzkomponente σ_i^2).

Für das obige Beispiel kann die Varianz der Ratings auf sieben unabhängige Varianzkomponenten (Unterricht, Items, Rater, vier Interaktionen) zurückgeführt werden:

$$\sigma_{X_{uir}}^2 = \sigma_u^2 + \sigma_i^2 + \sigma_r^2 + \sigma_{ui}^2 + \sigma_{ur}^2 + \sigma_{ui}^2 + \sigma_{uir,e}^2$$

Der Interaktionseffekt $\sigma_{uir,e}^2$ (Interaktion Unterricht $\times$ Items $\times$ Rater) kann nicht vom Residuum (e), also unsystematischen Fehlerquellen sowie weiteren, nicht erfassten systematischen Quellen, getrennt und daher auch nicht inhaltlich interpretiert werden. Dies hat folgenden Grund: Während beispielsweise für die Bestimmung der Interaktion zwischen Ratern und Items mehrere Beobachtungen (in diesem Fall: Unterrichtssequenzen) zur Verfügung stehen, existiert für die Interaktion zwischen Unterricht, Items und Ratern jeweils nur eine Beobachtung.

Eine Möglichkeit zur Veranschaulichung der Varianzquellen einer Messung bieten Venn-Diagramme, auch wenn diese nicht deren tatsächliche Größenverhältnisse abbilden. Die Haupteffekte werden in Venn-Diagrammen als Kreise veranschaulicht, die Interaktionen über die Schnittmengen der Kreise. Dies sieht für das obige Unterricht $\times$ Items $\times$ Rater-Design wie folgt aus:

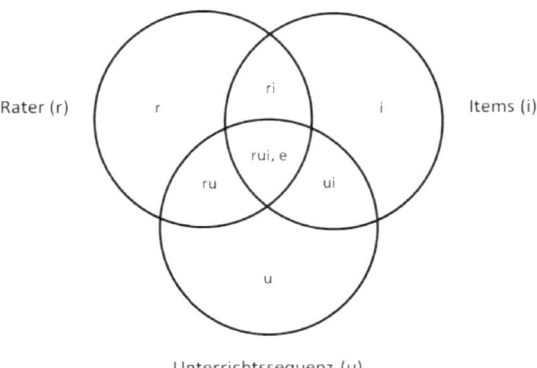

Abbildung 3:   Beispiel für ein Venn-Diagramm für ein Unterricht × Items ×
                  Rater-Design ($u \times i \times r$)

Anhand von Venn-Diagrammen kann zudem der Unterschied zwischen
absoluten und relativen Entscheidungen (s. Kapitel 6.2.4) veranschaulicht
werden: Bei absoluten Entscheidungen gilt jegliche Varianz, die nicht allein
auf den Unterricht zurückzuführen ist, als Fehlervarianz. Alle Flächen, die
außerhalb des Unterrichtssequenz-Kreises u liegen (r, i, ri) und die Überschneidungen dieses Kreises mit anderen Kreisen (ru, ui, rui,e) gelten hier als
Fehlervarianz. Bei relativen Entscheidungen hingegen gilt nur jener Varianzanteil als Fehlervarianz, der zu einer Veränderung der Rangreihe der
untersuchten Unterrichtsstunden führt. Die Rangreihe ändert sich nur durch
Facetten, die mit dem object of measurement (Unterrichtssequenzen) inter-
agieren. Diese Interaktionseffekte sind im Venn-Diagramm gekennzeichnet
durch die Schnittflächen des object of measurement und den Facetten (ru, ui,
rui,e).

6.3.2   Schätzung der Varianzkomponenten

Es existieren verschiedene Methoden, um die Größe von Varianzkomponenten
zu schätzen, u. a. Maximum-Likelihood-Verfahren (Marcoulides, 1987, zit.
nach Shavelson & Webb, 1991), Bootstrapping-Verfahren (Brennan, 2007)
und Expected-Mean-Square-Schätzer (EMS). EMS-Schätzer haben den Vorteil, dass für die Schätzungen keine Verteilungsannahmen notwendig sind
(Brennan, 2001a; vgl. auch die Simulationsstudie von Shumate, Surles,
Johnson & Penny, 2007). Das EMS-Verfahren (von Brennan auch ANOVA-
Prozedur genannt) ist ein recht simples Schätzverfahren, das die einzelnen

Varianzkomponenten über deren mittlere Quadratsummen bestimmt (s. Brennan, 2001a; Shavelson & Webb, 1991). Es eignet sich allerdings nur für balancierte Designs. Wie Schätzungen von Varianzkomponenten in unbalancierten Designs adäquat erfolgen können, wird Brennan (2001a) zufolge aktuell vielfach diskutiert. Brennan (2001a) schlägt eine analoge ANOVA-Prozedur vor. Diese basiert ebenfalls auf erwarteten mittleren Quadratsummen.

6.3.3   Interpretation der Varianzkomponenten

Varianzkomponenten werden interpretiert als quadrierte Abweichungen eines Effekts vom Gesamtmittelwert. Da die geschätzten Varianzkomponenten von der jeweiligen Skalierung abhängig sind, bietet es sich für eine bessere Interpretierbarkeit an, die Komponenten zu relativieren. Dies geschieht in der Regel durch eine Relativierung der Varianzkomponenten an der Gesamtvarianz. Die resultierenden Werte werden mit 100 multipliziert und können dann als prozentuale Anteile an der Gesamtvarianz interpretiert werden (Brennan, 2001a; Shavelson & Webb, 1991).

Im Gegensatz zur klassischen Varianzanalyse werden im Rahmen von G-Analysen in der Regel keine inferenzstatistischen Tests durchgeführt. Stattdessen werden, wie oben erläutert, die absoluten bzw. relativen Varianzanteile interpretiert. Daher kann die Größe von Varianzkomponenten aus Untersuchungen mit verschiedenen Designs nur begrenzt verglichen werden.

6.3.4   Mögliche Probleme bei der Schätzung der Varianzkomponenten

Bei der Schätzung von Varianzkomponenten können verschiedene Probleme auftreten: Unter anderem können die Schätzungen der Varianzkomponenten instabil sein oder negative Werte liefern.

Shavelson und Webb (1991) bezeichnen die potentielle Instabilität der Varianzkomponentenschätzungen als Achillesferse der G-Theorie. Je nach Stichprobe können die Ausprägungen der geschätzten Varianzkomponenten also (zum Teil deutlich) variieren. Die Schätzungen der Varianzkomponenten sind besonders instabil, wenn nur wenige Abstufungen pro Effekt (z. B. Anzahl an Items) einbezogen werden. Simulationsstudien zeigen, dass insbesondere die Schätzungen der Haupteffekte sowie die Schätzungen aller Komponenten in Designs mit mehr als zwei Facetten kritisch in Bezug auf die Stabilität der Schätzungen sind (Brennan, 2001a; Shavelson & Webb, 1991; Smith, 1979). Hoyt und Melby (1999) empfehlen, Standardfehler bzw. Konfidenzintervalle für die Varianzkomponentenschätzungen anzugeben, um konkrete Angaben zur Zuverlässigkeit der Schätzungen zu erhalten. Für unbalancierte Designs – etwa wenn Werte fehlen – ist die Berechnung von Standardfehlern bzw. Konfidenzintervallen allerdings bislang nicht möglich (Brennan, 2001a).

Im Kontext von G-Analysen können bei Verwendung von EMS-Schätzern *negative Varianzkomponentenschätzungen* auftreten (Brennan, 2001a; Shavelson & Webb, 1991). Dies kann zwei Gründe haben: Treten größere negative Werte auf, ist dies in der Regel darauf zurückzuführen, dass das gewählte Design die Daten nicht adäquat abbildet. Dies ist beispielsweise dann der Fall, wenn die Variation eines Konstrukts innerhalb einer Einheit (z. B. die Ausprägung einzelner Items in Bezug auf eine Unterrichtssequenz) größer ist als zwischen Einheiten. In einem solchen Fall sollte das Design überdacht werden. Kleine negative Werte bei Varianzkomponentenschätzungen hingegen sind meist darauf zurückzuführen, dass nur eine kleine Stichprobe aus der Grundgesamtheit gezogen wurde. Brennan (2001a) schlägt vor, die negativen Schätzungen in die Berechnungen der weiteren Varianzkomponenten einzubeziehen und anschließend auf Null zu fixieren.

7 Studie 1: Die Zuverlässigkeit von Unterrichtseinschätzungen geschulter Rater

Studie 1 lässt sich in Bezug auf das der Arbeit zugrundeliegende Forschungsmodell Forschungsfrage 1 (In welchem Ausmaß ist bei Beobachterratings zu Unterrichtsqualität mit Rater-Bias zu rechnen?) zuordnen (s. auch Kapitel 5).

7.1 Theoretischer Hintergrund

In Bewerbungsverfahren, im Sportbereich, in der Musik, in der Diagnostik: In vielen Bereichen werden Beobachterratings als Messmethode eingesetzt. Ratings finden sehr häufig Anwendung, so dass sie als eine der zentralen Methoden der Datenerhebung gelten (Hoyt, 2000; Wolf, 1994) und als „pervasive part of our culture" beschrieben werden (Worthen, White, Fan & Sudweeks, 1999, S. 350; zit. nach Myford & Wolfe, 2003).

Damit auf Ratings basierende Ergebnisse sinnvoll interpretierbar sind, müssen die Ratings eine hinreichende Qualität aufweisen (Hoyt & Kerns, 1999; Wolfe, 2004). Konkret bedeutet dies, dass Ratings v. a. Informationen über das einzuschätzende Objekt enthalten sollten, nicht hingegen Informationen über die Rater (Hoyt, 2000; Lunz & Stahl, 1990). Enthalten Ratings in einem nicht zu vernachlässigenden Ausmaß Informationen über die jeweiligen Rater, können die Befunde nur in Bezug auf die spezifischen Rater dieser Stichprobe interpretiert werden; Generalisierungen sind nicht möglich (Myford & Wolfe, 2003). Die Daten sind in einem solchen Fall daher nur mit deutlichen Einschränkungen interpretierbar und die Validität der Daten ist verringert (Hoyt & Melby, 1999; Pietsch & Tosana, 2008).

Bisherige Studien zeigen, dass Rating-Daten oft einen hohen Anteil an Rater-Bias beinhalten (zusammenfassend Hoyt & Kerns, 1999; s. auch Kapitel 4.3.1). Das tatsächlich in einer Untersuchung vorhandene Ausmaß an Rater-Bias hängt dabei stark von dem jeweils untersuchten Konstrukt, den eingesetzten Ratern, dem verwendeten Design etc. ab und kann daher nicht verallgemeinert werden (Hoyt, 2000). Für den Bereich der Unterrichtsforschung gibt es bislang nur sehr wenige Untersuchungen, die sich dezidiert mit Rater-Effekten beschäftigen (Pietsch & Tosana, 2008), so dass bislang kaum Informationen über das Ausmaß an Rater-Bias in Messungen von Unterrichtsqualität vorliegen. Studie 1 widmet sich daher der Forschungsfrage nach dem

Ausmaß an Rater-Bias bei der Erfassung von Unterrichtsqualität (s. auch Kapitel 5).

7.2   Ableitung der Fragestellungen

Die hohe Relevanz des Themas Rater-Bias für Unterrichtsratings lässt sich entsprechenden Verweisen auf Reliabilitätsprobleme bei der Erfassung von Unterrichtsmerkmalen mittels hoch-inferenter Ratings entnehmen (z. B. Kunter, 2005; Rakoczy & Pauli, 2006; Seidel, Rimmele & Prenzel, 2005). Für die Basisdimensionen von Unterrichtsqualität existieren bislang meines Wissens keine Untersuchungen, die das Ausmaß an Rater-Bias bei der Einschätzung dieser Dimensionen gezielt in den Blick nehmen. Studie 1 beschäftigt sich mit Unterrichtseinschätzungen für die Dimensionen Klassenführung und Schülerorientierung und thematisiert damit die Zuverlässigkeit von Ratings geschulter Beobachter in Bezug auf diese beiden Dimensionen.

Um der Zuverlässigkeit von Ratings nachzugehen, ist es unumgänglich, Ratings differenzierter zu betrachten, als dies über Interrater-Übereinstimmungsmaße der klassischen Testtheorie möglich ist (Myford & Wolfe, 2000). Als Alternative bietet sich die G-Theorie an (Brennan, 2001a; s. auch Kapitel 6). Mithilfe dieser Theorie wird in der vorliegenden Studie zunächst einmal der Frage nachgegangen, welcher Anteil der Ratings tatsächlich auf die Dimensionen Klassenführung und Schülerorientierung zurückzuführen ist (Fragestellung 1.1). Darauf aufbauend wird der Frage nachgegangen, in welchem Ausmaß die entsprechenden Ratings Rater-Bias enthalten (Fragestellung 1.2). Die gewählte Methodik sowie der Fokus der Untersuchung auf die einzelnen Dimensionen (und nicht auf Zusammenhänge mit anderen Variablen) erlaubt die Betrachtung eines Teils der in Kapitel 4.1 genannten Arten an Rater-Bias. Insbesondere werden Strenge-/Milde-Tendenzen sowie unterschiedliche Wahrnehmungs- und Deutungsprozesse der Rater hinsichtlich der Unterrichtsstunden sowie der eingesetzten Items beleuchtet.

In bisherigen Untersuchungen zu Rater-Bias im Bereich der Unterrichtsforschung werden zum Teil sehr unterschiedliche Designs eingesetzt (s. Kapitel 4.3.2). Unklar ist bislang, mit welchen Unterschieden in Bezug auf die identifizierten Probleme in den Ratings die unterschiedlichen Designs verbunden sind. In der vorliegenden Studie sollen zwei unterschiedliche Designs verglichen werden, um einen ersten Hinweis darauf zu erhalten, in welchem Ausmaß sich Aussagen über Rater-Bias auf Basis unterschiedlicher Designs unterscheiden (Fragestellung 1.3). Das erste Design zeichnet sich dadurch aus, dass die einzelnen Items als Facette mit aufgenommen wurden (vgl. hierzu auch Pietsch & Tosana, 2008), während beim zweiten Design die Einzelitems zu Skalen aggregiert und in aggregierter Form in die Analysen einbezogen wurden (vgl. hierzu auch Clausen et al., 2003; Kobarg & Seidel, 2005).

Bisherige Untersuchungen, die Unterrichtsratings eingesetzt haben, verwendeten eine unterschiedliche Anzahl an Ratern für die Ratings. So wird im Rahmen von Schulinspektionen oftmals lediglich ein Rater herangezogen, zur Qualitätskontrolle werden Teile der Ratings dann von zwei Ratern durchgeführt (Pietsch & Tosana, 2008). In der DESI-Studie wurden zwei Rater eingesetzt (T. Helmke, persönl. Mitteilung, 11.02.2012), in der Pythagoras-Studie zwei bis drei Rater (Rakoczy, 2008), in der IPN-Videostudie waren es drei Rater (Seidel et al., 2005) und in der TIMS-Videostudie vier Rater (Clausen et al., 2003). Hill und Kollegen (2012) kritisieren in diesem Zusammenhang, dass Forscher sich bei der Festlegung der Anzahl an Ratern (und auch Items) bislang nahezu ausschließlich auf die in anderen Studien übliche Praxis verlassen, ergänzt durch finanzielle Limitationen der jeweiligen Projekte. Welche Anzahl an Ratern tatsächlich notwendig ist, um hinreichend zuverlässige Aussagen über Unterrichtsqualität zu treffen, ist bislang weitestgehend unklar. Der Einsatz der G-Theorie erlaubt es, die ideale Anzahl an Ratern auf Basis empirischer Evidenz festzulegen (s. Hill et al., 2012). In der vorliegenden Studie wird daher auch der Frage nachgegangen, wie viele Rater und wie viele Items idealerweise zur Erfassung der Unterrichtsqualitätsdimensionen Klassenführung und Schülerorientierung eingesetzt werden sollten (Fragestellung 1.4).

Zusammenfassend stehen folgende Fragestellungen im Fokus von Studie 1:

$F_{1.1}$: Wie viel Varianz in Ratings zu den Dimensionen Klassenführung und Schülerorientierung durch geschulte Beobachter geht tatsächlich auf die entsprechenden Dimensionen – und nicht auf Items oder Rater – zurück?

$F_{1.2}$: Wie viel Rater-Bias enthalten Einschätzungen der Unterrichtsqualitätsdimensionen Klassenführung und Schülerorientierung?

$F_{1.3}$: Welche Rolle spielt die Wahl der Analyseebene (Skalen- vs. Itemebene) für Aussagen über Rater-Bias bei der Erfassung der Dimensionen Klassenführung und Schülerorientierung?

$F_{1.4}$: Wie viele Rater und wie viele Items sind nötig, um die Unterrichtsqualitätsdimensionen Klassenführung und Schülerorientierung hinreichend reliabel zu erfassen?

7.3   Methode

7.3.1   Rater

An der Studie zur Zuverlässigkeit von Unterrichtseinschätzungen durch geschulte Beobachter nahmen 12 Lehramtsstudierende (11 davon weiblich) teil. Die Rekrutierung erfolgte im Rahmen von Lehrveranstaltungen für Lehramtsstudierende. Es handelt sich also um eine nicht repräsentative Gelegenheitsstichprobe. Zwei Drittel der Studienteilnehmer studierten im ersten Hauptfach Deutsch und ein Drittel der Teilnehmer Mathematik. Als zweites Hauptfach wurden von den Probanden neun verschiedene Fächer genannt, u. a. Französisch und Theologie. Die Rater waren zwischen 20 und 38 Jahren alt ($M = 24.08$, $SD = 5.16$). Sie befanden sich zum Zeitpunkt der Erhebung im dritten bis achten Semester ($M = 4.27$) und hatten zwei bis acht Praktika ($M = 4.33$, $SD = 1.97$) absolviert. Im Rahmen dieser Praktika hatten sie zwischen 2 und 60 Unterrichtsstunden ($M = 15.00$, $SD = 17.38$) selbst gehalten. Erfahrung mit der Beurteilung von Unterricht anhand von Checklisten, Fragebögen oder Unterrichtsbeobachtungsbögen hatten 7 der 12 Rater. Die bisherige Beurteilungserfahrung bezog sich in 29% der Fälle auf videobasierten Unterricht, in 57% der Fälle auf Unterricht „live" und in 14% der Fälle auf beides.

7.3.2   Videografierte Stimuli

Die in der Studie verwendeten Unterrichtsvideos stammen aus der deutschen Videostudie „VERA – Gute Unterrichtspraxis" (Helmke et al., 2008). Die Studie wurde im Schuljahr 2005/2006 in der vierten Jahrgangsstufe in Grundschulen der Bundesländer Rheinland-Pfalz und Hessen durchgeführt. Insgesamt nahmen 66 Lehrkräfte teil. Da die Teilnahme an der Studie freiwillig war, kann nicht davon ausgegangen werden, dass die Stichprobe repräsentativ ist. Pro Lehrkraft wurden zwischen ein und vier Unterrichtsstunden videografiert, der Inhalt der Unterrichtsstunden wurde nicht standardisiert. Insgesamt wurden 156 Unterrichtsstunden (56 Mathematikstunden, 85 Deutschstunden, 15 Stunden in anderen Fächern) videografiert. Die Lehrkräfte wurden darum gebeten, im Rahmen der Videoerhebung alltäglichen Unterricht zu halten. Die vorliegende Studie beschränkt sich auf Unterrichtsaufnahmen der Deutschstunden. In 28 Fällen lagen pro Lehrkraft zwei oder mehr Unterrichtsstunden vor. In diesen Fällen wurde eine Zufallsauswahl getroffen, so dass pro Lehrkraft eine Unterrichtsstunde vorliegt. Das Sample beläuft sich daher auf 57 Unterrichtsstunden. Drei Videos dieser Zufallsauswahl mussten aufgrund mangelhafter Bild- und Tonqualität ausgeschlossen und durch ursprünglich nicht in der Zufallsauswahl enthaltene Videos ersetzt werden.

Die Rater sahen jeweils nur die ersten zehn Minuten der Unterrichtsstunden, da einerseits nur begrenzte finanzielle Mittel zur Verfügung standen, andererseits aber für die geplanten Analysen eine hinreichend hohe Anzahl an eingeschätzten Unterrichtsstunden vorliegen sollte. Die Reduktion auf die ersten zehn Minuten der Unterrichtsstunden schien vertretbar, da erstens der Fokus der vorliegenden Studie nicht auf der Messung der Unterrichtsqualität bestimmter Lehrkräfte lag, sondern Ziel vielmehr die Beleuchtung von mit der Messung von Unterrichtsqualität verbundenen Problemen war. Zweitens sollten die im Fokus stehenden Unterrichtsdimensionen innerhalb kurzer Zeitspannen beobachtbar sein. Drittens zeigt eine aktuelle Studie von Strong, Gargani und Hacifazlioglu (2011), dass die Länge der gezeigten Unterrichtssequenz (u. a. zwei Minuten vs. eine komplette Unterrichtsstunde) keinen messbaren Einfluss auf die entsprechenden Ratings hat. Die Beschränkung auf Unterrichtsanfänge letztendlich wurde vorgenommen, um eine Vergleichbarkeit zwischen den Unterrichtssequenzen zu gewährleisten.

7.3.3   Material

7.3.3.1   Ratinginstrument

Die im Rahmen der vorliegenden Studie eingesetzten Items stammen aus einem Ratinginstrument zur Erfassung fachübergreifender Unterrichtsqualität (vgl. Helmke et al., 2011a; für eine Übersicht über die in der vorliegenden Studie eingesetzten Items siehe Tabelle 3). Das Instrument wurde im Rahmen des Projekts EMU (*E*videnzbasierte *M*ethoden der *U*nterrichtsdiagnostik und -entwicklung) unter der Federführung von Professor Dr. Andreas Helmke entwickelt. Dieses Projekt ist Teil des Gesamtprojekts UdiKom (Aus- und Fortbildung der Lehrkräfte in Hinblick auf Verbesserung der Diagnosefähigkeit, Umgang mit Heterogenität, individuelle Förderung), das im Auftrag der Kultusministerkonferenz in den Jahren 2009-2011 durchgeführt wurde.

Die im EMU-Ratingbogen enthaltenen Merkmale von Unterrichtsqualität sind an den Unterrichtsbeobachtungsbogen der externen Schulevaluation in Rheinland-Pfalz angelehnt.[17] Insgesamt umfasst das Ratinginstrument vier Merkmalsbereiche[18]: (a) Klassenmanagement (z. B. time on task, Vorhandensein eines etablierten Regelsystems, Störungsprävention), (b) lernförderliches Klima

---

17 Der von der Agentur für Qualitätssicherung, Evaluation und Selbstständigkeit von Schulen (AQS) entwickelte Ratingbogen kann unter folgendem Link abgerufen werden: http://www.un terrichtsdiagnostik.de/media/files/Link%208_ELL_V6_2.pdf.

18 Zusätzlich enthält das Ratinginstrument noch einen Bilanzbereich, der auf den Ertrag einer Unterrichtsstunde abzielt.

und Motivierung (z. B. Umgang mit Fehlern, freundlicher Umgang der
Lehrkraft mit den Schülern, Langsamkeitstoleranz), (c) Strukturierung und
Konsolidierung bzw. Klarheit (z. B. Herstellen eines Zusammenhangs zu
bisher Gelerntem, Einsatz von anschaulichen Beispielen, Transparenz in
Bezug auf das Stundenziel) sowie (d) Aktivierung (z. B. Selbstkontrolle von
Arbeitsergebnissen, Präsentationen vor anderen Schülern, Beteiligung der
Schüler mit eigenen Beiträgen). Die einzelnen Facetten innerhalb der
Merkmale (z. B. der Aspekt time on task des Merkmals Klassenmanagement)
werden jeweils mittels eines Items erfasst. Es existieren verschiedene (parallel
formulierte) Versionen des Ratinginstruments für die unterschiedlichen Perspektiven (Lehrkräfte, Schüler, externe Beobachter). Da das Instrument in der
Unterrichtspraxis Anwendung finden soll, wurden die Items so formuliert, dass
auch ungeschulte Beobachter sie beantworten können (vgl. Helmke et al.,
2011a). Um sicherzustellen, dass sich die unterschiedlichen Perspektiven
(Lehrkräfte, Schüler, Beobachter) auf den gleichen Beobachtungsgegenstand
beziehen, sind die Items in Bezug auf eine konkrete Unterrichtsstunde
formuliert. Das Antwortformat der Items ist vierstufig (1 = stimme nicht zu;
4 = stimme zu).

Für die Analysen der vorliegenden Arbeit wurden die Items nicht zu den
ursprünglich angedachten Merkmalsbereichen zusammengefasst, sondern
entsprechend den Basisdimensionen von Klieme und Kollegen (2006)
strukturiert. Da sich die von Helmke (2009) unterschiedenen Merkmale und
die Basisdimensionen nach Klieme und Kollegen vornehmlich hinsichtlich
ihres Auflösungsgrades, weniger jedoch hinsichtlich inhaltlicher Punkte
unterscheiden (vgl. Helmke, 2009), erschien dies unproblematisch. Die
Analysen wurden aus drei Gründen in Bezug auf die Basisdimensionen von
Klieme und Kollegen (2006) durchgeführt: (a) Studie 5 der vorliegenden
Arbeit basiert auf Reanalysen der Pythagoras-Studie (s. Hugener, Rakoczy,
Pauli & Reusser, 2006). In der Pythagoras-Studie wurden zur Untersuchung
von Unterrichtsqualität die Basisdimensionen von Klieme und Kollegen
(2006) herangezogen. Um eine Vergleichbarkeit der untersuchten Merkmale
zwischen den einzelnen Studien der vorliegenden Arbeit zu ermöglichen,
wurden daher auch in den anderen Studien die Basisdimensionen für die
Analysen verwendet. (b) Die von Helmke und Kollegen (2011a) unterschiedenen Bereiche sind empirisch weniger trennscharf als die Dimensionen von
Klieme und Kollegen (2006). (c) Die Dimensionen von Klieme und Kollegen
(2006) wurden in internationalen Veröffentlichungen häufiger herangezogen
als die Merkmale von Helmke und sind diesbezüglich anschlussfähiger.

Von den von Klieme und Kollegen (2006) unterschiedenen Basisdimensionen (Klassenführung, Schülerorientierung, kognitive Aktivierung) lassen sich auf Basis des EMU-Ratinginstruments lediglich die Dimensionen Klassenführung und Schülerorientierung abbilden. Dies ist insbesondere darauf zurückzuführen, dass die dritte Basisdimension (kognitive Aktivierung) einen deutlich höheren fachspezifischen Anteil hat. Da der EMU-Ratingbogen für einen fächerübergreifenden Einsatz konzipiert wurde, fokussieren die in diesem Instrument auf Aktivierung bezogenen Items weniger auf kognitive, sondern vielmehr auf aktionsbezogene Aktivierung (z. B. gemeinsames Bearbeiten von Aufgaben). Für die vorliegenden Analysen wurde die Dimension kognitive Aktivierung daher nicht einbezogen und lediglich die Dimensionen Klassenführung und Schülerorientierung verwendet.

Die Dimension Klassenführung umfasst in der vorliegenden Studie fünf Items (für eine Übersicht über die eingesetzten Items siehe Tabelle 3). Der Dimension Schülerorientierung wurden ursprünglich neun Items zugeordnet. Zwei dieser Items wurden aufgrund zu geringer Trennschärfen jedoch eliminiert.

7.3.3.2 Ratingmanual

Jedem Rater wurde im Rahmen des Trainings (s. Kapitel 7.3.4.1) ein Manual ausgehändigt (s. auch Anhang A). Das Manual umfasst zum einen allgemeine Anmerkungen, in denen u. a. noch einmal darauf hingewiesen wird, dass nur der gesehene Sequenzausschnitt beurteilt werden soll; zum anderen umfasst das Manual eine Beschreibung der Dimensionen (z. B. Klassenführung) und der einzelnen Items. Die Itembeschreibungen enthalten die Definition der in den Itemformulierungen enthaltenen Begriffe (z. B. Klassenregeln) und weitere Hinweise (z. B. unter welchen Umständen ein Item nicht beurteilbar ist). Für jedes Item sind in dem Manual zudem positive und negative Indikatoren aufgelistet, aufgrund derer auf die Ausprägung des Items geschlossen werden kann. Für das Item „Die gesamte Unterrichtszeit wurde für den Lernstoff verwendet" ist beispielsweise ein positiver Indikator „Übergänge zwischen einzelnen Unterrichtsphasen erfolgen schnell und reibungslos. Es gibt keinen Leerlauf". Ein negativer Indikator lautet „Organisatorische Dinge (z. B. Geld einsammeln, Klassenfahrt) werden besprochen". Die Indikatoren dienen als Orientierung für die Einschätzung der Items; aufgrund der Komplexität des Gegenstands umfasst die Indikatorenliste jedoch nicht alle prinzipiell möglichen Indikatoren. Die Rater wurden dazu angehalten, das Manual jeden Morgen vor dem ersten Rating durchzugehen und auch während der Ratings darauf zurückzugreifen.

7.3.4   Durchführung

7.3.4.1   Rater-Training

In einem Großteil der Publikationen zu hoch-inferenten Ratings im Bereich der Unterrichtsqualitätsforschung wurden keine Angaben zur Dauer des zugrunde-liegenden Trainings gemacht (z. B. Clausen, 2002; Evertson, Anderson, Anderson & Brophy, 1980; Helmke, Schneider & Weinert, 1996; Hugener et al., 2009; Lipowsky et al., 2009; Newton, 2010; Pietsch & Tosana, 2008; Rakoczy & Pauli, 2006; Seidel, Prenzel & Kobarg, 2005; Teddlie, Kirkby & Spring-field, 1989). Einige wenige Autoren geben die Dauer des von ihnen durchge-führten Trainings an (z. B. 1 Tag bei Stronge, Ward & Grant, 2011; 1.5 Tage bei Matsumura et al., 2002; 1 Woche bei Clausen et al., 2003), allerdings ohne Angaben dazu, auf welcher Grundlage die Dauer des Trainings festgesetzt wurde. Die Trainingsdauer in der vorliegenden Studie wurde auf Basis der Befunde der Metaanalyse von Hoyt und Kerns (1999) auf acht Stunden angesetzt: Den Analysen der Autoren zufolge ist es für die Qualität von Ratings unerheblich, ob das Training zwischen 5 und 24 Stunden oder aber mehr als 24 Stunden dauert. Lediglich Trainings mit einer Dauer von weniger als fünf Stunden wirken sich negativ aus.

Die Inhalte des Trainings wurden erstens an Inhalte bisheriger Trainings im Bereich der Unterrichtsforschung angelehnt (z. B. Clausen et al., 2003; Kobarg & Seidel, 2005; Rakoczy & Pauli, 2006), zweitens wurden Empfehlungen zur Minimierung von Rater-Bias von Myford und Wolfe (2003) sowie Bortz und Döring (2006) berücksichtigt (s. auch Kapitel 4.2.1) und drittens wurde zur Konzeption des Trainings auf Studien zu Rater-Trainings aus anderen For-schungsbereichen – v. a. auf frame-of-reference-Trainings[19] – zurückgegriffen (u. a. Lievens & Sanchez, 2007; May, 2008; McIntyre, Smith & Hassett, 1984; Sulsky & Day, 1992; Uggerslev & Sulsky, 2008; Woehr & Huffcutt, 1994). Die konkreten Trainingsinhalte werden im Folgenden beschrieben.

Im Vorfeld des Trainings wurden den Ratern das Ratinginstrument sowie ein einführender Text über Unterrichtsqualität zugesandt. Die Rater sollten sich mit dem Instrument und dem Text im Vorfeld des Trainings auseinandersetzen. Das Training selbst umfasste sechs Teile: Im ersten Teil sollten sich die Rater mit ihren eigenen impliziten Theorien über guten Unterricht auseinandersetzen. Analog zur Strukturlegetechnik nach Scheele (1992) sollten sie

---

19 Frame-of-reference-Trainings fokussieren darauf, ein einheitliches, vorgegebenes Verständnis des einzuschätzenden Gegenstands durch die Rater zu erreichen (s. Lievens & Sanchez, 2007; Sulsky & Day, 1992; Woehr & Huffcutt, 1994).

dafür ihre Vorstellungen guten Unterrichts in Form einer Abbildung ihres semantischen Netzwerks externalisieren. Dazu erhielten die Teilnehmer ein Plakat im DIN A2-Format, auf dem in der Mitte ein Kärtchen mit dem Begriff „guter Unterricht" angebracht war. Sie erhielten zudem leere Kärtchen, auf die beliebige Begriffe geschrieben werden konnten sowie Verbindungsbausteine, mit denen die Kärtchen zueinander in Beziehung gesetzt werden konnten (z. B. „ist Teil von", „ist verbunden mit").

Im zweiten Teil wurde den Ratern ein Überblick über den Stand der wissenschaftlichen Forschung zur Unterrichtsqualität vermittelt. In diesem Zusammenhang wurden ihnen auch Möglichkeiten und Probleme der Messung von Unterrichtsqualität vorgestellt. Am Ende dieser Einheit sollten sich die Teilnehmer vor dem Hintergrund der wissenschaftlichen Ansätze erneut mit ihren eigenen impliziten Theorien auseinandersetzen.

Im dritten Teil wurde den Ratern das Ratinginstrument erklärt. Anschließend wurde das Instrument von den Ratern praktisch erprobt: Dazu schauten sie eine zehnminütige Unterrichtssequenz an und schätzten diese mithilfe des Ratinginstruments ein. Die Einschätzungen wurden anschließend in der Gruppe diskutiert.

Im vierten Teil des Trainings erhielten die Rater Informationen über das dem Instrument zugrundeliegende Antwortformat sowie ein Manual mit Definitionen, Indikatoren und Beispielen für die einzelnen Items (vgl. Kapitel 7.3.3.2; s. auch Anhang A). Das Manual wurde in Kleingruppen durchgearbeitet. Mehrdeutigkeiten und offene Fragen wurden mit der Leiterin des Trainings besprochen. Die Rater sahen anschließend eine weitere Unterrichtssequenz, schätzten diese ein und diskutieren die Einschätzungen wieder in der Gruppe. In einer weiteren Diskussionsrunde wurden die Ratings der Gruppe mit denen einer Expertengruppe verglichen. Die Experten (5 Unterrichtsforscher, 1 Lehrkraft) hatten die entsprechende Sequenz zwei Wochen zuvor gesehen, in der Gruppe besprochen und sich auf eine gemeinsame Einschätzung (Konsensscore) geeinigt.

Im fünften Teil des Trainings wurden den Ratern Informationen über Rater-Fehler vermittelt sowie eine Rückmeldung über ihre eigene Milde bzw. Strenge in Bezug auf die vorhergehenden Ratings gegeben.[20] Die Rater erhielten zudem zusammenfassend Tipps für das Durchführen zukünftiger

---

20 Dafür wurde den Ratern ihr Rating im Vergleich zum Mittelwert der Gesamtgruppe zurückgemeldet.

Ratings. So wurden sie beispielsweise noch einmal darauf hingewiesen, nur das zu beurteilen, was tatsächlich in der entsprechenden Unterrichtssequenz auch zu sehen war und nicht zu antizipieren, was vor bzw. nach der Unterrichtssequenz geschah. Im Anschluss sahen die Trainingsteilnehmer eine weitere Unterrichtssequenz, nahmen Einschätzungen vor und diskutierten diese. In einem zweiten Diskussionsteil wurden die Ratings wiederum mit denen der Expertengruppe verglichen.

Im sechsten und letzten Teil des Rater-Trainings wurden inhaltliche und organisatorische Fragen geklärt und es wurde erneut die Videosequenz vom Beginn des Rater-Trainings angesehen und eingeschätzt. Den Abschluss bildete eine Reflexion der eigenen Veränderungen in den Ratings vom Beginn zum Ende des Trainings.

7.3.4.2   Rating-Ablauf

Um die Gruppengröße für das Rater-Training nicht zu groß werden zu lassen und aus organisatorischen Gründen wurden die Einschätzungen der 12 Rater in zwei Gruppen erhoben. Durchgang eins fand im März 2011 statt und umfasste acht Rater, Durchgang zwei fand im April 2011 statt und umfasste vier Rater. Die Abläufe und die Verteilung der Sequenzen auf die Tage wurden bei beiden Durchläufen konstant gehalten.

Die Einschätzungen der 57 Unterrichtssequenzen erfolgten in beiden Gruppen an acht aufeinanderfolgenden Tagen. Die Unterrichtssequenzen wurden per Zufallsprinzip auf die einzelnen Tage verteilt. Innerhalb der Tage wurde die Reihenfolge der Unterrichtssequenzen zwischen den Ratern durchpermutiert, um Reihenfolgeeffekte zu vermeiden. Lediglich die letzten fünf Unterrichtssequenzen der Erhebung schätzten die Rater in derselben Reihenfolge ein.[21]

Der Ablauf für die Einschätzung jeder Unterrichtssequenz sah folgendermaßen aus: In einem ersten Schritt sahen die Rater die entsprechende Unterrichtssequenz an ihrem Arbeitsplatz mit Laptop und Kopfhörern. Dazu wurde das Videoprogramm Videograph (2011) eingesetzt, das synchron die Aufnahmen der beiden eingesetzten Kameras (Klassenkamera, Lehrerkamera) abspielen kann und zudem erlaubt, parallel zu den Äußerungen ein Transkript der Schüler- und Lehreräußerungen mitlaufen zu lassen. Dies erleichtert bei schwer verständlichen Passagen (z. B. aufgrund akustischer Probleme oder

---

21 Diese Unterrichtssequenzen waren Grundlage der qualitativen Interviewbefragung (s. Studie 4). Die Reihenfolge der Videos wurde konstant gehalten, um die Begründungen der Rater vergleichen zu können.

aufgrund eines starken Dialekts) das Verständnis der entsprechenden Sequenz. In einem zweiten Schritt schätzten die Rater die soeben gesehene Unterrichtssequenz mittels des für die Zwecke der Studie internetbasiert erfassten EMU-Ratinginstruments[22] ein. Dazu gaben sie zunächst ihre Rater-ID und die Unterrichtssequenzbezeichnung an. Für jede einzuschätzende Dimension (z. B. Klassenführung) erschien eine Seite mit den entsprechenden Items und den Ankreuzmöglichkeiten. Jede Seite umfasste zudem ein Feld, in das Anmerkungen oder Kommentare eingegeben werden konnten. Das Auslassen von Items wurde restringiert und nur in Bezug auf diejenigen Items zugelassen, die aufgrund von konditionalen Itemformulierungen nicht für alle Unterrichtssequenzen beurteilbar waren (z. B. „Wenn die Lehrkraft eine Frage gestellt hat, hatten die Schüler ausreichend Zeit zum Nachdenken").[23] Nach der Beurteilung von drei bis vier Unterrichtssequenzen legten die Rater eine 15- bis 30-minütige Pause ein.

7.3.5   Design und Analysen

Im Folgenden werden die in Studie 1 eingesetzten Designs beschrieben. Diese Designs basieren auf der G-Theorie. Allgemeine Informationen zur G-Theorie sowie zu den in diesem Zusammenhang verwendeten Begrifflichkeiten finden sich in Kapitel 6.

Wie in Kapitel 3 erörtert, ist es das Ziel der Messung von Unterrichtsqualität, bestehende Unterschiede zwischen Lehrkräften hinsichtlich der Qualität von Unterricht zu erfassen. Da es nicht möglich ist, den gesamten Unterricht einer Lehrkraft zu beobachten und zu bewerten, wird stets nur eine Stichprobe des Unterrichts von Lehrkräften beobachtet und bewertet. Insbesondere in kostenintensiven Videostudien ist diese Stichprobe in der Regel sehr klein und umfasst eine bis wenige Unterrichtsstunden. In der vorliegenden Untersuchung

---

22 Hierfür wurde die Umfragesoftware Rogator (http://www.rogator.de) verwendet.

23 Im EMU-Instrument ist keine Kategorie „nicht beobachtbar" vorgesehen. In einer Vorstudie wurde überprüft, ob das Hinzunehmen dieser Kategorie für die vorliegende Studie sinnvoll ist. Dazu wurden 12 Personen randomisiert einer Gruppe mit vs. ohne Zusatzkategorie „nicht beobachtbar" zugeordnet. Die Gruppe mit Zusatzkategorie wurde instruiert, die Kategorie nicht zu wählen, wenn etwas lediglich nicht vorkam (dann ist die Kategorie „stimme nicht zu" angemessen), sondern nur dann, wenn etwas aufgrund konditionaler Itemformulierungen nicht beobachtbar war. Die Personen schätzten dann ein- und dieselbe videografierte Unterrichtssequenz ein. Unter den 9 Items, bei denen die Kategorie „nicht beurteilbar" von den Probanden gewählt wurde, befand sich lediglich 1 Item mit konditionaler Itemformulierung. Die restlichen Items hätten als „stimme nicht zu" beurteilt werden müssen. Auf Grundlage dieser Ergebnisse wurde beschlossen, keine Zusatzkategorie „nicht beurteilbar" einzuführen und stattdessen bei konditionalen Itemformulierungen ein Nicht-Beantworten des entsprechenden Items zuzulassen.

wurde jeweils eine Unterrichtssequenz (u) pro Lehrkraft beobachtet und bewertet. Lehrkräfte und Unterrichtssequenzen sind demnach konfundiert – potentielle Variationen von Unterrichtssequenzen innerhalb von Lehrkräften können daher in der vorliegenden Studie nicht aufgedeckt werden (s. hierzu auch Studie 5, Kapitel 11).

Die Einschätzungen der Rater wurden jeweils auf Ebene der Items und auf Ebene der Skalen analysiert, um überprüfen zu können, in welchem Ausmaß sich Analyseergebnisse in Abhängigkeit von der gewählten Analyseebene unterscheiden (s. Fragestellung 1.3). Für die Analysen auf *Skalenebene* wurden die über die einzelnen Items gemittelten Skalenwerte analysiert. Das Design umfasst Unterrichtssequenzen (u; object of measurement) und die Facette Rater (r) und ist demnach ein Ein-Facetten-Design ($u \times r$-Design). Da alle Unterrichtssequenzen von allen Ratern eingeschätzt wurden, handelt es sich zudem um ein vollständig gekreuztes Design. Sowohl die Facette Rater als auch die Unterrichtssequenzen werden im Rahmen der Generalisierbarkeits- sowie Entscheidungsanalysen als Zufallseffekte behandelt. Im Rahmen des $u \times r$-Designs kann der Einfluss von drei separaten Varianzquellen geschätzt werden: Varianz, die (1) auf die Unterrichtssequenzen (σ^2_u), (2) auf die Rater (σ^2_r) und (3) auf die Zweifachinteraktion zwischen Unterrichtssequenzen und Ratern ($\sigma^2_{ur,e}$) zurückzuführen ist. Die letztgenannte Zweifachinteraktion ist im Rahmen eines Ein-Facetten-Designs als Interaktion höchster Ordnung mit dem verbleibenden Residuum konfundiert.

Die Analysen auf *Itemebene* sind identisch zu den Analysen auf Skalenebene, mit dem einzigen Unterschied, dass die Items nicht aggregiert, sondern als zusätzliche Facette (i) in das Design integriert werden. Das entstehende Design ist ein vollständig gekreuztes, auf Zufallseffekten beruhendes Zwei-Facetten-Design ($u \times r \times i$-Design). Im Rahmen dieses Designs ist es möglich, sieben Varianzquellen voneinander zu separieren: Varianz, die (1) auf die Unterrichtssequenzen (σ^2_u), (2) auf die Rater (σ^2_r), (3) auf die Items (σ^2_i), (4) auf die Zweifachinteraktion zwischen Unterrichtssequenzen und Ratern (σ^2_{ur}), (5) auf die Zweifachinteraktion zwischen Unterrichtssequenzen und Items (σ^2_{ui}), (6) auf die Zweifachinteraktion zwischen Ratern und Items (σ^2_{ri}) und (7) auf die Dreifachinteraktion zwischen Unterrichtssequenzen, Ratern und Items ($\sigma^2_{uri,e}$) zurückzuführen ist. Die Dreifachinteraktion ist jedoch mit dem Residuum konfundiert.

Zur Durchführung der G-Analysen wurde die Software urGENOVA (Brennan, 2001b), Version 2.1, verwendet. Diese Software erlaubt den Umgang mit fehlenden Werten. Mit fehlenden Werten wird im Rahmen von urGENOVA so umgegangen, dass die jeweils vorhandene Anzahl an Items pro Person analysiert wird. Auf eine Imputation der fehlenden Werte wurde für die vorliegenden Analysen verzichtet, da das Auslassen von Items im Rahmen des Internettools nur in Bezug auf diejenigen Items zugelassen wurde, die nicht für alle Unterrichtsequenzen beurteilbar sind (vgl. Kapitel 7.3.4.2). Eine Imputation würde hier demnach dazu führen, Werte für etwas zu schätzen, was – zumindest aus Sicht der Rater – nicht vorhanden und damit auch nicht beurteilbar war. Für beide Dimensionen (Klassenführung und Schülerorientierung) liegt der Anteil fehlender Werte bei ca. 2%. Für die Durchführung der D-Studien wurde die Software GENOVA (Crick & Brennan, 1983) verwendet. G-Koeffizienten werden im Folgenden sowohl für absolute als auch für relative Entscheidungen berechnet.

Für die Parameterschätzung wird in der vorliegenden Arbeit auf die analoge ANOVA-Prozedur zurückgegriffen. Diese bietet den Vorteil, dass keine Verteilungsannahmen gemacht werden, und ist daher auch als Standardschätzer in der Software urGENOVA implementiert (Brennan, 2001b; s. auch Kapitel 6).

Für die vorliegende Fragestellung wird die $u \times i$-Interaktion als universe-score-Varianz – die Varianz also, die auf Unterschiede zwischen Unterrichtsstunden zurückzuführen ist – angesehen (s. auch Kapitel 7.5.1.1). In urGENOVA werden Interaktionen, die den universe-score enthalten, jedoch als Fehlervarianz behandelt. Daher wurden die Ergebnisse, bei denen universe-score-Varianz und Fehlervarianz zueinander in Beziehung gesetzt werden (G-Koeffizienten; Koeffizienten der D-Studien), per Hand berechnet.

Aufgrund von Stichprobenfehlern können im Rahmen von Generalisierbarkeitsstudien kleine negative Varianzschätzungen auftreten (vgl. hierzu Shavelson & Webb, 1991; s. auch Kapitel 6). Den Vorschlägen von Brennan (2001a) entsprechend werden diese negativen Varianzen zur Schätzung der verbleibenden Varianzkomponenten verwendet und anschließend auf Null fixiert.

7.4   Ergebnisse

Im Folgenden werden zunächst deskriptive Statistiken der eingesetzten Maße berichtet (Kapitel 7.4.1). Anschließend wird auf die Ergebnisse der G-Analysen eingegangen (Kapitel 7.4.2). Den Abschluss bildet die Darstellung der Analysen der D-Studien (Kapitel 7.4.3). Alle Ergebnisse werden separat für die beiden Dimensionen Klassenführung und Schülerorientierung berichtet.

7.4.1 Deskriptive Statistiken

Eine Übersicht über Mittelwerte, Standardabweichungen und Trennschärfen der einzelnen Items findet sich in Tabelle 3. Die Mittelwerte der einzelnen Items liegen bis auf eine Ausnahme oberhalb des theoretischen Mittelwerts von 2.5. In einigen Fällen treten deutliche Deckeneffekte auf (s. z. B. Item 7).[24] Die Standardabweichungen zeigen, dass es Items gibt, die über die eingeschätzten Lehrkräfte hinweg vergleichsweise ähnlich eingeschätzt wurden (z. B. Item 7), aber auch solche, bei denen deutlichere Unterschiede zwischen Lehrkräften existieren (z. B. Item 10). Die Trennschärfen der Items liegen zwischen .35 und .71 und erreichen damit größtenteils zufriedenstellende Werte (vgl. Moosbrugger & Kelava, 2007).

---

24 Ein Vorteil der in der Software für die Generalisierbarkeitsanalysen implementierten Schätzer (analoge ANOVA-Prozedur bzw. ANOVA-Prozedur; s. auch Kapitel 7.3.5) ist, dass keine Verteilungsannahmen notwendig sind. Daher erscheinen solche Deckeneffekte für die vorliegenden Analysen als vergleichsweise unproblematisch.

Tabelle 3:   Übersicht über die verwendeten Items sowie deskriptive
Statistiken

Item		M	SD	r_{it}
	Klassenführung			
1	Der Unterricht hat pünktlich begonnen.	3.35	1.04	.44
2	Die Klassenregeln waren den Schülern klar.	3.41	0.89	.60
3	Die Schüler konnten ungestört arbeiten.	3.34	0.96	.63
4	Den Schülern war im Laufe der Unterrichtszeit jederzeit klar, was sie tun sollten.	3.33	0.92	.43
5	Die gesamte Unterrichtszeit wurde für den Lernstoff verwendet.	3.02	1.10	.46
	Schülerorientierung			
6	Mit Schülerbeiträgen ist die Lehrkraft wertschätzend umgegangen.	3.50	0.83	.71
7	Die Lehrkraft war freundlich zu den Schülern.	3.70	0.63	.61
8	Die Lehrkraft hat die Schüler ausreden lassen, wenn sie dran waren.	3.68	0.74	.45
9	Wenn die Lehrkraft eine Frage gestellt hat, hatten die Schüler ausreichend Zeit zum Nachdenken.	3.34	0.98	.47
10	Die Lehrkraft hat die Schüler für Beiträge zum Unterricht angemessen gelobt.	2.29	1.17	.35
11	Der Unterrichtsausschnitt war für die Schüler interessant.	3.09	0.90	.49
12	Im Hinblick auf die unterschiedlichen Lernvoraussetzungen der Schüler war das Unterrichtsangebot angemessen.	3.51	0.73	.62

Anmerkungen. Skalierung: 1 = stimme nicht zu; 4 = stimme zu. Die Daten beziehen sich auf $k = 57$ Unterrichtssequenzen.

In Tabelle 4 sind Mittelwerte, Standardabweichungen und interne Konsistenzen auf Skalenebene abgebildet. Für beide Skalen liegt der Mittelwert deutlich über dem theoretischen Mittelwert, auch wenn es vereinzelt Unterrichtsstunden gibt, die über alle Rater hinweg unterhalb des theoretischen Mittels bewertet wurden (s. die Prozentränge in Tabelle 4). Die internen Konsistenzen sind für beide Skalen zufriedenstellend.

Tabelle 4:   Deskriptive Statistiken für die Skalen Klassenführung und
             Schülerorientierung, gemittelt über Rater

				Prozentränge				
Skala	M	SD	α	0	25	50	75	100
Klassenführung	3.29	.52	.85	2.13	2.84	3.49	3.73	3.97
Schülerorientierung	3.28	.45	.90	1.56	3.23	3.36	3.53	3.86

Anmerkungen. Skalierung: 1 = stimme nicht zu; 4 = stimme zu. Die Daten beziehen sich auf $k = 57$
Unterrichtssequenzen.

7.4.2   G-Analysen

Mithilfe von G-Analysen wurde mehreren Fragen nachgegangen: (a) In welchem Ausmaß können mittels Beobachterratings tatsächlich Unterschiede in der Unterrichtsqualität erfasst werden (Fragestellung 1.1)? (b) Wie viel Rater-Bias tritt im Rahmen solcher Ratings auf (Fragestellung 1.2)? (c) In welchem Ausmaß unterscheiden sich Ergebnisse bei Analysen auf Itemebene von denjenigen auf Skalenebene (Fragestellung 1.3)? Die Fragen wurden mithilfe zweier Designs beantwortet: einem Design auf Skalenebene ($u \times r$-Design) und einem Design auf Itemebene ($u \times r \times i$-Design).

Analysen auf Skalenebene: Das u $\times$ r-Design

Zur Beantwortung der Frage nach den Unterschieden in den Ergebnissen bei Analysen auf unterschiedlichen Ebenen wurden in einem ersten Schritt G-Analysen für das Unterrichtssequenzen × Rater-Design durchgeführt. Dazu wurden die Items auf Skalenebene aggregiert. Die Ergebnisse sind in Tabelle 5 zusammengefasst. Für die Dimension Klassenführung kann in etwa die Hälfte der Varianz in den Ratings auf Unterschiede zwischen Unterrichtssequenzen – und damit Unterschieden in der Unterrichtsqualität – zurückgeführt werden (= universe-score-Varianz; vgl. Fragestellung 1.1). Für die Dimension Schülerorientierung liegt dieser Varianzanteil bei ca. 40%. Der Haupteffekt der Rater beträgt für die Dimension Klassenführung 10% und für die Dimension Schülerorientierung 11% der Gesamtvarianz (vgl. Fragestellung 1.2). Der relative G-Koeffizient (Eρ²) sowie der absoluten G-Koeffizient (Φ) liegen für beide Dimensionen oberhalb von .80.

Tabelle 5:   Ergebnisse der G-Analysen für das $u \times r$- und das $u \times r \times i$-Design

Effekt	Klassenführung		Schülerorientierung	
	VK	%	VK	%
$u \times r$-**Design**				
$\sigma^2(u)$	0.28	49	0.18	39
$\sigma^2(r)$	0.06	10	0.05	11
$\sigma^2(ru,e)$	0.23	41	0.24	50
Gesamtvarianz	0.57		0.47	
$E\rho^2$	.94		.90	
Φ	.92		.88	
$u \times r \times i$-**Design**				
$\sigma^2(u)$	0.22	22	0.13	14
$\sigma^2(r)$	0.05	5	0.03	4
$\sigma^2(i)$	0.02	2	0.25	24
$\sigma^2(ur)$	0.10	10	0.08	8
$\sigma^2(ri)$	0.04	4	0.13	5
$\sigma^2(ui)$	0.17	17	0.09	10
$\sigma^2(uri,e)$	0.41	41	0.38	35
Gesamtvarianz	1.00		1.01	
$E\rho^2$	.96		.96	
Φ	.95		.83	

Anmerkungen. u = Unterricht; r = Rater; i = Items; e = Fehlerterm; VK = absolute Varianzkomponenten; $E\rho^2$ = relativer G-Koeffizient; Φ = absoluter G-Koeffizient. In die Berechnung der
G-Koeffizienten geht die Interaktion $u \times i$ als universe-score-Varianz ein.

Analysen auf Itemebene: Das $u \times r \times i$-Design

In einem zweiten Schritt wurden Analysen auf Itemebene durchgeführt;
entsprechend wurden Items als zusätzliche Facette aufgenommen. Die
universe-score-Varianz, die Varianz also, die auf Unterschiede zwischen
Unterrichtssequenzen zurückzuführen ist (u; vgl. Fragestellung 1.1), liegt für
die Dimension Klassenführung bei 22% und für die Dimension Schülerorientierung bei 14%. Dieser Varianzanteil ist deutlich niedriger als für die
Analysen auf Skalenebene (vgl. Tabelle 5).

Die Interaktion zwischen Unterrichtssequenzen und Items (ui) nimmt 10 bzw.
17% der Varianz ein. Abbildung 4 veranschaulicht die Interaktion für die
Dimension Klassenführung. Die Abbildung zeigt, dass sich sowohl die
Abstände zwischen den Itemausprägungen – und damit das Ausmaß ihrer
Ähnlichkeit – in Abhängigkeit von der jeweiligen Unterrichtssequenz ändern
als auch die Ordnung der Itemausprägungen – und damit die relativen
Itemschwierigkeiten – zwischen den Unterrichtssequenzen variiert. Anhand

der Abbildung wird zudem deutlich, dass sich Unterrichtssequenzen mit vergleichsweise niedrigen Skalenmittelwerten in Bezug auf die Dimension Klassenführung (linke Seite der Abbildung) hinsichtlich der Variation in den Ausprägungen der Items deutlich von denjenigen mit einer hohen Ausprägung auf der Skala (rechte Seite der Abbildung) unterscheiden: Während bei Unterrichtssequenzen mit niedrigen Skalenmittelwerten in Bezug auf die Dimension Klassenführung die Ausprägungen der einzelnen Items stark variieren, existieren bei Unterrichtssequenzen mit hohen diesbezüglichen Skalenmittelwerten kaum Unterschiede zwischen den einzelnen Itemwerten.

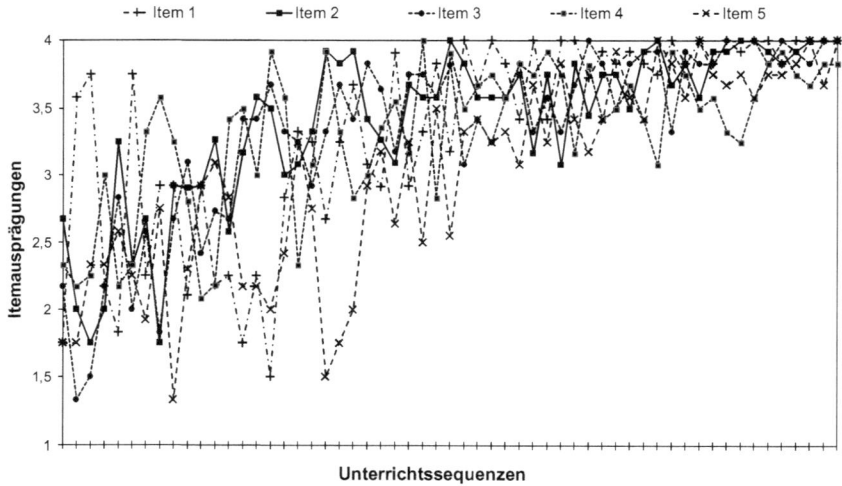

Abbildung 4: Itemausprägungen der untersuchten Unterrichtssequenzen für die Dimension Klassenführung, gemittelt über Rater. Jede Markierung auf der x-Achse entspricht einer Unterrichtssequenz. Die Unterrichtssequenzen sind entsprechend ihrer Skalenmittelwerte ansteigend angeordnet.

Zwischen 17 und 19% der Varianz in den Ratings ist auf Rater-Bias (Rater-Haupteffekt r, Interaktion Rater $\times$ Items ri, Interaktion Rater $\times$ Unterrichtsse-quenzen ru) zurückzuführen (vgl. Fragestellung 1.2). Die größte Ausprägung in diesem Zusammenhang weist die Interaktion zwischen Ratern und Unterrichtssequenzen auf: Rater unterscheiden sich also deutlich in ihrer Wahrnehmung der Qualität der betreffenden Unterrichtssequenzen. Eine grafische Veranschaulichung der Interaktion findet sich – exemplarisch für die

Dimension Klassenführung – in Abbildung 5. Ähnlich wie bei der Interaktion zwischen Unterrichtssequenzen und Items finden sich auch hier für Unterrichtssequenzen mit eher niedrigen Ausprägungen in der Dimension Klassenführung deutliche Unterschiede in der Wahrnehmung der Rater, während sich die Rater in Bezug auf Sequenzen mit hohen Mittelwerten recht einig in ihren Urteilen sind.

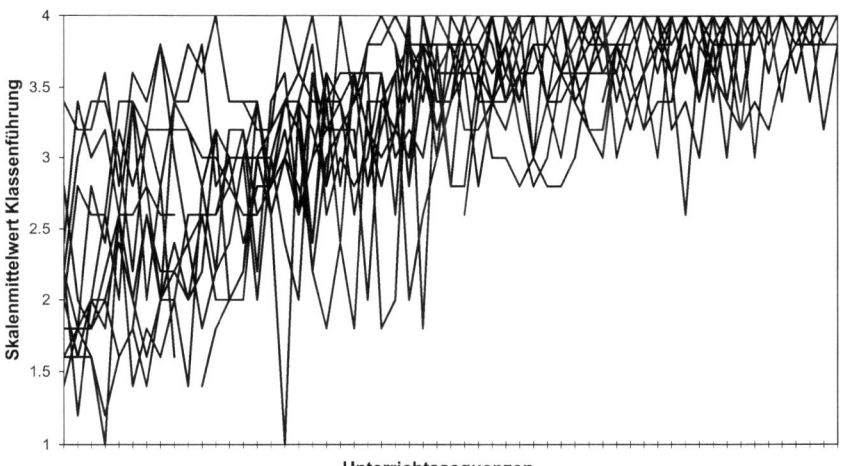

Abbildung 5:   Unterschiede zwischen Ratern in der Beurteilung von Unterrichtssequenzen für die Dimension Klassenführung. Jede Markierung auf der x-Achse entspricht einer Unterrichtssequenz. Die Unterrichtssequenzen sind entsprechend ihres über alle Rater gemittelten Skalenmittelwerts ansteigend angeordnet.

Der Haupteffekt der Items (i) ist mit 2% der Varianz für die Dimension Klassenführung zu vernachlässigen. Die Items unterscheiden sich also kaum in Bezug auf ihre Itemschwierigkeiten. Für die Dimension Schülerorientierung hingegen finden sich mit 24% der Varianz deutliche Unterschiede in den Itemschwierigkeiten.

Der Varianzanteil der Interaktion aller drei Komponenten (Unterrichtssequenzen, Items, Rater; uir,e) macht mit 41% bzw. 35% den größten Varianzanteil aus. Aus statistischen Gründen ist diese Interaktion als Interaktion höchster Ordnung allerdings mit dem verbleibenden, unspezifischen Fehleranteil konfundiert (vgl. hierzu Kapitel 6) und kann daher nicht inhaltlich interpretiert werden.

7.4.3   D-Studien

Abschließend wurde der Frage nachgegangen, wie viele Rater und Items für hinreichend reliable Messungen von Merkmalen der Unterrichtsqualität erforderlich sind (Fragestellung 1.4). In der Literatur werden unterschiedliche Grenzwerte berichtet, die Reliabilitätswerte annehmen müssen, um als hinreichend ausgeprägt betrachtet werden zu können (vgl. Kapitel 7.5.1). Im Folgenden wird auf drei Grenzwerte der Reliabilität (.70, .80 sowie .90) eingegangen. Die Analysen wurden für 1 bis 10 Items, 15 Items und 20 Items sowie für 1 bis 5 Rater sowie für 10 Rater durchgeführt. In Tabelle 6 sind die Ergebnisse für relative sowie absolute Entscheidungen aufgeführt.

Reliabilitätskriterium $\geq$ *.70.* Will man Unterrichtsqualität mit einer Reliabilität von .70 oder höher erfassen, so sind für relative Entscheidungen mindestens zwei Rater erforderlich, die den Unterricht anhand von 8 Items (für die Dimension Klassenführung) bzw. 15 Items (für die Dimension Schülerorientierung) beurteilen. Für absolute Entscheidungen sind 2 Rater und 20 Items (für die Dimension Klassenführung) bzw. 3 Rater und 20 Items (für die Dimension Schülerorientierung) nötig.

Reliabilitätskriterium $\geq$ *.80.* Will man Unterrichtsqualität mit einer Reliabilität von .80 oder höher erfassen, so sind für relative Entscheidungen mindestens 3 Rater erforderlich, die den Unterricht anhand von 15 Items (für die Dimension Klassenführung) bzw. 20 Items (für die Dimension Schülerorientierung) beurteilen. Für absolute Entscheidungen sind 4 Rater und 15 Items (für die Dimension Klassenführung) bzw. 10 Rater und 15 Items (für die Dimension Schülerorientierung) nötig.

Reliabilitätskriterium $\geq$ *.90.* Will man Unterrichtsqualität mit einer Reliabilität von .90 oder höher erfassen, so sind für relative Entscheidungen mindestens 10 Rater erforderlich, die den Unterricht anhand von 15 Items (Dimensionen Klassenführung und Schülerorientierung) beurteilen. Für absolute Entscheidungen sind für die Dimension Klassenführung 10 Rater und 20 Items nötig. Für die Dimension Schülerorientierung kann mit den variierten 10 Ratern und 20 Items keine Messgenauigkeit von .90 erreicht werden.

Tabelle 6:   Übersicht über die D-Studien mit 1-5 und 10 Ratern sowie 1-10, 15 und 20 Items

n Rater	n Items	Klassenführung		Schülerorientierung	
		$E\rho^2$	Φ	$E\rho^2$	Φ
1	1	.25	.22	.22	.14
	2	.37	.33	.32	.23
	3	.43	.39	.39	.28
	4	.48	.43	.43	.32
	5	.51	.45	.46	.35
	6	.54	.47	.49	.37
	7	.55	.49	.51	.39
	8	.57	.50	.52	.41
	9	.58	.51	.53	.42
	10	.59	.52	.54	.43
	15	.62	.55	.57	.46
	20	.64	.56	.59	.48
2	1	.34	.31	.32	.20
	2	.49	.44	.45	.31
	3	.56	.52	.53	.38
	4	.61	.56	.57	.43
	5	.64	.59	.61	.46
	6	.67	.61	.63	.49
	7	.69	.63	.65	.52
	8	.70	.65	.66	.53
	9	.71	.66	.68	.55
	10	.72	.67	.69	.56
	15	.75	.69	.72	.60
	20	.77	.71	.73	.63
3	1	.40	.37	.38	.22
	2	.54	.51	.52	.35
	3	.62	.58	.60	.43
	4	.67	.63	.65	.48
	5	.70	.66	.68	.52
	6	.73	.68	.70	.5
	7	.75	.70	.72	.58
	8	.76	.71	.73	.60
	9	.77	.72	.74	.61
	10	.78	.73	.75	.63
	15	.81	.76	.78	.67
	20	.82	.78	.80	.70

		Klassenführung		Schülerorientierung	
n Rater	*n* Items	$E\rho^2$	Φ	$E\rho^2$	Φ
4	1	.43	.40	.41	.24
	2	.58	.54	.56	.37
	3	.66	.62	.64	.45
	4	.71	.67	.69	.51
	5	.74	.70	.72	.55
	6	.76	.72	.74	.59
	7	.78	.74	.76	.61
	8	.79	.75	.77	.63
	9	.80	.76	.78	.65
	10	.81	.77	.79	.66
	15	.84	.80	.82	.71
	20	.86	.82	.83	.74
5	1	.45	.42	.44	.25
	2	.60	.57	.59	.38
	3	.68	.65	.67	.47
	4	.73	.69	.72	.53
	5	.76	.73	.75	.58
	6	.78	.75	.77	.61
	7	.80	.77	.79	.64
	8	.81	.78	.80	.66
	9	.82	.79	.81	.67
	10	.83	.80	.82	.69
	15	.86	.83	.84	.74
	20	.87	.84	.86	.76
10	1	.50	.47	.51	.27
	2	.66	.63	.66	.42
	3	.73	.71	.73	.51
	4	.78	.75	.78	.58
	5	.81	.79	.81	.63
	6	.83	.81	.83	.66
	7	.85	.82	.84	.69
	8	.86	.84	.86	.71
	9	.87	.85	.86	.73
	10	.88	.86	.87	.75
	15	.90	.88	.90	.80
	20	.92	.90	.91	.83

Anmerkungen. $E\rho^2$ = relativer G-Koeffizient; Φ = absoluter G-Koeffizient.

7.5   Diskussion

In Studie 1 sollte überprüft werden, welche Verzerrungen Ratings externer, geschulter Beobachter zu Unterrichtsqualität aufweisen. Diese Ratings finden oft Anwendung in der empirischen Unterrichtsforschung (Clausen, 2002; Helmke, 2009) und werden zudem als möglichst objektive Methode zur

Erfassung von Unterrichtsqualität angesehen (Clare et al., 2001; Helmke, 2009; Petko et al., 2003). Bislang gab es allerdings kaum empirische Untersuchungen dazu, welche Verzerrungen Ratings externer Beobachter aufweisen. Dies war Gegenstand von Studie 1. Es wurde folgenden Fragen nachgegangen: Welcher Anteil in Ratings von externen Beobachtern ist tatsächlich auf Unterschiede in der Qualität von Unterricht zurückzuführen? Welcher Anteil in Ratings geht auf Rater-Bias zurück? Welche Rolle spielt die gewählte Analyseebene (Item- vs. Skalenebene) für das Ausmaß an Rater-Bias? Wie viele Rater und Items sind notwendig, um Unterrichtsqualität hinreichend reliabel zu erfassen?

Im Folgenden werden zunächst die Befunde zu den einzelnen Fragestellungen diskutiert (Kapitel 7.5.1.1 bis 7.5.1.3). Anschließend wird reflektiert, in welchem Ausmaß sich bestehende Instrumente im Kontext der Videoforschung zur Erfassung von Unterrichtsqualität eignen (Kapitel 7.5.1.4). Es folgt eine kritische Betrachtung der Analyseergebnisse unter methodischen Gesichtspunkten (Kapitel 7.5.2).

7.5.1 Inhaltliche Diskussion

7.5.1.1 Das Ausmaß an universe-score-Varianz auf Skalen- und Itemebene

Das Ausmaß an Varianz in Ratings zu Unterrichtsqualität, das tatsächlich auf Unterschiede in der Unterrichtsqualität zurückgeführt werden kann (Fragestellung 1.1), variiert in Abhängigkeit von der untersuchten Dimension (Klassenführung vs. Schülerorientierung) und der Analyseebene (Item- vs. Skalenebene).

Auf *Skalenebene* beträgt der Anteil an universe-score-Varianz für die Dimension Klassenführung 49% und für die Dimension Schülerorientierung 39%. Der Anteil der universe-score-Varianz in der Dimension Schülerorientierung entspricht dem Anteil, der auch in anderen Studien berichtet wird: So weisen beispielsweise die Ratings der Dimension Schülerorientierung in der TIMS-Videostudie (Clausen et al., 2003) im Mittel einen universe-score-Varianzanteil von 42% auf.[25] Der auf den universe score zurückführbare

---

25 Bei Clausen und Kollegen (2003) werden keine Varianzanteile auf Skalenebene, sondern solche auf Facettenebene (z B. time on task) berichtet. Da in weiteren Publikationen der Autoren (z B. Klieme, Schümer & Knoll, 2001) jedoch Ratings auf Skalenebene verwendet werden, schien es gerechtfertigt, die Facetten auf Skalenebene zu aggregieren, um einen direkten Vergleich zwischen den Ergebnissen von Clausen und Kollegen (2003) und der vorliegenden Studie vornehmen zu können.

Varianzanteil für die Dimension Klassenführung liegt in der TIMS-R-Videostudie mit 66% höher als in der vorliegenden Studie. Ein möglicher Grund hierfür könnten die unterschiedlichen Designs der beiden Studien sein: Klassenführung umfasst etliche unterschiedliche Aspekte (z. B. klar formulierte, verbindliche Regeln und Routinen; time on task). In dem der vorliegenden Studie zugrundeliegenden Ratinginstrument werden diese unterschiedlichen Aspekte jeweils mittels eines einzelnen Items erfasst. In der TIMS-Videostudie hingegen wurden pro Aspekt zwei bis vier Items einbezogen und die Analysen gemittelt über diese Einzelitems durchgeführt. Den klassischen Annahmen der Psychometrie zufolge (z. B. Nunnally, 1978) sollte eine Erfassung wie sie in TIMSS vorgenommen wurde, eine höhere Reliabilität zur Folge haben, auch wenn es hierzu vereinzelt Gegenpositionen gibt (Bergkvist & Rossiter, 2007; Nagy, 2002; Wanous, Reichers & Hudy, 1997). Dass dies die Ursache für die Unterschiede zwischen der vorliegenden Studie und der TIMS-Videostudie ist, ist jedoch nur eine Vermutung: Für den Bereich der Unterrichtsqualitätsforschung gibt es bislang keine empirischen Untersuchungen dazu, durch welche Eigenschaften von Messinstrumenten oder Designs die Messqualität von Ratings externer Beobachter beeinflusst wird. Dies ist eine lohnende Fragestellung für zukünftige Studien.

Auf *Itemebene* beträgt der Anteil der universe-score-Varianz an der Gesamtvarianz für die Items der Dimension Klassenführung 37% und für die Items der Dimension Schülerorientierung 24%. Der jeweilige Varianzanteil setzt sich aus zwei Effekten zusammen: Dem Haupteffekt der jeweiligen Dimension (die Varianz also, die alleinig auf Unterschiede zwischen Unterrichtsstunden zurückzuführen ist) und dem Interaktionseffekt zwischen Unterrichtssequenzen und Items. Eine solche Interaktion kann zweierlei bedeuten: (a) Die Ausprägungen der Items sind bei manchen Unterrichtssequenzen ähnlicher als bei anderen (d. h. die Abstände zwischen den Itemschwierigkeiten sind nicht konstant zwischen Unterrichtssequenzen). (b) Die Items ändern hinsichtlich ihrer Schwierigkeit zwischen den Unterrichtssequenzen die Rangfolge. Entsprechend der G-Theorie würde man Interaktionen, die zu einer Veränderung der Rangfolge der Unterrichtssequenzen führen, als Fehlervarianz ansehen. Die Interaktion zwischen Unterricht und Items kann für den vorliegenden Kontext jedoch inhaltlich interpretiert werden: Für die Qualität von Unterricht macht es keinen Sinn anzunehmen bzw. vorauszusetzen, dass die Items in einer festgelegten Schwierigkeitsreihenfolge angeordnet sind (wie dies beispielsweise bei der Messung von Schülerkompetenzen der Fall ist). Unterricht kann sehr unterschiedlich aussehen: Der einen Lehrkraft fällt es besonders leicht, wertschätzende Rückmeldungen zu geben, während die andere Lehrkraft einen besonderen Fokus darauf legt, ausreichend Zeit zum

Nachdenken zu geben usw. Demzufolge gibt es nicht *den* guten Unterricht, sondern viele Variationen desselben (vgl. für diese Argumentation auch Helmke & Schrader, 2008). Legt man diese Überlegungen zugrunde, sind Interaktionen zwischen Unterrichtssequenzen und Items nicht nur tolerierbar, sondern sogar erwartbar. Existierende Interaktionen dieser Art können dann dahingehend interpretiert werden, dass es Ratern gelingt, Unterricht differenziert zu beurteilen.

Die den Analysen auf Item- vs. Skalenebene zugrundeliegenden Daten sind identisch. Die Ergebnisse unterscheiden sich jedoch deutlich (Fragestellung 1.3): Der universe-score-Anteil auf Itemebene ist für beide untersuchten Dimensionen merklich geringer ausgeprägt als auf Skalenebene. Es wird deutlich, dass einige in den Daten vorhandene Rater-Fehler (z. B. unterschiedliche Iteminterpretationen und Unterrichtswahrnehmungen von Ratern) nur mit Analysen auf Itemebene, nicht hingegen mit Analysen auf Skalenebene, untersucht werden können. Die Analysen deuten darauf hin, dass eine Aggregation auf Skalenebene zu invaliden Ergebnissen führen kann (für eine ähnliche Argumentation hinsichtlich der Aggregation von Daten siehe Wagner, 2008): Verstehen Rater Items unterschiedlich und werden diese unterschiedlichen Interpretationen dann auf Skalenebene aggregiert, bildet die Skalenvariable etwas inhaltlich nicht mehr eindeutig Interpretierbares ab. In der weiteren Diskussion sowie den weiteren Studien wird daher auch vornehmlich auf die Ergebnisse der Analysen auf Itemebene fokussiert.

Unabhängig von der gewählten Analyseebene scheint eine Erhöhung der universe-score-Varianz ein wichtiges Anliegen zukünftiger Forschung im Bereich der Unterrichtsqualität (s. auch Lanahan et al., 2005), da die Reliabilität einer Messung eine Obergrenze in Bezug auf die Korrelation zweier Variablen setzt (Nunnally, 1978). Da im Bereich der Unterrichtsforschung oftmals nur kleine Effekte zu erwarten sind, ist es nur mit einer hohen Messgenauigkeit möglich, ebendiese Effekte nachzuweisen. Clausen und Kollegen (2003) diskutieren daher, dass der oft replizierte Befund, dass Klassenführung den höchsten Zusammenhang mit anderen Variablen (z. B. Schülerleistung) aufweist, unter Umständen nur ein Artefakt ist (s. auch Hoyt, 2000), das dadurch zustande kommt, dass Klassenführung die reliabelste Variable im Kontext der Erfassung von Unterrichtsqualität ist.

7.5.1.2   Die Reliabilität der Ratings zur Unterrichtsqualität

Entscheidungen darüber, ob die Messung von Unterrichtsqualität in einer Untersuchung hinreichend reliabel ist, setzen eine Festlegung über das notwendige Mindestmaß an Reliabilität voraus. Im Rahmen der klassischen

Testtheorie sowie der G-Theorie werden einige Faustregeln für ein solches Mindestmaß diskutiert: Standardkriterium vieler Studien ist in Anlehnung an Nunnally (1978) .70; im Kontext von G-Analysen wird beispielsweise von Matsumura und Kollegen (2002) .80 als Minimum vorgeschlagen; im Rahmen von Individualdiagnostik sollte die Reliabilität sogar .90 oder höher sein.

Für Studien zur Unterrichtsqualität scheinen diese Kriterien eine große Herausforderung darzustellen. So weisen nahezu alle Studien zur Unterrichtsqualität (z. B. Clausen et al., 2003; Kobarg & Seidel, 2005; Matsumura et al., 2002; Newton, 2010) in Bezug auf einzelne Items bzw. Skalen relative G-Koeffizienten auf, die unter .70 liegen. In Extremfällen finden sich Koeffizienten von unter .15 (z. B. in der Studie von Kobarg & Seidel, 2005). Die zum Teil extrem niedrigen Reliabilitäten verweisen darauf, dass Unterrichtsratings von externen Beobachtern große Fehlervarianzanteile beinhalten. Das ist problematisch, denn es kann dazu führen, dass existierende Zusammenhänge mit Merkmalen – wie z. B. der Leistungsentwicklung von Schülern – nicht aufgedeckt werden können (Clausen et al., 2003; Lanahan et al., 2005). Unter Umständen wird die vorhandene Varianz auch dahingehend interpretiert, dass wahre interindividuelle Unterschiede im Hinblick auf bestimmte Unterrichtsqualitätsmerkmale vorhanden sind, obwohl die Varianz lediglich durch Fehlervarianz verursacht ist.

In der vorliegenden Studie liegen alle G-Koeffizienten über .80 und erreichen größtenteils Werte von über .90. Daraus kann jedoch nicht geschlossen werden, dass die in der vorliegenden Studie eingesetzten Items bzw. Rater besser geeignet bzw. besser trainiert sind als diejenigen in anderen Studien. Die D-Studien im Rahmen der vorliegenden Untersuchung zeigen: Je mehr Items und/oder Rater im Rahmen einer Untersuchung zur Verfügung stehen, desto höher wird die Reliabilität ausfallen – und in die vorliegenden G-Analysen wurden mit 12 Ratern vergleichsweise viele Rater einbezogen. Aufgrund der vorgestellten D-Studien empfiehlt es sich, in Videountersuchungen künftig idealerweise mindestens drei Rater einzusetzen und dabei als Einschätzungsgrundlage mindestens 15 (Dimension Klassenführung) bzw. 20 Items (Dimension Schülerorientierung) zu verwenden (Fragestellung 1.4). Dadurch könnte eine Messgenauigkeit von mindestens .80 erreicht werden. Auch die Untersuchung von Müller und Pietsch (2011), in denen Schulinspektoren als Rater fungieren, weist darauf hin, dass für eine reliable Einschätzung von Unterricht mehr als zwei Personen eingesetzt werden sollten. Die Autoren berichten auf Basis von Intraklassenkorrelationen, dass im Mittel vier Schulinspektoren für hinreichend reliable Einschätzungen nötig sind. Die in der vorliegenden Arbeit durchgeführten D-Studien zeigen, dass neben der

Anzahl an Ratern auch die Anzahl der Items eine wichtige Rolle für die Reliabilität der Messungen – und damit auch eine mögliche Stellschraube zur Erhöhung derselben – darstellt. Dies wird bislang in Bezug auf Unterrichtsratings kaum thematisiert.

Es ist allerdings fraglich, inwieweit allein eine Erhöhung der Rater- und Itemanzahl eine Lösung der bestehenden Messgenauigkeitsproblematik leisten kann: Die teilweise hoch ausgeprägten Interaktionen zwischen Ratern und Unterrichtssequenzen bzw. zwischen Ratern und Items deuten darauf hin, dass die Unreliabilität in den Messungen nicht nur auf unsystematische, sondern zu einem beträchtlichen Teil auch auf systematische Fehlereinflüsse zurückzuführen ist, die durch die eingesetzten Rater bzw. die verwendeten Instrumente entstehen.

7.5.1.3   Die Eignung von geschulten Ratern zur Beurteilung von Unterrichtsqualität

Die vorliegenden Analysen zeigen, dass 19% der Varianz der Urteile für die Dimension Klassenführung auf Rater-Bias zurückgeht; für die Dimension Schülerorientierung sind es 17% (Fragestellung 1.2). Die Größe des Anteils der Urteilsfehler an der gesamten Varianz der Urteile liegt damit innerhalb der Spannbreite von 0% bis 41%, die sich in früheren Studien (z. B. Clausen et al., 2003; Kobarg & Seidel, 2005; Matsumura et al., 2002; Newton, 2010; Pietsch & Tosana, 2008; vgl. auch Tabelle 1) zeigten.

Der *Haupteffekt der Rater* – d. h. die über alle einzuschätzenden Unterrichtssequenzen hinweg existierende Tendenz zu Milde bzw. Strenge – beträgt in der vorliegenden Studie 4 bzw. 5% der Gesamtvarianz. Bortz und Döring (2006) zufolge können Tendenzen dieser Art annähernd eliminiert werden, wenn Rater auf deren Problematik hingewiesen werden. Die Rater wurden daher im Rahmen des Rater-Trainings auf Rater-Effekte hingewiesen und erhielten Informationen über das Ausmaß ihrer eigenen Milde bzw. Strenge zu den Ratings, die im Rater-Training durchgeführt wurden. Trotzdem finden sich in den durchgeführten Ratings Unterschiede zwischen Ratern hinsichtlich ihrer Milde-/Strenge-Tendenz. Dies deckt sich mit Aussagen von Lumley und McNamara (1995). Ihnen zufolge können allgemeine Milde-/Strenge-Tendenzen von Ratern durch Rater-Trainings zwar reduziert, nicht aber eliminiert werden.

Die *Interaktion zwischen Ratern und Unterrichtssequenzen* beträgt 8 bzw. 10% der Gesamtvarianz und ist damit bedeutungsvoller als der Rater-Haupteffekt. Dies ist ein interessanter Befund, da allgemeine Milde-/Strenge-Tendenzen von Ratern die bislang meist untersuchten Rater-Effekte darstellen (Myford & Wolfe, 2003); Interaktionseffekte wurden hingegen eher selten untersucht. Interaktionen zwischen Ratern und Unterrichtssequenzen deuten darauf hin, dass idiosynkratische Wahrnehmungen von Ratern eine bedeutsame Rolle bei der Einschätzung von Unterrichtsqualität spielen: Unterschiedliche Rater sind sich also nicht einig darüber, ob eine bestimmte Unterrichtsstunde gemittelt über alle Items gut oder weniger gut ist. Der vorhandene Interaktionseffekt zwischen Ratern und Unterrichtssequenzen in der vorliegenden Studie weist darauf hin, dass die impliziten Theorien der Rater darüber, was guten Unterricht ausmacht, trotz des Rater-Trainings nicht völlig verschwunden sind. Implizite Theorien scheinen daher recht zeitstabil und nur schwer zu beeinflussen zu sein (vgl. hierzu auch Dweck, 1999). In Publikationen zu bisherigen Videostudien werden implizite Theorien von Ratern nur am Rande oder gar nicht thematisiert (z. B. Clausen, 2002; Kobarg & Seidel, 2005; Rakoczy & Pauli, 2006). Geht man davon aus, dass auch bei Ratern in Studien neben der hier vorgestellten implizite Theorien in Bezug auf guten Unterricht vorhanden sind, erscheinen beispielsweise die Anweisungen an die Rater in der IPN-Videostudie sogar kontraproduktiv für die Qualität von Ratings: „Weiterhin ist wichtig, welchen Eindruck man als Beobachter/Beobachterin von der Stunde hat. Dies sollte Basis für die Beantwortung der Items sein" (Trepke, Seidel & Dalehefte, 2003, S. 205). In zukünftigen Studien sollte verstärkt thematisiert werden, wie im Rahmen von Rater-Trainings und durch entsprechende Instruktionen eine Minimierung des Einflusses impliziter Theorien auf Ratings erreicht werden kann. Durch die Tatsache, dass in der vorliegenden Studie lediglich eine Unterrichtsstunde pro Lehrkraft einbezogen wurde, sind neben solchen unterschiedlichen Wahrnehmungen der Unterrichtsstunden zudem auch unterschiedliche Wahrnehmungen der Lehrkräfte selbst (und damit eine Reihe weiterer Rater-Effekte, wie beispielsweise Ähnlichkeits- und Kontrasteffekte, zsf. Bortz & Döring, 2006) als Ursache für die Interaktion zwischen Ratern und Unterrichtssequenzen denkbar.

Die *Interaktion zwischen den Ratern und den Items* verursacht 5% bzw. 4% der Varianz in den Ratings. Interaktionen dieser Art werden in der Regel so gedeutet, dass Items von Ratern unterschiedlich interpretiert werden (s. z. B. Brennan, 2001a; Shavelson & Webb, 1991). Divergierende Iteminterpretationen können verschiedene Ursachen haben:

1) Die Unterschiede können dadurch verursacht sein, dass Personen Items unterschiedlich genau lesen und dadurch Worte überlesen, die für ein adäquates Verständnis der Items wichtig wären.

2) Eine weitere Möglichkeit sind Reihenfolgeeffekte: Es ist möglich, dass manche Personen das Ratinginstrument Item für Item ausfüllen, andere Personen hingegen die Items nach subjektiv empfundener Schwierigkeit bearbeiten und daher schwierige Items erst gegen Ende beantworten.

3) Begriffe können zudem unterschiedlich verstanden werden. Laut Spillane und Zeuli (1999) sowie Stigler, Gonzales, Kawanaka, Knoll und Serrano (1999) ist dies v. a. dann der Fall, wenn Items sehr allgemeine Begriffe wie „Diskussion" enthalten. In diesem Zusammenhang sind Ergebnisse der bereits erwähnten Studie von Müller und Pietsch (2011) von Interesse: Schulinspektoren, die zur Unterrichtsbeurteilung einen ihnen fremden Beurteilungsbogen vorgelegt bekamen, beurteilten den Unterricht genauso gut (im Sinne von Interraterreliabilität) und nur leicht heterogener als diejenigen Schulinspektoren, die den ihnen vertrauten Einschätzungsbogen verwendeten. Müller und Pietsch (2011) vermuten, dass die einzelnen Bögen alle in etwa dasselbe messen, obwohl sie unterschiedlich aufgebaut sind und unterschiedliche Schwerpunkte haben. Alternativ könnte man jedoch auch vermuten, dass subjektive Theorien über guten Unterricht und das eigene Begriffsverständnis recht überdauernd sind und sich daher kaum Trainingswirkungen einstellen. Darauf deutet auch der Befund hin, dass sich das Ausmaß der Interaktionen zwischen Ratern und Items auch durch intensive Schulungen der Schulinspektoren bislang kaum reduzieren ließ (M. Pietsch, persönl. Mitteilung, 02.02.2011).

Um den vermuteten Ursachen für die Interaktion zwischen Ratern und Items weiter nachzugehen, bieten sich qualitative Untersuchungen an. So könnte beispielsweise das Verständnis von Begriffen und Items im Rahmen von Interviewstudien untersucht werden.

Die Varianz der Ratings wird darüber hinaus auch deutlich von der *Interaktion zwischen Ratern, Items und Unterrichtssequenzen* beeinflusst (35 bzw. 41% der Gesamtvarianz). Dass dieser Varianzanteil so hoch ist, ist nicht überraschend: Auch in anderen Studien im Kontext der Forschung zu Unterrichtsqualität nimmt die Interaktion höchster Ordnung oftmals einen großen Varianzanteil ein (z. B. zwischen 20% und 66% bei Clausen et al., 2003; 55% bei Pietsch & Tosana, 2008; zwischen 2% und 70% bei Newton, 2010). Inhaltlich betrachtet könnte die Dreifachinteraktion zwischen Ratern, Items und Unterrichtssequenzen ebenfalls Rater-Bias sein: Die Dreifachinteraktion entsteht, wenn Rater Items je nach Unterrichtssequenz unterschiedlich interpretieren. Nimmt diese Dreifachinteraktion einen großen Varianzanteil ein, ist dies problematisch: Rater unterscheiden sich dann nicht nur inter-, sondern auch intraindividuell in ihren Iteminterpretationen. Dadurch verringern sich die intraindividuelle Konsistenz der Rater und die Validität der auf den Ratings basierenden Forschungsergebnisse. Welche Bedeutung dieser Art Rater-Bias tatsächlich zukommt, kann jedoch in der vorliegenden Studie nicht geklärt werden: Interaktionen höchster Ordnung können im Rahmen der G-Theorie nicht von der verbleibenden, unsystematischen Fehlervarianz getrennt werden. Daher kann eine solche Interaktion nicht inhaltlich interpretiert werden. Um dies zu ermöglichen, müsste eine weitere Facette (z. B. Messgelegenheit) in das Design aufgenommen werden.

7.5.1.4   Die Eignung bestehender Instrumente und des Mediums Video zur Messung von Unterrichtsqualität

Die Erfassung von Unterrichtsqualität zielt darauf ab, guten Unterricht von weniger gutem Unterricht zu unterscheiden. Man würde daher erwarten, dass Beobachtungsinstrumente genau diese Unterscheidung ermöglichen. Die Ergebnisse der vorliegenden und anderer Studien weisen zum Teil jedoch eine nur geringe Variation zwischen Unterrichtsstunden bzw. Lehrkräften auf. In der TIMS-Videostudie (s. Klieme et al., 2001) z. B. variiert die Skalenausprägung in Bezug auf Klassenführung zwischen Lehrkräften bzw. Unterrichtsstunden für alle untersuchten Schulformen des deutschen Schulsystems lediglich zwischen dem theoretischen Skalenmittel (2.5) und dem Skalenmaximum (4.0). Je nachdem, welchen Grund man für diese niedrige Variabilität annimmt, unterscheidet sich auch die potentielle Umgangsweise mit der Problematik:

1) Stigler (1998) zufolge stellt Unterricht im Rahmen von Videostudien eine „somewhat idealized version of what the teacher normally does in the classroom" (S. 141) dar. Die Schlussfolgerung wäre demnach: Videos eignen sich nur bedingt zur Erfassung von Unterrichtsqualität, da sie die in der Schulpraxis vorhandene Variabilität von Unterrichtsqualität nicht abbilden können. Das Medium Video sollte daher nach Möglichkeit durch ein alternatives Medium ersetzt oder zumindest ergänzt werden.

2) Helmke (2009) weist jedoch darauf hin, dass insbesondere Routinen sich nur schwer kurzfristig verändern lassen. Die Unterrichtsqualität von Lehrkräften sollte sich demnach nicht in großem Maß kurzfristig manipulieren und verändern lassen. Dies wiederum würde bedeuten, dass die mangelnde Variabilität in den Unterrichtsvideos weniger auf das Medium Video zurückzuführen ist, sondern vielmehr auf die ver-

wendeten Instrumente bzw. deren Anwendung durch Rater. Folgt man dieser Argumentation, sollten Anstrengungen dahingehend unternommen werden, Instrumente zu entwickeln, die es erlauben, die Variabilität zwischen Lehrkräften bzw. Unterrichtsstunden hinreichend abzubilden.

3) Ein weiteres Problem könnte messmethodischer Art sein: Die Interaktion zwischen Unterricht und Ratern und die Interaktion zwischen Items und Ratern legen die Vermutung nahe, dass v. a. ein Problem zugrundeliegt, die weniger guten Unterrichtsstunden angemessen zu beurteilen (vgl. auch Abbildung 4 sowie Abbildung 5): Die Variabilität zwischen Items bzw. Ratern innerhalb von Unterrichtssequenzen ist hier extrem hoch und zudem deutlich höher als zwischen den Unterrichtssequenzen.

Um abschließend beantworten zu können, welche Ursachen der zum Teil geringen Variabilität der Bewertungen von Unterrichtsqualitätsmerkmalen zwischen Unterrichtsstunden zugrundeliegen, bedarf es weiterer Studien.

Die Eignung aktuell existierender hoch-inferenter Beobachtungsinstrumente zur Erfassung von Unterrichtsqualität kann darüber hinaus auch aus dem folgenden Grund kritisch hinterfragt werden: Die vorhandenen Interaktionen zwischen Ratern und Items sowie Ratern und Unterrichtssequenzen weisen darauf hin, dass hoch-inferente Items über die in Ratingmanualen enthaltenen Indikatoren nicht hinreichend in *beobachtbarem Verhalten* verankert sind (vgl. für diese Argumentation auch Clausen et al., 2003). Daher scheint eine Weiterentwicklung bestehender hoch-inferenter Beobachtungsinstrumente sinnvoll. Falls es nicht möglich ist, bestehende Items über entsprechende Indikatoren stärker in beobachtbarem Verhalten zu verankern, sollten die verfügbaren Items durch Items ersetzt werden, die eine ebensolche Beobachtbarkeit in höherem Ausmaß ermöglichen.

7.5.2   Methodische Diskussion

Die im Rahmen der vorliegenden Studie gewählten Designs sind unbalanciert, da es fehlende Werte gibt (vgl. Kapitel 7.3.2). Die Varianzkomponentenschätzungen für solche *unbalancierten Designs* sind deutlich komplexer als für entsprechende balancierte Designs. Eine Möglichkeit zur Lösung dieses Problem ist, die fehlenden Werte im Vorfeld der Analysen zu imputieren (z. B. mittels multipler Imputation, für einen Überblick siehe Lüdtke & Robitzsch, 2010). In der vorliegenden Studie wurden jedoch keine Daten imputiert, da Missings im Rahmen des internetbasieren Ratinginstruments nur in Bezug auf

diejenigen Items zugelassen wurden, die aufgrund von konditionalen Itemformulierungen nicht für alle Unterrichtsequenzen beurteilbar sind. Welche
Schätzmethode im Rahmen unbalancierter Designs die adäquatesten Resultate
erbringt, wird derzeit diskutiert (s. z. B. Chiu & Wolfe, 2002; zusammenfassend Webb, Shavelson & Haertel, 2006). Vorgeschlagen werden u. a. EMS-
Schätzer, Bootstrappingverfahren und ein modifiziertes balanciertes, unvoll-
ständiges Blockdesign (Brennan, 2001a; Chiu & Wolfe, 2002). Für Datenkon-
stellationen wie in der vorliegenden Studie besteht noch kein systematischer
Vergleich der Schätzmethoden. In der vorliegenden Studie wurde auf den in
der Software urGENOVA implementierten EMS-Schätzer („analoge ANOVA-
Prozedur", Brennan, 2001b) zurückgegriffen, da dieser keine Verteilungsannahmen in Bezug auf die einbezogenen Variablen trifft.

Im Kontext von Generalisierbarkeitsstudien ist die *Zuverlässigkeit der Varianzkomponentenschätzungen* oftmals nicht hinreichend gegeben (s. z. B.
Shavelson & Webb, 1991). Für die durchgeführten Analysen kann nicht empirisch bestimmt werden, in welchem Ausmaß die Zuverlässigkeit der Schätzungen gegeben ist, da die Bestimmung von Standardfehlern und/oder Konfidenzintervallen für unbalancierte Designs derzeit noch nicht möglich ist (Brennan,
2001a). Um die Zuverlässigkeit der Schätzungen sicherzustellen, empfehlen
Shavelson und Webb (1991) mindestens acht Abstufungen pro Effekt. Bis auf
die Facette Items (hier wurden nur fünf bzw. sieben Abstufungen erfasst) ist
dies in der vorliegenden Studie umgesetzt.

In einigen Publikationen (z. B. Brennan, 2001a; Shavelson, Ruiz-Primo &
Wiley, 1999; Webb et al., 2000) wird darauf hingewiesen, dass sich im Kontext von G-Analysen durch Hinzunahme weiterer Facetten in das Untersuchungsdesign sowohl der relative Einfluss der Haupteffekte als auch derjenige
der Interaktionen deutlich verändern kann. Die durchgeführten Analysen
verdeutlichen, dass die Wahl der *Anzahl einbezogener Facetten* tatsächlich
einen entscheidenden Einfluss auf die Ergebnisse hat: So sind die G-Koeffizienten für das Ein-Facetten-Design ($u \times r$) auf Skalenebene deutlich höher
und der geschätzte Rater-Bias deutlich geringer als bei dem Zwei-Facetten-
Design ($u \times r \times i$) auf Itemebene. Die Ursache hierfür ist, dass problematische
Interaktionen (z. B. unterschiedliche Iteminterpretationen durch Rater) im Ein-
Facetten-Design zwar vorhanden sind, jedoch nicht geschätzt werden können.
Analog trifft dies jedoch auch für das Zwei-Facetten-Design zu: Erst mittels
eines Drei-Facetten-Designs könnte abgeklärt werden, welchen Einfluss die
Rater $\times$ Item $\times$ Unterrichtssequenz-Interaktion hat und inwieweit sich durch
die Hinzunahme dieser Facette die relative Bedeutung der anderen Effekte
verändert.

Abschließend sei auf ein grundsätzliches Problem hingewiesen: Im Kontext von Generalisierbarkeitsstudien wird die universe-score-Varianz dahingehend interpretiert, dass diese tatsächlich vorhandene Unterschiede in dem interessierenden Konstrukt (hier: Unterrichtsqualität) abbildet. Technisch betrachtet entspricht dieser Varianzanteil für auf Ratings basierenden Daten dem Anteil in den Ratings, in dem sich Rater in ihren Urteilen einig sind.[26] Einigkeit zwischen Ratern bedeutet aber nicht zwangsläufig, dass die Rater auch richtig liegen (s. hierzu auch Strong et al., 2011). Helmke (2009) spricht in diesem Zusammenhang auch von der Möglichkeit eines „kollektiven Irrtums" (S. 300). Aus Mangel an (zumindest aktuell vorhandenen) Alternativen zur Erfassung von Unterrichtsqualität wird daher die Einigkeit von Ratern in der Unterrichtsforschung als annäherungsweiser Indikator für wahre Unterschiede in der Unterrichtsqualität eingesetzt.

---

26 Bei einem Design, in dem neben Ratern weitere Facetten integriert sind, erweitert sich dies um die zusätzlichen Facette(n).

8 Studie 2: Unterrichtseinschätzungen trainierter und untrainierter Rater – ein Vergleich

Studie 2 lässt sich in Bezug auf das der Arbeit zugrundeliegende Forschungs-modell Forschungsfrage 1 (In welchem Ausmaß ist bei Beobachterratings zu Unterrichtsqualität mit Rater-Bias zu rechnen?) zuordnen (s. auch Kapitel 5).

8.1 Theoretischer Hintergrund

Um die Reliabilität und Validität von Ratingdaten sicherzustellen, werden di-verse Maßnahmen ergriffen, u. a. das Training von Ratern (Hoyt & Kerns, 1999; Lumley & McNamara, 1995; Wolfe, 2004). Empirische Studien zur Wirksamkeit von Trainings wurden bislang v. a. im Bereich der Arbeits- und Organisationspsychologie durchgeführt (z. B. Chen & Naquin, 2006; Dier-dorff, Surface & Brown, 2010; Gaugler & Thornton, 1989; Lievens, 1998, Lievens, 2001; Schleicher, Day, Mayes & Riggio, 2002), nicht hingegen im Kontext der Forschung zu Unterrichtsqualität. In Studie 2 wird daher unter-sucht, ob das Training von Ratern hinsichtlich der Einschätzung von Unter-richtsqualität dazu führt, dass die Ratings trainierter Rater eine höhere Rating-qualität im Sinne höherer Reliabilität und Validität aufweisen als die Ratings untrainierter Rater.

Im Folgenden werden zunächst überblicksartig Möglichkeiten zur Effektivi-tätsbestimmung von Rater-Trainings in unterschiedlichen Forschungsbereichen vorgestellt. Anschließend wird die Bestimmung der Trainingseffektivität in der Unterrichtsforschung thematisiert (Kapitel 8.1.1). Im nächsten Schritt werden zunächst Befunde zur Effektivität von Rater-Trainings in unterschiedlichen Forschungsbereichen dargestellt, bevor im Anschluss Befunde aus der Unter-richtsforschung vorgestellt werden (Kapitel 8.1.2). Aus den dargestellten Befunden werden die Fragestellungen und Hypothesen von Studie 2 abgeleitet (Kapitel 8.2).

8.1.1 Die Bestimmung der Effektivität von Rater-Trainings

Die Bestimmung der Trainingseffektivität in verschiedenen Forschungsbereichen

Es werden vornehmlich zwei Arten von Kriterien zur Bestimmung der Effek-tivität von Rater-Trainings eingesetzt: Produktorientierte Kriterien, in denen auf das Ergebnis der Ratings fokussiert wird (z. B. Akkuratheit), sowie prozessorientierte Kriterien, in denen die Qualität über Merkmale des Urteilsprozesses erfasst wird (z. B. Art der Informationsverarbeitung).

Studien mit Fokus auf *produktorientierten Kriterien* finden sich v. a. in der Forschung zu Assessment-Centern, der differentiellen Psychologie und der Sozialpsychologie. Die Mehrheit der Studien verwendet die Akkuratheit von Urteilen als Kriterium für die Güte der Urteile (siehe u. a. Dierdorff et al., 2010; Engelhard, 1996; Fehrmann, Woehr & Arthur, 1991; Gorman & Rentsch, 2009; Hedge & Kavanagh, 1988; Lievens, 2001; Lievens & Sanchez, 2007; Melchers, Lienhardt, von Aarburg & Kleinmann, 2011; Lord, 1985; Schleicher et al., 2002; Stamoulis & Hauenstein, 1993; Uggerslev & Sulsky, 2008). In diesen Studien werden unterschiedlichste Kriterien für die Akkuratheit der Urteile eingesetzt, sie reichen von Selbsteinschätzungen über Expertenurteile bis hin zu normativen true scores. Die Studien unterscheiden sich auch in Bezug auf das gewählte Akkuratheitsmaß. Häufig verwendet werden die Akkuratheitskomponenten von Cronbach[27] (1955) sowie rein korrelative bzw. regressionsanalytische Maße. Neben der Akkuratheit von Urteilen untersuchen viele Studien auch Trainingseffekte im Hinblick auf die Minimierung von Rater-Bias (Athey & McIntyre, 1987; Bernardin, 1978; Bernardin & Pence, 1980; Bernardin & Walter, 1977; Borman, 1979; Cellar, Curtis, Kohlepp, Poczapski & Mohiuddin, 1989; Hedge & Kavanagh, 1988; Ivancevich, 1979; Latham, Wexley & Pursell, 1975; May, 2008; McIntyre et al., 1984; Melby, Hoyt & Bryant, 2003; Pulakos, 1984; Weigle, 1998).

Studien, die auf *prozessorientierte Kriterien* fokussieren, beziehen u. a. das Wissen sowie die Art und Weise der Informationsverarbeitung von Ratern ein. In diesen Untersuchungen wird angenommen, dass valide Urteile durch das Ausmaß an Wissen (z. B. deklaratives Wissen in Bezug auf den einzuschätzenden Gegenstand bei Dierdorff et al., 2010) oder die Art und Weise der Informationsverarbeitung (z. B. kategorien- vs. merkmalsbasiert; s. Fiske, 1993; Fiske & Neuberg, 1990) gekennzeichnet sind.

---

27 Cronbach (1955) unterscheidet vier Teilkomponenten der Urteilsgenauigkeit: (a) Elevation (= durchschnittliche Urteilstendenz eines Urteilers), (b) Differential Elevation (= Ausmaß, in dem ein Urteiler die Abweichung eines Untersuchungsobjekts vom Durchschnitt aller Untersuchungsobjekte einschätzen kann), (c) Stereotype Accuracy (= Ausmaß, in dem ein Urteiler die Abweichung der Schwierigkeit eines Items vom Durchschnitt aller Itemschwierigkeiten einschätzen kann) und (d) Differential Accuracy (= Ausmaß, in dem ein Urteiler Unterschiede zwischen Untersuchungsobjekten in Bezug auf einzelne Items vorhersagen kann).

Die Bestimmung der Trainingseffektivität in der Unterrichtsforschung

Zur Bestimmung der Effektivität von Trainings wird in vielen der im vorherigen Abschnitt genannten Studien die Urteilsakkuratheit herangezogen. In der Unterrichtsforschung finden sich hingegen keine Publikationen, die auf die Akkuratheit von Unterrichtseinschätzungen Bezug nehmen. Dies ist darauf zurückzuführen, dass sich die im vorherigen Abschnitt aufgezählten Kriterien zur Bestimmung der Akkuratheit für den Bereich der Unterrichtsforschung nur wenig eignen: (a) Selbsteinschätzungen von Lehrkräften bieten sich aufgrund der Perspektivenspezifität von Unterrichtswahrnehmungen nicht an (s. auch Kapitel 5). (b) Expertenurteile sind prinzipiell möglich. Allerdings sollen ja gerade die ausgebildeten Rater Experten für die Einschätzung von Unterricht sein. Die Akkuratheit der Urteile solcher Rater anhand einer weiteren Expertengruppe zu bestimmen erscheint daher ein Stück weit zirkulär. (c) Die Eignung von normativen true scores zur Bestimmung der Akkuratheit von Urteilen kann kritisch hinterfragt werden, da rein normative Maße immer auch arbiträr sind.

Die Untersuchung der Effektivität von Trainings im Hinblick auf die Minimierung von Rater-Bias hingegen lässt sich auch in der Unterrichtsforschung umsetzen. Prozessorientierte Kriterien zur Bestimmung der Effektivität von Rater-Trainings (z. B. Art und Weise der Informationsverarbeitung von Ratern) sind ebenfalls möglich – vorausgesetzt, es existieren Annahmen dazu, welche Prozessmerkmale eindeutig als qualitativ hochwertig gelten können und welche nicht.

8.1.2   Befunde zur Effektivität von Rater-Trainings

Befunde zur Effektivität von Rater-Trainings in verschiedenen
Forschungsbereichen

In einigen zur Untersuchung der *Akkuratheit* von Rater-Trainings durchgeführten Studien finden sich uneinheitliche Ergebnisse in Abhängigkeit von der Art des durchgeführten Trainings und/oder der herangezogenen Akkuratheitsmaße (Athey & McIntyre, 1987; Bernardin & Pence, 1980; Hedge & Kavanagh, 1988; Schleicher & Day, 1998; Stamoulis & Hauenstein, 1993) oder nur sehr geringe Trainingseffekte (Cellar et al., 1989). Darüber hinaus finden sich auch Studien, in denen kein Effekt des durchgeführten Rater-Trainings auf die Akkuratheit der Urteile nachgewiesen werden konnte (z. B. Borman, 1979; zusammenfassend Lumley & McNamara, 1995). In vielen Untersuchungen zeigen sich jedoch auch positive Effekte der durchgeführten Trainings hinsichtlich der Akkuratheit von Urteilen (Day & Sulsky, 1995; Lievens, 2001;

Lievens & Sanchez, 2007; McIntyre et al., 1984; Melchers et al., 2011; Pulakos, 1984; Schleicher et al., 2002; Thornton & Zorich, 1980; Woehr, 1994).

Studien, in denen die Effektivität von Trainings über Unterschiede im Ausmaß an *Rater-Bias* zwischen geschulten und ungeschulten Ratern untersucht wurde, finden zum Teil uneinheitliche Effekte in Abhängigkeit von der Art des Trainings oder des Ratinggegenstands (Bernardin & Pence, 1980; Borman, 1979; Cellar et al., 1989; Hedge & Kavanagh, 1988; Melby et al., 2003; McIntyre et al., 1984; Pulakos, 1984). In vielen Untersuchungen zeigen sich jedoch auch positive Effekte (Athey & McIntyre, 1987; Bernardin, 1978; Bernardin & Walter, 1977; Ivancevich, 1979; Latham et al., 1975; May, 2008; Weigle, 1998).

Befunde zur Effektivität von Rater-Trainings in der Unterrichtsforschung

Im Bereich der Unterrichtsforschung finden sich keine Studien, die sich explizit mit der Überprüfung der Effektivität von Rater-Trainings beschäftigen. Daneben finden sich in Publikationen, die auf Ratingdaten zurückgreifen, insgesamt erstaunlich wenige Aussagen zu Rater-Trainings. So taucht beispielsweise in dem 281-seitigen Herausgeberband „The power of video studies in investigating teaching and learning in the classroom" von Janík und Seidel (2009) der Begriff „Training" im Zusammenhang mit Rater-Trainings lediglich zehn Mal auf und es wird nur in vier Fällen ausführlicher als in einem Nebensatz darauf eingegangen. In zahlreichen empirischen Studien, die auf Ratingdaten zurückgreifen, gibt es keinen Verweis auf ein durchgeführtes Training (z. B. Clausen et al., 2003; Evertson, Anderson, Anderson & Brophy, 1980; Hugener et al., 2009; Seidel et al., 2005; Teddlie et al., 1989). In einigen Studien wird darauf verwiesen, dass zur Sicherstellung der Ratingqualität ein Rater-Training durchgeführt wurde (z. B. Kunter, 2005; Rakoczy, 2008), eine Überprüfung der Effektivität des jeweiligen Rater-Trainings fand jedoch nicht statt.

8.2   Ableitung der Fragestellungen und Hypothesen

Das Training von Ratern gilt als ein zentrales Kriterium zur Sicherung der Reliabilität und Validität von Ratings im Bereich der Unterrichtsforschung (s. auch Hill et al., 2012). Die Reliabilitätskoeffizienten der im Anschluss an die entsprechenden Trainings durchgeführten Ratings werden dabei als Indiz für die Qualität dieser Trainings herangezogen. Von der Reliabilität der Ratings kann allerdings nicht auf die Effektivität der zugrundeliegenden Trainings geschlossen werden. Das hat mehrere Gründe: Erstens eignet sich die bloße Angabe der Reliabilität der im Anschluss an ein Training durchgeführten Ratings nicht um festzustellen, ob sich die Reliabilität im Zuge des Trainings tatsächlich erhöht hat. Zweitens weisen aktuelle Studien (z. B. Strong et al., 2011) darauf hin, dass hoch ausgeprägte Reliabilitätskoeffizienten für die Bestimmung der Validität von Ratings nicht hinreichend sind: Die Urteile der Beobachter stimmten in der Studie von Strong und Kollegen (2011) zwar hinreichend überein und waren daher hoch reliabel, die Akkuratheit der Urteile lag jedoch auf bzw. unter dem Zufallsniveau.[28]

Alternativ zur alleinigen Angabe von Reliabilitätskoeffizienten sind daher weitere Parameter notwendig, die Hinweise auf die Effektivität von Rater-Trainings geben können. In anderen Forschungsbereichen (z. B. zu Assessment Centern) wird oftmals die Akkuratheit der Urteile geschulter Rater mit derjenigen von ungeschulten Ratern verglichen (z. B. Dierdorff et al., 2010; Hedge & Kavanagh, 1988; Lievens, 2001). Im Bereich der Unterrichtsqualitätsforschung existieren jedoch keine objektiven Maße, die als Kriterium zur Berechnung der Urteilsgenauigkeit herangezogen werden können. Neben der Akkuratheit von Urteilen wird oftmals auch das Ausmaß an Rater-Bias im Vergleich zwischen geschulten und ungeschulten Ratern betrachtet (z. B. Bernardin & Walter, 1977; Melby et al., 2003; Weigle, 1998). Für die entsprechenden Analysen bietet sich insbesondere die G-Theorie an. Im Rahmen der G-Theorie ist es möglich, den Varianzanteil, der auf das zu messende Merkmal zurückgeht (= universe score; für weiterführende Erläuterungen s. 6.2.1), von denjenigen Varianzanteilen zu trennen, die auf unterschiedliche Arten von Rater-Bias zurückzuführen sind (s. auch Kapitel 6). Berechnet man diese Varianzanteile für geschulte und ungeschulte Rater, können die Varianzanteile der ungeschulten Rater als eine Art Baseline dienen, auf deren Basis die Frage beantwortet werden kann, in welchem Ausmaß das von den geschulten Ratern durchlaufene Training effektiv im Hinblick auf die Reduktion von Rater-Bias und die Erhöhung der universe-score-Varianz war. Es liegt die Vermutung nahe, dass der Anteil an Rater-Bias bei geschulten Ratern niedriger ausfällt als bei ungeschulten Ratern (Hypothese 2.1). Darüber hinaus sollte auch der universe score-Varianzanteil, der Anteil in den Ratings also, der auf die einzuschätzenden Unterrichtsqualitätsdimensionen zurückzuführen ist, für die geschulten Rater höher liegen als für die ungeschulten Rater (Hypothese 2.2). Geht man davon aus, dass die Ratings geschulter Rater reliabler sind als die-

---

28 Die Berechnung der Akkuratheit der Urteile war in diesem Fall möglich, weil die Rater lediglich dazu aufgefordert wurden, Lehrkräfte als effektiv oder nicht effektiv im Sinne des Lernzuwachses der Schüler einzuschätzen. Diese Einschätzungen wurden dann mit dem tatsächlichen Lernzuwachs der Schüler in Beziehung gesetzt.

jenigen von ungeschulten Ratern, sollte zudem die Anzahl an Ratern, die für eine hinreichend zuverlässige Messung von Unterrichtsqualität notwendig ist, für die geschulten Rater niedriger liegen als für die ungeschulten Rater (Hypothese 2.3).

Die Fragestellung nach der Zuverlässigkeit der Unterrichtseinschätzungen ungeschulter Rater ist dabei auch für die Unterrichtspraxis von hoher Bedeutung. Von Lehrkräften wird erwartet, dass sie ihren Unterricht kontinuierlich weiterentwickeln. In den letzten Jahren lässt sich in diesem Zusammenhang eine deutliche Veränderung beobachten: Lehrkräfte werden verstärkt dazu aufgefordert, ihren Unterricht nicht allein auf der Basis subjektiver Theorien über den eigenen Unterricht weiterzuentwickeln, sondern diese Entwicklung evidenzbasiert, das heißt auf der Basis von Feedback – beispielsweise mittels wissenschaftlich geprüfter Diagnosebögen – durchzuführen (Altrichter et al., 2004; Bastian, 2007; Helmke, 2009; Horster & Rolff, 2001). Da flächendeckendes externes Feedback durch trainierte Rater (z. B. Schulinspektoren) aus finanziellen Gründen nicht möglich ist, werden Lehrkräfte sowohl seitens der Bildungspolitik (Kultusministerkonferenz, 2004) als auch seitens anwendungsorientierter Wissenschaftler (z. B. Helmke et al., 2011b) dazu ermuntert, gegenseitige Hospitationen durchzuführen und anschließend Rückmeldung zu dem beobachteten Unterricht und dessen Qualität zu geben. Unterricht umfasst jedoch sehr viele unterschiedliche Facetten und ist daher sehr komplex für die menschliche Wahrnehmung (Berliner, 2001; Bromme, 1992; Fölling-Albers, Hartinger & Mörtl-Hafizović, 2004). Lehrkräfte weisen zwar in der Regel ein hohes Maß an Expertise in Bezug auf die Unterrichtsplanung und -durchführung auf, sie sind jedoch nicht für die Beurteilung von Unterricht ausgebildet. Nehmen Lehrkräfte im Rahmen gegenseitiger Hospitationen Unterrichtseinschätzungen vor, stellt sich die Frage, in welchem Ausmaß diese Einschätzungen reliabel und valide sind. Bislang existieren kaum Studien, die sich mit Fragen wie dieser beschäftigen (für Ausnahmen siehe Centra, 1975; Strong et al., 2011). Bisherige Forschungsergebnisse in anderen Forschungsbereichen (z. B. die Metaanalyse von Hoyt & Kerns, 1999) weisen darauf hin, dass die Qualität von hoch-inferenten Ratings durch ungeschulte Rater nur unzureichend ausgeprägt ist. Es kann daher vermutet werden, dass auch für die Unterrichtseinschätzungen von Lehrkräften nur eine unzureichende Zuverlässigkeit zu finden ist, insbesondere dann, wenn – wie dies in der Schulpraxis üblich ist – die Rückmeldung lediglich durch eine Lehrkraft erfolgt (Hypothese 2.4).

Die ausschließliche Betrachtung der Reliabilität von Ratings gibt jedoch keine hinreichenden Indizien in Bezug auf die Qualität der Einschätzungen geschulter Rater (vgl. Strong et al., 2011). Daher soll in Studie 2 auch ein erster Schritt unternommen werden, die Validität der entsprechenden Ratings in den Blick zu nehmen und damit der Frage nachzugehen, ob geschulte Rater validere Urteile fällen als ungeschulte Rater. Entsprechend den dualen Prozessmodellen der sozialen Kognition verarbeiten Personen in Abhängigkeit von ihrem Expertisegrad Informationen unterschiedlich (Fiske, 1995). Geschulte Rater sollten daher Informationen anders verarbeiten als ungeschulte Rater (s. auch Wolfe, 2004). Basierend auf diesen Annahmen kann erstens vermutet werden, dass geschulte Rater durch das von ihnen durchlaufene Training das tatsächliche Unterrichtsgeschehen differenzierter und damit facettenreicher beobachten und kategorisieren als ungeschulte Rater (Hypo-these 2.5; s. auch Day & Sulsky, 1995). Zweitens liegt die Vermutung nahe, dass die für die Einschätzungen der geschulten Rater herangezogenen Indizien einen engeren Bezug zu dem im Training eingesetzten Manual – und damit zum intendierten Merkmalsverständnis – aufweisen als diejenigen der ungeschulten Rater (Hypothese 2.6).

Analog zu Studie 1 werden auch in Studie 2 die Basisdimensionen Klassenführung und Schülerorientierung für die Messung von Unterrichtsqualität herangezogen.

Zusammenfassend wird in Studie 2 den folgenden Hypothesen nachgegangen:

$H_{2.1}$: Ungeschulte Rater weisen bei der Einschätzung der Unterrichtsqualitätsdimensionen Klassenführung und Schülerorientierung in höherem Ausmaß Rater-Bias auf als geschulte Rater.

$H_{2.2}$: Der universe score-Varianzanteil, derjenige Varianzanteil also, der auf die Dimensionen Klassenführung und Schülerorientierung zurückgeführt werden kann, ist bei geschulten Ratern höher als bei ungeschulten Ratern.

$H_{2.3}$: Die Anzahl an Ratern, die für eine hinreichend reliable Messung der Unterrichtsdimensionen Klassenführung und Schülerorientierung notwendig ist, ist bei ungeschulten Ratern höher als bei geschulten Ratern.

$H_{2.4}$: Werden Unterrichtseinschätzungen in Bezug auf die Dimensionen Klassenführung und Schülerorientierung jeweils lediglich durch eine ungeschulte Lehrkraft vorgenommen, weisen diese Einschätzungen eine nur unzureichende Zuverlässigkeit auf.

$H_{2.5}$: Die Begründungen von Ratings zu den Dimensionen Klassenführung und Schülerorientierung weisen bei geschulten Ratern einen höheren Differenzierungsgrad auf als bei ungeschulten Ratern.

$H_{2.6}$: Die Begründungen von Ratings zu den Dimensionen Klassenführung und Schülerorientierung beziehen sich bei geschulten Ratern häufiger auf das Ratingmanual als bei ungeschulten Ratern.

8.3   Methode

8.3.1   Rater

Haupterhebung

Es wurden Daten von drei Gruppen *untrainierter Rater* erhoben. Als erste Gruppe wurden Lehrkräfte befragt, da sie auch in der Schulpraxis ihren Kollegen Feedback zu Unterricht geben. Insgesamt wurden 11 Lehrkräfte (55% weiblich) befragt, deren Berufserfahrung im Mittel 17.09 Jahre (*SD* = 11.19) betrug. Die Lehrkräfte erhielten als Entschädigung für den mit der Studie verbundenen Zeitaufwand einen Amazon-Gutschein über 20 Euro. Die zweite Gruppe bildeten Lehramtsstudierende im vierten Semester. Durch einen Vergleich der Ratings dieser Gruppe mit denjenigen der Lehrkräfte war es möglich zu überprüfen, ob das Ausmaß an Lehr- und Unterrichtserfahrung eine Rolle für die Reliabilität und Validität von Ratings spielt. Insgesamt wurden 79 Lehramtsstudierende befragt (85% weiblich). Ihr durchschnittliches Alter lag bei 23.06 Jahren (*SD* = 4.79). Die Erhebung fand im Rahmen einer Lehrveranstaltung an der Universität Koblenz-Landau statt. Eine dritte Gruppe schließlich fungierte als Baseline. Aufgrund der Schulpflicht in Deutschland konnten keine Personen ohne jegliche Unterrichtserfahrung als Teilnehmer für die Studie rekrutiert werden. Stattdessen wurden Studierende in der ersten Woche ihres Studiums einbezogen, die im Rahmen einer Vorlesung an der Universität Koblenz-Landau befragt wurden. Um die Baseline-Bedingung so gut wie möglich umzusetzen, wurden nur die Ratings derjenigen 197 Studierenden (75% weiblich) ausgewertet, die laut eigenen Angaben zum betreffenden Zeitpunkt keinerlei Erfahrungen mit Unterrichtshospitationen oder im Unterrichten hatten.[29] Das Alter der Studierenden lag im Mittel bei 20.78 Jahren (*SD* = 3.23). Bei allen Gruppen handelt es sich um Gelegenheitsstichproben.

Bei den *trainierten Ratern* handelt es sich um die 12 Personen, die auch in Studie 1 eingesetzt wurden (für eine detaillierte Beschreibung des Samples siehe Studie 1, Kapitel 7.3.1).

---

29 Ausgeschlossen wurden aufgrund dieses Kriteriums die Ratings von 85 Studierenden.

Zusatzerhebung

Um zu überprüfen, in welchem Ausmaß die Ergebnisse über die spezifische Rater- und Unterrichtsstichprobe sowie das verwendete Instrument hinaus generalisierbar sind, wurde eine weitere Erhebung an der Universität Augsburg durchgeführt. Es wurden insgesamt 106 Studierende (68% weiblich) des zweiten bis achten Semesters befragt, deren Alter im Durchschnitt bei 22.15 Jahren lag (*SD* = 3.28). Weiterhin wurden Ratings von 11 Grundschullehrkräften (64% weiblich) erhoben. Das mittlere Alter der Lehrkräfte lag bei 37.56 Jahren (*SD* = 6.98). Schließlich wurden neun Wissenschaftler (78% weiblich) befragt, deren durchschnittliches Alter bei 36.78 Jahren (*SD* = 10.00) lag. Die Wissenschaftler wurden für die vorliegenden Auswertungen als trainiert angesehen, da sie sich schwerpunktmäßig mit Motivation im schulischen Kontext beschäftigten (dies entspricht dem Fokus des eingesetzten Ratinginstruments) und Wissenschaftler zudem in der Regel diejenigen Personen sind, die Rater-Trainings durchführen.

8.3.2   Videografierte Stimuli

Haupterhebung

Für den Vergleich zwischen trainierten und untrainierten Ratern wurden drei Unterrichtssequenzen aus Studie 1 eingesetzt. Für eine möglichst repräsentative Auswahl der Unterrichtssequenzen wurden die Verteilungen der zwei Basisdimensionen Klassenführung und Schülerorientierung aus Studie 1 herangezogen (vgl. Tabelle 4 in Studie 1): Die drei Unterrichtssequenzen wurden so ausgewählt, dass sie so nah wie möglich sowohl an dem 25., 50. und 75. Perzentil der Skala Klassenführung als auch an den entsprechenden Perzentilen der Skala Schülerorientierung aus Studie 1 lagen. Die Mittelwerte der drei ausgewählten Sequenzen lagen für die Dimensionen Klassenführung bzw. Schülerorientierung bei 2.80 bzw. 3.17 (Sequenz 2), 3.58 bzw. 3.58 (Sequenz 3) und 3.87 bzw. 3.73 (Sequenz 1).

Zusatzerhebung

Die vier Videos der Zusatzerhebung stammen aus dem von Prof. Dr. Markus Dresel und Prof. Dr. Oliver Dickhäuser geleiteten BMBF-Projekt „Berufliche Zielorientierungen von Lehrkräften: Entwicklungsbedingungen, Auswirkungen auf berufliche Kompetenzentwicklung, Effekte auf instruktionales Verhalten sowie Lernprozesse und Lernergebnisse von Schülern" (Laufzeit: 2009-2015). Bei den videografierten Unterrichtsstunden handelt es sich um Mathematikunterricht der Jahrgangsstufen 7 bis 9 an bayerischen Hauptschulen. Die Videos stellen eine Zufallsauswahl der in dem Projekt videografierten Unterrichtsstunden dar.

8.3.3   Material

8.3.3.1   Ratinginstrument

Haupterhebung

Die Ratings wurden mithilfe des Instruments EMU durchgeführt (siehe Studie 1, Kapitel 7.3.3.1). Wie in Studie 1 werden auch in der vorliegenden Studie die Dimensionen Klassenführung (fünf Items) und Schülerorientierung (sieben Items) für die Analysen herangezogen.

Zusatzerhebung

In der Zusatzerhebung wurde das für diesen Zweck ins Deutsche übersetzte Instrument zur Erfassung der Autonomieunterstützung von Lehrkräften von Reeve, Jang, Carrell, Jeon und Barch (2004) eingesetzt. Die Autonomieunterstützung von Lehrkräften kann als Teilbereich der in der Haupterhebung fokussierten Dimension Schülerorientierung verstanden werden und wurde hier verwendet, um die Generalisierbarkeit der Befunde über Instrumente und Untersuchungsfokusse hinaus zu überprüfen. Das Instrument umfasst vier Items, denen jeweils eine bipolare, siebenstufige Skala zugrunde liegt. Die Items sind mit illustrativen Beschreibungen versehen. Die Items inklusive Beschreibungen und Antwortformat finden sich in Abbildung 6.

Baut auf extrinsische motivationale Ressourcen • Belohnungen, Konsequenzen • Anweisungen, Fristen • weist Aufgaben zu • fordert Einhaltung von Vorgaben ein	1 2 3 **4** 5 6 7	**Fördert intrinsische motivationale Ressourcen** • Interesse, Spaß • Herausforderung • Kompetenz/Vertrauen • Wahlmöglichkeiten
Kontrollierende Sprache • kontrollierend, einschränkend • Sollen, Müssen • unter Druck setzen, unbeugsam, geradlinig	1 2 3 **4** 5 6 7	**Informationelle Sprache** • informierend • flexibel • überhaupt nicht kontrollierend
Vernachlässigt Wert/Wichtigkeit von Aufgabe/Lektion/Aktivität • vernachlässigt Wert, Bedeutung, Nutzen, Anwendung, Wichtigkeit	1 2 3 **4** 5 6 7	**Betont Wert/Wichtigkeit von Aufgabe/Lektion/Aktivität** • Wert, Bedeutung, Nutzen, Anwendung, Wichtigkeit • „Das ist wichtig, weil …"
Reaktionen auf negative Äußerungen • negative Äußerungen sind unakzeptabel • versucht sie zu widerlegen, entkräften oder zu verändern	1 2 3 **4** 5 6 7	**Negative Äußerungen sind in Ordnung: Hört zu, akzeptiert sie** • hört genau zu • offen für Kritik • akzeptiert negative Äußerungen, angemessene Reaktion darauf

Abbildung 6:   Items zur Erfassung des Grades an Autonomieunterstützung von Lehrkräften, adaptiert nach Reever et al. (2004)

8.3.3.2 Ratingmanual

Informationen zum Ratingmanual der Haupterhebung können Studie 1 (Kapitel 7.3.3.2) entnommen werden. Im Rahmen der Zusatzerhebung wurde kein Ratingmanual eingesetzt.

8.3.4 Durchführung

8.3.4.1 Quantitative Erhebungen

Haupterhebung

Die Datenerhebung in Bezug auf die untrainierten Rater fand im Oktober 2011 (Lehramtsstudierende 1. Semester, Lehramtsstudierende 4. Semester) und November 2011 (Lehrkräfte) statt. Dabei wurden die drei Filmsequenzen im Plenum angesehen; die Reihenfolge der Sequenzen war somit für jede Person innerhalb einer Gruppe dieselbe. Um vergleichbare Bedingungen zwischen den drei Gruppen (Lehramtsstudierende 1. Semester, Lehramtsstudierende 4. Semester, Lehrkräfte) herzustellen, wurde die Reihenfolge der Videosequenzen auch zwischen den Gruppen fixiert. Die Ratings wurden jeweils im Anschluss an die dargebotenen Videosequenzen in Einzelarbeit vorgenommen.

Die Daten für die trainierten Rater stammen aus Studie 1 (s. Kapitel 7.3). Da die drei Videos der vorliegenden Studie aus der Stichprobe an Videos von Studie 1 ausgewählt wurden (für das Auswahlkriterium siehe Kapitel 8.3.2), lagen die Videos den trainierten Rater nicht in derselben Reihenfolge vor wie den untrainierten Ratern.

Zusatzerhebung

Die Befragungen für die Zusatzerhebung fanden im Juli 2011 statt. Die Videosequenzen wurden in allen Teilstichproben der Zusatzerhebung im Plenum angeschaut. Daher lag auch hier eine fixe Videoreihenfolge innerhalb von Gruppen vor. Entsprechend wurde diese Reihenfolge auch über die Teilstichproben hinweg konstant gehalten. Analog zur Haupterhebung wurden die Unterrichtssequenzen direkt im Anschluss an die jeweilige Videosequenz in Einzelarbeit beurteilt.

8.3.4.2   Qualitative Erhebung

Die qualitative Teilstudie wurde nur im Rahmen der Haupterhebung durchgeführt. Ziel der qualitativen Befragung war es, Rückschlüsse auf die den Ratings zugrundliegenden Überlegungen der Probanden zu ziehen (vgl. Hypothesen 2.5 und 2.6). Dazu wurde ein verbaler *Probe* eingesetzt (vgl. auch DeMaio & Rothgeb, 1996; Foddy, 1998; Willis, 2005). Dieser wurde für die trainierten Rater im Rahmen der Einzeluntersuchungen mündlich angewendet, für die untrainierten Rater hingegen aufgrund der Gruppenerhebungssituation schriftlich. Der Probe wurde sowohl bei den trainierten als auch bei den untrainierten Ratern unmittelbar nach dem Setzen des jeweiligen Antwortkreuzes gestellt. Der Probe lautete: „Ihre Antwort auf das Item ,...' lautete: *(Antwortkategorie)*. Bitte begründen Sie Ihre Antwort." Um einen etwaigen Einfluss des Probes auf die Informationsverarbeitung während des Schauens eines anschließenden Videos zu vermeiden, wurde die qualitative Befragung lediglich in Bezug auf die letzte Unterrichtssequenz (Unterrichtssequenz 3) durchgeführt.

8.3.5   Design und Analysen

8.3.5.1   G-Analysen und D-Studien

Zur Überprüfung der Hypothesen 2.1 bis 2.4 wurden – wie auch schon in Studie 1 – zwei Arten von Analysen durchgeführt: Um zu bestimmen, aus welchen Varianzquellen sich die Ratings der vorliegenden Studie zusammensetzen, wurden G-Analysen verwendet. Darüber hinaus wurden D-Studien eingesetzt, mit denen die Anzahl an Ratern und Items identifiziert werden kann, die notwendig sind, um Unterrichtsqualität hinreichend reliabel zu messen. Die Analysen der Daten aus der Haupterhebung als auch aus der Zusatzerhebung wurden getrennt für alle Teilstichproben durchgeführt. Allen Analysen liegt ein unbalanciertes, vollständig gekreuztes Zwei-Facetten-Design mit Zufallsfacetten zugrunde: Die drei bzw. vier Unterrichtssequenzen wurden von der jeweiligen Anzahl an Ratern anhand von vier Items (Bereich Autonomieunterstützung), fünf Items (Bereich Klassenführung) oder sieben Items (Bereich Schülerorientierung) eingeschätzt.

Zur Durchführung der G-Analysen wurde die Software urGENOVA, Version 2.1 (Brennan, 2001b) und für die Durchführung der D-Studien die Software GENOVA (Crick & Brennan, 1983) verwendet. Als Schätzer wird auf die analoge ANOVA-Prozedur zurückgegriffen.

8.3.5.2   Qualitative Inhaltsanalyse

Die Begründungen der Rater in der Haupterhebung wurden mittels der qualitativen Inhaltsanalyse nach Mayring (2008) ausgewertet. Zur Reduktion der Datenmenge wurden für die vorliegenden Analysen zwei Items ausgewählt. Das Auswahlkriterium waren die Standardabweichungen der Gruppen: Item 6 („Mit Schülerbeiträgen ist die Lehrkraft wertschätzend umgegangen") wurde gewählt, da es die größte Differenz der Standardabweichungen sowohl zwischen den Lehramtsstudierenden und den trainierten Ratern als auch zwischen den Lehrkräften und den trainierten Ratern aufwies (s. auch Tabelle 7). Item 5 („Die gesamte Unterrichtszeit wurde für den Lernstoff verwendet") wurde gewählt, da es die kleinste diesbezügliche Differenz aufwies.

Die Begründungen der Rater hinsichtlich der beiden Items wurden kodiert. Das dazu eingesetzte Kodiersystem[30] stellt eine Mischung aus deduktiven Elementen, die dem Ratingmanual entnommen wurden, und induktiven Elementen

---

30 Das Kodiersystem wird an dieser Stelle aus Platzgründen nicht vollständig dargestellt, kann jedoch bei der Autorin angefordert werden.

dar, die dem empirischen Material selbst entstammen. Eine Übersicht über die im Rahmen des Kodiersystems unterschiedenen Kategorien findet sich bei der Darstellung der Ergebnisse (s. Kapitel 8.4.4). Ein Beispiel für ein deduktives Element in Bezug auf Item 5 ist, dass das Austeilen und Einsammeln von Materialien schnell und reibungslos verläuft. Ein Beispiel für ein induktives Element in Bezug auf dasselbe Item ist, ob das Ziel der betreffenden Unterrichtsstunde erreicht wurde. Dem Fokus der vorliegenden Studie entsprechend wurden nicht die einzelnen Rater als Analyseeinheit gewählt, sondern die von den Ratern vorgelegten Gründe.

Die Anzahl an Ratern variierte deutlich zwischen den Gruppen ($n = 11$ bei den Lehrkräften bis $n = 282$ bei den Studierenden des 1. Semesters). Um die Begründungen der Ratergruppen quantitativ vergleichen zu können, wurde für die qualitativen Analysen aus den beiden Studierendenstichproben jeweils eine Zufallsauswahl von 12 Personen gezogen.

Die Kodierungen wurden von zwei unabhängigen Kodierern durchgeführt. Die Inter-Coder-Reliabilität für Item 5 bzw. 6 lag bei den Studierenden des 1. Semesters bei 87% bzw. 74%, bei den Studierenden des 4. Semesters bei 86% bzw. 80%, bei den Lehrkräften bei 97% bzw. 93% und bei den trainierten Ratern bei 78% bzw. 74%.[31]

Um die Hypothese zu überprüfen, dass die Begründungen der geschulten Rater einen höheren Differenzierungsgrad aufweisen als diejenigen der ungeschulten Rater (Hypothese 2.5), wurde die Anzahl an genannten Indikatoren herangezogen. Dahinter steht die Überlegung, dass der Einbezug lediglich eines Indikators für den Rückgriff auf den salientesten Hinweisreiz in der entsprechenden Situation spricht, während der Einbezug von mehreren Indikatoren als Indiz für eine differenzierte Auseinandersetzung mit dem jeweils einzuschätzenden Item gesehen werden kann (für eine Diskussion dieser Operationalisierung, s. Kapitel 8.5.2.2).

Zur Überprüfung der Hypothese, dass sich die Begründungen von Ratings bei geschulten Ratern häufiger auf das Ratingmanual beziehen als bei ungeschul-

---

31 Es werden an dieser Stelle lediglich prozentuale Übereinstimmungen der Coder berichtet, da Kodierungen für Teilaussagen vergeben wurden. Dadurch war es erforderlich, im Rahmen der Kodierung den entsprechenden Textabschnitt zu markieren. Die Übereinstimmung der Coder wurde dann darüber bestimmt, ob die markierten Textabschnitte übereinstimmen (vgl. hierzu auch das Handbuch der Software MAXQDA, VERBI Software, 1989-2012). Eine solche Übereinstimmung innerhalb von Aussagen lässt sich mit Koeffizienten wie Cohens Kappa nicht überprüfen.

ten Ratern (Hypothese 2.6), wurde im Rahmen der qualitativen Inhaltsanalyse jeweils eine Kategorie entwickelt (s. Kapitel 8.4.4), die einen Großteil derjenigen Indikatoren enthält, die im Ratingmanual beschrieben sind. Anschließend wurden die Häufigkeiten der genannten Begründungen der entsprechenden Kategorie verglichen.

8.4   Ergebnisse

8.4.1   Deskriptive Statistiken

Haupterhebung

In Tabelle 7 finden sich – getrennt für die untersuchten Ratergruppen – Mittelwerte, Standardabweichungen sowie Trennschärfen der einzelnen Items. Die interne Konsistenz (Cronbachs Alpha) ist für die beiden untersuchten Dimensionen Klassenführung und Schülerorientierung für alle Ratergruppen bis auf eine Ausnahme bei den trainierten Ratern zufriedenstellend ausgeprägt: Lehramtsstudierende 1. Semester $\alpha = .79/.90$, Lehramtsstudierende 4. Semester $\alpha = .81/.83$, Lehrkräfte $\alpha = .91/.92$ und trainierte Rater $\alpha = .70/64$.

Tabelle 7: Deskriptive Statistiken der Klassenführungs- und Schülerorientie-
            rungsitems, getrennt nach Ratergruppen

Item	Lehramt (1.Sem.) ($n = 197$)			Lehramt (4. Sem.) ($n = 79$)			Lehrkräfte ($n = 11$)			Trainierte Rater ($n = 12$)		
	M	SD	r_{it}	M	SD	r_{it}	M	SD	r_{it}	M	SD	r_{it}
					Klassenführung							
1	2.73	1.02	.53	2.91	0.90	.52	2.97	1.02	.72	3.00	1.24	.66
2	3.22	0.85	.66	3.37	0.67	.64	3.34	0.87	.78	3.58	0.60	.53
3	3.04	0.80	.52	3.02	0.72	.56	3.03	1.02	.83	3.75	0.50	.55
4	3.02	0.84	.58	3.05	0.79	.65	2.82	0.85	.78	3.75	0.65	.32
5	2.72	0.98	.60	2.67	1.00	.69	2.73	0.94	.79	3.00	1.07	.44
					Schülerorientierung							
1	2.86	1.02	.83	2.84	0.98	.69	2.82	0.95	.76	3.69	0.47	.54
2	3.16	0.91	.80	3.25	0.82	.76	3.21	0.82	.84	3.81	0.47	.44
3	3.15	0.96	.70	3.03	0.88	.61	2.97	0.95	.74	3.53	0.77	.43
4	2.97	0.80	.57	2.91	0.77	.53	2.64	0.82	.69	3.61	0.69	.12
5	2.58	1.00	.70	2.68	0.90	.57	2.36	0.86	.73	2.58	1.16	.30
6	3.15	0.80	.62	2.73	0.89	.27	2.79	0.70	.69	3.58	0.65	.37
7	3.08	0.81	.72	3.06	0.77	.67	3.06	0.86	.80	3.64	0.54	.57

Anmerkung. [a]Diese Items waren Gegenstand der qualitativen Teilstudie.

Zusatzerhebung

In Tabelle 8 finden sich die nach Ratergruppen getrennt dargestellten
deskriptiven Statistiken für die Items der Skala Autonomieunterstützung. Die
interne Konsistenz der Skala ist für die Studierenden mit $\alpha = .72$ zufriedenstellend, nicht hingegen für die Lehrkräfte ($\alpha = .58$) und die Wissenschaftler
($\alpha = .41$).

Tabelle 8:   Deskriptive Statistiken der Items zu Autonomieunterstützung, getrennt nach Ratergruppen

	Studierende ($n = 106$)			Lehrkräfte ($n = 11$)			Wissenschaftler ($n = 9$)		
Item	M	SD	r_{it}	M	SD	r_{it}	M	SD	r_{it}
1	2.90	1.59	.55	2.57	1.52	.38	2.92	1.36	.29
2	3.13	1.57	.60	2.93	1.64	.49	2.78	1.27	.37
3	3.25	1.80	.45	3.33	1.58	.50	2.58	1.73	.27
4	3.36	1.34	.43	3.13	1.41	.09	3.36	1.20	-.01

8.4.2   G-Analysen

Mithilfe von G-Analysen wurde den Hypothesen 2.1 und 2.2 nachgegangen. Für die Überprüfung der Hypothese, dass ungeschulte Rater in höherem Ausmaß Rater-Bias aufweisen als geschulte Rater (Hypothese 2.1), wurden diejenigen Varianzkomponenten addiert, die auf die Rater zurückzuführen sind (Haupt- und Interaktionseffekte), und anschließend zwischen trainierten und untrainierten Ratern verglichen. Die Hypothese, dass der Anteil an Varianz, der auf die Unterrichtsqualitätsdimensionen Klassenführung und Schülerorientierung zurückgeführt werden kann, bei geschulten Ratern höher ausgeprägt ist als bei ungeschulten Ratern (Hypothese 2.2), wurde mittels eines Vergleichs der universe-score-Varianzanteile – derjenigen Varianzanteile also, die sich tatsächlich auf die Unterrichtsstunden als zu messendes Merkmal beziehen (s. auch 6.2.1) – überprüft. Da die Stichprobenkennwertverteilungen der jeweiligen Ratergruppen nicht bekannt sind, kann eine statistische Absicherung der Unterschiede zwischen den Gruppen nicht erfolgen. Die Gruppen werden daher im Folgenden lediglich auf Basis ihrer deskriptiven Ausprägungen verglichen (zur damit verbundenen Problematik siehe auch Kapitel 8.5.2.1).

Haupterhebung

Vergleicht man die Varianzkomponenten für die vier Teilstichproben, erhält man folgende Ergebnisse (s. auch Tabelle 9): Die Rater-Effekte (r, ur und ri zusammengenommen) sind für die trainierten Rater in Bezug auf die Dimension Klassenführung niedriger ausgeprägt als für die anderen Stichproben. Auffällig ist insbesondere der große Unterschiede zu den Lehrkräften, bei denen der Raterhaupteffekt (r) deutlich höher ausgeprägt ist als bei den trainierten Ratern. Für den Bereich Schülerorientierung ist der Rater-Bias bei den trainierten Ratern und den untrainierten Lehramtsstudierenden vergleichbar hoch, bei den Lehrkräften hingegen deutlich stärker ausgeprägt. Die Annahme, dass ungeschulte Rater in höherem Ausmaß Rater-Fehler begehen als geschulte Rater (*Hypothese 2.1*), kann im Vergleich zwischen geschulten Ratern und Lehrkräften – basierend auf dem numerischen Vergleich der Bias-Anteile – beibehalten, im Vergleich mit den Lehramtsstudierenden jedoch nur für die Dimension Klassenführung aufrechterhalten werden.

Für die Dimension Klassenführung ist die an der Gesamtvarianz relativierte universe-score Varianz (u und ui zusammengenommen) für alle Ratergruppen nahezu identisch ausgeprägt. Dabei weisen die trainierten Rater einen numerisch höheren Anteil an $u \times i$-Interaktion auf als die anderen Gruppen. In Bezug auf die Dimension Schülerorientierung ist die relative universe-score-Varianz für die trainierten Rater mit 16% deutlich niedriger ausgeprägt als für die untrainierten Rater (44% bzw. 39% für die Lehramtsstudierenden; 23% für die Lehrkräfte); der größte Unterschied findet sich im Vergleich zu den Lehramtsstudierenden. Die Hypothese, dass der Anteil an universe-score-Varianz bei den geschulten Ratern höher ist als bei ungeschulten Ratern (Hypothese 2.2), muss demnach auf Basis des deskriptiven Vergleichs der Gruppen sowohl für die Dimension Klassenführung als auch für die Dimension Schülerorientierung verworfen werden.

Der relative G-Koeffizient liegt für beide Skalen in allen Teilstichproben bei $\geq .90$. Für den absoluten G-Koeffizienten gilt dies ebenfalls – mit Ausnahme der trainierten Rater. Hier liegt er oberhalb von .80. Analog zu den Reliabilitätskoeffizienten der klassischen Testtheorie deuten diese Werte auf eine zufriedenstellende Zuverlässigkeit der Messung über Rater und Items hinweg hin.

Tabelle 9: Ergebnisse der G-Analysen für das $u \times i \times r$-Design für Klassenführung und Schülerorientierung, getrennt nach Teilstichproben

Effekt	Trainierte Rater		Lehramtsstud. (1.Sem.)		Lehramtsstud. (4.Sem.)		Lehrkräfte	
	VK	%	VK	%	VK	%	VK	%
Klassenführung								
$\sigma^2(u)$	0.23	24	0.31	32	0.24	30	0.39	37
$\sigma^2(r)$	0.01	1	0.02	2	0.04	5	0.20	19
$\sigma^2(i)$	0.09	10	0.04	4	0.04	5	0.04	4
$\sigma^2(ur)$	0.08	8	0.12	13	0.10	12	0.13	12
$\sigma^2(ri)$	0.03	3	0.02	2	0.03	4	0.03	3
$\sigma^2(ui)$	0.12	12	0.04	4	0.05	7	0.02	1
$\sigma^2(uri,e)$	0.41	42	0.42	44	0.30	38	0.25	23
Gesamtvarianz	0.97		0.96		0.80		1.07	
$E\rho^2$	.97		1.00		1.00		.99	
Φ	.94		.99		.97		.93	
Schülerorientierung								
$\sigma^2(u)$	0.07	10	0.40	40	0.30	37	0.19	21
$\sigma^2(r)$	0.00[a]	0	0.01	1	0.01	1	0.12	13
$\sigma^2(i)$	0.14	20	0.04	4	0.06	7	0.06	7
$\sigma^2(ur)$	0.05	8	0.17	17	0.14	16	0.21	24
$\sigma^2(ri)$	0.08	11	0.02	2	0.02	2	0.03	3
$\sigma^2(ui)$	0.04	6	0.04	4	0.02	2	0.02	2
$\sigma^2(uri,e)$	0.30	44	0.32	32	0.29	35	0.25	28
Gesamtvarianz	0.69		1.00		0.83		0.87	
$E\rho^2$	.92		1.00		1.00		.99	
Φ	.84		1.00		1.00		.93	

Anmerkungen. Lehramtsstud. = Lehramtsstudierende; u = Unterricht; r = Rater; i = Items; e = Fehlerterm; VK = absolute Varianzkomponenten; $E\rho^2$ = relativer G-Koeffizient; Φ = absoluter G-Koeffizient. In die Berechnung der G-Koeffizienten geht die Interaktion $u \times i$ als universe-score-Varianz ein.
[a]Kleine negative Varianzen wurden auf Null fixiert.

Zusatzerhebung

Der Rater-Bias, d. h. alle Rater-Effekte zusammengenommen, ist bei den Wissenschaftlern der Zusatzerhebung am geringsten ausgeprägt (s. auch Tabelle 10). Den größten Varianzanteil in Bezug auf Rater-Fehler nimmt mit 13% bis 19% für alle Teilstichproben die Interaktion $u \times r$ ein. Hypothese 2.1, dass ungeschulte Rater in höherem Ausmaß Rater-Fehler begehen als geschulte Rater, kann für den Bereich Autonomieunterstützung auf Basis des deskriptiven Vergleichs beibehalten werden.

Für die Skala Autonomieunterstützung liegt der Anteil an relativer universe-score-Varianz (wiederum u und ui zusammengenommen) zwischen 26% für die Wissenschaftler und 40% für die Lehrkräfte (s. auch Tabelle 10). Dass der Anteil an universe-score-Varianz für die geschulten Rater höher ist als für die ungeschulten Rater (Hypothese 2.2), muss auf Basis des deskriptiven Vergleichs zwischen den Gruppen demnach auch für die Zusatzerhebung verworfen werden.

Die absoluten und relativen G-Koeffizienten liegen für alle Teilstichproben oberhalb von .80. Auch diese Werte deuten demnach auf eine zufriedenstellende Messgenauigkeit über Rater und Items hinweg hin.

Tabelle 10: Ergebnisse der G-Analysen für das $u \times i \times r$-Design für Autonomieunterstützung, getrennt nach Teilstichproben

Effekt	Lehramtsstud.		Lehrkräfte		Wissenschaftler	
	VK	%	VK	%	VK	%
$\sigma^2(u)$	0.18	7	0.12	5	0.00[a]	0
$\sigma^2(r)$	0.40	15	0.08	3	0.00[a]	0
$\sigma^2(i)$	0.00[a]	0	0.00[a]	0	0.00[a]	0
$\sigma^2(ur)$	0.51	19	0.36	13	0.41	18
$\sigma^2(ri)$	0.00[a]	0	0.25	9	0.00[a]	0
$\sigma^2(ui)$	0.47	17	1.00	37	0.60	26
$\sigma^2(uri,e)$	1.19	43	0.86	32	1.31	56
Gesamtvarianz	2.74		2.69		2.32	
$E\rho^2/\Phi$	1.00/.87		.92/.85		.92/.89	

Anmerkungen. Lehramtsstud. =Lehramtsstudierende; u = Unterricht; r = Rater; i = Items; e = Fehlerterm; VK = absolute Varianzkomponenten; $E\rho^2$ = relativer G-Koeffizient; Φ = absoluter G-Koeffizient. In die Berechnung der G-Koeffizienten geht die Interaktion $u \times i$ als universe-score-Varianz ein.
[a]Kleine negative Varianzen wurden auf Null fixiert.

8.4.3   D-Studien

Mithilfe von D-Studien wurde den Hypothesen 2.3 und 2.4 nachgegangen. Die Hypothese, dass die Anzahl an Ratern, die für eine hinreichend reliable Messung von Unterrichtsqualität notwendig ist, für ungeschulte Rater höher liegt als für geschulte Rater (Hypothese 2.3), wurde mittels eines Vergleich der G-Koeffizienten beantwortet. Es wurde dabei überprüft, wie viele Rater für die Reliabilitätsniveaus .70, .80 und .90 (für die Festlegung der drei Niveaus,

s. Studie 1) notwendig sind, und diese Anzahl anschließend zwischen geschulten und ungeschulten Ratern verglichen. Für die Überprüfung der Hypothese, dass Unterrichtseinschätzungen, wenn sie jeweils lediglich durch eine ungeschulte Lehrkraft vorgenommen werden, eine nur unzureichende Zuverlässigkeit aufweisen (Hypothese 2.4), wurde die Ausprägung der G-Koeffizienten für die D-Studien mit einer Lehrkraft herangezogen. Dabei wurden Reliabilitätskoeffizienten von mindestens .90 als hinreichend gesetzt, da es sich um Individualdiagnostik handelt.

Haupterhebung

Aus Abbildung 7 bis Abbildung 10 können die Ergebnisse der D-Studien für beide untersuchten Dimensionen – und getrennt für die vier Teilstichproben – abgelesen werden. In den Analysen wurde die Anzahl an Ratern zwischen 1 und 20 variiert. Die Itemanzahl wurde für die vorliegenden Analysen auf die tatsächliche Anzahl an Items der jeweiligen Skala festgesetzt (Klassenführung: 5 Items, Schülerorientierung: 7 Items). Auch die Anzahl an Unterrichtssequenzen wurde auf die tatsächliche Anzahl von drei Sequenzen fixiert.

Es zeigt sich, dass in Bezug auf die Dimension Klassenführung zwei Lehramtsstudierende (1. oder 4. Semester), drei Lehrkräfte oder zwei trainierte Rater notwendig sind, um einen relativen G-Koeffizienten von $\geq .70$ zu erhalten. Für absolute Entscheidungen liegt die erforderliche Anzahl an Ratern bei zwei Lehramtsstudierenden (1. oder 4. Semester), drei Lehrkräften oder zwei trainierten Ratern.

Um einen relativen G-Koeffizienten von $\geq .80$ zu erhalten, sind für die Dimension Klassenführung drei Lehramtsstudierende (1. oder 4. Semester), zwei Lehrkräfte oder zwei trainierte Rater notwendig. Für den entsprechenden absoluten G-Koeffizienten sind es vier Lehramtsstudierende (1. oder 4. Semester), fünf Lehrkräfte oder drei trainierte Rater.

Einen relativen G-Koeffizienten von $\geq .90$ schließlich erreicht man für die Dimension Klassenführung mit sechs Studierenden des 1. Semesters, fünf Studierenden des 4. Semesters, vier Lehrkräften oder vier trainierten Ratern, für den absoluten G-Koeffizienten sind es acht Studierende des 1. Semesters, neun Studierende des 4. Semesters, elf Lehrkräfte oder neun trainierte Rater.

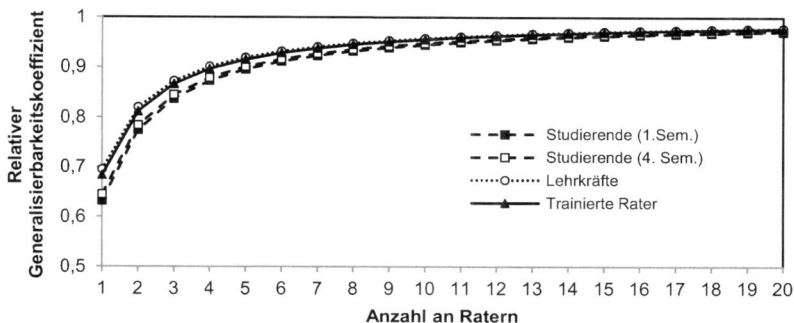

Abbildung 7:   Relative G-Koeffizienten für D-Studien mit 1-20 Ratern für
die Dimension Klassenführung, getrennt nach
Teilstichproben

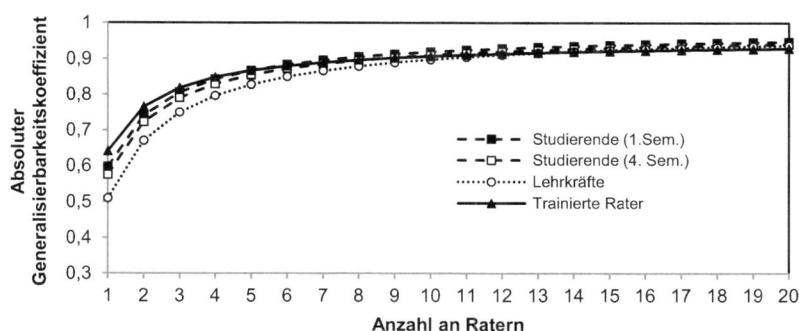

Abbildung 8:   Absolute G-Koeffizienten für D-Studien mit 1-20 Ratern für
die Dimension Klassenführung, getrennt nach
Teilstichproben

In Bezug auf die Dimension Schülerorientierung sind für relative
G-Koeffizienten $\geq$ .70 zwei Lehramtsstudierende des 1. Semesters, drei
Lehramtsstudierende des 4. Semesters, drei Lehrkräfte oder zwei geschulte
Rater notwendig. Für absolute G-Koeffizienten sind es drei Lehramtsstudie-
rende (1. oder 4. Semester), fünf Lehrkräfte oder vier trainierte Rater.

Um einen relativen G-Koeffizienten von $\geq .80$ zu erhalten, sind für die Dimension Schülerorientierung zwei Lehramtsstudierende des 1. Semesters, drei Lehramtsstudierende des 4. Semesters, fünf Lehrkräfte oder vier geschulte Rater notwendig. Für den entsprechenden absoluten G-Koeffizienten sind es drei Lehramtsstudierende (1. oder 4. Semester), neun Lehrkräfte oder vierzehn trainierte Rater.

Einen relativen G-Koeffizienten von $\geq .90$ schließlich erreicht man für die Dimension Schülerorientierung mit fünf Studierenden des 1. Semesters, sechs Studierenden des 4. Semesters, elf Lehrkräften oder acht trainierten Ratern, für den absoluten G-Koeffizienten sind es sechs Studierende des 1. Semesters und acht Studierende des 4. Semesters. Für Lehrkräfte und trainierte Rater ist ein solcher G-Koeffizient mit den in den Analysen variierten 20 Lehrkräften bzw. geschulten Ratern nicht zu erreichen.

Die Anzahl an Ratern, die für eine hinreichend reliable Messung von Unterrichtsqualität notwendig ist, ist demnach für die Dimensionen Klassenführung und Schülerorientierung angesichts der untersuchten Reliabilitätslevel für die geschulten Rater nicht niedriger als für die ungeschulten Rater. Hypothese 2.3 muss daher verworfen werden.

Hypothese 2.4 hingegen kann beibehalten werden: Unterrichtseinschätzungen durch eine Lehrkraft weisen keine Reliabilität von .90 oder höher auf und müssen daher mit den Maßstäben der Individualdiagnostik als unzuverlässig kategorisiert werden. Um eine hinreichende Zuverlässigkeit zu erreichen, müssen je nach untersuchter Unterrichtsdimension und in Abhängigkeit davon, ob absolute oder relative Entscheidungen das Ziel sind, zwischen 4 und 11 Lehrkräfte eingesetzt werden; für die Dimension Schülerorientierung kann für absolute Entscheidung mit den 20 variierten Lehrkräften keine hinreichende Zuverlässigkeit erreicht werden.

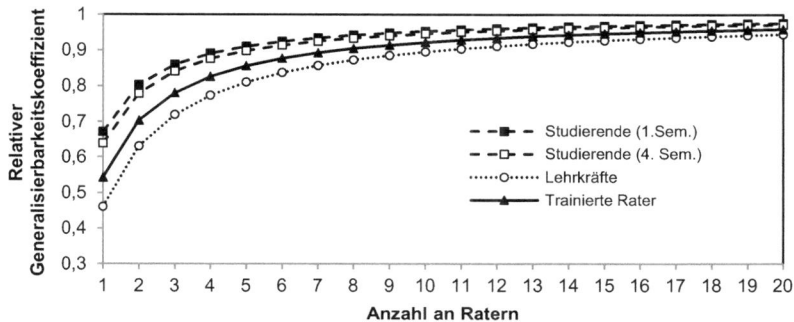

Abbildung 9:   Relative G-Koeffizienten für D-Studien mit 1-20 Ratern für
die Dimension Schülerorientierung, getrennt nach
Teilstichproben

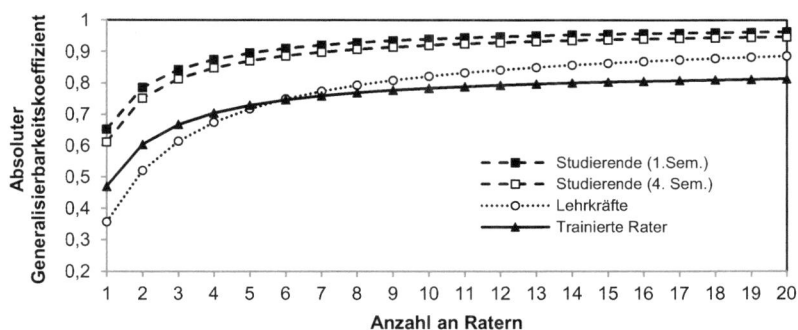

Abbildung 10:   Absolute G-Koeffizienten für D-Studien mit 1-20 Ratern für
die Dimension Schülerorientierung, getrennt nach
Teilstichproben

Zusatzerhebung

Für die Zusatzerhebung wurde die Anzahl an Ratern ebenfalls zwischen 1 und
20 variiert. Die Itemanzahl wurde auf die tatsächliche Anzahl an Items der
Skala Autonomieunterstützung festgesetzt (4 Items).

Wie aus Abbildung 11 und Abbildung 12 ersichtlich, muss Hypothese 2.3,
dass für eine reliable Messung von Unterrichtsqualität weniger geschulte Rater

(hier: Wissenschaftler) als ungeschulte Rater notwendig sind, auch für die Zusatzerhebung in Bezug auf alle drei Reliabilitätslevel verworfen werden.

Verworfen werden muss für die Zusatzerhebung auch Hypothese 2.4, da für einen G-Koeffizienten von .90 für relative Entscheidungen fünf Lehrkräfte und für absolute Entscheidungen sechs Lehrkräfte notwendig sind. Zuverlässige Einschätzungen sind demnach auch für die Zusatzerhebung mit einer einzigen hospitierenden Lehrkraft nicht zu erreichen.

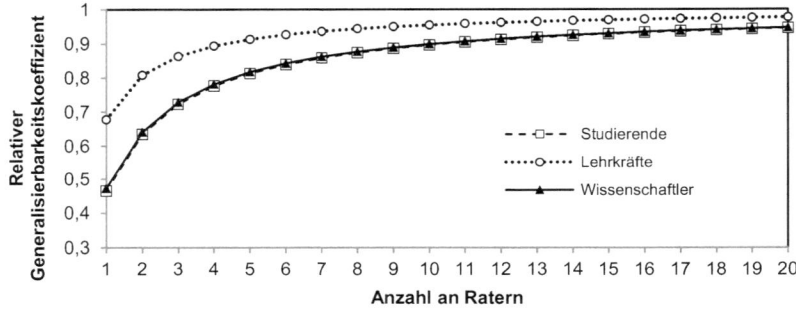

Abbildung 11:   Relative G-Koeffizienten für D-Studien mit 1-20 Ratern für die Skala Autonomieunterstützung, getrennt nach Teilstichproben

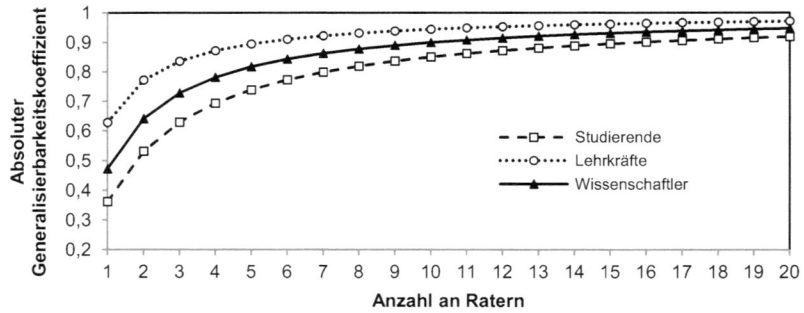

Abbildung 12:   Absolute G-Koeffizienten für D-Studien mit 1-20 Ratern für die Skala Autonomieunterstützung, getrennt nach Teilstichproben

8.4.4   Qualitative Inhaltsanalyse

Zur Beantwortung der Hypothesen 2.5 und 2.6 wurden die von den Ratern für ihre Ratings gegebenen Begründungen exemplarisch für zwei Items mittels der qualitativen Inhaltsanalyse nach Mayring (2008) untersucht.

Analysen in Bezug auf Item 5

Für die Aussagen der Rater in Bezug auf Item 5 der Dimension Klassenführung („Die gesamte Unterrichtszeit wurde für den Lernstoff verwendet") wurden drei Kategorien mit je zwei bis vier Subkategorien entwickelt. Die Indikatoren aus dem Manual sind v. a. in Kategorie 1 zu finden.

Kategorie 1) Beschäftigung mit Klassenführungsaspekten

a) Bilden der Sitzordnung (Beispielaussage: „Der Stuhlkreis wurde unstrukturiert gebildet und kostete sehr viel Zeit.")

b) Reibungslose Übergänge zwischen Unterrichtsphasen (Beispielaussage: „Es war eben auch sehr fließend gewesen.")

c) Organisation beim Einsatz von Materialien/Medien (Beispielaussage: „Ich finde, dass es relativ lang gedauert hat, bis die Kinder ihre Bücher hatten.")

d) Klären organisatorischer Dinge (Beispielaussage: „Ansonsten wurde auch nicht vom Thema abgelenkt mit irgendwelchen organisatorischen Sachen.")

Kategorie 2) Beschäftigung mit dem Lernstoff

a) Hausaufgabenbesprechung (z. B. „Es wurde die Hausaufgabe besprochen. Ein Kapitel aus Rennschwein Rudi Rüssel, bei dem es um Mastbetriebe geht.")

b) Themenbezogenes Klassengespräch/Diskussion (z. B. „Bis auf die Begrüßung wurde stets über das Thema, bzw. auf das Thema hinführende Material gesprochen.")

c) Erreichen des Stundenziels (z. B. „Beide Ziele wurden erreicht: Kurze Wiederholung des gelesenen Textes. Finden einiger Probleme der Massentierhaltung von Schweinen.")

Kategorie 3) Beschäftigung mit stundenübergreifenden Lernzielen

a) Durchführung von Ritualen (z. B. „Am Anfang der Stunde fand ein außergewöhnlich langes Einstiegsritual statt. Dies ist aber nicht negativ zu bewerten.")

b) Beschäftigung mit übergeordneten Lernzielen (z. B. „Teilweise wurden Schüler im freien Sprechen unterbrochen, damit sie grammatikalisch richtig sprechen.")

Wie Abbildung 13 entnommen werden kann, nennen die trainierten Rater quantitativ deutlich mehr Aspekte als die untrainierten Rater. Dieser Unterschied ist laut einem eindimensionalen χ^2-Test (s. Bortz, 2005) auch signifikant ($\chi^2 = 14.06$; krit. $\chi^2_{(3;95\%)} = 12.84$). Dies wird als Indikator dafür gesehen, dass die Begründungen der geschulten Rater in Bezug auf das ausgewählte Item der Dimension Klassenführung einen höheren Differenzierungsgrad aufweisen als diejenigen der ungeschulten Rater. Hypothese 2.5 kann somit für die vorliegenden Daten bestätigt werden. Zudem nehmen die geschulten Rater häufiger auf Aspekte Bezug, die im Manual beschrieben sind (vgl. Kategorie 1). Auch Hypothese 2.6 kann demzufolge für den Bereich Klassenführung beibehalten werden.

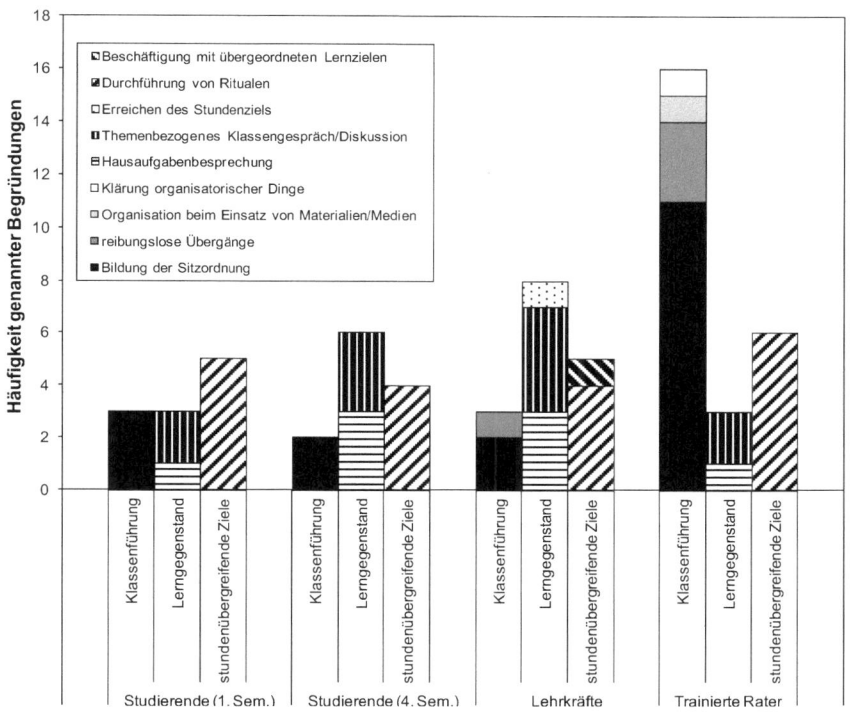

Abbildung 13:   Absolute Häufigkeiten der genannten Begründungen hinsichtlich Item 5 in Unterrichtssequenz 3, getrennt nach Teilstichproben.

Analysen in Bezug auf Item 6

Für Item 6 der Dimension Schülerorientierung („Mit Schülerbeiträgen ist die Lehrkraft wertschätzend umgegangen") wurden vier Kategorien mit ein bis fünf Subkategorien entwickelt. Die im Manual genannten Punkte beziehen sich vornehmlich auf Aspekte von Kategorie 4.

Kategorie 1) Allgemeine unterstützende Bedingungen

a) Freundlichkeit der Lehrkraft (Beispielaussage: „Dennoch war sie immer freundlich.")

b) Lernatmosphäre (Beispielaussage: „Lernatmosphäre sehr angenehm.")

Kategorie 2) Verhaltensweisen vor Schülerbeiträgen

a) Registrieren bzw. Zulassen verschiedener Schülermeldungen (Beispielaussage: „Hat viele Schüler drangenommen.")

Kategorie 3) Verhaltensweisen während Schülerbeiträgen

a) Zeit zum Nachdenken bzw. zu Wort zu kommen (Beispielaussage: „Die Lehrerin hat die Schüler häufig unterbrochen.")

b) Aufmerksamkeit der Lehrkraft (Beispielaussage: „Weil die Lehrerin doch sehr aufmerksam war.")

Kategorie 4) Verhaltensweisen nach Schülerbeiträgen

a) Würdigung von Schülerbeiträgen (Beispielaussage: „Die Lehrerin hat sich die Beiträge jedes Schülers/jeder Schülerin angehört und diese auch aufgegriffen.")

b) Umgang mit Fehlern (Beispielaussage: „Wenn eine Antwort nicht präzise oder korrekt war, hat sie erklärt, was falsch war.")

c) Lob (Beispielaussage: „Sie lobte jede Antwort der Schüler/-innen.")

d) Feedback (Beispielaussage: „Auf Antworten folgte häufig ein ‚Mhh'".)

e) Ernst nehmen von Schülerbeiträgen (Beispielaussage: „Sie hat sie ernst genommen.")

Auch in Bezug auf Item 6 nennen die trainierten Rater quantitativ mehr Aspekte als die untrainierten Rater (s. Abbildung 14). Auch dieser Unterschied ist laut χ^2-Test signifikant ($\chi^2 = 48.00$; krit. $\chi^2_{(3;95\%)} = 12.84$). Die trainierten Rater beziehen sich zudem häufiger auf Aspekte, die im Manual beschrieben sind. Hypothesen 2.5 und 2.6 können demnach auch für das Item aus dem Bereich Schülerorientierung beibehalten werden.

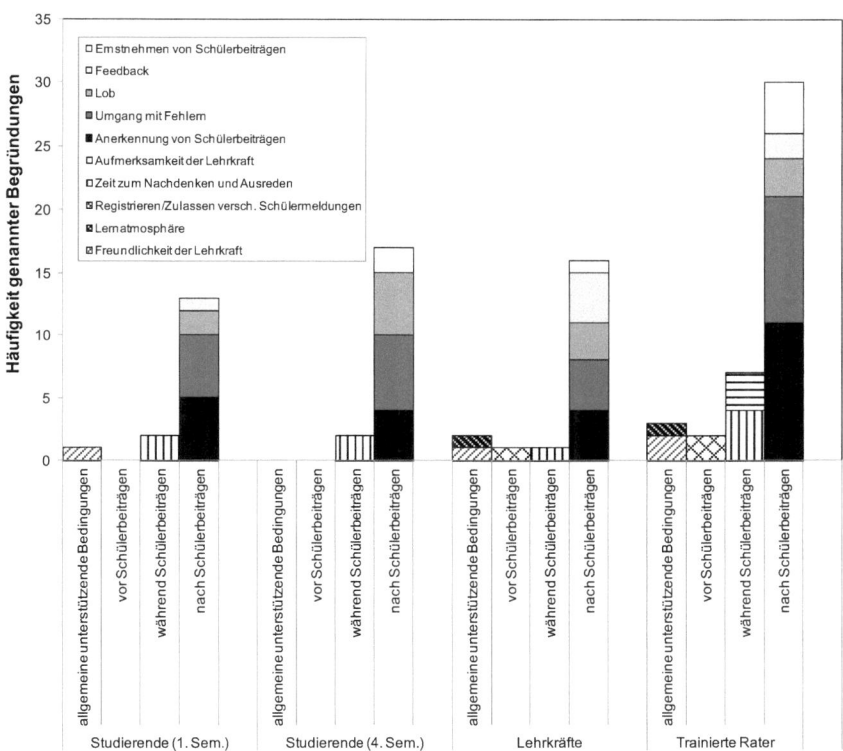

Abbildung 14:   Absolute Häufigkeiten der genannten Begründungen hinsichtlich Item 6 in Unterrichtssequenz 3, getrennt nach Teilstichproben.

8.5   Diskussion

8.5.1   Inhaltliche Diskussion

Über die Ratingqualität von geschulten Ratern im Vergleich zu ungeschulten Ratern ist bislang im Bereich der Unterrichtsforschung nur wenig bekannt. Auch ist bislang kaum thematisiert worden, in welchem Ausmaß Unterrichtseinschätzungen im Rahmen gegenseitiger Hospitation in der Schulpraxis vertrauenswürdig sind. Beides war Gegenstand von Studie 2. Eine Zusammenfassung der Ergebnisse kann Tabelle 11 entnommen werden. Die Ergebnisse sind – mit einer Ausnahme – sowohl in Bezug auf die quantitativen als auch in

Bezug auf die qualitativen Analysen über die Dimensionen und Stichproben hinweg konsistent.

Tabelle 11: Ergebnisse der untersuchten Hypothesen, getrennt nach Erhebung und Skala

Hypothese	Haupterhebung		Zusatzerhebung
	Klassen-führung	Schüler-orientie-rung	Autonomie-unterstützung
Rater-Bias ungeschult > geschult ($H_{2.1}$)	✓	~	✓
Universe-score geschult > ungeschult ($H_{2.2}$)	×	×	×
Notwendiges N Rater ungeschult > geschult ($H_{2.3}$)	×	×	×
Einschätzungen 1 ungeschulten Lehrkraft = unreliabel ($H_{2.4}$)	✓	✓	✓
Differenzierungsgrad Begründungen geschult > ungeschult ($H_{2.5}$)	✓	✓	–
Manualbezug Begründungen geschult > ungeschult ($H_{2.6}$)	✓	✓	–

Anmerkungen. Ein „✓" bedeutet, dass die Hypothese für die vorliegende Stichprobe bestätigt wurde; ein „×" bedeutet, dass die Hypothese verworfen werden musste; ein „~" bedeutet, dass die Ergebnisse nicht eindeutig ausfielen; ein „–" bedeutet, dass die betreffende Hypothese für den Bereich nicht untersucht wurde.

8.5.1.1   Die Effektivität von Rater-Trainings

In der vorliegenden Studie wurde die Qualität der Ratings von trainierten und untrainierten Ratern verglichen: Das Ausmaß an Rater-Bias war bei den trainierten Ratern – zumindest für einen Teil der untersuchten Dimensionen – hypothesenkonform niedriger ausgeprägt als bei den untrainierten Ratern. Entgegen den Erwartungen lag der Anteil an universe-score-Varianz – der Varianz also, die tatsächliche Unterschiede in dem zu erfassenden Merkmal Unterrichtsqualität abbildet – bei den untrainierten und trainierten Ratern in Bezug auf die Skalen Klassenführung sowie Autonomieunterstützung vergleichbar hoch. In Bezug auf die Skala Schülerorientierung lag der universe-score-Anteil der trainierten Rater sogar niedriger als bei den untrainierten Ratern. Dieser Befund deutet auf eine mangelnde Effektivität des durchgeführten Rater-Trainings hin und lässt damit auch die Frage aufkommen, wie effektiv bisherige Rater-Trainings im Bereich der Unterrichtsforschung waren. Ursachen für die mangelnde Effektivität eines Trainings können sich beziehen auf (a) den Inhalt des Trainings, (b) die Durchführung des Trainings, (c) die Dauer des Trainings, (d) die Auswahl der Rater oder (e) den Ratinggegenstand.

Der *Inhalt des Trainings* der vorliegenden Studie wurde an bisherige Trainings im Bereich der Unterrichtsforschung, an frame-of-reference-Trainings sowie Empfehlungen von Myford und Wolfe (2003) sowie Bortz und Döring (2006) angelehnt: Das vorliegende Training setzte sich aus Informationen über den einzuschätzenden Gegenstand und zu Rater-Bias, aus Indikatoren zur Beurteilung sowie aus Feedback zur eigenen Einschätzung zusammen (für eine Beschreibung der Trainingsinhalte siehe auch Studie 1, Kapitel 7). Aus der Konzeption des Trainings ergeben sich somit keine unmittelbaren Hinweise darauf, dass der gewählte Inhalt der ausschlaggebende Grund für die Ineffektivität des Trainings war. Dies ist jedoch keine hinreichende Grundlage um auszuschließen, dass die inhaltliche Konzeption mit der Ineffektivität des Trainings in Zusammenhang stehen könnte. Es erscheint daher wichtig, in zukünftigen experimentellen Studien zu überprüfen, welche Trainingsinhalte im Bereich der Unterrichtsforschung effektiv sind.

Unabhängig vom gewählten Inhalt des Trainings könnte die *Durchführung des Trainings* misslungen sein: Inhalte könnten zu schnell oder unverständlich vermittelt worden sein, der Bezug zwischen theoretischen Gesichtspunkten und deren praktischen Anwendung könnte zu wenig thematisiert worden sein etc. Eine diesbezügliche Befragung der Rater nach Abschluss der Studie ergab keine Hinweise darauf, dass dies in der vorliegenden Studie ein Problem darstellte.[32]

Die *Dauer des Trainings* wurde auf Basis der Metaanalyse von Hoyt und Kerns (1999) festgelegt. Die Metaanalyse bezieht sich jedoch auf unterschiedlichste Untersuchungsbereiche (z. B. Psychotherapie oder Leistungsmessung); die Ergebnisse sind daher möglicherweise nicht auf die Einschätzung von Unterrichtsqualität übertragbar. Da es sich bei der Beurteilung von Unterricht um einen sehr komplexen Vorgang handelt, wäre beispielsweise vorstellbar, dass eine längere Trainingsdauer notwendig wäre, um anschließend zu hinreichend reliablen Einschätzungen von Unterricht zu gelangen (vgl. hierzu auch die Expertise-Forschung, z. B. Ericsson, Krampe & Tesch-Römer, 1993). In diesem Zusammenhang ist die Studie von Pietsch und Tosana (2008) auf-

---

32 Von den 12 Ratern gaben 11 an, dass die Inhalte des Trainings leicht verständlich waren, von 1 Person liegen keine diesbezüglichen Angaben vor. Laut den Angaben der Rater haben 10 Personen viel bis sehr viel dazugelernt, 2 Personen waren die vermittelten Inhalte schon vor dem Training hinreichend bekannt.

schlussreich: Die für die Unterrichtseinschätzungen eingesetzten Schulinspektoren wurden einem extensiven Training sowohl im Vorfeld als auch während
ihrer Arbeit als Schulinspektoren unterzogen. Vergleicht man die Ergebnisse
der G-Analysen der Studie von Pietsch und Tosana (2008) mit denjenigen der
vorliegenden Studie, so lässt sich in der Studie von Pietsch und Tosana im
Mittel keine höhere universe-score-Varianz finden.[33] Eine mögliche Erklärung
hierfür könnte sein, dass Rater-Effekte im Kontext der Unterrichtsforschung
sehr persistent und daher im Rahmen eines Trainings nicht dauerhaft
minimierbar sind: Alle Personen haben aufgrund eigener Schulerfahrungen
implizite Theorien über guten Unterricht. Da sich diese Theorien über Jahre
hinweg entwickelt haben, ist es gut vorstellbar, dass eine effektive
Veränderung derselben mithilfe eines Trainings nur schwer zu erreichen ist.
Dass die universe-score-Varianz in den Ratings der trainierten Rater in der
vorliegenden Studie teilweise sogar niedriger ausfielen als diejenigen der
untrainierten Rater, kann als Hinweis auf eine ineffektive Veränderung
gesehen werden: Das Verwenden von im Training gelernten Inhalten
zusätzlich zu den eigenen impliziten Theorien könnte zu einer Instabilität der
Ratings geführt haben; die Rater waren nun nicht mehr sicher, auf welche
Indikatoren und Faktoren sie sich verlassen sollten, und setzten daher eine
Mischung derselben ein (vgl. hierzu auch die Expertiseforschung, z. B.
Ericsson et al., 1993; Gruber, 2010). Die dargestellten Überlegungen sind
jedoch lediglich post-hoc-Erklärungen. Weitere Studien sind notwendig, um
die offenen Fragen zu klären. Dabei bieten sich zum einen experimentelle
Studien an, in denen die Trainingsdauer gezielt variiert wird. Zum anderen
scheinen Studien notwendig, die verstärkt auf die durch Rater-Trainings
angeregten Veränderungen in den Denk- und Urteilsprozessen von Ratern
fokussieren.

Befunde dazu, welche *persönlichen Voraussetzungen von Ratern* die Wahrscheinlichkeit der Wirksamkeit eines Trainings zur Beurteilung von Unterrichtsqualität erhöhen, gibt es bislang kaum. Einer Untersuchung von Müller
und Pietsch (2011) mit Schulinspektoren zufolge können Unterschiede
zwischen Ratern in der Qualität ihrer Ratings weder durch die Anzahl bisher
durchgeführter Unterrichtsbesuche noch durch die Tatsache, ob ein Schulin-
spektor Lehramt studiert hat, und auch nicht durch die bisherigen eigenen
Lehrerfahrungen erklärt werden. Auch Strong und Kollegen (2011) ziehen in

---

33 Die Designs der vorliegenden Studie sowie der Studie von Pietsch und Tosana (2008)
unterscheiden sich zu einem gewissen Ausmaß. Da Pietsch und Tosana ihre Analysen
ebenfalls auf Itemebene durchgeführt haben, scheinen die Ergebnisse trotzdem hinreichend
vergleichbar.

ihrer Studie auf der Basis eines Vergleichs der Akkuratheit der Einschätzungen verschiedener Ratergruppen (mit vs. ohne Unterrichtsexpertise) den Schluss, dass pädagogisches Wissen und Erfahrung die Fähigkeit zur Einschätzung von effektiven Lehrkräften nicht befördert.

Man könnte weiterhin vermuten, dass die Ineffektivität des Trainings in Zusammenhang mit dem *einzuschätzenden Gegenstand* steht. Im Kontext von Frame-of-reference-Trainings wird davon ausgegangen, dass Trainings bewirken, dass implizite Theorien und Annahmen von Ratern durch ein aus wissenschaftlicher Perspektive angemesseneres Schema bzw. mentales Netzwerk des einzuschätzenden Gegenstands ersetzt werden (Lievens & Sanchez, 2007). Dies sollte dazu führen, dass Rater nach einem Training den entsprechenden Gegenstand ähnlicher wahrnehmen und einschätzen als vor dem Training (Lievens & Sanchez, 2007; Sulsky & Day, 1992). In der vorliegenden Studie scheint jedoch der gegenteilige Effekt eingetreten zu sein. Eine mögliche Erklärung könnten wiederum die Vorerfahrungen der ungeschulten Rater mit dem Ratinggegenstand sein: Aufgrund der Schulpflicht verbringt jede Person in Deutschland mindestens neun Jahre in der Schule und macht dabei viele Erfahrungen in Bezug auf guten und weniger guten Unterricht. Diese Erfahrungen sind bei unterschiedlichen Personen nicht identisch, ähneln sich vermutlich aber aufgrund der Tatsache, dass sie aus der Schülerperspektive gemacht wurden. So werden sich Schüler eher weniger Gedanken über didaktische und methodische Aspekte, über längerfristige Lernziele und Ähnliches machen (vgl. auch Clausen, 2002). Explizite Auseinandersetzungen mit Theorien, Dimensionen und Qualitätsindikatoren guten Unterrichts im Rahmen eines Trainings würden dann zu einer Ausdifferenzierung der Sichtweise führen und damit aber auch die Wahrscheinlichkeit von differierenden Wahrnehmungen und Schwerpunktsetzungen erhöhen (vgl. in diesem Zusammenhang auch die obige Argumentation bzgl. der zu geringen Trainingsdauer für einen Expertiseerwerb). Unterstützende Hinweise für diese Vermutung finden sich in Studien von Murphy und Kollegen (zusammenfassend Murphy & De Shon, 2000): Rater mit einer höheren Expertise in der Beurteilung der einzuschätzenden Verhaltensweisen nahmen deutlichere Unterscheidungen in Bezug auf die Verhaltensweisen vor als Rater mit geringerer Expertise. Zudem erfordern solche differenzierten Einschätzungen von Unterrichtsqualität unter Umständen die gleichzeitige Beachtung von zu vielen Teilaspekten: Studien im Kontext von Assessment-Centern zufolge sind Rater bei einer hohen Anzahl an einzuschätzenden Dimensionen aufgrund von Informations-Overload nicht dazu fähig, diese zeitgleich zu berücksichtigen (Gaugler & Thornton, 1989; Lievens, 1998). Ob dies für die Einschätzung von Unterrichtsqualität mittels hoch-inferenter Ratingbögen zutrifft und daher bislang eingesetzte Ratinginstrumente dementsprechend angepasst werden müssten, lässt sich letztlich nur mithilfe von experimentellen Studien klären, in denen die Anzahl einzuschätzender Dimensionen systematisch variiert wird.

Die Ergebnisse der Generalisierbarkeitsanalysen deuten auf eine vergleichbare Ratingqualität der trainierten Ratern in der vorliegenden Studie und der Ratingqualität von Ratern in weiteren Studien hin, in denen andere Trainings eingesetzt wurden (z B. Clausen et al., 2003; Pietsch & Tosana, 2008). Es kann daher vermutet werden, dass sich das eingesetzte Training in Bezug auf seine Effektivität nicht bedeutsam von anderen Trainings unterscheidet. Da in der vorliegenden Studie kein empirischer Vergleich unterschiedlicher Trainings erfolgte, kann dies jedoch nicht abschließend beurteilt werden. In zukünftigen Studien wäre es daher wünschenswert, unterschiedliche Trainings im Hinblick auf ihre Effektivität zu vergleichen.

8.5.1.2   Einschätzungen von Unterrichtsqualität durch ungeschulte Lehrkräfte

Seit einigen Jahren wird vermehrt die Unterrichtsentwicklung als wichtiger Teilbereich der Professionalität von Lehrkräften diskutiert (Bastian, 2007; Helmke, 2009; Hosenfeld, 2010). Unterrichtsentwicklung umfasst dabei viele unterschiedliche Facetten. Horster und Rolff (2001) beispielsweise unterscheiden fünf Bereiche, die der Unterrichtsentwicklung zuzuordnen sind (vgl. Abbildung 15). Für die vorliegende Studie sind insbesondere zwei der genannten Bereiche relevant: (a) Ein gemeinsames Verständnis entwickeln und (b) den Unterrichtsprozess und seine Ergebnisse evaluieren.

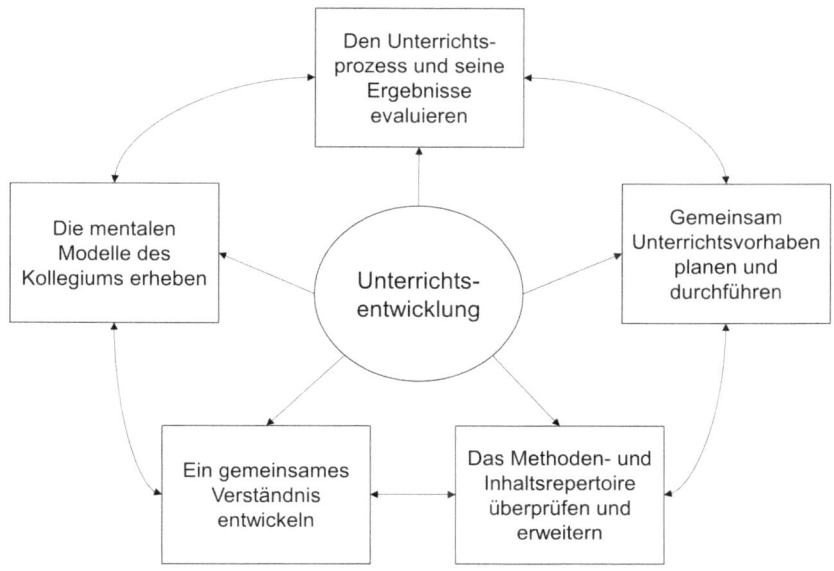

Abbildung 15:   Basisprozesse der Unterrichtsentwicklung. Aus
                Unterrichtsentwicklung. Grundlagen einer reflektorischen
                Praxis (S. 71) von L. Horster & H.-G. Rolff, 2001,
                Weinheim: Beltz. Copyright 2001 bei Beltz-Verlag.
                Wiedergabe mit Genehmigung.

Horster und Rolff (2001) zufolge ist es im Kontext von Unterrichtsentwicklung zunächst einmal wichtig, dass die eigenen Vorstellungen von gutem Unterricht expliziert werden. Gegenseitige Hospitationen und der anschließende Austausch über Unterricht können dafür sehr hilfreich sein (s. auch Helmke et al., 2011b). Bei einem solchen Austausch steht weniger die Genauigkeit und Zuverlässigkeit der Einschätzungen über Unterricht im Vordergrund. Vielmehr geht es darum, ein *gemeinsames Merkmalsverständnis zu entwickeln*, blinde Flecken zu identifizieren etc. Für diesen Teilbereich von Unterrichtsentwicklung haben die auf die Zuverlässigkeit von Ratings fokussierenden Ergebnisse der vorliegenden Studie somit eine eher untergeordnete Bedeutung.

Anders sieht dies aus, wenn gegenseitige Hospitationen dem Ziel dienen sollen, *Unterrichtsdiagnosen* vorzunehmen und auf deren Basis Unterricht zu entwickeln. In diesem Fall müssen an Unterrichtseinschätzungen die Maßstäbe von Individualdiagnostik angelegt werden (d. h.: Reliabilität $\geq$ .90). Andernfalls können Rückmeldungen zu einer Verschlechterung anstelle einer Verbesserung von Unterricht führen. Empirische Hinweise für diese Problematik finden sich beispielsweise in der Metaanalyse von Kluger und DeNisi (1996), die sich mit der Effektivität von Feedback beschäftigt. Die Analysen zeigen, dass in einem Drittel der einbezogenen Untersuchungen die Leistung nach Feedback nicht anstieg, sondern abnahm. Greguras und Robie (1998) zufolge kann diese Problematik u. a. daher rühren, dass das gegebene Feedback unreliabel war.

In der Schulpraxis laufen Hospitationen in der Regel so ab, dass eine einzelne Lehrkraft den Unterricht einer anderen Lehrkraft beobachtet und anschließend Rückmeldung zu der gesehenen Unterrichtsstunde gibt. Die Analysen der vorliegenden Studie zeigen jedoch, dass die Rückmeldung einer einzelnen Lehrkraft keine hinreichend zuverlässige Einschätzung von Unterricht darstellt. Die Anzahl an Lehrkräften, die notwendig ist, um zu hinreichend genauen Einschätzungen von Unterricht zu kommen, ist abhängig davon, ob auf Basis der Ratings relative oder absolute Entscheidungen getroffen werden. Absolute Interpretationen (z. B. „Bei diesem Item habe ich nur eine zwei") sind dabei im schulischen Kontext genauso vorstellbar wie relative Interpretationen (z. B. sozial: „Mein Kollege hat bei diesem Item eine drei, ich eine vier" oder individuell: „Bei diesem Item habe ich mich von einer zwei zu einer drei verbessert"). Laut den D-Studien der vorliegenden Arbeit sind für eine hinreichend genaue Einschätzung der Dimension Klassenführung 4 Lehrkräfte (für relative Entscheidungen) bzw. 11 Lehrkräfte (für absolute Entscheidungen) notwendig, die gleichzeitig hospitieren und deren Einschätzungen anschließend gemittelt werden. Für die Dimension Schülerorientierung sind für eine für Individualdiagnostik hinreichende Messgenauigkeit 11 Lehrkräfte (für relative Entscheidungen) bzw. mehr als die in der Studie variierten 20 Lehrkräfte (für absolute Entscheidungen) nötig. Für den Bereich Autonomieunterstützung sind fünf Lehrkräfte (für relative Entscheidungen) bzw. sechs Lehrkräfte (für absolute Entscheidungen) erforderlich. Müller und Pietsch (2011) folgern aus ihren in eine ähnliche Richtung deutenden Ergebnissen mit Schulinspektoren, dass die Bestimmung eines aggregierten Urteils über Unterricht auf Schulebene auf Grundlage der Ratings von Schulinspektoren ohne Probleme möglich ist, eine Individualdiagnostik hingegen vermieden werden sollte. Eine solche Schlussfolgerung ist unmittelbar einsichtig, führt jedoch für die Unterrichtspraxis zu einem Dilemma, da Unterrichtsentwicklung Ratings auf Individualebene erfordert. Da davon ausgegangen werden kann, dass die Einschätzung der eigenen Unterrichtsqualität aus dem Bauch heraus deutlich weniger genau und zudem invalide ist (Helmke et al., 2011b), erscheint ein Verzicht auf ratingbasierte Unterrichtseinschätzungen in der Praxis nicht als

Lösung. Eine Möglichkeit, um die Ratingqualität von Lehrkräften zu erhöhen, wären Trainings im Rahmen von Fortbildungsveranstaltungen. Die Ergebnisse der vorliegenden Studie sind im Hinblick auf die Effektivität solcher Trainings zwar nicht sonderlich erfolgsversprechend, da aber bei den Lehrkräften eine stark ausgeprägte Milde-/Strenge-Tendenz zu verzeichnen ist, bietet eine Rückmeldung dieser Tendenz und darauf aufbauend eine Auseinandersetzung mit der eigenen Strenge bzw. Milde unter Umständen einen ersten Ansatzpunkt zur Erhöhung der Qualität von Lehrereinschätzungen in Bezug auf Unterrichtsqualität. Zudem könnte in Erwägung gezogen werden, kollegiale Hospitation über einen längeren Zeitraum zu betreiben, bei der jeweils ein Kollege hospitiert und die Einschätzungen anschließend gemittelt werden. Diese Mittelung sollte zu einer Erhöhung der Zuverlässigkeit der Einschätzungen führen. Eine solche Vorgehensweise hätte außerdem den Vorteil, dass sich das Urteil der Kollegen nicht lediglich auf eine einzelne, sondern auf viele Unterrichtsstunden bezieht – dies sollte sich positiv auf die Validität der Urteile auswirken (vgl. Hoyt, 2007). Wie über die genannten Ansätze hinaus die Zuverlässigkeit der Unterrichtseinschätzungen von Lehrkräften erhöht werden kann, sollte in künftigen Untersuchungen thematisiert werden.

8.5.1.3   Untrainierte Lehramtsstudierende als ideale Rater für Unterrichtsqualität?

Die Ergebnisse von Studie 2 weisen darauf hin, dass Lehramtsstudierende vergleichbar reliabel (Zusatzerhebung) oder sogar reliabler (Haupterhebung) urteilen als Lehrkräfte oder geschulte Rater bzw. Wissenschaftler. In eine ähnliche Richtung deutet eine Studie von Strong und Kollegen (2011). Die Autoren ließen verschiedene Personengruppen sieben videografierte Unterrichtsausschnitte dahingehend einschätzen, ob es sich bei den gesehenen Lehrkräften um erfolgreiche Lehrkräfte (überdurchschnittlicher Lernzuwachs der Klasse) oder weniger erfolgreiche Lehrkräfte (durchschnittlicher Lernzuwachs der Klasse) handelt. Die Reliabilität, in diesem Fall die prozentuale Inter-Rater-Übereinstimmung, lag für alle untersuchten Gruppen in einem sehr ähnlichen Bereich (z. B. Collegestudierende: 75%; Pädagogikprofessoren: 78%; Lehrerausbildner: 77%). Auch Bessoth (1994) weist darauf hin, dass die Urteils-Streuungen der von ihm untersuchten Lehramtsstudierenden und diejenigen von Schulverwaltern vergleichbar hoch ausfielen.[34]

Für die Unterrichtsforschung stellt sich daher die Frage, ob es nicht sinnvoll wäre, anstelle von einigen wenigen trainierten Ratern eine größere Anzahl an

---

34 Nähere Informationen zu der von ihm durchgeführten Studie gibt Bessoth (1994) jedoch nicht an.

Studierenden einzusetzen, die Unterricht vergleichsweise kostengünstig einschätzen würden – und dies hochreliabel. Auf Basis der in Studie 2 durchgeführten G- und D-Studien würde man die Frage recht eindeutig bejahen. Nicht ganz so eindeutig sieht das Ergebnis unter Hinzunahme der ergänzenden qualitativen Analysen aus: Die qualitativen Analysen deuten darauf hin, dass die trainierten Rater im Vergleich zu den untrainierten Lehramtsstudierenden Unterricht differenzierter wahrnehmen und (durch Verwendung des ihnen vorliegenden Manuals) in stärkerem Ausmaß auf Indikatoren Bezug nehmen, die bisherigen Forschungsbefunden zufolge als Indikatoren für das einzuschätzende Unterrichtsqualitätsmerkmal stehen. Zudem liegt der Anteil der Interaktion zwischen Unterrichtssequenzen und Items innerhalb der universe-score-Varianz bei den geschulten Ratern im Vergleich zu den Lehramtsstudierenden für alle untersuchten Dimensionen deutlich höher (s. Kapitel 8.4.2). Diese Interaktion kann ebenfalls als Hinweis für einen höheren Differenzierungsgrad der geschulten Rater gesehen werden: Die geschulten Rater betrachten die einzuschätzenden Items vergleichsweise unabhängig voneinander und lassen sich nicht so stark von ihrem Gesamteindruck der entsprechenden Unterrichtssequenz leiten. Folgt man dieser Argumentation, wären die Einschätzungen der ungeschulten Rater zwar homogener und somit reliabler als die Einschätzungen der trainierten Rater, nicht unbedingt jedoch auch valider.

Dass Reliabilität und Validität von Ratings tatsächlich nicht unbedingt miteinander einhergehen, zeigt die bereits erwähnte Studie von Strong und Kollegen (2011). Die Einschätzungen von Lehrkräften als effektiv versus ineffektiv waren für alle Ratergruppen reliabel (z. B. prozentuale Übereinstimmung 75% bei Collegestudenten, 83% bei Lehrkräften), die Akkuratheit der Einschätzungen – im Sinne konkurrenter Validität – hingegen entsprach sowohl für alle Ratergruppen getrennt (mittels prozentualer Übereinstimmung zwischen Einschätzung und tatsächlicher Einordnung) als auch über die Ratergruppen hinweg (mittels loglinearer Regressionen) der Zufallswahrscheinlichkeit von 50% oder lag unterhalb derselben.

In der Studie von Strong und Kollegen (2011) wurde mit der Einordnung von Lehrkräften als effektiv versus ineffektiv im Hinblick auf den Lernzuwachs von Schülern ein vergleichsweise komprimierter Einschätzungsgegenstand verwendet, für den dementsprechend auch ein passendes Akkuratheitskriterium existiert. Für die komplexe Beurteilung von Unterrichtsqualität hingegen existiert kein solches Kriterium (s. Clausen, 2002; Kunter & Baumert, 2006; s. auch Kapitel 8.1.1). Dies hat zur Folge, dass nicht mittels einer simplen Zusammenhangsberechnung überprüft werden kann, ob der höhere Differenzierungsgrad der geschulten Rater tatsächlich auch zu akkurateren Urteilen führt. In zukünftigen Studien sollte verstärkt darauf fokussiert werden, nach Möglichkeiten der Überprüfung der Validität von Unterrichtsratings externer Beobachter zu suchen. Nur so lässt sich im konkreten Anwendungsfall klären, ob die eingesetzten Rater tatsächlich auch als kompetente Rater gelten können.

8.5.2   Methodische Diskussion

Betrachtet man die Ergebnisse von Studie 2 aus methodischer Perspektive, lässt sich zunächst einmal feststellen, dass eine Kombination von quantitativen und qualitativen Erhebungs- und Auswertungsverfahren (Mixed-Method-Ansatz, vgl. z. B. Creswell, Plano, Vicki, Michelle & Hanson, 2003; Flick, 2008) für den Erkenntnisgewinn bereichernd zu sein scheint, da die quantitativen und qualitativen Analysen unterschiedliche Teilfacetten des interessierenden Gegenstandsbereichs abbilden.

Die eingesetzten Methoden lassen sich jedoch auch kritisch hinterfragen. Zentrale diesbezügliche Punkte werden im Folgenden abgehandelt.

8.5.2.1   Einschränkungen hinsichtlich der G-Analysen

Zunächst einmal kann in Frage gestellt werden, inwieweit die Ergebnisse der vorliegenden Analysen auf andere Instrumente, Rater und Unterrichtssequenzen generalisierbar sind. Begünstigt dadurch, dass ein Teil der einbezogenen Variablen (Unterrichtssequenzen, Items) nur mit einer kleinen Stichprobengröße erhoben wurde, können die gefundenen Ergebnisse durch spezifische Charakteristika des gewählten Instruments oder der Unterrichtssequenzen bedingt sein. Einen ersten Hinweis, dass die Ergebnisse über die konkreten Bedingungen hinaus gültig sein könnten, bietet die Zusatzerhebung, die in der Grundaussage zu denselben Ergebnissen kommt wie die Haupterhebung.

Im Vordergrund des Interesses steht bei G-Analysen die Größenordnung der untersuchten Varianzkomponenten. Statistische Absicherungen der gefundenen Effekte hingegen sind nicht vorgesehen (Brennan, 2001a; Shavelson & Webb, 1991). Aus diesem Grund beschränkt sich der Vergleich zwischen trainierten und untrainierten Ratern in der vorliegenden Studie auf einen deskriptiven Vergleich der Varianzkomponenten der unterschiedlichen Ratergruppen. Dass solche deskriptiven Vergleiche nur begrenzt aussagekräftig sind, muss bei der Interpretation der Befunde berücksichtigt werden.

Die Interpretation der G-Analysen wird darüber hinaus dadurch eingeschränkt, dass die Reihenfolge der Unterrichtsvideos zwar für alle Gruppen an untrainierten Ratern gleich war, nicht jedoch für die trainierten Rater. Potentielle Reihenfolgeeffekte wurden demnach in Bezug auf die untrainierten Rater konstant gehalten, konnten jedoch die Ratings der trainierten Rater beeinflussen. Dies könnte Verzerrungen in den Ergebnissen dieser Studie bewirkt haben.

8.5.2.2 Einschränkungen hinsichtlich der qualitativen Inhaltsanalyse

Eine erste Einschränkung hinsichtlich der Interpretierbarkeit der qualitativen Analysen bezieht sich auf die Inkonsistenz des Designs: Während die geschulten Rater ihre Begründungen verbal darlegten, verschriftlichten die ungeschulten Rater ihre Gründe. Ähnlich wie bei Untersuchungen, die auf Paper-Pencil-Tests versus computerbasierten Tests beruhen (vgl. z. B. Kröhne & Martens, 2011), könnte der jeweilige Antwortmodus die gegebene Antwort beeinflusst haben. In zukünftigen Studien sollte daher darauf geachtet werden, den Antwortmodus über unterschiedliche Teilstichproben hinweg konstant zu halten.

Zweitens kann diskutiert werden, ob und in welchem Ausmaß die reine Quantität der Nennung von Begründungen tatsächlich als Differenzierungsgrad von Ratings interpretiert werden kann. Dies ist insbesondere auch deswegen problematisch, da sich die Erhebungsmodalitäten für die trainierten und untrainierten Rater voneinander unterschieden. Für zukünftige Studien bieten sich unter Umständen Expertenratings an, die den Differenzierungsgrad beurteilen. Der Einsatz solcher Ratings ist jedoch ebenfalls nicht unproblematisch: Auch die Zuverlässigkeit der Expertenratings müsste in einem ersten Schritt sichergestellt werden.

Eine dritte Einschränkung der qualitativen Teilstudie bezieht sich darauf, dass die Begründungen der geschulten und ungeschulten Rater lediglich hinsichtlich der letzten der drei Unterrichtssequenzen verglichen wurden, um potentielle Änderungen in der Vorgehensweise bei der Beantwortung des Ratingbogens im Anschluss an eine solche Befragung zu vermeiden. Das zieht nach sich, dass die von den Ratern genannten Gründe nicht all das umfassen können, was die Rater zwar an sich unter dem Item subsumieren, was sich ihrer Meinung nach aber in der entsprechenden Sequenz nicht gezeigt hat. Ein umfassendes Bild über die den Ratings zugrundeliegenden Überlegungen von Ratern kann mit der vorliegenden Teilstudie demnach nicht gegeben werden. Dennoch bietet die Studie – mit den genannten Einschränkungen – erste Hinweise auf Unterschiede zwischen Ratergruppen, denen in weiteren Studien vertiefend nachgegangen werden kann.

Für den vorliegenden Gegenstand kann zudem hinterfragt werden, inwiefern sich qualitative Befragungen zur Untersuchung von Gründen für die gewählten Ratings eignen: Bei solchen Befragungen wird davon ausgegangen, dass die Gründe für Ratings nicht ausschließlich intuitiv und unbewusst, sondern in weiten Teilen dem Bewusstsein zugänglich sind. Dies wäre entweder dann der Fall, wenn hinter den Ratings bewusste Überlegungen stehen, oder aber dann, wenn Personen zwar intuitiv Einschätzungen vornehmen, zeitgleich jedoch Zugriff auf die den Einschätzungen zugrundeliegenden Gründe haben. Inwiefern Urteile über Unterricht auf intuitiven versus expliziten Einschätzungen beruhen und in welchem Ausmaß somit eine Verbalisierung der Gründe für diese Einschätzungen überhaupt möglich ist, ist eine wichtige Frage für zukünftige Forschung. Erste Indizien hierzu finden sich in Studie 4 (s. Kapitel 10).

9 Studie 3: Die zeitliche Stabilität von hoch-inferenten Ratings

Studie 3 lässt sich in Bezug auf das der Arbeit zugrundeliegende Forschungs-modell Forschungsfrage 2 (Welche Ursachen lassen sich für Rater-Bias in Beobachterratings zu Unterrichtsqualität identifizieren?) zuordnen (s. auch Kapitel 5).

9.1 Theoretischer Hintergrund

Verzerrungen von Ratingdaten durch Rater werden in der Literatur meist als stabile Eigenschaften von Ratern interpretiert. So wird beispielsweise in der Regel davon ausgegangen, dass es sich bei Strenge-/-Milde-Tendenzen oder auch bei Halo-Effekten von Ratern[35] um generelle Tendenzen handelt, die sich unabhängig vom Zeitpunkt und damit unabhängig von situationalen Merkma-len auf das Rating auswirken (z. B. Guilford, 1954; Schriesheim, Kinicki & Schriesheim, 1979; zusammenfassend Murphy & Anhalt, 1992). Es wird demnach davon ausgegangen, dass Messfehler seitens der Rater vornehmlich auf Interrater-Unterschiede zurückzuführen sind, während Intrarater-Unter-schiede vernachlässigt werden können. In diesem Zusammenhang wird jedoch immer wieder darauf hingewiesen, dass die Annahme stabiler Rater-Effekte nicht hinreichend empirisch fundiert ist (Brennan, 2001a; Congdon & McQueen, 2000; Lumley & McNamara, 1995; Lunz & Stahl, 1990; Murphy & De Shon, 2000; Shavelson et al., 1993; Webb et al., 2000; Myford & Wolfe, 2004). Zwischen den wenigen zu dieser Thematik vorhandenen empirischen Studien zeigen sich deutliche Unterschiede: Je nach Untersuchungsgegenstand finden sich niedrige bis sehr hohe zeitliche Stabilitäten von Ratings und Rater-Effekten (s. Kapitel 9.1.2). Inwiefern Unterrichtsqualitätsratings durch externe Beobachter zeitstabil sind und damit die Frage danach, in welchem Ausmaß situationale Merkmale Ratings beeinflussen, ist bislang ungeklärt. Dies ist da-her Gegenstand von Studie 3.

Im Folgenden wird zunächst auf die Bedeutung zeitlicher Stabilität bzw. Instabilität von Ratings eingegangen (Kapitel 9.1.1). Anschließend werden empirische Befunde zur zeitlichen Stabilität von Rater-Effekten in unterschied-lichen Forschungsbereichen (Kapitel 9.1.2) sowie entsprechende empirische Befunde in Bezug auf die Forschung zu Unterrichtsqualität (Kapitel 9.1.3)

---

35 Für eine Beschreibung dieser Effekte siehe Kapitel 4.

dargestellt. Aus den Befunden werden die Fragestellungen und Hypothesen der vorliegenden Studie abgeleitet (Kapitel 9.2).

9.1.1   Die Bedeutung zeitlicher (In-)Stabilität von Ratings

In der Literatur zu Ratings finden sich zwei Schwerpunkte bei der Untersuchung der Variabilität von Messungen zwischen Messgelegenheiten. In Studien zum ersten Schwerpunkt geht es um das Verhalten der jeweiligen Untersuchungsobjekte und der Stabilität dieses Verhaltens (z. B. Cronbach, Linn, Brennan & Haertel, 1997; Ruiz-Primo, Baxter & Shavelson, 1993; Shavelson et al., 1993; Shavelson et al., 1999; Webb et al., 2000). In Studien zum zweiten Schwerpunkt wird auf die Stabilität des Rater-Verhaltens fokussiert (z. B. Lumley & McNamara, 1995; Lunz & Stahl, 1990; Myford & Wolfe, 2000). Brennan (2001a) zufolge finden sich insbesondere zur zeitlichen Variabilität von Rater-Verhalten nur sehr wenige Studien. Dies kritisiert Brennan (2001a): „Just because raters can be trained to provide consistent judgments on one occasion does not necessarily mean that those judgments would remain stable over occasions" (S. 308).

Warum aber ist es so zentral, dass Rater-Verhalten zeitstabil ist – und damit Person-Situations-Interaktionen nicht vorhanden oder zumindest nur gering ausgeprägt sind? In bisherigen Publikationen (z. B. Congdon & McQueen, 2000; Lumley & McNamara, 1995; Murphy & Anhalt, 1992) finden sich drei Bereiche, für die die Bedeutung der Stabilität von Rater-Verhalten betont wird: (a) für das Training von Ratern, (b) für den Umgang mit Rater-Effekten und (c) für die Interpretation von auf Ratings beruhenden Befunden.

Bedeutung für das Training von Ratern

Trainings basieren auf der Annahme, dass Rater-Verhalten stabil ist. So werden im Rahmen von Rater-Trainings in der Regel Rückmeldungen zum individuellen Rater-Verhalten und zu damit verbundenen Verzerrungen gegeben (s. auch Myford & Wolfe, 2003). Dies setzt in zweierlei Hinsicht die Stabilität von Rater-Verhalten voraus: Erstens sind Rückmeldungen dieser Art nur dann sinnvoll, wenn das zurückgemeldete Verhalten tatsächlich auch in Zusammenhang mit dem Verhalten des Raters im Allgemeinen steht. Zweitens werden die Rückmeldungen mit dem Ziel durchgeführt, inadäquates Rater-Verhalten durch gezielte Reflexion dauerhaft zu minimieren (Lumley & McNamara, 1995). Gelingt dies nicht, sind Retrainings notwendig. Wird mittels eines Trainings keine dauerhafte Veränderung des Rater-Verhaltens erreicht, kann Murphy und Anhalt (1992) zufolge die Sinnhaftigkeit des Trainings deutlich in Frage gestellt werden.

Bedeutung für den Umgang mit Rater-Effekten

Rater-Effekte können durch Trainings zwar minimiert, nicht jedoch eliminiert werden (Lumley & McNamara, 1995). Aus diesem Grund werden Ratings oftmals im Nachhinein um noch vorhandene Verzerrungen bereinigt. Eine solche Korrektur von Daten wird durch neue diesbezügliche psychometrische Möglichkeiten (z. B. im Rahmen des Multifacetten-Raschmodells; s. z. B. Linacre, 1994) mittlerweile vielfach durchgeführt. Korrigiert man Ratings um Rater-Effekte, die zu einem bestimmten Zeitpunkt (meist zum Zeitpunkt des Trainings) auftraten, setzt dies allerdings zwingend voraus, dass die entsprechenden Rater-Effekte stabil sind (Lumley & McNamara, 1995). Congdon und McQueen (2000) warnen in diesem Zusammenhang davor, dass die Kalibrierung von Ratern bei nicht hinreichender Stabilität von Rater-Effekten dazu führen kann, dass die korrigierten Werte genauso inakkurat sind wie die unkorrigierten Werte (vgl. auch Murphy & Anhalt, 1992).

Bedeutung für die Interpretation von auf Ratings beruhenden Befunden

In den meisten Erhebungen sollen Ergebnisse über den spezifischen Messzeitpunkt hinaus generalisiert werden (Brennan, 2000, 2001a; Shavelson et al., 1993). Haben situationale Merkmale einen großen Einfluss auf Ratings, ist eine solche Generalisierung jedoch nicht möglich, da die entsprechende Messung neben Informationen in Bezug auf das zu messende Merkmal auch einen hohen Situationsanteil enthält. Aus diesem Grund gilt die Stabilität von Ratings als eine notwendige, wenngleich auch nicht hinreichende Voraussetzung für die Akkuratheit von Urteilen (Congdon & McQueen, 2000).

9.1.2   Empirische Befunde zur zeitlichen Stabilität von Rater-Effekten

Rater-Effekte können hinsichtlich ihrer relativen Stabilität sowie hinsichtlich ihrer absoluten Stabilität untersucht werden (Congdon & McQueen, 2000). Zur Untersuchung der relativen Stabilität von Rater-Effekten werden Rater zu unterschiedlichen Messzeitpunkten in Bezug auf unterschiedliche Stimuli befragt (z. B. Congdon & McQueen, 2000; Lumley, 2005). Zur Untersuchung der absoluten Stabilität von Rater-Effekten hingegen werden Rater zu unterschiedlichen Messzeitpunkten in Bezug auf dieselben Stimuli befragt (z. B. Clauser et al., 1999; Congdon & McQueen, 2000; Finn, 2007; Leckie & Baird, 2011; Lumley & McNamara, 1995). Problematisch an Untersuchungen in Bezug auf die relative Stabilität von Rater-Effekten ist, dass Merkmale der Untersuchungsobjekte und der Situation hierbei konfundiert sind. Aus diesem Grund werden im Folgenden lediglich Studien beschrieben, in welchen die absolute zeitliche Stabilität von Rater-Effekten untersucht wurde. Insgesamt finden sich aufgrund des hohen logistischen Aufwands und der damit verbundenen Kosten nur wenige Untersuchungen zur absoluten zeitlichen Stabilität von Rater-Effekten (Brennan, 2000, 2001a; Lumley & McNamara, 1995; Shavelson et al., 1993; Webb et al., 2000).

Ein Beispiel für die Untersuchung absoluter Rater-Effekte ist die Studie von Congdon und McQueen (2000). Die Autoren ließen 16 Rater im Abstand von acht Tagen zweimal dieselben knapp 200 Schreibaufgaben bewerten. Ausgewertet wurden die Daten mit Multifacetten-Raschmodellen. Es fand sich ein signifikanter Haupteffekt für den Messzeitpunkt; die Rater-Strenge änderte sich demnach für die Gesamtgruppe. Zudem lag eine Interaktion zwischen Ratern und Messzeitpunkten vor; Veränderungen zwischen den beiden Tagen gingen demnach nicht für alle Rater in dieselbe Richtung bzw. nahmen nicht dasselbe Ausmaß an. Betrachtet man die Veränderungen der einzelnen Rater, finden sich neun Rater, die signifikant strenger wurden, ein Rater, der signifikant milder wurde und sechs Rater, bei denen es keine signifikante Veränderung gab. Einen analogen Befund berichten Lumley und McNamara (1995). Sie untersuchten ebenfalls mittels Multifacetten-Raschanalysen die Einschätzungen von 13 Ratern in Bezug auf 10 auf Tonband aufgenommene, simulierte Konversationen im Rahmen eines Sprachtests. Die Rater nahmen die Einschätzungen im Abstand von 18 Monaten zweimal vor. Es fanden sich Unterschiede in der Strenge/Milde zwischen Messzeitpunkten und dies sowohl im Hinblick auf den Haupteffekt des Messzeitpunkts als auch für die Interaktion zwischen Ratern und Messzeitpunkten. Stacy, Elble, Ondo, Wu und Hulihan (2007) fanden mittlere Spearman-Korrelationen von $r_s = .87$ bei Einschätzungen des Ausmaßes an Tremor von 17 videografierten Patienten durch 50 Rater zwischen zwei Messzeitpunkten (Abstand: zwei bis acht Wochen). In der Studie von Clare, Valdés, Pascal und Steinberg (2001) ließen sich für Einschätzungen von Leseverständnis- und Schreibaufgaben prozentuale Übereinstimmungen von durchschnittlich 63% zwischen den Einschätzungen von drei Ratern im Rahmen von zwei Schuljahren feststellen.

Im Rahmen von G-Analysen (für Informationen zur G-Theorie siehe Kapitel 6) können Effekte von Messzeitpunkten ebenfalls untersucht werden. Clauser, Clyman und Swanson (1999) beispielsweise untersuchten die zeitliche Stabilität von Einschätzungen computerbasierter Fallsimulationen im medizinischen Bereich. Ihr Design war ein Personen × Aufgaben × Rater × Messzeitpunkte-Design. Zwischen den Ratings lagen sechs bis 18 Monate. Die Varianzanteile, die auf die Messzeitpunkte zurückzuführen waren (d. h. der Haupteffekt der Messzeitpunkte und alle Interaktionen zwischen Messzeitpunkten und anderen

Facetten), beliefen sich auf lediglich 3% der Varianz.[36] Bottari, Dassa, Rainville und Dutil (2010) untersuchten die zeitliche Stabilität der Beurteilung von instrumentellen, alltäglichen Handlungen von Personen mit Schädel-Hirn-Traumata durch Therapeuten. Der Untersuchung lag u. a.[37] ein Rater × Items × Messzeitpunkte-Design zugrunde. Der Abstand zwischen den beiden Messzeitpunkten lag bei einem Monat. Der Varianzanteil, der auf Unterschiede zwischen Messzeitpunkten zurückzuführen ist, betrug 0.1%. In einer Untersuchung von Finn (2007), bei der die zeitliche Stabilität der Einschätzungen von Testkäufern überprüft wurde, fand sich für das Webseiten × Rater × Messzeitpunkte × (Items in Aspekten)-Design mit 32% ein beträchtlicher Varianzanteil, der auf Unterschiede zwischen Messzeitpunkten zurückzuführen war.

Zusammenfassend lässt sich feststellen, dass die zeitliche Stabilität von Ratings mittels unterschiedlichster Analysemethoden untersucht wurde und dies für diverse Inhaltsbereiche. Die Befunde zur zeitlichen Stabilität von Ratings variieren deutlich zwischen den Untersuchungen.

9.1.3 Empirische Befunde zur Stabilität von Unterrichtseinschätzungen

Für den Bereich der Unterrichtsforschung existieren ebenfalls vereinzelt Untersuchungen zur Stabilität von Ratings. Allerdings beziehen sich diese nicht auf externe Beobachter, sondern auf Schüler- bzw. Studierendeneinschätzungen zu Unterricht. Auf die Befunde dieser Studien soll im Folgenden eingegangen werden.

Im Gegensatz zu den bislang erwähnten Untersuchungen zur zeitlichen Stabilität von Ratings (s. Kapitel 9.1.2) existieren im Bereich von Schüler-/Studentenratings keine Untersuchungen zur absoluten zeitlichen Stabilität, da Schüler bzw. Studierende in der Regel zu dem erlebten Unterricht befragt werden und nicht zu videografierten Unterrichtsstunden. Dies hat zur Folge, dass die Stabilität der Ratings und tatsächliche Veränderungen bzw. Unterschiede konfundiert sind. In Ermangelung anderer Untersuchungen sollen die entsprechenden Befunde trotzdem dargestellt werden, um einen ersten Anhaltspunkt für zu erwartende Rater-Effekte zu erhalten.

---

36 Die prozentualen Angaben wurden auf Basis der Angaben der absoluten Varianzkomponenten der Autoren nachträglich berechnet.
37 Neben diesem Design untersuchten die Autoren zudem weitere Designs, z B. mit Items als fixierter Facette. Die Befunde sind jedoch sehr ähnlich und werden daher hier nicht berichtet.

In Untersuchungen zur Stabilität von Schüler-/Studentenratings schätzen in der Regel dieselben Schüler bzw. Studenten dieselben Lehrkräfte zu verschiedenen Messzeitpunkten in Bezug auf denselben Unterricht bzw. denselben Kurs ein (z. B. Firth, 1979, Howard & Schmeck, 1979; Krantz-Girod et al., 2004; Marsh & Overall, 1981; McKeachie, Yi-Guang & Mendelson, 1978; Overall & Marsh, 1980; Rantanen, 2013). Dies ist durch retrospektive Befragungen, in der Regel von Alumni, möglich. In den berichteten Untersuchungen finden sich durchweg hohe Zusammenhänge der Ratings zwischen den Messzeitpunkten. In der Untersuchung von Overall und Marsh (1980) zeigten sich beispielsweise mittlere Korrelationen von $r = .83$ auf der Klassenebene zwischen Messzeitpunkten. Firth (1979) fand mittlere Spearman-Korrelationen von $r_s = .90$ für ein Globalrating des Kurses zwischen Messzeitpunkten.

Zusammenfassend lässt sich zunächst feststellen, dass im Gegensatz zu den Untersuchungen im vorherigen Abschnitt (s. Kapitel 9.1.2), bei denen eine Vielzahl an Analysemethoden eingesetzt wurden, bei der Untersuchung der Stabilität von Schüler-/Studierendenratings Korrelationen dominieren. Die Befunde sind zudem deutlich konsistenter: In allen genannten Untersuchungen finden sich hohe bis sehr hohe Stabilitäten der Einschätzungen über Messzeitpunkte hinweg.

9.2 Ableitung der Fragestellungen und Hypothesen

Rater-Effekte werden oftmals als zeitstabil angenommen. Ratings sollten daher nur marginal durch situationale Merkmale (z. B. die Tagesform der Rater) beeinflusst werden. Empirische Untersuchungen zur zeitlichen Stabilität von Ratings existieren bislang jedoch nur vereinzelt (Brennan, 2000, 2001a; Shavelson et al., 1993; Webb et al., 2000). Für Ratings der Unterrichtsqualität durch externe Beobachter existieren bislang keine diesbezüglichen Studien. Es ist insofern ungeklärt, ob und in welchem Ausmaß Ratings im Bereich der Unterrichtsforschung durch situationale Merkmale beeinflusst sind. In Studie 3 wird daher der Frage nach der zeitlichen Stabilität von hoch-inferenten Beobachterratings bei der Einschätzung von Unterrichtsqualität nachgegangen. Damit wird der Forderung von Brennan (2000) nachgekommen:

> It is highly desirable that at least small-scale G studies be conducted that involve occasion as a facet in order to examine the extent to which an investigator can legitimately claim that scores obtained on one occasion are generalizable to scores that might be obtained on different, but similar, occasions. (Brennan, 2000, S. 350)

Bisherige Befunde zur zeitlichen Stabilität von Ratings fallen je nach Untersuchungsgegenstand sehr unterschiedlich aus (s. Kapitel 9.1.2). Zieht man Untersuchungen zur Stabilität von Unterrichtseinschätzungen durch Schüler und Studierende heran (s. Kapitel 9.1.3), kann vermutet werden, dass die Ratings von Unterrichtsqualität durch externe Beobachter eine hohe zeitliche Stabilität aufweisen (Hypothese 3.1).

Lumley und McNamara (1995) sowie Congdon und McQueen (2000) verweisen auf interindividuelle Unterschiede zwischen Ratern in der zeitlichen Stabilität ihrer Ratings. Lumley und McNamara (1995) fassen ihre Befunde wie folgt zusammen: „Just as the analyses confirm yet again that judge differences survive training, so intrarater differences are likely to be an issue for at least some raters over different rating occasions" (S. 69). Solche Unterschiede zwischen Ratern sind dabei zum einen für Fragen der Rater-Auswahl und zum anderen für die statistische Korrektur von Ratings relevant. In Studie 3 wird daher auch der Frage nachgegangen, ob sich Rater darin unterschieden, wie zeitstabil ihre Ratings sind. Auf Basis der Befunde von Lumley und McNamara (1995) sowie Congdon und McQueen (2000) kann vermutet werden, dass sich solche Unterschiede zwischen Ratern zeigen lassen (Hypothese 3.2).

Zusammenfassend wird in Studie 3 den beiden folgenden Hypothesen nachgegangen:

$H_{3.1}$: Es besteht ein hoher Zusammenhang zwischen zu verschiedenen Messzeitpunkten erhobenen Ratings desselben Unterrichtsausschnitts.

$H_{3.2}$: Es bestehen deutliche interindividuelle Unterschiede hinsichtlich der zeitlichen Stabilität von Unterrichtsratings.

9.3   Methode

Im Folgenden werden die der vorliegenden Studie zugrundeliegenden Videosequenzen beschrieben (Kapitel 9.3.1) sowie die Durchführung der Untersuchung (Kapitel 9.3.2). Informationen zur Stichprobe der Rater, zum Ratinginstrument, dem Ratingmanual und dem Rater-Training finden sich in Studie 1.

Um sicherzustellen, dass die Ergebnisse von Studie 3 über verschiedene Analysemethoden hinweg verallgemeinerbar sind, wurde ein multi-methodales Design eingesetzt. Konkret fanden drei Analysemethoden Anwendung: Multi-State-Multi-Trait-Analysen (Kapitel 9.3.3), G-Analysen (Kapitel 9.3.4) sowie die qualitative Inhaltsanalyse nach Mayring (2008) (Kapitel 9.3.5).

9.3.1   Videografierte Stimuli

Datenbasis der quantitativen Analysen dieser Studie sind 10 Unterrichtssequenzen, die von den Ratern mehrfach eingeschätzt wurden (s. Kapitel
9.3.2). Die Sequenzen stellen eine Zufallsauswahl aus der Gesamtstichprobe
der Unterrichtssequenzen ($k = 57$) dar (für eine Beschreibung der Unterrichtssequenzen siehe Studie 1, Kapitel 7.3.2). Die Reihenfolge der Unterrichtssequenzen wurde sowohl zwischen Ratern als auch zwischen Messzeitpunkten
durchpermutiert.

Als Datengrundlage für die qualitative Teilstudie dienten zwei Unterrichtssequenzen. Diese stellen eine Zufallsauswahl aus den 10 Unterrichtssequenzen
der quantitativen Studie dar. Da aufgrund der Durchpermutation keine
Reihenfolgeeffekte zu erwarten sind, sollte die Teilstichprobe der qualitativen
Analysen hinreichend mit der Gesamtstichprobe der quantitativen Analysen
vergleichbar sein.[38] Der Unterschied in der Anzahl der Unterrichtssequenzen
zwischen den quantitativen und den qualitativen Analysen sollte daher
vornehmlich mit genaueren Schätzungen in den quantitativen Analysen
einhergehen.

9.3.2   Durchführung

Quantitative Erhebung

Die Einschätzung der zehn Unterrichtssequenzen erfolgte zu drei Messzeitpunkten. Der Abstand zwischen Messzeitpunkt 1 und 2 betrug fünf Tage, der
Abstand zwischen Messzeitpunkt 2 und 3 ca. sechs Wochen. Der deutlich
unterschiedliche zeitliche Abstand zwischen den Messzeitpunkten diente dazu,
sowohl kurz- als auch längerfristige Stabilitäten in das Design zu integrieren.

Der Anteil an fehlenden Werten im Datensatz für die quantitativen Analysen
betrug 0.7%. Auf eine Imputation wurde für die vorliegenden Analysen
verzichtet, da das Auslassen von Itemantworten im Rahmen des internetbasier-
ten Ratinginstruments nur in Bezug auf diejenigen Items zugelassen wurde, die
nicht für alle Unterrichtssequenzen beurteilbar sind (z. B. aufgrund von
konditionalen Itemformulierungen; s. hierzu auch Studie 1, Kapitel 7.3.4). Für
die Modellschätzungen wurden alle jeweils vorhandenen Daten genutzt.

---

38 Einen deutlichen Hinweis auf die Vergleichbarkeit der Stichproben erhält man zudem durch
    die MSMT-Analysen (s. Kapitel 9.4.2): Wären die Unterrichtssequenzen der qualitativen
    Analysen nicht repräsentativ für diejenigen der quantitativen Analysen, wäre ein Gleichsetzen
    der Ladun-gen im Rahmen der MSMT-Analysen nicht möglich gewesen.

Qualitative Erhebung

In Bezug auf die zwei Unterrichtssequenzen der qualitativen Erhebung wurden die Rater jeweils nach Setzen des Antwortkreuzes aufgefordert, dieses schriftlich zu begründen. Der entsprechende Probe lautete: „Ihre Antwort auf das Item ‚…‘ lautete: *(Antwortkategorie)*. Bitte begründen Sie Ihre Antwort." Werden Personen dazu verpflichtet, eine Begründung der gewählten Antwortkategorie abzugeben, kann dies bei intuitiven Urteilen zu Verzerrungen sowohl der Interpretationen der Begründungen als auch der nachfolgenden Ratings führen. Aus diesem Grund wurden die Rater dazu angehalten, bei intuitiven Urteilen die Begründung zu überspringen. Das internetbasierte Ratinginstrument wurde dementsprechend dahingehend programmiert, dass zum Fortfahren keine Begründung erforderlich ist.

Der Anteil fehlender Werte für die qualitativen Analysen betrug 27%. Kodiert wurden hier jeweils Aussagen zu zwei Messzeitpunkten im Vergleich (siehe Kapitel 9.3.4). Sobald zu einem der beiden Messzeitpunkte keine Begründung angegeben wurde, wurde ein fehlender Wert vergeben.

9.3.3 Multi-State-Multi-Trait-Analysen

In Studie 3 wurden ordinale Multi-State-Multi-Trait-Analysen (MSMT) durchgeführt (s. Eid, 1995, 1996, 1997). MSMT-Modelle dienen – wie die gesamte Modellklasse der Latent-State-Trait-Modelle – dazu, das Ausmaß an Situationsspezifität von Messungen empirisch zu bestimmen. Im Rahmen von MSMT-Analysen werden drei Komponenten unterschieden: (a) die Trait-Komponente, mit der zeitstabile Trait-Ausprägungen abgebildet werden können, (b) die State-Residual-Komponente, mit der messzeitpunktspezifische Einflüsse modelliert werden können, und (c) die Messfehler-Komponente, die denjenigen Varianzanteil abbildet, der weder durch die Trait-Komponente noch durch die State-Residual-Komponente abgebildet werden kann. MSMT-Designs sind dadurch gekennzeichnet, dass neben mehreren Messzeitpunkten (Multi-State) für jedes Item ein eigener Trait (Multi-Trait) modelliert wird (s. auch Abbildung 16).

Im Rahmen von MSMT-Analysen werden zwei Koeffizienten unterschieden: der Konsistenzkoeffizient sowie der Messspezifitätskoeffizient. Der Konsistenzkoeffizient bildet – unter Berücksichtigung des Messfehlers – den zeitstabilen Anteil eines Items ab, der Spezifitätskoeffizient hingegen den Anteil, der spezifisch für den jeweiligen Messzeitpunkt ist. Beide Koeffizienten addieren sich in ordinalen MSMT-Analysen zu Eins auf.[39]

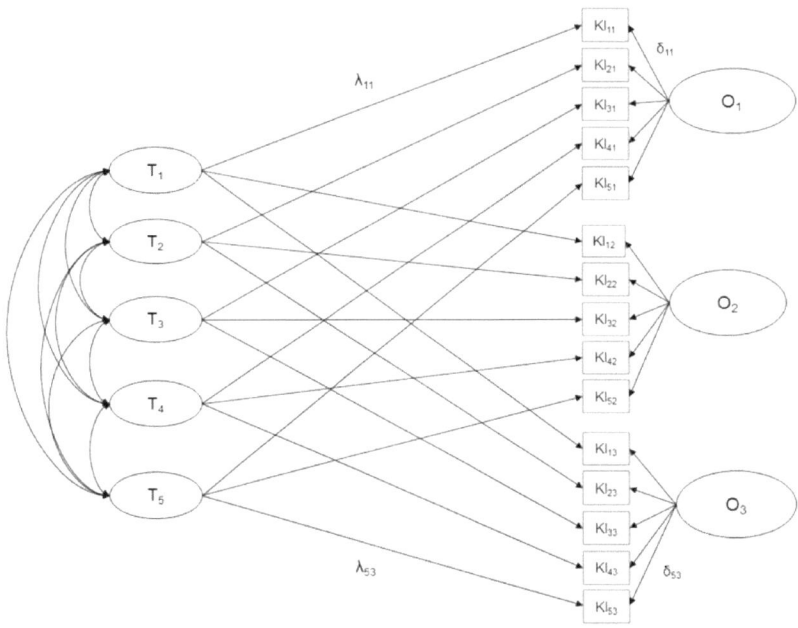

Abbildung 16:   MSMT-Modell für den Bereich Klassenführung mit fünf Items und drei Messzeitpunkten. Kl_{it}: State-Variablen; T_i: Latente Trait-Variablen; O_t=Latente Situations-Interaktions-Variablen; λ_{it}, δ_{it}: Ladungen auf den latenten Variablen; der Index i kennzeichnet das Item; der Index t indiziert den Messzeitpunkt.

Ordinale MSMT-Modelle sind metrischen MSMT-Modellen dann vorzuziehen, wenn in einer Untersuchung kategoriale Variablen mit geordneten Antwortka-

---

39 Die Definition des Konsistenz- und des Spezifitätskoeffizienten unterscheidet sich für ordinale MSMT-Modelle somit von der entsprechenden Definition für kontinuierliche LST-Modelle: Während in kontinuierlichen LST-Modellen die beiden Koeffizienten als Varianzanteile der manifesten Variablen definiert sind, sind sie in ordinalen MSMT-Modellen als Anteile der latenten State-Variablen definiert (Eid, 1996). Grund hierfür ist die Tatsache, dass die manifesten Variablen in ordinalen MSMT-Modellen keine linear-additiven Funktionen der latenten Trait-Variablen, der State-Residuen und der Fehlervariablen sind.

tegorien eingesetzt werden. In der vorliegenden Studie wurden die eingesetzten Items als kategorial behandelt, da lediglich ein vierstufiges Antwortformat vorliegt und die Verteilung der Antwortkategorien zudem deutlich schief ist. Ordinale MSMT-Modelle basieren auf polychorischen Korrelationsmatrizen. Grundlage dieser Korrelationsmatrizen sind folgende Annahmen (s. Eid et al., 2011): Den als kategorial modellierten Variablen liegt eine latente kontinuierliche, normalverteile Variable zugrunde.[40] Diese latente Variable kann in unterschiedliche Kategorien aufgeteilt werden, die jeweils durch Schwellenparameter voneinander getrennt sind. Die Schwellenparameter lassen sich empirisch anhand der Häufigkeiten der Zellenbesetzungen der Kategorien bestimmen. Über die Annahme einer bivariaten Normalverteilung lässt sich dann die polychorische Korrelation zwischen den interessierenden Variablen berechnen.

Für längsschnittlich angelegte Untersuchungen ist es von zentraler Bedeutung, dass Items zwischen Messzeitpunkten vergleichbare Eigenschaften – und damit eine hinreichende zeitliche Invarianz – aufweisen (z. B. Eid et al., 2011). Ist dies nicht der Fall, kann nicht davon ausgegangen werden, dass zu allen Messzeitpunkten dasselbe Konstrukt gemessen wird. Es werden verschiedene Grade an Invarianz unterschieden (Meredith & Horn, 2001), diese reichen von einer konfiguralen Invarianz, bei der die Faktorenstruktur über die Zeit gleich bleibt, bis hin zu einer strikten faktoriellen Invarianz, bei der Faktorladungen, Intercepts und Messfehlervarianzen über die Zeit konstant bleiben.

Konkret wurden im Rahmen der vorliegenden Untersuchung die Einschätzungen von zehn Unterrichtssequenzen in Bezug auf die Dimensionen Klassenführung (fünf Items) und Schülerorientierung (sieben Items) durch 12 Rater zu drei Messzeitpunkten erhoben. Auf Ebene der Traits lagen daher 120 Einheiten vor (10 Unterrichtssequenzen × 12 Rater; für eine Diskussion der Problematik durch die Konfundierung von Unterrichtssequenzen und Ratern siehe Kapitel 9.5.2.2). Die Stichprobe ist demnach sehr klein. Flora und Curran (2004) zufolge ist der robuste Weighted-Least-Square-Schätzer (WLSMV-Schätzer), der auf polychorische Korrelationsmatrizen zurückgreift, auch bei sehr kleinen Stichproben ($n = 100$) noch einsetzbar (für eine weiterführende Diskussion s. auch Kapitel 9.5.2.2). In der vorliegenden Studie wurde daher der WLSMV-Schätzer eingesetzt. Die vorgenommenen Constraints in Bezug auf

---

40 Geht man von einer Normalverteilung der latenten Variable aus, impliziert dies, dass die beobachtete Schiefe der Items Deckeneffekte der Items widerspiegelt und nicht ein schief verteiltes Konstrukt (für eine diesbezügliche Diskussion siehe Kapitel 9.5.2.2).

die Ladungsmuster finden sich in Kapitel 9.4.2. Für die Analysen wurde die Software Mplus 6.1 (Muthén & Muthén, 1998-2010) verwendet.

9.3.4   G-Analysen

Den G-Analysen liegt ein unbalanciertes, vollständig gekreuztes Drei-Facetten-Design zugrunde: Zehn Unterrichtssequenzen (als object of measurement) wurden von 12 Ratern anhand von fünf Items (Dimension Klassenführung) bzw. sieben Items (Dimension Schülerorientierung) zu drei Messzeitpunkten eingeschätzt. Bei allen Facetten handelt es sich um Zufallsfacetten.

Zur Durchführung der G-Analysen wurde die Software urGENOVA, Version 2.1 (Brennan, 2001b) verwendet. Als Schätzer wird auf die analoge ANOVA-Prozedur zurückgegriffen.

9.3.5   Qualitative Inhaltsanalyse

Im Rahmen der qualitativen Inhaltsanalyse nach Mayring (2008) wurden die Begründungen der Antwortkategoriewahl zwischen Messzeitpunkten verglichen. Diese Vergleiche wurden jeweils zwischen zwei Messzeitpunkten durchgeführt. Pro Item gab es demnach drei Vergleiche: zwischen Messzeitpunkt 1 und 2, zwischen Messzeitpunkt 1 und 3 und zwischen Messzeitpunkt 2 und 3. Diese Vergleiche wurden jeweils unabhängig voneinander kodiert. Die Kategorien wurden zunächst deduktiv aufgestellt und dann induktiv erweitert. Für die Kodierungen standen insgesamt drei Kategorien zur Verfügung:[41]

---

41 Für zwei der Kategorien wurden zudem zwei Subkategorien unterschieden, die aus Gründen der Übersichtlichkeit bei der Darstellung der Ergebnisse jedoch zusammengefasst berichtet werden.

Kategorie 1)   identisch bzw. sehr ähnlich

Beispiel für *identisch* (Rater 8, Sequenz 1)	
Messzeitpunkt 1	Messzeitpunkt 3
„Nach der Begrüßung beschrieb der Lehrer den Ablauf des Tages und wies die Schüler daraufhin, dass sie die Nachbesprechung des Wandertags (auch der Kommunionskinder) auf den nächsten Tag verschieben. Das Material hat der Lehrer schon vorbereitet."	„Begrüßung, Ablauf des Tages. Erzählen der Kommunionkinder wird auf den darauffolgenden Tag verschoben. Material des Lehrers vorbereitet."

Beispiel für sehr *ähnlich* (Rater 3, Sequenz 1)	
Messzeitpunkt 1	Messzeitpunkt 2
„Es wurde kurz auf den Tagesablauf eingegangen, dann aber relativ zügig mit dem Unterricht begonnen."	„Der Tagesablauf wurde noch besprochen und noch ein paar andere Sachen."

Kategorie 2)   ähnlich

Beispiel für *ähnlich* (Rater 8, Sequenz 1)	
Messzeitpunkt 1	Messzeitpunkt 3
„Die Besprechung des Wandertags wurde gleich verschoben und der Unterricht konnte beginnen. Die Schüler saßen an ihren Plätzen, hatten ihre Federmappen teilweise auf dem Tisch. Der Lehrer oder die Schüler waren nicht abschweifend."	„Roter Faden erkennbar. Organisatorische Dinge wurden auf den darauffolgenden Tag verschoben. Lehrkraft schweift nicht vom Unterricht ab. Keine Störungen. Kein Leerlauf."

Kategorie 3)   deutlich unterschiedlich bzw. widersprüchlich

Beispiel für *deutlich unterschiedlich* (Rater 8, Sequenz 1)	
Messzeitpunkt 1	Messzeitpunkt 3
„Der Lehrer gab klare Anweisungen (Wortarten wiederholen, heutiges Thema: Satzglieder, sollen den Satz umstellen). Impuls am Anfang etwas zu ungenau."	„Ihnen war klar, wie der Tag ablaufen sollte. Zwei Schüler waren geistig abwesend. Anfangs gab es kaum Beteiligung."

Beispiel für *widersprüchlich* (Rater 10, Sequenz 2)	
Messzeitpunkt 2	Messzeitpunkt 3
„Ich stimme nicht zu. Am Anfang der Stunde wurden die Wochentags-Daten wiederholt und somit ging Zeit für den Lernstoff verloren. Außerdem hat die Lehrerin lange gewartet, bis alle Kinder ihre Unterlagen bereit liegen hatten und einem Kind hat sie noch geholfen, wodurch auch nochmal Zeit verloren ging."	„Ich stimme zu. Zwar haben die Kinder am Anfang der Stunde die Wochentags-Daten wiederholt, aber dadurch ist nur geringfügig Zeit für den Unterrichtsstoff verloren gegangen, weshalb ich das vernachlässige."

Zur eindeutigen Abgrenzung der Kategorien voneinander wurde ein Kategoriensystem erstellt, das u. a. Kategoriendefinitionen und Ankerbeispiele enthält.[42] Die Kodierungen wurden von zwei Personen unabhängig voneinander durchgeführt. Die Interkoderreliabilität war zufriedenstellend (Spearmans $\rho = .80$; Kendalls $\tau = .76$). Bei fehlender Übereinstimmung einigten sich die Kodierer nach Abschluss der Kodierungen diskursiv auf eine Kodierung. Für die qualitativen Auswertungen wurde die Software MAXQDA 10 (VERBI Software, 1989-2012) verwendet.

9.4   Ergebnisse

9.4.1   Deskriptive Statistiken

In Tabelle 12 finden sich – getrennt nach Messzeitpunkten – Mittelwerte, Standardabweichungen sowie die Perzentile der Skalen Klassenführung sowie Schülerorientierung. Aufgeführt sind die deskriptiven Werte sowohl für alle Unterrichtssequenzen, die Grundlage der quantitativen Analysen waren, als auch für die daraus ausgewählten Sequenzen, die Grundlage der qualitativen Analysen waren. Die Mittelwerte liegen für beide Skalen, für alle Messzeitpunkte und für beide Unterrichtssequenzstichproben deutlich über dem theoretischen Mittel von 2.5. Auch die Perzentile zeigen, dass es zwar einzelne Unterrichtsstunden gibt, die über alle Rater hinweg lediglich sehr niedrige Werte erreichen, dass der Großteil der Unterrichtssequenzen jedoch positive Einschätzungen erhält.

---

42   Das Kategoriensystem wird aus Platzgründen an dieser Stelle nicht vorgestellt, kann jedoch bei der Autorin angefordert werden.

Tabelle 12: Deskriptive Statistiken für die beiden untersuchten Bereiche
Klassenführung und Schülerorientierung zu allen drei Messzeitpunkten, getrennt für die Gesamtstichprobe sowie die Teilstichprobe

			Prozentränge				
Dimension/Messzeitpunkt	*M*	*SD*	0	25	50	75	100
Gesamtstichprobe (*k* = 10 Unterrichtssequenzen)							
Klassenführung/MZP 1	3.33	.65	1.40	3.00	3.60	3.80	4.00
Klassenführung/MZP 2	3.50	.54	1.60	3.20	3.60	3.95	4.00
Klassenführung/MZP 3	3.49	.61	1.00	3.20	3.80	3.80	4.00
Schülerorientierung/MZP 1	3.15	.56	1.57	2.71	3.14	3.57	4.00
Schülerorientierung/MZP 2	3.27	.50	1.43	3.00	3.29	3.71	4.00
Schülerorientierung/MZP 3	3.28	.50	2.00	3.00	3.43	3.57	4.00
Teilstichprobe (*k* = 2 Unterrichtssequenzen)							
Klassenführung/MZP 1	3.61	.33	2.80	3.40	3.60	3.80	4.00
Klassenführung/MZP 2	3.48	.49	2.00	3.20	3.80	3.80	4.00
Klassenführung/MZP 3	3.62	.37	2.40	3.45	3.80	3.80	4.00
Schülerorientierung/MZP 1	3.40	.50	2.43	2.86	3.57	3.86	4.00
Schülerorientierung/MZP 2	3.43	.46	2.57	3.00	3.57	3.82	4.00
Schülerorientierung/MZP 3	3.38	.40	2.14	3.14	3.43	3.71	4.00

Anmerkung. MZP = Messzeitpunkt.

9.4.2   Ergebnisse der Multi-State-Multi-Trait-Analysen

Hypothese 3.1, dass ein hoher Zusammenhang zwischen zu verschiedenen
Messzeitpunkten erhobenen Ratings desselben Unterrichtsausschnitts auftritt,
wurde im Rahmen der MSMT-Analysen über einen Vergleich der Konsistenz-
versus Spezifitätskoeffizienten überprüft (s. hierzu auch Kapitel 9.3.1). Die
Frage danach, ob sich Rater in der zeitlichen Stabilität ihrer Einschätzungen
unterscheiden (vgl. Hypothese 3.2), kann mit dem verwendeten MSMT-Modell
nicht überprüft werden.[43]

---

43 Eine entsprechende Überprüfung wäre lediglich im Rahmen eines Mehrgruppenmodells zum
gezielten Test von Moderatorhypothesen möglich.

Constraints und Modellfit

In einem ersten Schritt (Modell 1) wurden zwei Constraints gesetzt: (a) Für eine korrekte Umsetzung des MSMT-Modells ist es notwendig, die Schwellenparameter zwischen den Messzeitpunkten gleichzusetzen. Dies ist eine Voraussetzung, um die empirischen polychorischen Korrelationsmatrizen längsschnittlich interpretieren zu können. (b) Die Itemladungen auf dem jeweiligen Trait wurden über die Messzeitpunkte ebenfalls gleichgesetzt, da ein- und dasselbe Item zu unterschiedlichen Zeitpunkten das jeweilige Trait in gleicher Art und Weise erfassen sollte.

In einem zweiten Schritt (Modell 2) wurden die Ladungen der einzelnen Items auf dem jeweiligen State gleichgesetzt, um zu überprüfen, ob sich die entsprechende Erhebungssituation auf alle Items gleichermaßen auswirkt. Ist dies nicht der Fall, ist dies ein Hinweis auf Unterschiede in der Situationssensitivität von Items.

In einem dritten Schritt (Modell 3) wurden zusätzlich auch die Itemladungen zwischen den States gleichgesetzt. Lässt sich ein solches Modell umsetzen, kann davon ausgegangen werden, dass sich die Situationen zu allen Messzeitpunkten in vergleichbarem Ausmaß auf die Beantwortung der Items auswirken.

Wie aus Tabelle 13 ersichtlich, sind die Fit-Indizes für die Dimension Schülerorientierung zwischen den Modellen sehr ähnlich ausgeprägt. Trotzdem unterscheiden sich Modell 1 und 2 mittels Differenzentest mit Satorra-Bentler-Korrektur signifikant voneinander. Modell 1 bildet die Daten damit besser ab als Modell 2.

Tabelle 13: Vergleich von Modellen mit verschiedenen Graden an Invarianz für die Dimension Schülerorientierung

Modell	χ^2	df	RMSEA	CFI	TLI	χ^2-Diff.
1	64.68	44	.06	.97	.98	
2	67.64	45	.07	.97	.98	$20.81, p = .05$
3	62.81	43	.06	.97	.98	$0.44, p = .80$

Anmerkungen. χ^2-Diff. = Differenzentest mit Satorra-Bentler-Korrektur. Die Werte beziehen sich jeweils auf den Vergleich des entsprechenden Modells mit dem weniger restriktiven Modell. Die Stichprobengröße beträgt für alle Modelle $n = 120$.

Für die Dimension Klassenführung hingegen ließ sich aufgrund von Heywood cases[44] das Basismodell (Modell 1) nicht umsetzen, da für einen der States eine negative Varianz geschätzt wurde. Dies ließ sich auch durch eine Änderung der Startwerte für die Parameterschätzungen u.ä. nicht lösen. Das Schätzproblem ist für die vorliegenden Daten vermutlich auf die sehr kleine Stichprobe sowie die Abhängigkeiten in den Daten zurückzuführen (s. hierzu auch Kapitel 9.5.2.2). Im Folgenden werden die Ergebnisse der MSMT-Analysen demnach lediglich für die Dimension Schülerorientierung dargestellt.

Korrelationen der latenten Trait-Variablen

Die Modellierung von itemspezifischen Traits scheint angemessen, wenn man die latenten Interkorrelationen der einzelnen Traitfaktoren der Dimension Schülerorientierung betrachtet (vgl. Tabelle 14). Diese Interkorrelationen bilden die messzeitunabhängigen Zusammenhänge der einzelnen Items ab. Nach den Cohen'schen Konventionen zur Größeneinordnung von Korrelationen (Cohen, 1992) gibt es für die Dimension Schülerorientierung etliche große Zusammenhänge ($m = 12$), bei denen man von einer dahinterstehenden gemeinsamen latenten Dimension ausgehen könnte. Es existieren aber auch mittlere ($m = 6$) und kleine Zusammenhänge ($m = 3$).

Tabelle 14: Interkorrelationen der latenten Traitvariablen für die Dimension
           Schülerorientierung

Trait	1	2	3	4	5	6	7
1	1						
2	.88***	1					
3	.58***	.78***	1				
4	.69***	.62***	.59***	1			
5	.45***	.26*	-.13	.37***	1		
6	.67***	.69***	.54***	.59***	.33***	1	
7	.52***	.43***	.29*	.32**	.32**	.60***	1

Anmerkungen. *** p ≤ .001; ** p ≤ .01; * p ≤ .05

Ergebnisse der Stabilitätsanalysen

In Tabelle 15 sind die Ergebnisse der MSMT-Analysen für die Dimension Schülerorientierung abgebildet. Gemäß den gesetzten Constraints nehmen die δ_{it}-Ladungen (State-Ladungen) zwischen und innerhalb der States denselben Wert an. Die λ_{it}-Ladungen (Traitladungen) pro Item sind aufgrund der

---

44 Heywood cases meint das Auftreten unplausibler Werte im Rahmen von Strukturgleichungs-
   modellen (s. Chen, Bollen, Paxton, Curran & Kirkby, 2001).

Gleichsetzungen ebenfalls identisch. Die λ_{it}-Ladungen zwischen Items wurden frei geschätzt. Sie variieren für die Dimension Schülerorientierung in eher geringem, allerdings signifikanten Ausmaß: Ein Modell mit gleichgesetzten Itemladungen zwischen Traits weist laut Differenzentest mit Satorra-Bentler-Skalierung eine signifikant schlechtere Anpassung an die Daten auf als das Modell mit frei geschätzten Itemladungen zwischen Traits ($\chi^2 = 13.08$; $p < .01$).

Wie an den Differenzen zwischen den Schwellenparametern (λ_{i2t}-λ_{i1t}; λ_{i3t}-λ_{i2t}) ersichtlich ist, sind die Schwellen zwischen den Antwortkategorien nicht bei allen Items gleich. Bei Items mit variierenden Differenzen zwischen den Schwellenparametern (beispielsweise Item 9) ist der Abstand zwischen Schwellenparameter eins und zwei geringer als derjenige zwischen zwei und drei. Es ist demnach ein größerer Zuwachs in Bezug auf die Itemausprägung erforderlich, um Kategorie vier statt drei zu wählen, als um Kategorie drei statt zwei zu wählen.

Der Konsistenzkoeffizient (Con(π_{ist})) nimmt für alle Trait-Variablen der Dimension Schülerorientierung nahezu den Wert Eins (dies entspricht dem maximal möglichen Wert) ein. Entsprechend klein ist der zugehörige Spezifitätskoeffizient (Spe(π_{ist})). Für alle Traitvariablen lässt sich demnach eine sehr hohe zeitliche Stabilität feststellen. Die Vermutung, dass Unterrichtsratings zwischen Messzeitpunkten einen hohen Zusammenhang aufweisen (Hypothese 3.1), kann demnach auf Basis der MSMT-Analysen für die Dimension Schülerorientierung beibehalten werden.

Tabelle 15: Itemparameter, Varianzen und Kovarianzen der latenten Variablen sowie Konsistenz- und Spezifitätskoeffizienten für die Dimension Schülerorientierung

Item	λ_{i1t}	λ_{i2t}	λ_{i3t}	$\lambda_{i2t} - \lambda_{i1t}$	$\lambda_{i3t} - \lambda_{i2t}$	λ_{it}	δ_{it}	Var (θ_i)	Var (ζ_t)	Con (π_{ist})	Spe (π_{ist})
6	-1.97	-1.20	-0.42	0.77	0.78	.87	.25	0.75	0.06	.99	.01
7	$-^a$	-2.59	-0.69	–	1.90	.87	.25	0.76	0.06	.99	.01
8	$-^a$	-2.19	-1.22	–	0.97	.73	.25	0.54	0.06	.99	.01
9	-1.53	-1.02	-0.21	0.51	0.81	.75	.25	0.57	0.06	.99	.01
10	-0.47	0.16	0.72	0.63	0.56	.84	.25	0.71	0.06	.99	.01
11	-1.49	-0.81	0.14	0.68	0.95	.81	.25	0.66	0.06	.99	.01
12	-0.77	-0.17	0.39	0.60	0.56	.88	.25	0.77	0.06	.99	.01

Anmerkungen. λ_{ist} = geschätzte Kategorienparameter; $\lambda_{ist} - \lambda_{ist}$ = Differenzen zwischen den zwei benachbarten Kategorienparametern, λ_{it} = Ladungen auf den Traitvariablen; δ_{it} = Ladungen auf den Statevariablen; θ_i = Varianzen der Traitvariablen; ζ_t = Varianzen der Statevariablen; Con(π_{ist}) = Konsistenzkoeffizienten; Spe(π_{ist}) = Spezifitätskoeffizienten.
[a] Diese beiden Itemkategorien kamen empirisch nicht vor.

9.4.3   Ergebnisse der G-Analysen

Für die Überprüfung der Hypothesen hinsichtlich eines hohen Zusammenhangs der Ratings zwischen Messzeitpunkten (Hypothese 3.1) sowie hinsichtlich bestehender Rater-Unterschiede in der zeitlichen Stabilität (Hypothese 3.2) wurden die Varianzanteile herangezogen, die auf die Messzeitpunkte (Hypothese 3.1) sowie die Messzeitpunkte in Interaktion mit der Facette Rater (Hypothese 3.2) zurückzuführen sind.

Für die Dimension Klassenführung sind 9% der Gesamtvarianz auf Unterschiede zwischen Messzeitpunkten zurückzuführen (Effekte *m*, *um*, *mi*, *urm*, *rmi*; vgl. Tabelle 16). Der mit 3% größte Effekt ist dabei die Interaktion zwischen Unterrichtssequenzen, Ratern und Messzeitpunkten (*urm*). Rater nehmen die Unterrichtssequenzen in Abhängigkeit vom jeweiligen Messzeitpunkt also leicht unterschiedlich wahr. Jeder der Effekte ist für sich genommen nach Cohen (1988) als kleiner Effekt einzustufen. Je nachdem, ob man an relativen oder aber an absoluten Entscheidungen interessiert ist (vgl. Kapitel 6), belaufen sich die relevanten Fehlerquellen auf insgesamt 5% der Varianz (für relative Entscheidungen) oder 9% (für absolute Entscheidungen). Der Varianzanteil bezogen auf relative Entscheidungen entspricht einem kleinen Effekt, derjenige für absolute Entscheidungen einem mittleren Effekt.

Tabelle 16: Schätzungen der Varianzkomponenten, Gesamtvarianz, relative und absolute G-Koeffizienten für das $u \times r \times i \times m$-Design, getrennt für die Dimensionen Klassenführung und Schülerorientierung

Effekt	Klassenführung		Schülerorientierung	
	VC	%	VC	%
$\sigma^2(u)$	0.17	22	0.12	11
$\sigma^2(r)$	0.02	3	0.02	2
$\sigma^2(m)$	0.01	1	0.00	0
$\sigma^2(i)$	0.01	1	0.19	17
$\sigma^2(ur)$	0.06	7	0.02	2
$\sigma^2(ri)$	0.04	5	0.11	10
$\sigma^2(ui)$	0.07	9	0.05	4
$\sigma^2(uri)$	0.07	10	0.21	19
$\sigma^2(um)$	0.02	2	0.00	0
$\sigma^2(mi)$	0	1	0.01	1
$\sigma^2(rm)$	0^a	0	0.00	0
$\sigma^2(urm)$	0.03	3	0.01	1
$\sigma^2(rmi)$	0.06	2	0.01	1
$\sigma^2(umi)$	0	0	0.00	0
$\sigma^2(urmi,e)$	0.25	33	0.35	32
Gesamtvarianz	0.77		1.10	
$E\rho^2$	.92		.97	
Φ	.95		.81	

Anmerkungen. u = Unterrichtssequenz; r = Rater; m = Messzeitpunkt; i = Item; VC = Varianzkomponente; % = relative Varianzkomponente; $E\rho^2$ = relativer G-Koeffizient; Φ = absoluter G-Koeffizient. In die Berechnung der G-Koeffizienten geht die Interaktion $u \times i$ als universescore-Varianz ein.
[a] Kleine negative Varianzen wurden auf Null gesetzt.

Für die Dimension Schülerorientierung sind insgesamt 3% der Gesamtvarianz in den Unterrichtsratings auf Unterschiede zwischen Messzeitpunkten zurückzuführen. Diese 3% teilen sich auf drei Effekte (*mi, urm, rmi*) mit jeweils 1% auf. Der Anteil an Varianz, der auf die Messzeitpunkte zurückzuführen ist, ist für die Dimension Schülerorientierung zu vernachlässigen: Jeder dieser Effekte für sich genommen, aber auch alle die Messzeitpunkte betreffenden Effekte zusammengenommen, sind nach Cohen (1988) als kleine Effekte einzustufen – sowohl für relative als auch für absolute Entscheidungen.

Legt man relative Entscheidungen zugrunde, so nehmen die zusammen-genommenen Messzeitpunkteffekte für keine der beiden untersuchten Dimensionen eine beachtenswerte Größenordnung ein. Für die Dimension Schülerorientierung gilt dies auch für absolute Entscheidungen; für die Dimension Klassenführung hingegen existiert ein nicht zu vernachlässigender Effekt des Messzeitpunkts. Hypothese 3.1, in der von einer hohen Stabilität der Rater-Urteile über die Zeit ausgegangen wurde, kann den G-Analysen zufolge demnach für relative Entscheidungen beibehalten werden; für absolute Entscheidungen hingegen nur für eine der beiden Dimensionen.

Auch die Unterschiede zwischen Ratern in der Stabilität ihrer Urteile über die Zeit (Effekte *rm*, *urm*, *rmri*) belaufen sich auf einen zu vernachlässigenden Varianzanteil: Für die Dimension Schülerorientierung liegt er bei 1% und für die Dimension Klassenführung bei 5%. Beide Varianzanteile sind Cohen (1988) zufolge als kleine Effekte einzustufen. Die Hypothese, dass Unter-schiede zwischen Ratern in der zeitlichen Stabilität ihrer Ratings existieren (Hypothese 3.2), wird demnach verworfen.

9.4.4   Ergebnisse der qualitativen Inhaltsanalyse

Um den zwei Hypothesen nach dem hohen Zusammenhang der Ratings zwischen Messzeitpunkten (Hypothese 3.1) und den Rater-Unterschieden in der zeitlichen Stabilität (Hypothese 3.2) nachzugehen, wurde zudem die qualitative Inhaltsanalyse nach Mayring (2008) eingesetzt. Grundlage der Analysen waren die Begründungen der gewählten Itemkategorien durch die Rater zu den drei untersuchten Messzeitpunkten. Diese Begründungen wurden zwischen jeweils zwei Messzeitpunkten im Hinblick auf ihre Ähnlichkeit kodiert. Die im Folgenden berichteten Ergebnisse beziehen sich auf den Vergleich der Begründungen zwischen allen Messzeitpunkten.

Die Ergebnisse für die Dimension Klassenführung können in Abbildung 17 und für die Dimension Schülerorientierung in Abbildung 18 eingesehen wer-den. Auffallend ist bei beiden Dimensionen zunächst einmal der hohe Anteil fehlender Werte: 25% bzw. 28% der Vergleiche wurden als fehlend kodiert, da zumindest zu einem der in die Vergleiche eingehenden Messzeitpunkte keine Begründung seitens des entsprechenden Raters vorlag.[45] Betrachtet man in ei-nem nächsten Schritt die stabilen Begründungen (Kategorie 1 und 2) sowie die

---

45 Die Häufigkeit der fehlenden Werte unterscheidet sich dabei nicht deutlich für die einzelnen Vergleiche: Für den Vergleich zwischen Messzeitpunkt 1 und 2 beträgt der Anteil fehlender Werte 25%, für den Vergleich zwischen Messzeitpunkt 1 und 3 32% und für den Vergleich zwischen Messzeitpunkt 2 und 3 23%.

instabilen Begründungen (Kategorie 3), so erhält man folgendes Ergebnis: Sowohl für die Dimension Klassenführung als auch für die Dimension Schülerorientierung liegen laut eindimensionalen χ^2-Tests (s. Bortz, 2005) signifikant mehr übereinstimmende als nichtübereinstimmende Begründungen zwischen Messzeitpunkten vor. Der χ^2-Wert für die Dimension Klassenführung liegt für einen Vergleich von Kategorie 3 mit der Summe aus Kategorie 1 und 2 bei 6.33, der entsprechende Wert für die Dimension Schülerorientierung bei $\chi^2 = 17.68$. Beide Werte liegen somit deutlich über dem kritischen $\chi^2_{(1;\ 95\%)}$-Wert von 3.84; die Begründungen sind demnach überzu-fällig ähnlich. Berechnet man die Effektstärke für diesen Unterschied, erhält man sowohl für die Dimension Klassenführung ($\omega = .12$) als auch für die Dimension Schüler-orientierung ($\omega = .22$) einen kleinen Effekt (s. auch Eid et al., 2011). Die Häufigkeiten für die instabilen Begründungen und diejenigen für die stabilen Begründungen unterscheiden sich daher nur in geringem Ausmaß. Dies spricht gegen einen hohen Zusammenhang zwischen den Begründungen der einzelnen Messzeitpunkte. Die Hypothese eines hohen Zusammenhangs zwischen den Messzeitpunkten (Hypothese 3.1) wird demnach für beide Dimensionen verworfen.

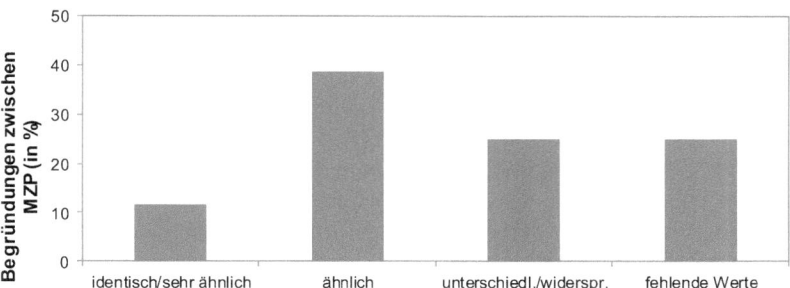

Abbildung 17:   Kodierungen der Ratingbegründungen für die Dimension Klassenführung im Vergleich zwischen Messzeitpunkten. Untersch. = unterschiedlich; widerspr.= widersprüchlich. Die prozentualen Angaben beziehen sich auf insgesamt 360 Kodierungen.

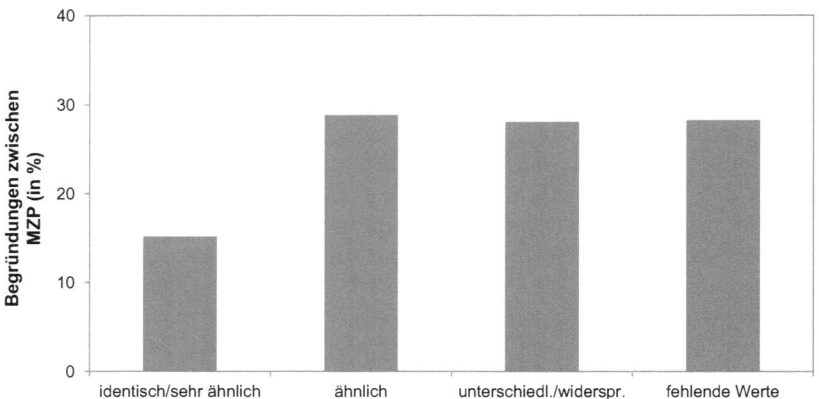

Abbildung 18:   Kodierungen der Ratingbegründungen für die Dimension
                  Schülerorientierung im Vergleich zwischen Messzeitpunkten.
                  Untersch. = unterschiedlich; widerspr.= widersprüchlich. Die
                  prozentualen Angaben beziehen sich auf insgesamt
                  504 Kodierungen.

Auf deskriptiver Ebene lassen sich zudem Unterschiede zwischen Ratern in der
Stabilität zwischen Messzeitpunkten feststellen (s. Tabelle 17). So weisen
beispielsweise die Begründungen von Rater 5 einen sehr hohen zeitstabilen
Anteil auf, während bei Rater 6 der Anteil an instabilen Begründungen
überwiegt. Die Hypothese, dass sich Rater hinsichtlich der zeitlichen Stabilität
ihrer Ratings unterscheiden (Hypothese 3.2), wird damit durch die Analyse der
Begründungen der Rater unterstützt.

Auffällig an Tabelle 17 sind zudem die großen Unterschiede zwischen den
Ratern hinsichtlich der fehlenden Angaben. Vier Rater weisen beispielsweise
keinerlei fehlende Angaben auf, zwei Rater hingegen haben einen Anteil
fehlender Angaben von 90% oder höher.

Tabelle 17: Relative Häufigkeiten für den Vergleich zwischen zwei Messzeitpunkten, getrennt nach Ratern

Raternr.	stabil (in %)	instabil (in %)	k.A. (in %)
1	8	1	90
2	54	32	14
3	8	0	92
4	38	29	33
5	78	22	0
6	24	43	33
7	49	18	33
8	75	25	0
9	44	38	18
10	61	39	0
11	69	31	0
12	49	43	8

Anmerkungen. k.A. = fehlende Werte. Die Oberkategorie „stabil" umfasst Kategorie 1 und 2 der qualitativen Analysen, Kategorie „instabil" entspricht Kategorie 3. Aufgrund von Rundungsdifferenzen addieren sich die prozentualen Anteile nicht in allen Fällen auf 100%.

9.5   Diskussion

9.5.1   Inhaltliche Diskussion

Rater-Effekte werden in der Literatur meist als stabile Eigenschaften von Ratern interpretiert. So wird beispielsweise in der Regel davon ausgegangen, dass es sich bei Strenge-/Milde-Effekten von Ratern um generelle Tendenzen handelt, die sich unabhängig vom Zeitpunkt auf das Rating auswirken (z. B. Guilford, 1954; Schriesheim et al., 1979). Insbesondere in Veröffentlichungen zur G-Theorie (Brennan, 2001a; Shavelson et al., 1993; Webb et al., 2000), aber auch in der Literatur zu Rater-Fehlern (Lumley & McNamara, 1995; Lunz & Stahl, 1990), wird darauf hingewiesen, dass die Annahme stabiler Rater-Effekte nicht hinreichend empirisch fundiert ist. Dies gilt insbesondere auch für Unterrichtsqualitätsratings durch externe Beobachter und war daher Gegenstand von Studie 3.

Konkret wurde auf Basis von Studien zur Stabilität von Schüler-/Studenten-ratings zu Unterrichtsqualität vermutet, dass sich auch bei Ratings von externen Beobachtern ein hoher Zusammenhang zwischen Messzeitpunkten und damit eine hohe zeitliche Stabilität von Rater-Urteilen finden lässt. Zudem wurde angenommen, dass sich Rater interindividuell in der Stabilität ihrer Ratings unterscheiden. Die Hypothesen wurden mittels dreier Methoden untersucht, um die Generalisierbarkeit der Ergebnisse über Methoden hinweg untersuchen zu können: Es wurden G-Analysen, MSMT-Analysen sowie die qualitative In-haltsanalyse nach Mayring (2008) eingesetzt. Die Beantwortung der Hypothe-sen fiel je nach Methode zum Teil deutlich unterschiedlich aus, die Ergebnisse lassen sich demnach nur eingeschränkt über Methoden hinweg generalisieren (s. Tabelle 18).

Tabelle 18: Ergebnisse der eingesetzten Methoden in Bezug auf die untersuch-ten Hypothesen

Hypothese	G-Analysen	MSMT-Analysen	Qualitative Analysen
$H_{3.1}$: hoher Zusammenhang MZP	~	✓[a]	×
$H_{3.2}$: interindividuelle Unterschiede	×	—	✓

Anmerkungen. Ein „✓" bedeutet, dass die Hypothese für die vorliegende Stichprobe bestätigt wurde, ein „x" bedeutet, dass die Hypothese verworfen werden musste, ein „~" bedeutet, dass die Ergebnisse nicht eindeutig ausfielen. Ein „—" bedeutet, dass die betreffende Hypothese mit der jeweiligen Methode nicht untersucht werden konnte.
[a] Die Hypothese konnte jedoch lediglich für die Dimension Schülerorientierung überprüft werden.

9.5.1.1 Die Stabilität von Unterrichtsratings aus Sicht der quantitativen Analysen

Für die beiden eingesetzten quantitativen Analysemethoden (G-Analysen, MSMT-Analysen) zeigen sich sehr hohe Zusammenhänge der Ratings zwischen den Messzeitpunkten für die Dimension Schülerorientierung. Der hohe Zusammenhang zwischen den Messzeitpunkten kann demnach so interpretiert werden, dass Tagesform und situative Einflüsse einen zu vernachlässigenden Einfluss auf Ratings von externen Beobachtern bei der Einschätzung von Unterrichtsqualität haben. Dies impliziert folgendes: (a) Ratingverzerrungen in Untersuchungen zu Unterrichtsqualitätsratings können für die Dimension Schülerorientierung als systematisch und stabil interpretiert werden. So sind beispielsweise als streng identifizierte Rater nicht nur deshalb streng, weil ihre Ratings an einem bestimmten Tag erhoben wurden, an dem sie beispielsweise negativ gestimmt waren, sondern weil diese Rater generell strenge Urteile vergeben. Dies ist nicht selbstverständlich. In einigen Studien existieren zum Teil beträchtliche Unterschiede zwischen Messzeitpunkten in der Stabilität von Ratings (z. B. Congdon & McQueen, 2000; Finn, 2007; Lumley & McNamara, 1995; s. auch Kapitel 9.1.2). (b) Dadurch, dass keine Abhängigkeit vom Erhebungszeitpunkt der Ratings existiert, sind Ratings auch dann vergleichbar, wenn sie nicht zeitgleich erhoben werden. Dies ist für die Unterrichtsforschung relevant, da in vielen

Studien Ratings nicht zeitgleich vorgenommen werden. So wurden z. B. in der TIMS-Video-Studie (Clausen, 2002; Clausen et al., 2003) die Unterrichts-ratings mithilfe eines Internettools erhoben, in die sich die Rater je nach zeit-lichen Kapazitäten einloggen konnten. c) Geht ein beträchtlicher Varianzanteil auf einen Einflussfaktor zurück, müssen Ratings über mehrere Abstufungen dieses Faktors gemittelt werden, um hinreichend genaue Schätzungen zu erhalten (Brennan, 2000). So reicht es in der Regel nicht aus, Merkmale mittels eines Raters und eines Items zu erfassen. Stattdessen sind mehrere Rater sowie mehrere Items notwendig. Die vorliegende Studie zeigt, dass eine solche Mittelung in Bezug auf Messzeitpunkte für die Dimension Schülerorientierung nicht notwendig ist.

Für die Dimension Klassenführung sind die Ergebnisse weniger eindeutig. Die MSMT-Analysen konnten für diese Dimension aufgrund von Schätzproblemen nicht durchgeführt werden (für eine Diskussion dieser Problematik siehe Kapitel 9.5.2.2). Für die G-Analysen zeigen sich sehr hohe Stabilitäten für relative, nicht jedoch für absolute Entscheidungen. Für die Unterrichts-forschung sind typischerweise relative Entscheidungen relevant, da es dort insbesondere um relative Unterschiede zwischen Personen geht und weniger um absolute Ausprägungen. Für Analysen im Bereich der Forschung kann also auch für den Bereich Klassenführung von einer sehr hohen Stabilität der Ratings über die Zeit ausgegangen werden. Anders sieht dies für absolute Entscheidungen aus. Diese spielen insbesondere für die Schulpraxis eine Rolle (s. für diese Argumentation auch Studie 2). Die Ergebnisse der vorliegenden Studie deuten darauf hin, dass die jeweilige Tagesform der einschätzenden Personen und weitere situative Einflüsse einen nicht zu unterschätzenden Einfluss darauf haben, wie Unterrichtseinschätzungen von hospitierenden Kollegen oder Schulleitern ausfallen.

9.5.1.2   Die Stabilität von Unterrichtsratings aus Sicht der qualitativen Analyse

In den qualitativen Analysen zeigt sich, dass die Begründungen zwischen Messzeitpunkten zum Teil deutlich variieren und daher nicht von einer hohen Stabilität der Ratings über die Zeit ausgegangen werden kann. Zieht man Modelle der Informationsverarbeitung (z. B. Groves et al., 2009; Jobe & Mingay, 1989; Podsakoff et al., 2003) heran, würde man eine solche Variabili-tät nicht erwarten. Dass die Interpretation eines bestimmten Items, die Suche und Auswahl relevanter Informationen, die Anpassung an das Antwortformat und die abschließende Beantwortung des Items (vgl. das Vierstufenmodell von Tourangeau, 1984; s. Kapitel 10.1.2) interindividuell deutlich unterschiedlich vorgenommen werden, ist auf Grundlage dieser Modelle zu erwarten (Groves et al., 2009). Dass darüber hinaus auch eine intraindividuelle Variation in der Art und Weise der Verarbeitung existiert, wird bislang in der Literatur zur Informationsverarbeitung kaum thematisiert. Mit den Begründungen der Rater wird in der vorliegenden Arbeit vorrangig der Informationsverarbeitungsschritt der Auswahl relevanter Informationen erfasst. Die Variabilität zwischen Messzeitpunkten in den qualitativen Analysen könnte daher so interpretiert werden, dass der Beobachtungsfokus von Ratern je nach Zeitpunkt variiert. Inwiefern dies tatsächlich der Fall ist, sollte in zukünftigen Studien und unter Hinzunahme weiterer Methoden (z. B. Eye-tracking; s. z. B. Krolak-Schwerdt & Kneer, 2006) überprüft werden.

Rakoczy und Pauli (2006) unterscheiden drei Dimensionen, die für hochinferente Ratings zur Einschätzung von Unterrichtsqualität eine Rolle spielen: (a) die Häufigkeit, mit der ein Verhalten auftritt bzw. der zeitliche Anteil, den dieses Verhalten einnimmt, (b) die Intensität bzw. Ausprägung des Verhaltens oder Merkmals sowie (c) die Verteilung des Verhaltens innerhalb der Klasse. Aufgrund der Tatsache, dass die Idealausprägung dieser Dimensionen situations- und itemabhängig ist, gilt die Durchführung von Unterrichtsratings als hoch komplex (Rakoczy & Pauli, 2006; vgl. für diese Argumentation auch Helmke, 2009). Den vorliegenden Analysen zufolge beschreiben diese drei Dimensionen die Komplexität von Unterrichtsratings jedoch nicht hinreichend: Die Analysen deuten darauf hin, dass eine Person in Bezug auf ein- und denselben Stimulus (d. h. unter Konstanthalten der oben genannten drei Dimensionen) in Abhängigkeit vom jeweiligen Zeitpunkt unterschiedliche Aspekte der jeweiligen Unterrichtsstunde fokussiert. Die folgende Aussage von Groves und Kollegen (2009) scheint demnach nicht nur auf die Informationsverarbeitung von Ratern im Allgemeinen zuzutreffen, sondern auch auf die Informationsverarbeitung in spezifischen Erhebungssituationen: „Respondents are more likely to deal with issues ... as they come up, basing their answers on whatever considerations come to mind and seem relevant at the time the question is asked" (S. 223).

Unter der – bislang ungeprüften – Annahme, dass die schriftlichen Begründungen von Ratern und die mündlichen Ausführungen von hospitierenden Lehrkräften oder Schulinspektoren vergleichbar sind, lässt sich zudem vermuten, dass die Instabilität in den Begründungen der Ratings insbesondere problematisch für Unterrichtsrückmeldungen in der Schulpraxis ist. Geben Schulkollegen oder Personen im Rahmen der externen Evaluation von Schulen (z. B. Schulinspektoren) Unterrichtsrückmeldungen, scheint es zumindest partiell beliebig zu sein, welche Stärken und Schwächen genannt werden und dadurch auch, welche Ansatzpunkte für Veränderungen genannt bzw. erarbeitet werden.

Denn: Hätte der jeweilige Beobachter dieselbe Unterrichtsstunde zu einem anderen Zeitpunkt verfolgt, wären unter Umständen andere Punkte als Stärken und Schwächen thematisiert worden. In welchem Ausmaß diese Problematik in der Schulpraxis tatsächlich auftritt, welche Auswirkungen sie hat und durch welche Maßnahmen sie zumindest reduziert werden könnte, sind wichtige Fragen für zukünftige Studien.

9.5.1.3   Unterschiede zwischen Ratern hinsichtlich der zeitlichen Stabilität ihrer Ratings

Neben der Übereinstimmung zwischen Ratern wird durch die Hinzunahme von Messzeitpunkten auch die Konsistenz von Ratern als wichtiges Merkmal für die Qualität von Ratings aufgenommen. So betonen beispielsweise Lumley und McNamara (1995) die hohe Bedeutung von Selbstkonsistenz: „The main contribution of rater training is to reduce the random error in rater judgements. Rater training is successful in making raters more *self-consistent*, the most crucial quality in a rater" (S. 57). Die vorliegende Untersuchung zeigt, dass die Befunde zur Selbstkonsistenz von Ratern durch die Hinzunahme qualitativer Analysen deutlich anders ausfallen als durch die alleinige Analyse quantitativer Daten: Die quantitativen Analysen deuten auf eine hohe Selbstkonsistenz hin. In den qualitativen Analysen hingegen finden sich deutliche Unterschiede zwischen Ratern in der Stabilität ihrer Begründungen zwischen Messzeitpunkten. Vorausgesetzt, die unterschiedlichen Ergebnisse rühren nicht von methodischen Artefakten her (s. auch Kapitel 9.5.2), scheint für ein umfassenderes Bild demnach die Kombination qualitativer und quantitativer Analysen gewinnbringend zu sein.

9.5.1.4   Quantitative und qualitative Befunde – ein Widerspruch?

Die quantitativen und die qualitativen Analysen kommen in Bezug auf die zeitliche Stabilität von Ratings zu unterschiedlichen Ergebnissen: Während sich in den quantitativen Analysen zum größten Teil hohe Zusammenhänge zwischen den Ratings der einzelnen Messzeitpunkte finden, zeigen die qualitativen Analysen zum Teil deutliche Unterschiede zwischen Messzeitpunkten im Hinblick auf die Begründungen der Ratings.

Betrachtet man die zur Überprüfung der Hypothese nach dem hohen Zusammenhang von Ratings zwischen Messzeitpunkten eingesetzten Analysen, wird deutlich, dass die qualitativen Analysen partiell etwas anderes erfassen als die quantitativen Analysen: In den quantitativen Analysen geht es um die zeitliche Stabilität der Urteile, in den qualitativen Analysen hingegen um die Stabilität der Begründungen der Urteile. Geht man davon aus, dass sowohl die Ergebnisse der quantitativen Analysen als auch diejenigen der qualitativen Analysen valide Schlussfolgerungen über die zeitliche Stabilität von Ratings zulassen (für eine alternative methodische Diskussion siehe Kapitel 9.5.2), stellt sich die Frage, wie erklärt werden kann, dass Rater zwischen Messzeitpunkten trotz zum Teil deutlich unterschiedlicher oder sogar widersprüchlicher Begründungen ihrer Ratings zu nahezu identischen Ratings kommen. Eine mögliche Erklärung ist, dass Rater nicht alle Aspekte verbali-sieren, die sie zur Beurteilung eines Items einbeziehen, beispielsweise deshalb, weil den Ratern das Urteil auch auf Basis der Nennung einiger Aspekte schon hinreichend begründet erscheint. Bei einer erneuten Befragung zu demselben Item in Bezug auf dieselbe Unterrichtssequenz könnte es dann sein, dass Rater weitere Aspekte verbalisieren, die sie bei der ersten Befragung nicht genannt hatten. Eine weitere potentielle Erklärung ist, dass Rater nicht den gesamten Urteilsprozess verbalisieren. So könnte es sein, dass die Rater zwar Indikatoren nennen, nicht jedoch verbalisieren, inwiefern sie diese in einem nächsten Schritt auch tatsächlich in ihr Urteil einbeziehen. Alternativ wäre allerdings auch denkbar, dass die Urteilsprozesse von Ratern zum Teil implizit und intuitiv ablaufen und Rater ihre Ratings demnach nachträglich zu erklären oder zu rechtfertigen versuchen. Ein solches nachträgliches Erklären könnte dazu führen, dass je nach Zeitpunkt unterschiedliche Aspekte genannt werden.

Bei den genannten Erklärungen handelt es lediglich um post-hoc-Erklärungen. Im Rahmen der vorliegenden Studie ist es weder möglich zu klären, welche der Erklärungen zutreffend(er) ist, noch, ob unter Umständen eine ganz andere Erklärung für das beobachtete Phänomen existiert (vgl. auch Kelle & Erzberger, 2001). Dafür sind weitere Untersuchungen notwendig.

9.5.2   Methodische Diskussion

9.5.2.1   Mögliche Ursachen der Diskrepanzen zwischen den verwendeten Methoden

Die Ergebnisse der quantitativen sowie der qualitativen Analysen differieren deutlich in Bezug auf die untersuchten Hypothesen. Solche Diskrepanzen finden sich Kelle und Erzberger (2001) oder Slonim-Nevo und Nevo (2009) zufolge in vielen multi-methodalen Studien. Slonim-Nevo und Nevo (2009) zufolge gibt es zwei Interpretationsarten solcher Diskrepanzen: Im ersten Fall stehen quantitative und qualitative Ergebnisse in einem unauflösbaren logischen Widerspruch zueinander. Im zweiten Fall hingegen gibt es lediglich Konflikte oder Diskrepanzen zwischen beiden Methoden. Laut Slonim-Nevo und Nevo (2009) liegen Ergebnissen aus multi-methodalen Studien in aller Regel keine logischen Widersprüche, sondern Konflikte zugrunde. Die Autoren schlagen ein zweischrittiges Verfahren zur Klärung der Ursachen für die vorhandenen Diskrepanzen zwischen quantitativen und qualitativen Ergebnissen vor (vgl. auch Kelle & Erzberger, 2001): (a) Abklärung potentieller methodologischer Probleme, (b) Interpretation der Differenzen als unterschiedliche Teilaspekte eines Phänomens. Während Punkt (b) bereits weiter oben abgehandelt wurde (s. Kapitel 9.5.1.5), soll im Folgenden darauf eingegangen werden, ob eine solche inhaltliche Interpretation überhaupt gerechtfertigt ist oder nicht vielmehr methodologische Probleme ursächlich für die divergierenden Befunde sind.

9.5.2.2 Methodische Einschränkungen hinsichtlich der quantitativen Analysen

Einschränkungen in Bezug auf die MSMT-Analysen

Vier zentrale methodische Einschränkungen hinsichtlich der MSMT-Analysen sind: (a) die modellimplizierten Annahmen über die Korrelationsmatrix, (b) die geringe Stichprobengröße, (c) die Konfundierung von Ratern und Unterrichtssequenzen sowie (d) die aufgetretenen Schätzprobleme für die Dimension Klassenführung.

Einschränkung a: Ordinale MSMT-Modelle basieren auf polychorischen Korrelationsmatrizen. Diese lösen die Problematik, dass in Latent-State-Trait-Modellen von kontinuierlichen beobachteten Variablen ausgegangen wird. Auch polychorische Korrelationen beruhen jedoch auf Annahmen. Dabei wird davon ausgegangen, dass jedem Item eine kontinuierliche, normalverteilte Variable zugrunde liegt, die durch die grobstufige Erfassung des jeweiligen Items in den beobachteten Daten aber so nicht zu beobachten ist. Ob diese Annahme theoretisch plausibel ist, ist keine triviale Frage: Gehen wir tatsächlich davon aus, dass die Items zur Erfassung von Unterrichtsqualität auf latenter Ebene einer Normalverteilung folgen? Die Theoriebildung im Bereich der Unterrichtsqualitätsforschung ist hier noch nicht weit genug fortgeschritten, um diese Frage abschließend beantworten zu können.

Einschränkung b: Die Stichprobengröße ist mit $n = 120$ auf Ebene der State-Messungen sehr klein. Eine Simulationsstudie von Flora und Curran (2004) zeigt, dass der durchschnittliche relative Bias über 500 Replikationen bei einem Modell mit zwei korrelierten Faktoren à 10 Indikatoren und einer Stichprobengröße von $n = 100$ je nach Schiefe und Kurtosis in Bezug auf die Ladungen bis zu 3%, und in Bezug auf Korrelationen bis zu 9% beträgt. Bei der Schätzung der Chi-Quadrat-Teststatistik treten sogar Überschätzungen zwischen 15% und 17% auf. Die Ergebnisse der Studie von Flora und Curran (2004) sind nicht eins zu eins auf die vorliegende Studie übertragbar, da das

Modell, die Stichprobengröße und auch das Ausmaß an Nichtnormalität der Items nicht exakt den Gegebenheiten der durchgeführten Studie entsprechen. Sie können jedoch als Richtwerte dienen. Zieht man die Studie von Flora und Curran (2004) heran, kann man sagen: Die Parameterschätzungen der MSMT-Analysen der vorliegenden Studie würden auch bei um 9% niedrigeren Stabilitätswerten immer noch sehr hohe Ratingstabilitäten anzeigen, mindern also die Aussagekraft der Studie nicht. Problematischer ist der hohe Anteil inflationärer Chi-Quadrat-Fit-Statistiken, der zu einer erhöhten Ablehnungsrate von eigentlich richtig spezifizierten Modellen führt. Das Verhältnis von Chi-Quadrat-Werten zu Freiheitsgraden ist jedoch in der vorliegenden Untersuchung zufriedenstellend. Da in der Studie von Flora und Curran (2004) lediglich die Chi-Quadrat-Fit-Statistik untersucht wurde, können keinerlei Aussagen über potentielle Verzerrungen anderer Fit-Statistiken getroffen werden. Eine diesbezügliche Simulationsstudie wäre daher sinnvoll, um diese Frage abschließend zu klären.

Einschränkung c: Aufgrund der Stichprobengröße war eine Trennung von Ratern und Unterrichtssequenzen im vorliegenden MSMT-Design nicht möglich. Rater und Unterrichtssequenzen sind daher konfundiert. Diese Konfundierung führt zum einen dazu, dass die Ergebnisse nicht eindeutig inhaltlich interpretierbar sind und zum anderen dazu, dass die Signifikanztests nur eingeschränkt interpretierbar sind. Um diesen Problemen im Rahmen von MSMT-Analysen zu begegnen, müsste die Anzahl der Unterrichtssequenzen sowie die Anzahl der Rater deutlich erhöht und diese dann in einem hierarchisch-geschachtelten Modell (Schachtelung von Unterrichtssequenzen in Ratern) modelliert werden.[46] Dies wird jedoch aus ökonomischen Gründen kaum möglich sein. Die eingeschränkte inhaltliche Interpretierbarkeit lässt sich durch ergänzende Varianzkomponentenanalysen in den Griff bekommen (vgl. die durchgeführten G-Analysen, Kapitel 9.4.3), in denen eine Trennung von Ratern und Unterrichtssequenzen möglich ist.

Einschränkung d: Das Auftreten eines Heywood case für die Schätzungen des Basismodells der Dimension Klassenführung deutet darauf hin, dass die kleine Stichprobengröße (Einschränkung b) sowie die mangelnde Berücksichtigung der Abhängigkeiten in den Daten (Einschränkung c) tatsächlich eine hohe Relevanz für die vorliegende Studie besitzen. In zukünftigen Studien sollte somit eine deutliche Erhöhung der Stichprobengröße angestrebt werden.

---

46 Am angemessensten schließlich wäre eine Kreuzschachtelung, da nicht nur Unterrichtssequenzen in Rater, sondern gleichzeitig auch Rater in Unterrichtssequenzen geschachtelt sind.

Einschränkungen in Bezug auf die G-Analysen

Problematisch für die durchgeführten G-Analysen sind insbesondere: (a) die Stichprobengröße sowie (b) die Angemessenheit der Schätzmethode. Beide Einschränkungen wurden bereits diskutiert (siehe Studie 1 und 2).

9.5.2.3   Methodische Einschränkungen hinsichtlich der qualitativen Analysen

Das Anliegen der durchgeführten qualitativen Teilstudie war es, die Stabilität der Begründungen von Unterrichtsratings zu untersuchen. Dazu wurden die Rater für einen Teil der Unterrichtssequenzen – und dies zu jedem der drei Messzeitpunkte – aufgefordert, ihr jeweiliges Rating schriftlich zu begründen. Diese Vorgehensweise birgt einige potentielle Probleme: (a) Motivationale Einbußen über die drei Messzeitpunkte, (b) Eindrucksbildung, (c) Verzerrung durch die im Vergleich zu den quantitativen Analysen eingeschränkte Stichprobe an Unterrichtssequenzen und (d) Verzerrungen in der Vorgehensweise der Rater durch die verwendete Methode.

Problem a: Motivationale Einbußen über die Messzeitpunkte hinweg könnten dazu führen, dass die qualitativen Daten nur begrenzt aussagekräftig sind. Darauf bezogene Analysen der qualitativen Daten deuten jedoch darauf hin, dass die Rater über die Messzeitpunkte hinweg kein Motivationsdefizit in Bezug auf die schriftliche Darlegung ihrer Gründe für die Ratings aufwiesen.[47]

Problem b: Durch die mehrmalige Einschätzung derselben Unterrichtssequenzen könnten auch Prozesse der Eindrucksbildung aufgetreten sein. So ist vorstellbar, dass die Urteile sich mit jedem Messzeitpunkt verfestigen oder aber genauer und zwischen Dimensionen differenzierter werden.

Problem c: Ein weiteres potentielles Problem ergibt sich aus der Tatsache, dass sich quantitative und qualitative Analysen nicht auf denselben Urteilsgegenstand beziehen, da in der qualitativen Teilstudie aus ökonomischen Gründen nur ein Teil der den quantitativen Analysen zugrundeliegenden Unterrichtssequenzen eingesetzt wurde. Wie bereits ausgeführt, kann aus zwei Gründen von einer hinreichenden Vergleichbarkeit zwischen der qualitativen Teilstichprobe und der für die quantitativen Analysen herangezogenen Gesamtstichprobe ausgegangen werden: (a) Aufgrund der Durchpermutation der Videos sind keine Reihenfolgeeffekte zu erwarten. (b) Wären die Unterrichtssequenzen der qualitativen Analysen nicht repräsentativ für diejenigen der quantitativen Analysen,

---

47 Als Indikatoren für motivationale Einbußen wurden herangezogen: die Anzahl an Begründungen und die Ausführlichkeit der Begründungen sowie Vollständigkeit der Satzbildung.

wäre ein Gleichsetzen der Ladungen im Rahmen der MSMT-Analysen nicht möglich gewesen.

Problem d: Analog zu Studie 2 muss auch in Bezug auf die vorliegende Studie hinterfragt werden, ob die Gründe für die jeweiligen Ratings den Ratern tatsächlich in allen Fällen bzw. zumindest in einem Großteil bewusst war. Ein erstes Indiz dafür, dass intuitive Vorgehensweisen eine nicht zu vernachlässigende Rolle für Unterrichtseinschätzungen darstellen, ist der Befund, dass zwei der zwölf Rater so gut wie keine Begründungen für ihre Ratings angaben. Allerdings kann nicht vollends ausgeschlossen werden, dass die betreffenden Personen die nach jedem Rating erschienene Anweisung zur Begründung des Ratings aus motivationalen Gründen bewusst überlesen haben.

9.5.2.4   Fazit

Jede der eingesetzten Methoden weist, wie soeben umrissen, deutliche methodische Einschränkungen auf. Es kann also nicht ausgeschlossen werden, dass die divergierenden Ergebnisse in Bezug auf die eingesetzten Methoden nicht inhaltlich, sondern durch Probleme in der Umsetzung der jeweiligen Methoden bedingt sind.

Da zwei quantitative Methoden verwendet wurden und beide zu ähnlichen Ergebnissen in Bezug auf die untersuchten Hypothesen kommen, liegt die Vermutung nahe, dass die Ergebnisse der quantitativen Analysen nicht alleinig durch methodische Artefakte bedingt sind. Bei den qualitativen Analysen ist weniger eindeutig, ob die Befunde durch methodische Aspekte verzerrt sind: Auf Grundlage der vorliegenden Ergebnisse kann nicht ausgeschlossen werden, dass die eingesetzte Methode zu einer Verfälschung der eigentlich zugrundeliegenden kognitiven Vorgänge der Rater geführt hat. Um dies zu klären, müssten experimentelle Studien durchgeführt werden, die gezielt Einschätzungen mit und ohne Begründungsabfrage variieren.

Die Frage, ob die vorliegenden Unterschiede zwischen qualitativen und quantitativen Ergebnissen rein auf methodische Artefakte zurückzuführen sind oder aber tatsächlich Informationen auf zugrundeliegende Urteilsprozesse liefern, kann mit der vorliegenden Studie nicht abschließend geklärt werden. Die Untersuchung ist jedoch ein Hinweis darauf, dass weitere vertiefende Untersuchungen interessante Erkenntnisse über die Ratings zugrundeliegenden Prozesse ermöglichen könnten. Denn möglicherweise gilt auch für den vorliegenden Untersuchungsgegenstand: „The inconsistency … indicates that there is a greater complexity in the phenomenon under investigation than can be captured by any single perspective" (Slonim-Nevo & Nevo, 2009, S. 124).

10 Studie 4: Urteilsprozesse von Ratern bei der Einschätzung von Unterricht

Studie 4 lässt sich in Bezug auf das der Arbeit zugrundeliegende Forschungsmodell Forschungsfrage 2 (Welche Ursachen lassen sich für Rater-Bias in Beobachterratings zu Unterrichtsqualität identifizieren?) zuordnen (s. auch Kapitel 5).

10.1 Theoretischer Hintergrund

Wie in Studie 1 gezeigt wurde, können bei der Erfassung von Unterrichtsqualität über Beobachterratings in erheblichem Ausmaß Urteilsverzerrungen auftreten. Als eine Hauptursache solcher Verzerrungen werden divergierende Wahrnehmungs- und Deutungsprozesse von Ratern diskutiert (z. B. Hoyt, 2000; Myford & Wolfe, 2003; Pietsch & Tosana, 2008). Bislang fehlen im Bereich der Unterrichtsforschung jedoch Untersuchungen, die den Urteilsprozess von geschulten Ratern in den Fokus nehmen und damit unterschiedliche Wahrnehmungs- und Deutungsprozesse von Ratern identifizieren können. Die vorliegende Studie 4 soll daher als explorative Studie einen ersten Einblick in den Urteilsprozess von Ratern bei der Einschätzung von Unterrichtsqualität bieten. Dazu werden Protokolle des lauten Denkens und Interviewdaten verwendet und im Hinblick auf das Vierstufenmodell (Tourangeau, 1984) ausgewertet.

Im Folgenden wird zunächst auf zwei Paradigmen zur Untersuchung von Rater-Bias eingegangen (Kapitel 10.1.1). In einem nächsten Schritt wird das Vierstufenmodell von Tourangeau (1984) zur Beschreibung des Urteilsprozesses bei der Beantwortung von Surveys vorgestellt (Kapitel 10.1.2). Anschließend werden Möglichkeiten der Untersuchung von Urteilsprozessen thematisiert, dabei wird v. a. auf die Methode des lauten Denkens und auf verbale Probes fokussiert (Kapitel 10.1.3). Aus den dargestellten Befunden werden die Fragestellungen der vorliegenden Studie abgeleitet (Kapitel 10.2).

10.1.1 Die Erforschung von Rater-Bias: Zwei Paradigmen

Viele Studien, die sich mit Ratern und deren Einschätzungen beschäftigen, legen den Fokus auf die quantitative Erfassung von Rater-Bias. Schwerpunkt dieser Studien ist somit die Erfassung der *Effekte* von Rater-Bias. Die Untersuchung der *Ursachen* von Rater-Bias und damit auch die Urteilsprozesse von Probanden wurden bis in die 1980er-Jahre hinein nur vereinzelt untersucht.

Unter Verweis auf Strack und Schwarz (1992) erklärt Callegaro (2005) dies wie folgt:

> However, psychometricians were not really interested in how respond-ents construct the response. This is because the response is assumed to be constructed by two components: the true value and the error, consid-ered to be randomly distributed. Since the error is randomly distributed with the increasing number of questions, it is not worth trying to under-stand how it is generated. (Callegaro, 2005, S. 4f.)

Seit Beginn der 1980er-Jahre wurde dann vermehrt thematisiert, dass Mess-fehler in Ratings nicht ausschließlich zufällig sind, wie es die klassische Test-theorie annimmt, sondern dass Divergenzen im Urteilsprozess von Personen – z. B. unterschiedliche Iteminterpretationen oder ein unterschiedliches Ver-ständnis von Antwortkategorien – zu deutlichen und systematischen Einbußen in Bezug auf die Reliabilität und Validität von Surveys führen können (Cadwell & Jenkins, 1986; Desimone & Le Floch, 2004; Jonkisz & Moosbrug-ger, 2007; Karabenick et al., 2007; Mallinson, 2002; McNamara, 1996; Orr, 2002; Urdan & Mestas, 2006). Diese Einbußen können jedoch mit statistischen Analysen von Ratings nicht oder nur begrenzt aufgedeckt werden (u. a. Ang-Aw & Goh, 2011; Mallinson, 2002; Myford & Wolfe, 2003). Aus diesem Grund wurde in den 1980er-Jahren ein Paradigma entwickelt, das heute unter dem Namen *Cognitive Aspects of Survey Methodology* (CASM) bekannt ist (Tourangeau, 2003). Basierend auf Theorien der Kognitionspsychologie, So-ziologie und Linguistik entwickelten und testeten die CASM-Forscher Modelle zur Beschreibung des Antwortprozesses bei der Beantwortung von Surveys (Schwarz, 2007; Tourangeau, 2003; für einen Überblick über einige dieser Mo-delle siehe z. B. Callegaro, 2005; Jobe & Herrmann, 1996).

Die Modelle zur Beschreibung des Antwortprozesses bei der Beantwortung von Surveys sind unterschiedlich komplex und setzen verschiedene Schwer-punkte. Im Modell von Sudman, Bradburn und Schwarz (1996) beispielsweise werden neun Teilschritte des Urteilsprozesses unterschieden, beginnend mit der Interpretation der Frage bis zur Abgabe der Antwort. Das Informationsaus-tauschmodell von Sander, Conrad, Mullin und Herrmann (1992) umfasst drei Teilmodelle: Das erste Teilmodell fokussiert auf den Interviewer (z. B. Art und Weise der Fragenformulierung), das zweite Modell auf die Interaktion zwischen Interviewer und Proband und das dritte Modell fokussiert auf den Urteilsprozess des Probanden bei der Beantwortung der Fragen. Das Modell für den Interviewten umfasst 17 mögliche Schritte mit 21 Pfaden zwischen diesen Schritten.

Das Vierstufenmodell von Tourangeau (Tourangeau, 1984; Tourangeau & Rasinski, 1988) schließlich umfasst – wie der Name schon sagt – vier Schritte bzw. Stufen. Das Modell stellt quasi den kleinsten gemeinsamen Nenner einer großen Anzahl an Modellen dar: Die vier Stufen des Modells sind in nahezu allen Modellen der kognitiven Survey-Forschung enthalten (Bradburn, 2004; Groves et al., 2009). Das Modell ist mittlerweile das verbreitetste Modell des Urteilsprozesses und wird im Folgenden daher ausführlicher dargestellt.

10.1.2 Das Vierstufenmodell des Urteilsprozesses bei der Beantwortung von Items

Abbildung 1 zeigt das Vierstufenmodell von Tourangeau (1984), das den Urteilsprozess bei der Beantwortung von Items beschreibt. Es fokussiert auf den Urteilsprozess der Probanden. Einflüsse von potentiell vorhandenen Interviewern werden in diesem Modell nicht thematisiert. Im Folgenden wird auf alle vier Stufen des Modells eingegangen.

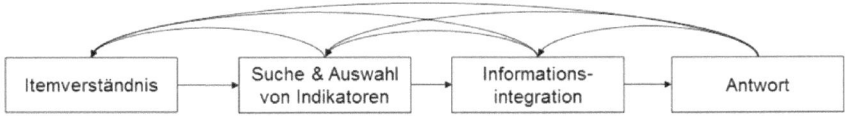

Abbildung 19:   Das Vierstufenmodell von Tourangeau (1984), adaptiert nach Groves et al., 2009, S. 219

10.1.2.1 Itemverständnis

Bei der Bearbeitung von Fragebögen müssen Probanden in einem ersten Schritt verstehen, was mit den betreffenden Items gemeint ist. Zu einer solchen Interpretation gehört die Identifikation der zentralen Teile eines Items, die Interpretation der einzelnen Komponenten und deren Beziehung zueinander sowie das Erschließen der Absicht des Items (Groves et al., 2009).

Probanden unterscheiden sich Forschungsbefunden zufolge zum Teil deutlich darin, wie sie Items verstehen (zusammenfassend Bradburn, 2004; s. auch Fiske, 1995; Mallinson, 2002; Urdan & Mestas, 2006). Worauf ist dies zurückzuführen? Einige Probleme in Bezug auf das Verständnis von Items entstehen Bradburn (2004) oder Groves und Kollegen (2009) zufolge durch grammatische Aspekte oder komplexe Satzstrukturen. Über solche Aspekte hinaus ist insbesondere die Bedeutung von Worten oder Phrasen problematisch für ein adäquates Itemverständnis (Fiske, 1995; Groves et al., 2009; Karabenick et al.,

2007): Mehrdeutige Begriffe, unbekannte Begriffe, unklar formulierte Konzepte und vage Antwortkategorien (z. B. stimme eher nicht zu) spielen in diesem Zusammenhang ebenso eine Rolle wie in Items enthaltene Annahmen, die für einen Teil der Probanden nicht zutreffen.

10.1.2.2 Suche und Auswahl von Indikatoren

Haben sich die Probanden die Bedeutung eines Items erschlossen, müssen sie im nächsten Schritt mittels Strategien und Hinweisreizen die zur Beantwortung subjektiv als notwendig erachteten Informationen aus dem Gedächtnis abrufen (Bradburn, 2004; Groves et al., 2009; Tourangeau, Rips & Rasinski, 2000). Der Suchprozess verläuft dabei in vielen Fällen nicht vollständig; oftmals werden v. a. besonders saliente Informationen verarbeitet (Tourangeau & Rasinski, 1988) – diese Informationen müssen allerdings nicht unbedingt repräsentativ sein. Die abgerufenen Informationen selbst sind zudem keine objektiven Abbildungen der Gegebenheiten, sondern durch Beobachtung, Kategorisierung und Auswahl beeinflusst (Landy & Farr, 1983).

Schlägt die Informationssuche fehl, kann dies u. a. an folgenden Punkten liegen (s. Groves et al., 2009; Landy & Farr, 1983): (a) Die betreffenden Informationen wurden nicht ins Langzeitgedächtnis übertragen, (b) die seit der Aufnahme der Informationen vergangene Zeit ist zu lang, (c) die Bedeutsamkeit der Informationen für den einzuschätzenden Gegenstand wurde als nur gering wahrgenommen, (d) die Konsistenz der Informationen ist nur gering, (e) die Abspeicherung der Informationen erfolgte in einem anderen Kontext als deren Abruf und (f) ähnliche Vorkommnisse überlagern die interessierenden Informationen.

10.1.2.3 Informationsintegration

Nachdem Informationen zur Beantwortung eines Items gesammelt wurden, müssen die als relevant erachteten Informationen kombiniert werden; bei als nicht hinreichend empfundener Informationsbasis müssen weitere Informationen ergänzt werden. Wie der Prozess der Informationsintegration konkret abläuft, ist abhängig von dem jeweiligen Probanden, der Situation und den Items. Landy und Farr (1983) beispielsweise vermuten, dass für die Art und Weise der Gewichtung von Informationen die subjektiven Theorien der Rater von dem einzuschätzenden Gegenstand eine Rolle spielen. Groves und Kollegen (2009) verweisen darauf, dass Probanden in vielen Fällen heuristische Abkürzungen einsetzen (vgl. für diese Argumentation auch Tourangeau & Rasinski, 1988). Bradburn (2004) schließlich weist auf unterschiedliche Anforderungen von Items an den Informationsintegrationsprozess hin: Während bei temporär verfügbaren Antworten Versuchspersonen wie oben dargestellt vorgehen und daher Informationen sammeln, diese dann kombinieren und ggf. nach weiteren Informationen suchen, ist bei chronisch verfügbaren Antworten kein langwieriger Urteilsprozess erforderlich, da das Urteil bereits im Gedächtnis des Probanden vorhanden ist. Dies ist z. B. der Fall, wenn Personen darum gebeten werden, ihr Geburtsdatum anzugeben.

10.1.2.4 Antwortkategoriewahl

Dem Modell zufolge wird das getroffene Urteile schließlich mit den zur Verfügung stehenden Antwortmöglichkeiten abgeglichen und diejenige Antwortoption gewählt, die eine bestmögliche Passung zum Urteil aufweist. Für die letztendliche Wahl einer Antwortkategorie spielen dabei u. a. die Konsistenz mit früheren Antworten und die wahrgenommene Akzeptanz gegenüber dem Forscher bzw. Interviewenden eine Rolle. Bradburn (2004) führt Unterschiede in der Antwortkategoriewahl zwischen Probanden auf zwei Quellen zurück: Gedächtnislimitationen sowie Primacy- und Recency-Effekte. Im Vergleich zu den anderen Urteilsprozess-Schritten existieren laut Bradburn (2004) jedoch nur wenige empirische und theoretische Auseinandersetzungen zum Prozess der Antwortkategoriewahl.

10.1.2.5 Ablauf der Schritte: Reihenfolge und Vollständigkeit

Im Rahmen des Vierstufenmodells wird angenommen, dass die vier Schritte nicht in einer festen Reihenfolge durchlaufen werden müssen (s. auch Abbildung 19). Krosnick (1999) oder auch Tourangeau, Rips und Rasinski (2000) vermuten sogar, dass Vor- und Zurückspringen sowie parallele Abläufe zwischen den einzelnen Schritten eher die Regel denn die Ausnahme sind.

Andere Modelle und Forschungsrichtungen, wie z. B. das Optimizing-Satisficing-Modell (Krosnick, 1991) oder die Forschung zu Bounded Rationality (s. Gigerenzer & Selten, 2002), weisen zudem darauf hin, dass Urteilsprozesse in vielen Fällen weit weniger rational verlaufen, als dies durch das Vierstufenmodell suggeriert wird. So nimmt das Optimizing-Satisficing-Modell von Krosnick (Krosnick, 1991; Krosnick & Alwin, 1987) an, dass es zwei verschiedene Typen von Personen gibt: Während Optimizer alle Schritte des Vierstufenmodells durchlaufen, um zu einer zuverlässigen Antwort zu kommen, überspringen Satisficer aus motivationalen oder kognitiven Gründen eine oder mehrere der vier Schritte. Der Forschungsstrang zu Bounded Rationality beschäftigt sich u. a. mit Urteilsheuristiken (s. z. B. Gigerenzer & Brighton, 2009; Kahneman, Slovic & Tversky, 1982; Marewski, Gaissmaier & Gigerenzer, 2010). Heuristiken sind in diesem Kontext Strategien, die Informationen ignorieren, um mit geringem Verarbeitungsaufwand zu einem Urteil zu kommen (Gigerenzer & Gaissmaier, 2011; Strack & Deutsch, 2002).[48] Groves und Kollegen (2009) weisen daher auch in Bezug auf das Vierstufenmodell darauf hin, dass Probanden vermutlich in vielen Fällen einzelne Schritte nicht oder nur oberflächlich ausführen:

> There is no reason to think that the typical respondents in surveys have either the time or the inclination to work hard to answer such questions, and there is ample evidence that they take lots of shortcuts to simplify their task. (Groves et al., 2009, S. 219)

10.1.3 Möglichkeiten zur Untersuchung von Urteilsprozessen

Kognitive Prozesse sind nicht direkt beobachtbar. In der Forschung werden kognitive Prozesse daher indirekt erfasst, z. B. durch sprachliche Artikulationen von Probanden während oder nach dem Durchlaufen eines solchen Prozesses (Reinmann-Rothmeier, Mandl & Prenzel, 1994; Schwindt, 2008). Dafür stehen unterschiedliche Methoden und Techniken zur Verfügung: Woolley und Kollegen (2004) nennen als zentrale Methoden zur Erfassung kognitiver Prozesse: (a) konkurrentes und retrospektives lautes Denken, (b) die direkte Benennung von itembezogenen Problemen durch Probanden und (c) die Einschätzung der Verständlichkeit von Items durch Probanden. Prüfer und Rexroth (1996) nennen darüber hinaus verbales Probing, Antwortsicherheiten, Paraphrasieren, Sorting-Verfahren und Antwortreaktionszeitmessungen. Von den genannten Methoden wird die Methode des lauten Denkens am häufigsten eingesetzt (Brinkman, 1992; Payne, 1994; Prüfer & Rexroth, 1996). Diese Methode wird im Folgenden näher beschrieben.

10.1.3.1 Die Methode des lauten Denkens

Definition der Methode des lauten Denkens

Wie aus der Bezeichnung der Methode ersichtlich, geht es beim lauten Denken darum, dass Probanden alle Gedanken verbalisieren, die ihnen bei der

---

48 Mittlerweile wird eine große Anzahl an Heuristiken unterschieden (für einen Überblick s. Gigerenzer & Gaissmaier, 2011; Strack & Deutsch, 2002). Zu den am meisten untersuchten Heuristiken gehören die Verfügbarkeitsheuristik (hier werden Häufigkeiten bzw. Wahrscheinlichkeiten danach eingeschätzt, wie leicht entsprechende Informationen aus dem Gedächtnis abgerufen werden können), die Repräsentativitätsheuristik (die Zugehörigkeit eines Objekts zu einer Kategorie wird in Abhängigkeit davon eingeschätzt, wie typisch das Objekt für die Kategorie angesehen wird) und die Ankerheuristik (hier wird das Urteil an einem zuvor präsenten Ausgangswert verankert).

Bearbeitung von Aufgaben durch den Kopf gehen. Alles, was im Rahmen des lauten Denkens verbalisiert wird, bezieht sich daher auf Informationen im Kurzzeitgedächtnis bzw. Arbeitsspeicher (s. auch Abbildung 20; vgl. Ericsson & Simon, 1993; Konrad, 2010). Nicht bewusst wahrgenommene Reize im sensorischen Register können demnach nicht verbalisiert werden; Inhalte des Langzeitgedächtnisses müssen zunächst in den Arbeitsspeicher transferiert werden, um verbalisierbar zu werden.

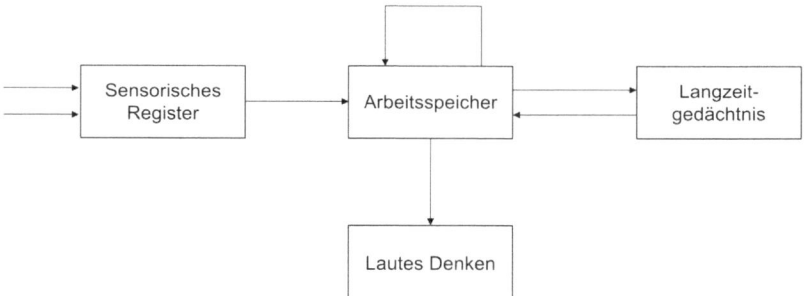

Abbildung 20:   Bezug zwischen Gedächtnisspeichern und lautem Denken (nach Konrad, 2010, S. 478)

Arten lauten Denkens

Man unterscheidet zwei Arten von lautem Denken: Konkurrentes lautes Denken und retrospektives lautes Denken. Beim konkurrentem lauten Denken verbalisieren Probanden ihre Gedanken *während* der Bearbeitung von Aufgaben. Beim retrospektiven lauten Denken hingegen verbalisieren sie ihre Gedanken *nach* Beendigung der Aufgabe. Retrospektives lautes Denken wird eingesetzt, wenn die zu bearbeitende Aufgabe sehr komplex ist und die zusätzliche Verbalisierung daher die Gedächtniskapazität überlasten würde oder wenn konkurrentes lautes Denken offensichtlich zu einer Veränderung des zu messenden Merkmals führen würde (z. B. bei Flow-Erleben). Da hierbei Informationen aus dem Langzeitgedächtnis ins Kurzzeitgedächtnis geholt werden müssen, ist retrospektives lautes Denken stärker anfällig für Verzerrungen als konkurrentes lautes Denken (Ericsson & Simon, 1993).

Einsatzfelder und Popularität

Lautes Denken wird in den unterschiedlichsten Untersuchungsfeldern eingesetzt, beispielsweise in der Psychologie (z. B. Cabello & O'Hora, 2002; Crutcher, 1994; Funke, 1996; Payne, 1994), in der Marktforschung (Biehal & Chakravarti, 1989; Reicks et al., 2003), in der Linguistik (z. B. Leow &

Morgan-Short, 2004) oder in der Survey-Forschung (z. B. Bickart & Flecher, 1996; Groves, 1996). Groves (1996) zufolge kann konkurrentes lautes Denken auch dazu genutzt werden, Informationen über die Schritte des Urteilsprozesses bei der Beantwortung von Surveys zu erhalten. Generell eignet sich die Methode des lauten Denkens insbesondere dann, wenn viele Informationen verarbeitet werden und der Prozess der Verarbeitung daher mehrere Sekunden dauert (Payne, 1994). Wilson (1994) sowie Ericsson und Simon (1993) zufolge ist die Methode des lauten Denkens zudem v. a. zur Generierung von Hypothesen gut geeignet.

Grund für die Popularität des lauten Denkens ist die Möglichkeit, mittels dieser Methode einzelne Schritte der Informationsverarbeitung von Personen zu erfassen; es wird angenommen, dass mit lautem Denken ein vergleichsweise nahes Herankommen an kognitive Prozesse möglich ist (für einen Überblick siehe Ericsson & Simon, 1993). Der häufige Einsatz des lauten Denkens ist zudem darauf zurückzuführen, dass in relativ kurzer Zeit und auf einfache Art und Weise viele Daten zu kognitiven Abläufen gesammelt werden können (Crutcher, 1994; Simon & Kaplan, 1989).

Eignung des lauten Denkens: Das theoretische Modell von Ericsson und Simon

Ericsson und Simon (1980, 1993), die Begründer der Methode des lauten Denkens, erarbeiteten ein theoretisches Modell, das erklären soll, in welchen Fällen lautes Denken eine geeignete Datenquelle zur Erfassung von Urteilsprozessen ist und in welchen Fällen nicht.

Ericsson und Simon (1993) verstehen Denken als eine Abfolge von Schritten. Zur Beschreibung des Zusammenhangs zwischen einem solchen Denkprozess und lautem Denken unterscheiden die Autoren drei Ebenen. Diese Ebenen unterscheiden sich darin, welche Art der Kognition verbalisiert werden soll. Auf Ebene 1 liegen die Gedanken in verbaler Form vor, sie müssen demnach nur noch laut ausgesprochen werden. Auf Ebene 2 liegen die Gedanken nicht in verbaler Form vor und müssen daher noch verbal enkodiert werden. Auf Ebene 3 schließlich werden Personen dazu aufgefordert, ihr Denken bzw. Verhalten zu erklären. Dafür müssen Informationen gefiltert und Inhalte auf dem Langzeitgedächtnis aktiviert werden. Lediglich lautes Denken bezogen auf Ebene 1 und 2 sollte Ericsson und Simon (1993) zufolge zu validen Daten über Denkprozesse führen, da bei lautem Denken auf Ebene 3 Dinge artikuliert werden, die so nicht Teil des Denkprozesses seien.

Zusammenfassend empfehlen Ericsson und Simon (1993) für eine Sicherstellung der Qualität des lauten Denkens: (a) konkurrentes lautes Denken einzusetzen, (b) Probanden anzuweisen, ihre Gedanken nicht zu erklären, sondern lediglich zu verbalisieren und dafür (c) den Einfluss des Interviewers so weit wie möglich zu minimieren (z. B. durch physische Distanz). So soll verhindert werden, dass dialogisches, erklärendes Verbalisieren an die Stelle von nach innen gerichtetem Verbalisieren tritt (s. auch Willis, 2004).

Kritik an der Eignung des lauten Denkens zur Erfassung von Urteilsprozessen

Die Methode des lauten Denkens ermöglicht einen Einblick in die Denk-prozesse von Personen und stellt daher eine wichtige Methode für die Wissenschaft dar. Zentral für die Verwertbarkeit von Befunden, die auf lautem Denken basieren, ist jedoch, dass die Methode nicht zu invaliden Schluss-folgerungen über Denkprozesse führt. An der Methode des lauten Denkens werden in diesem Zusammenhang v. a. drei Punkte kritisiert (z. B. Anderson, 1985; Biehal & Chakravarti, 1989; Brinkman, 1992; Conrad, Blair & Tracy, 1999; Konrad, 2010, Payne, 1994; Russo, Johnson & Stephens, 1989; Wilson, 1994), die in den folgenden Fragen zum Ausdruck kommen: (a) Haben Personen tatsächlich Zugang zu ihren Urteilsprozessen und können diese daher berichten? (b) Ändern sich durch die Verbalisierung die Urteilsprozesse? (c) In welchem Ausmaß spiegelt lautes Denken die ablaufenden Urteilsprozesse wider? Auf alle drei Fragen wird im Folgenden eingegangen.

Haben Personen tatsächlich Zugang zu ihren Urteilsprozessen und können diese daher berichten? Ericsson und Simon (1993) zufolge können zwei Arten von Kognition durch lautes Denken tatsächlich nicht abgebildet werden: Automatisierte Prozesse und Gedanken, die nicht in verbaler Form vorliegen und auch nicht leicht in eine solche transformiert werden können. Zu der Frage, ob Personen hinreichend Zugang zu ihren Urteilsprozessen haben, wird oft auf die Studie von Nisbett und Wilson (1977) verwiesen. Die Autoren konnten zeigen, dass Personen sich oft nicht bewusst sind, durch welche Faktoren ihr Urteil beeinflusst wird. Nisbett und Wilson (1977) argumentieren daher, dass Personen lediglich ihre subjektiven Theorien über ablaufende Prozesse wiedergeben.

Die zweite Frage nach Veränderungen in den Denkprozessen durch das Verbalisieren betrifft die Reaktivität von lautem Denken. Russo und Kollegen (1989) unterscheiden zwei Arten der Reaktivität: Die erste führt lediglich zu einer (eher unproblematischen) Verlängerung der Antwortzeiten (Russo et al., 1989). Die zweite Art von Reaktivität hat hingegen – und das ist problematisch – eine Veränderung der Denkprozesse zur Folge. Die Studien-übersicht von Russo und Kollegen (1989) gibt deutliche Hinweise darauf, dass sich Antwortzeiten beim Einsatz von lautem Denken verlängern. Im Hinblick auf die Änderung von Denkprozessen – in der Regel über Unterschiede in der Urteilsakkuratheit von Experimental- und Kontrollgruppe indirekt ermittelt – sind bisherige Studienergebnisse uneinheitlich (zusammenfassend Russo et al., 1989). In einer Studie von Praetorius, Lenske und Helmke (2010) wurde mittels eines Kontrollgruppendesigns überprüft, ob solche Reaktivitätseffekte auch beim Einsatz des lauten Denkens bei der Einschätzung von Unterrichtsqualität zu erwarten sind. Ein Vergleich von Kontroll- und Experimentalgruppe zeigte, dass die Antwortzeiten beim lauten Denken signifikant erhöht waren. Da für die Einschätzung von Unterricht kein Akkuratheitskriterium existiert, konnten veränderte Denkprozesse der Rater lediglich über eine Befragung derselben erhoben werden. Die von den Ratern berichteten Änderungen wurden von den Autoren als Indiz für eine Veränderung der Denkprozesse von Ratern durch den Einsatz des lauten Denkens gesehen. Es kann vermutet werden, dass die von den Ratern bewusst wahrgenommenen Veränderungen in den Denkprozessen eine Minimalschätzung der tatsächlichen Änderungen darstellen. Als ursächlich für solche Reaktivitätseffekte wird in der Literatur (s. Brinkman, 1992; Payne, 1994; Russo et al., 1989; Wilson, 1994) vornehmlich diskutiert, dass a) die zusätzlichen Ressourcen, die durch das Verbalisieren in Anspruch genommen werden, eine Reduktion der Komplexität der Denkprozesse erfordern, b) Personen beim Verbalisieren stärker auf Informationen fokussieren, die zugänglich und leicht zu verbalisieren sind und dass c) Personen bei der Bearbeitung der jeweiligen Aufgabe anders (in der Regel rationaler und differenzierter) vorgehen, um einen besseren Eindruck zu machen.

Die dritte Frage, ob lautes Denken die ablaufenden Denkprozesse adäquat widerspiegelt, betrifft die Validität lauten Denkens. Russo und Kollegen (1989) nennen zwei Arten von Problemen, die in diesem Zusammenhang auftreten können: a) errors of omission und b) errors of commission. Errors of omission meint, dass Personen einige Gedanken nicht verbalisieren; errors of commission bedeutet, dass Personen Gedanken verbalisieren, die sie nicht gedacht haben. Kritischer für die Validität ist Russo und Kollegen (1989) zufolge letzteres. Es existieren nur wenige empirische Studien zur Validität von lautem Denken. Dies ist darauf zurückzuführen, dass die Validität von lautem Denken nur mithilfe alternativer Prozessmethoden überprüft werden kann (Russo et al., 1989). In Ermangelung alternativer Prozessmethoden wurden die Rater in der oben erwähnten Studie von Praetorius und Kollegen (2010) zu den von ihnen wahrgenommenen errors of commission und omission befragt. Die Angaben der Rater deuteten auch hier auf Verzerrungen hin. Es kann wiederum vermutet werden, dass die von den Ratern wahrgenommenen

Verzerrungen eine Minimalschätzung der tatsächlichen Verzerrungen darstellen.

10.1.3.2 Verbales Probing

In vielen Untersuchungen wird die Methode des lauten Denkens mit verbalen Probes kombiniert (Presser et al., 2004; Willis, 2005; Willis, DeMaio & Harris-Kojetin, 1999).[49] Mit verbalen Probes sind Nachfragen durch den Interviewer gemeint. Diese Nachfragen können sehr unterschiedlich aussehen. Willis (2005) beispielsweise unterscheidet sechs Arten von Probes: Probes, die (a) auf das Verständnis bzw. die Interpretation eines Items fokussieren, (b) zum Paraphrasieren eines Items auffordern, (c) nach der Urteilssicherheit fragen, die sich (d) auf die Art und Weise der Erinnerung konzentrieren, die sich (e) auf spezifische Aspekte der Antwort von Probanden beziehen (z. B. „Warum denken Sie, dass … ?") und schließlich (f), bei denen generelle Aspekte der Antwort sowie des Vorgehens im Vordergrund stehen (z. B. „Wie sind Sie zu Ihrer Antwort gekommen?"). Probes können unmittelbar nach der Beantwortung des Items (sog. Follow-Up-Probes) oder aber nach Beendigung des Interviews (sog. Post-Interview-Probes; vgl. Häder & Rexroth, 1998) erfolgen.

Verbale Probes haben als Methode ebenfalls ihre Einschränkungen. Conrad und Kollegen (1999) verweisen darauf, dass verbale Probes aus denselben Gründen wie das laute Denken zu invaliden Schlussfolgerungen führen können: Probanden haben unter Umständen keinen Zugang zu ihrem Denken und das Nachfragen kann einen Einfluss auf den Antwortprozess haben.

Die Kombination von lautem Denken und verbalen Probes wird in der Literatur als vorteilhaft beschrieben, da mittels einer einzelnen Methode in vielen Fällen keine hinreichenden Informationen über den Urteilsprozess gesammelt werden können (Conrad et al., 1999; Häder & Rexroth, 1998; Willis, 2004, 2005). Lautes Denken und verbale Probes ergänzen sich, da das laute Denken einen Einblick in den Verlauf des Denkprozesses ermöglicht, verbale Probes hingegen eine Erhöhung der Informationsdichte zu den einzelnen Prozessschritten bewirken können.

---

49 Diese Kombination wird dann oft auch als kognitives Interview bezeichnet (z B. Conrad, Blair & Tracy, 1999; Desimone & Le Floch, 2004; Willis, DeMaio & Harris-Kojetin, 1999).

10.2 Ableitung der Fragestellungen

Einschätzungen zu Unterrichtsqualität durch externe Beobachter weisen zum Teil deutliche Verzerrungen durch Rater-Bias auf (s. Studie 1; s. auch Clausen et al., 2003; Kobarg & Seidel, 2005; Matsumura et al., 2002; Müller & Pietsch, 2011; Newton, 2010; Pietsch & Tosana, 2008; Praetorius et al., 2012; Rakoczy & Pauli, 2006). Welche Wahrnehmungs- und Deutungsprozesse von Ratern zu diesen Verzerrungen führen, ist bislang im Bereich der Unterrichtsforschung jedoch nicht untersucht worden. Studie 4 soll daher ausgehend vom Vierstufenmodell (s. Kapitel 10.1.2) mithilfe eines qualitativen Vorgehens Hypothesen über Prozessmerkmale von Ratern bei der Beurteilung von Unterrichtsqualität generieren. Die Fragestellungen von Studie 4 werden im Folgenden im Detail vorgestellt.

Iteminterpretation

Als eine der Hauptursachen von Rater-Bias werden divergierende Wahrnehmungs- und Deutungsprozesse von Ratern, wie z. B. unterschiedliche Iteminterpretationen, angesehen (z. B. Hoyt, 2000; Myford & Wolfe, 2003; Pietsch & Tosana, 2008). Erste Hinweise, dass Unterschiede zwischen den Ratings von Beobachtern zumindest teilweise auf unterschiedliche Wahrnehmungs- und Deutungsprozesse von Ratern zurückzuführen sind, finden sich in Generalisierbarkeitsstudien (z. B. Pietsch & Tosana, 2008; Praetorius et al., 2012). In diesen Studien können bei einem entsprechend gewählten Design Interaktionen zwischen Ratern und Items oder Ratern und Unterrichtsstunden identifiziert werden, die in der Regel als unterschiedliche Wahrnehmungs- und Deutungsprozesse interpretiert werden. Empirische Untersuchungen, die diese Prozesse selbst in den Fokus nehmen, existieren im Bereich der Unterrichtsforschung bislang jedoch nicht.

Basierend auf Befunden der Survey-Forschung, nach denen Personen Items oftmals unterschiedlich interpretieren, soll in Studie 4 der Frage nachgegangen werden, ob solche unterschiedlichen Interpretationen auch bei der Einschätzung von Unterricht durch externe Beobachter eine Rolle spielen (Fragestellung 4.1). Da unterschiedliche Iteminterpretationen insbesondere bei schwer verständlichen Items auftreten sollten (z. B. Foddy, 1998; Jobe & Mingay, 1989; Tourangeau et al., 2000), soll dabei auch thematisiert werden, wie verständlich die einzelnen Items für die Probanden sind.

Suche und Auswahl von Indikatoren

In der Unterrichtsforschung sind Ratingmanuale für geschulte Rater obligatorisch. In solchen Manualen werden für alle hoch-inferenten Items Indikatoren angegeben, damit sich unterschiedliche Rater auf dieselben Indikatoren beziehen. Gleichzeitig sind die in den Manualen angegebenen Indikatoren in der Regel nicht umfassend und oftmals auch nicht sehr spezifisch formuliert, da sonst eine sehr hohe Anzahl an Indikatoren notwendig wäre. Über den tatsächlichen Umgang der Rater mit Indikatoren ist bislang nichts bekannt. In der vorliegenden Studie soll daher der Frage nachgegangen werden, wie Rater Indikatoren bei der Einschätzung von Items einsetzen (Fragestellung 4.2). Konkretisiert bedeutet dies: In welchem Ausmaß lassen sich die einzelnen Items im Urteil der Rater tatsächlich an beobachtbaren Indikatoren festmachen? Wie viele und welche Arten von Indikatoren werden von den Ratern herangezogen? Welche Schwierigkeiten lassen sich bei der Suche und Auswahl von Indikatoren feststellen?

Informationsintegration

Rakoczy und Pauli (2006) weisen darauf hin, dass die Urteilsbildung bei der Einschätzung von Unterricht mittels hoch-inferenten Ratings ein komplexer Prozess ist, da das Urteil durch viele Faktoren (u. a. die Intensität oder Häufigkeit eines Verhaltens) beeinflusst wird und die Idealausprägung von Dimensionen zudem situations- und itemabhängig ist (vgl. für diese Argumentation auch Helmke, 2009). Aufgrund dieser Komplexität durch die Vielzahl an einzubeziehenden Aspekten werden Ratern keine konkreten Anweisungen zur Art und Weise der Informationsintegration zur Verfügung gestellt. Daher ist offen, wie Rater die einzelnen Indikatoren gewichten; dem soll in Studie 4 nachgegangen werden (Fragestellung 4.3).

Antwortkategoriewahl

In vielen Untersuchungen zu Unterrichtsqualität – und so auch in der vorliegenden – werden unspezifische Kategorienbezeichnungen eingesetzt (z. B. „stimme eher nicht zu"). Einige Autoren weisen auf die Problematik solcher Antwortkategorien hin (zusammenfassend Groves et al., 2009). In Studie 4 soll daher der Frage nachgegangen werden, ob Schwierigkeiten bei der Wahl von Antwortkategorien (z. B. Unsicherheiten, welche Antwortkategorie adäquat ist) auch bei der Einschätzung von Unterricht auftreten (Fragestellung 4.4).

Reihenfolge der Schritte

Die vier Schritte des Urteilsprozesses (Itemverständnis, Suche und Auswahl von Indikatoren, Informationsintegration, Antwortkategoriewahl) müssen einigen Autoren zufolge (z. B. Groves et al., 2009; Krosnick, 1999; Tourangeau et al., 2000) nicht unbedingt in dieser Reihenfolge ablaufen. In der vorliegenden Studie soll daher auch der Frage nachgegangen werden, ob sich unterschiedliche Reihenfolgen bei der Itembeantwortung finden lassen (Fragestellung 4.5).

Die Eignung der eingesetzten Methode des lauten Denkens

Zur Untersuchung von Denkprozessen wird häufig die Methode des lauten Denkens eingesetzt (s. Kapitel 10.1.3.1). Allerdings kann der Einsatz der Methode zu Reaktivität und Invalidität führen (zusammenfassend Russo et al., 1989). Es stellt sich daher die Frage, in welchen Fällen auf die Methode des lauten Denkens Verlass ist. Russo und Kollegen (1989) sowie Wilson (1994) zufolge ist dies bislang nicht hinreichend geklärt. Aus diesem Grund empfehlen Russo und Kollegen (1989), dass beim Einsatz der Methode des lauten Denkens stets auch überprüft werden sollte, ob sich die Methode für den spezifischen Untersuchungsgegenstand eignet.

Die Studie von Praetorius et al., 2010 deutet darauf hin, dass der Einsatz der Methode des lauten Denkens auch für den Bereich der Einschätzung von Unterrichtsqualität zu Verzerrungen von Befunden über Denkprozesse führen kann (s. Kapitel 7.1.3.1). Da die Rater in der Studie von Praetorius et al., 2010 nur eine minimale Schulung im Rahmen einer Seminarsitzung erhielten, ist unklar, ob diese Befunde auf Rater mit einem höheren Ausmaß an Schulung übertragen werden können. Daher wurde auch im Rahmen der vorliegenden Studie einigen Fragen in Bezug auf die Eignung des lauten Denkens zur Erfassung von Urteilsprozessen nachgegangen und zwar erstens, ob Rater bei der Einschätzung von Unterrichtsqualität all ihre Gedanken und Überlegungen verbalisieren (Fragestellung 4.6), zweitens, ob sich Denkprozesse durch das laute Denken grundlegend verändern (Fragestellung 4.7), und drittens, ob beim lauten Denken Dinge verbalisiert werden, die in dieser Form nicht gedacht wurden (errors of commission; Fragestellung 4.8).

Zusammenfassung der Fragestellungen

Studie 4 beschäftigt sich mit folgenden inhaltlichen Fragestellungen:

$F_{4.1}$: Interpretieren externe Beobachter Items zur Erfassung von Unterrichtsqualität unterschiedlich?

$F_{4.2}$: Wie werden Indikatoren bei der Einschätzung von Items von den Ratern eingesetzt?

$F_{4.3}$: Sind unterschiedliche Vorgehensweisen bei der Gewichtung von Indikatoren festzustellen?

$F_{4.4}$: Sind Probleme bei der Wahl von Antwortkategorien festzustellen?

$F_{4.5}$: Lassen sich unterschiedliche Reihenfolgen bei der Itembeantwortung identifizieren?

Darüber hinaus werden die folgenden methodischen Fragestellungen thematisiert:

$F_{4.6}$: Verbalisieren Rater all ihre Gedanken und Überlegungen, während sie Unterrichtsstunden hinsichtlich ihrer Qualität einschätzen?

$F_{4.7}$: Bleibt die Vorgehensweise beim Denken trotz des lauten Denkens dieselbe?

$F_{4.8}$: Werden beim lauten Denken Dinge verbalisiert, die in dieser Form nicht gedacht wurden?

10.3 Methode

Im Folgenden werden die der vorliegenden Studie zugrundeliegenden Videosequenzen (Kapitel 10.3.1), die eingesetzten Erhebungsinstrumente (Kapitel 10.3.2), die Durchführung der Untersuchung (Kapitel 10.3.3) sowie die durchgeführten Analysen (Kapitel 10.3.4) beschrieben. Informationen zur Stichprobe der Rater, zum Ratinginstrument, dem Ratingmanual und dem Rater-Training finden sich in Studie 1 (Kapitel 7.3).

10.3.1 Videografierte Stimuli

Datenbasis von Studie 4 sind drei Unterrichtssequenzen aus Studie 1 (zur Auswahl der Sequenzen siehe Kapitel 10.3.3.1). Um die Aussagen der Rater hinreichend vergleichen zu können, wurde die Reihenfolge der Unterrichtssequenzen zwischen Ratern konstant gehalten.

10.3.2 Material

Zur Beantwortung der inhaltlichen und methodischen Fragestellungen wurden lautes Denken, Interviews sowie zwei quantitative Fragebögen eingesetzt. Eine Übersicht darüber, für welche Fragestellung welche Daten herangezogen wurden, findet sich in Kapitel 10.3.4 in Tabelle 20. Das laute Denken und die Interviews werden in Kapitel 10.3.3 näher beschrieben. Im Folgenden wird auf die beiden quantitativen Fragebögen – den begleitenden Fragebogen sowie den Abschluss-Fragebogen – eingegangen. Beide Fragebögen wurden eingesetzt, um über die Interviews und das laute Denken hinaus Aufschluss darüber zu erhalten, aus welchen Gründen die Rater eine bestimmte Unterrichtseinschätzung abgaben.

Begleitender Fragebogen

Der begleitende Fragebogen bezieht sich jeweils auf die konkrete, zuvor gesehene Unterrichtssequenz und wurde von den Ratern direkt im Anschluss an das Interview ausgefüllt. Für Studie 4 sind zwei Bereiche des begleitenden Fragebogens relevant: Die selbsteingeschätzte Gewichtung der Itemindikatoren und die Einschätzung des prozentualen Anteils interessierter Schüler.

Für die Gewichtungsaufgabe (vgl. Fragestellung 4.3) wurde den Ratern für jedes Item die Liste an Indikatoren aus dem Manual vorgelegt. In einem ersten Schritt sollten sie angeben, ob sie den entsprechenden Indikator in ihr Urteil einbezogen haben. Dabei konnten sie auch von ihnen einbezogene Indikatoren angeben, die nicht im Manual enthalten waren. In einem zweiten Schritt sollten die Rater für die von ihnen berücksichtigten Indikatoren angeben, welches Gewicht sie dem Indikator im Vergleich zu den anderen einbezogenen Indikatoren beigemessen haben (in %). Für die Analysen der vorliegenden Arbeit wurde ein Item exemplarisch herausgegriffen. Es handelt sich um Item 11 („Der Unterrichtsausschnitt war für die Schüler-/innen interessant").

Um zudem potentielle Unterschiede zwischen Ratern in ihrem Verständnis der Antwortkategorien zu identifizieren (vgl. Fragestellung 4.4), wurden die Probanden für die einzelnen Unterrichtssequenzen jeweils gebeten, die folgende Frage zu beantworten: „Für wie viele Schüler war der Unterrichtsausschnitt interessant (in %)?"

Abschluss-Fragebogen

Nachdem die Rater alle Interviews absolviert hatten, erhielten sie einen Abschlussfragebogen. Dieser enthielt u. a. die Aufgabe anzugeben, wie verständlich die Rater die einzelnen Items des Ratingbogens empfanden (1 Item: „Zu verstehen, was mit diesem Item gemeint ist, war für mich..."; 1 = sehr schwer, 6 = sehr leicht; vgl. Fragestellung 4.1) und wie gut diese Items an beobachtbaren Indikatoren festgemacht werden konnten (1 Item: „An beobachtbaren Indikatoren festmachen konnte ich dieses Item..."; 1 = sehr schlecht, 6 = sehr gut; vgl. Fragestellung 4.2). Die Rater wurden aufgefordert, diese Fragen für jedes Item des Ratingbogens zu beantworten.

10.3.3 Durchführung

10.3.3.1 Ablauf und Inhalt der Befragungen zu den Unterrichtssequenzen

Die Befragungen fanden im März und April 2010 im Rahmen von Einzeluntersuchungen statt und wurden von einem von vier Interviewern[50] durchgeführt. Die Rater wurden an zwei aufeinanderfolgenden Tagen zu insgesamt fünf Unterrichtssequenzen befragt. Zwischen den einzelnen Befragungen lagen jeweils 30- bis 60-minütige Pausen. Der Ablauf sah für jede Befragung gleich aus, mit dem einzigen Unterschied, dass bei der ersten Befragung noch eine Übung zum lauten Denken erfolgte. Der Ablauf wird im Folgenden exemplarisch für die erste Befragung erläutert. Zur Reduktion der großen Datenmenge wurden für die Analysen der vorliegenden Studie per Zufall drei Unterrichtssequenzen ausgewählt (Unterrichtssequenz 1, Unterrichtssequenz 3, Unterrichtssequenz 4). Wenn im Folgenden von Interviews und lautem Denken die Rede ist, werden diese entsprechend der Nummer der Unterrichtssequenzen benannt.

Nach der Begrüßung und Erläuterung des Ablaufs der Befragung wurde den Ratern die Methode des lauten Denkens vorgestellt (vgl. Ericsson & Simon, 1993). Nach einer Übung zum lauten Denken (s. Willis, 2005) sahen die Probanden die Unterrichtssequenz. Danach folgte eine Erinnerung, bei der Bearbeitung des Ratingsinstrumentes das und *nur* das auszusprechen, was die Personen tatsächlich in dem Moment denken. Daraufhin verließ der Interviewer den Raum, um während des lauten Denkens eine kommunikative Ausrichtung auf den Interviewer zu vermeiden (vgl. Sasaki, 2008).

Nachdem die Rater den Ratingbogen unter Durchführung des lauten Denkens zu Ende bearbeitet hatten, holten sie den Interviewer für das anschließende Interview zurück in den Raum. Es war aus Zeitgründen nicht möglich, die Rater im Rahmen der Interviews zu allen Items des Ratinginstruments zu befragen. Daher wurde ein Itemstamm eingesetzt, der in jedem Interview abgefragt wurde, um die Interviews vergleichen zu können. Der Itemstamm bestand aus den Items 3 und 5 der Dimension Klassenführung und den Items 9, 11 und 12 der Dimension Schülerorientierung. Die verbleibenden Items wurden per

---

50 Die Interviews wurden von vier geschulten Interviewerinnen (100% weiblich) durchgeführt. Es handelte sich um Psychologiestudierende, die mit dem Thema und dem konkreten Projekt hinreichend vertraut waren sowie um die Projektleiterin selbst. Die Inhalte der Interviewerschulung (Dauer: ca. fünf Stunden) wurden unter Bezug auf Hellferich (2005), Flick (2006) sowie Mey und Mruck (2010) zusammengestellt. Die Schulung der Interviewer bestand aus drei Teilen: (a) einem Teil mit allgemeinen Informationen zur Durchführung von Interviews, (b) einem Teil, in dem die Durchführung der konkreten Interviews und der Interviewleitfaden besprochen wurden und (c) einem Probeinterview mit entsprechender Rückmeldung.

Zufall auf die einzelnen Interviews verteilt. In den drei für die vorliegende Untersuchung relevanten Interviews (s. Kapitel 10.3.4.1) kamen die Items 4 und 8 (Interview 1) und Item 6 (Interview 3) hinzu. In Interview 4 wurden keine zusätzlichen Items der Dimensionen Klassenführung und Schülerorientierung eingesetzt.

Zu den für das Interview ausgewählten Items stellte der Interviewer den Eingangs-Probe, bei dem die Rater dazu aufgefordert wurden, ihr Rating zu begründen. Je nach Antwort der Probanden wurden weitere Probes eingesetzt (s. Tabelle 19) oder auch Nachfragen gestellt. Dieses situationsspezifische Vorgehen wurde gewählt, weil sich in bisherigen Studien (z. B. Oksenberg, Cannell & Kalton, 1991) gezeigt hat, dass es nicht ertragreich ist, die entsprechenden Probes in Bezug auf jedes Item zu stellen. Das Vorgehen hat jedoch zur Folge, dass in bestimmten Interviews Probleme thematisiert wurden, die in anderen Interviews nicht zur Sprache kamen.

Im Anschluss an das Interview bearbeiteten die Rater den begleitenden Fragebogen (s. Kapitel 10.3.2). Abschließend wurde den Ratern Raum gegeben für potentielle Anmerkungen und Nachfragen.

Das laute Denken dauerte je nach Rater zwischen 3 Minuten und 29 Minuten ($M = 8$; $SD = 6$), die Interviews dauerten zwischen 10 Minuten und 35 Minuten ($M = 19$; $SD = 5$).

Tabelle 19: Eingesetzte verbale Probes im Rahmen der Interviews

Art des Probes	Formulierung
	Zu jedem Item
Eingangs-Probe	*„Ihre Antwort auf das Item xxx lautete: ... Bitte begründen Sie Ihre Antwort."*
	Je nach Situation
Begründung erfragen	*„Sie haben xy gewählt – Wieso?"*
Konkretisierung	*„An was/woran konnte man denn erkennen/merken, dass ..."*
Antwortkategorie	*„Wieso haben Sie an dieser Stelle ‚stimme ... zu' und nicht ‚stimme ... zu' gewählt?"*
Raum für weitere Informationen	*„Fällt Ihnen noch etwas ein?"*

10.3.3.2 Ablauf und Inhalt des Abschlussinterviews

Nach den Interviews, die sich jeweils auf eine spezifische Unterrichtssequenz bezogen, wurde ein Abschlussinterview geführt, in dem die Rater u. a. zu ihren

Erfahrungen mit dem lauten Denken befragt wurden. Zum lauten Denken wurden den Ratern drei Fragen gestellt und zwar, ob sie all ihre Gedanken und Überlegungen während des Ratens verbalisiert haben; ob ihrer Einschätzung nach die Vorgehensweise beim Denken trotz des laut Denkens gleich geblieben ist und ob sie Aspekte verbalisiert haben, die sie so nicht gedacht haben. Abschließend wurde den Ratern der Abschlussfragebogen ausgehändigt, in denen die Fragen zur Itemverständlichkeit und zur Beobachtbarkeit einzelner Items enthalten waren (s. Kapitel 10.3.2).

10.3.4 Analysen

Um die inhaltlichen und methodischen Fragestellungen zu überprüfen, wurden sowohl die quantitativen Daten des Ratinginstruments, des begleitenden Fragebogens und des Abschlussfragebogens (mittels deskriptiver Statistiken) als auch die qualitativen Daten aus dem lauten Denken und den Interviews (mittels der qualitativen Inhaltsanalyse) ausgewertet. Wo es sinnvoll erschien, wurden die Analysen um exemplarische Textstellen zur Veranschaulichung der Ergebnisse ergänzt. Tabelle 20 gibt eine Übersicht über die zur Untersuchung der Fragestellungen unterschiedenen Kategorien, die durchgeführten Analysen und die dafür verwendeten Instrumente bzw. Daten.

Wie aus Tabelle 20 ersichtlich, beziehen sich die qualitativen Analysen zum Teil auf das laute Denken und zum Teil auf die Interviews. Die Entscheidung, welches Datenmaterial verwendet wurde, wurde in Abhängigkeit der Eignung des Materials zur Beantwortung der entsprechenden Frage getroffen: Fragen, die den Urteilsprozess als solchen betreffen, wurden nach Möglichkeit mit den Daten des lauten Denkens beantwortet. Einige Subkategorien der Frage-stellungen wurden beim lauten Denken jedoch in der Regel nicht thematisiert; so sprachen die Rater beim lauten Denken kaum Probleme bei der Suche und Auswahl von Indikatoren an. Für die Auswertung der entsprechenden Subkategorien wurden daher die Interviewdaten herangezogen. Aufgrund der begrenzten Eignung des lauten Denkens und der Interviewdaten zur Erfor-schung der Informationsintegration wurde dieser Urteilsschritt nicht in die qualitative Analyse aufgenommen, sondern mittels deskriptiver Statistiken untersucht.

Aus Tabelle 20 lässt sich zudem ersehen, dass zwei Arten der qualitativen Inhaltsanalyse eingesetzt wurden: Die strukturierende und die zusammen-fassende Inhaltsanalyse. Die *strukturierende Inhaltsanalyse* (auch: inhaltliche Strukturierung) dient dazu, inhaltliche Strukturen des Materials zu identifi-zieren (Mayring, 2008, 2010). Dazu werden vor den Analysen die Analyse-einheiten und die Kategorien festgelegt, ein Kodierleitfaden entwickelt, die

Kategorien am Material erprobt und daraufhin – und unter Zuhilfenahme von Inter-Coder-Übereinstimmungen – das Kategoriensystem überarbeitet. Es folgt die endgültige Durcharbeitung des Materials und die Berechnung der Inter-Coder-Übereinstimmungen. Schließlich werden die vergebenen Kategorien analysiert (i.d.R. über Häufigkeiten). Die zusammenfassende Inhaltsanalyse dient zur Reduktion eines Textes auf dessen wesentliche Bestandteile (Mayring, 2008). Die Reduktion erfolgt über vier Schritte: Paraphrasierung des Textes, Bestimmung des Abstraktionsniveaus, Generalisierung über die konkreten Textteile hinaus und schließlich verschiedene Teilschritte der Reduktion des Textes (z. B. durch Zusammenfassung von Paraphrasen). Die *zusammenfassende Inhaltsanalyse* wurde in der Studie dann eingesetzt, wenn es nicht sinnvoll erschien, ein Kategoriensystem aus theoretischen Überlegungen heraus zu entwickeln (dies war z. B. beim Itemverständnis der Rater der Fall).

Im Folgenden werden die durchgeführten Analysen zu den inhaltlichen Fragestellungen näher beschrieben (Kapitel 10.3.4.1). Anschließend folgt eine Darstellung der Analysen für die methodischen Fragestellungen (Kapitel 10.3.4.2).

Tabelle 20: Überblick über die eingesetzten Instrumente und durchgeführten Analysen zur Beantwortung der Fragestellungen

	Fragestellung	Kategorien	Analysen	Instrumente/Daten
Inhaltliche Fragestellungen				
$F_{5.1}$	Iteminterpretation	Verständlichkeit der Items	Deskriptive Statistiken	Abschluss-Fragebogen
		Verständnis der Items	Zusammenfassende Inhaltsanalyse	Lautes Denken
$F_{5.2}$	Suche und Auswahl von Indikatoren	Beobachtbarkeit von Items	Deskriptive Statistiken	Abschluss-Fragebogen
		Anzahl und Art von Indikatoren	Strukturierende Inhaltsanalyse	Lautes Denken
		Einbezug des Manuals	Strukturierende Inhaltsanalyse	Lautes Denken
		Schwierigkeiten bei Suche und Auswahl	Strukturierende Inhaltsanalyse	Interviews
$F_{5.3}$	Informationsintegration	Gewichtung	Deskriptive Statistiken	Begleitender Fragebogen
$F_{5.4}$	Antwortkategoriewahl	Schwierigkeiten beim Wählen einer Antwortkategorie	Strukturierende Inhaltsanalyse	Interviews, Ratinginstrument + begleitender Fragebogen
$F_{5.5}$	Reihenfolge	—[a]	—[a]	Lautes Denken
Methodische Fragestellungen				
$F_{5.6}$	Vollständigkeit lautes Denken		Zusammenfassende Inhaltsanalyse	Abschluss-Interview
$F_{5.7}$	Vorgehensweise lautes Denken		Zusammenfassende Inhaltsanalyse	Abschluss-Interview
$F_{5.8}$	Errors of comission		Zusammenfassende Inhaltsanalyse	Abschluss-Interview

Anmerkung. [a] Für diese Fragestellung wurden keine Kategorien unterschieden und auch keine Analysen durchgeführt; stattdessen wurden exemplarische Textstellen herausgesucht.

10.3.4.1 Analysen zu den vier Schritten des Urteilsprozesses

Ziel der Analysen des lauten Denkens und der Interviews war es, Befunde zu den einzelnen Schritten des Urteilsprozesses von Ratern zu erhalten. Das dazu eingesetzte Kategoriensystem für die strukturierende Inhaltsanalyse wird im Folgenden näher beschrieben. Informationen zu den Kategorien, die im Rahmen der zusammenfassenden Inhaltsanalyse gebildet wurden, werden an dieser Stelle nicht dargestellt, da es sich nicht um theoretisch abgeleitete Kategorien handelt. Die entsprechenden Kategorien sind in Kapitel 10.4 aus der Darstellung der Ergebnisse ersichtlich.

Das Kategoriensystem der strukturierenden Inhaltsanalyse

Das im Rahmen der strukturierenden Inhaltsanalyse entwickelte Kategorien-system bezieht sich auf die Urteilsschritte 2 (Suche und Auswahl von Indikatoren) und 4 (Antwortkategoriewahl; s. auch Tabelle 20). Die Kate-gorien wurden unter Einbezug bisheriger empirischer Studien zum Urteilspro-zess von Ratern entwickelt sowie mittels der Erkenntnisse der Studie von Praetorius und Kollegen (2010) dazu, welche Aussagen mit den Methoden lautes Denken und Interview für den vorliegenden Gegenstand getroffen werden können. Die deduktiv gebildeten und anschließend induktiv erweiter-ten Kategorien stellen dabei kein umfassendes System zur Abbildung des Urteilsprozesses von Ratern dar, sondern umfassen lediglich einige Aspekte dieses Prozesses. Für die Suche und Auswahl von Indikatoren (Urteilsschritt 2) wurden drei Kategorien mit bis zu fünf Unterkategorien eingesetzt, für die Antwortkategoriewahl (Urteilsschritt 4) wurde eine Kategorie mit zwei Unterkategorien verwendet. Das Kategoriensystem kann Tabelle 21 entnom-men werden und wird im Folgenden näher dargestellt.

Urteilsschritt 2: Kategorie „Anzahl und Art der Indikatoren"

Die im Rahmen des lauten Denkens genannten Indikatoren wurden folgenden Subkategorien zugeordnet: „positive Indikatoren" und „negative Indikatoren". Positive Indikatoren sind Indikatoren, die unterstützende Aussagen in Bezug auf die ausnahmslos positiv formulierten Items treffen. Negative Indikatoren sind Indikatoren, die gegen eine hohe Ausprägung eines bestimmten Items sprechen. Beide Indikatoren-Gruppen wurden dann jeweils noch unterteilt in „vorkommend" bzw. „fehlend", je nachdem, ob der genannte positive oder negative Indikator als vorhanden oder als nicht vorhanden beschrieben wurde. Zusätzlich zu den Subkategorien „positive Indikatoren" und „negative Indikatoren" wurde eine Restkategorie „uneindeutige Indikatoren" eingeführt, in der Indikatoren aufgeführt wurden, die nicht eindeutig als positiv oder negativ – und somit auch nicht als vorkommend oder fehlend – eingeordnet werden konnten.

Urteilsschritt 2: Kategorie „Einbezug des Manuals"

Der Einsatz des Rating-Manuals wurde über Blättergeräusche auf den Tonaufnahmen des lauten Denkens identifiziert und ist im Transkript über die Bezeichnung „((blättert))" ersichtlich.

Urteilsschritt 2: Kategorie „Schwierigkeiten bei der Suche und Auswahl von Indikatoren"

Der Kategorie „Schwierigkeiten bei der Suche und Auswahl von Indikatoren" sind zwei Subkategorien zugeordnet: „explizite Nennung von Problemen bei der Suche und Auswahl von Indikatoren" und „intuitive Vorgehensweisen". Die Interviewaussagen der Rater wurden dann der ersten Subkategorie („explizite Nennung von Problemen bei der Suche und Auswahl von Indikatoren") zugeordnet, wenn die Rater im Rahmen des Interviews explizit ansprachen, Probleme bei der Indikatorensuche und/oder -auswahl gehabt zu haben. Dabei wurden sowohl Aussagen der Rater berücksichtigt, die diesbezügliche Probleme von sich aus ansprachen, als auch solche, die aufgrund der Probes durch die Interviewer zur Sprache kamen. Die Sub-kategorie „intuitive Vorgehensweise" wurde im Rahmen des lauten Denkens vergeben, wenn ein Rater zu einem Item gar keine Äußerung traf, und außerdem dann, wenn er nur einzelne Wörter aus der Itemformulierung oder aber lediglich die gewählte Antwortkategorie nannte.[51] Diese Subkategorie wurde des Weiteren nur dann kodiert, wenn die Sprechpause nicht länger als eine Sekunde andauerte, da bei längeren Pausen nicht zwischen intuitivem Vorgehen und Nicht-Verbalisierung von Gedanken getrennt werden kann.

Urteilsschritt 4: Kategorie „Schwierigkeiten beim Wählen einer Antwort-kategorie"

Der Kategorie „Schwierigkeiten beim Wählen einer Antwortkategorie" wurden zwei Subkategorien zugeordnet. Die Subkategorie „Unsicherheiten bei der Antwortkategoriewahl" wurde dann kodiert, wenn Rater angaben, zwischen zwei Antwortkategorien geschwankt zu haben, im Nachhinein anders antworten würden oder Schwierigkeiten hatten, sich zu entscheiden. Die Subkategorie „Inkongruenzen zwischen Antwortkategorie und Begründung" wurde dann vergeben, wenn offensichtliche Inkongruenzen zwischen der von

---

51   Für eine Diskussion der Frage, ob intuitive Vorgehensweisen per se als Problem bei der Suche und Auswahl von Indikatoren zu sehen sind, siehe Kapitel 10.5.1.2.

den Ratern gewählten Antwortkategorie und ihrer Begründung für das Rating auftraten.

Inter-Coder-Übereinstimmungen

Die Interviews und das laute Denken wurden jeweils von zwei Personen unabhängig voneinander kodiert. Die prozentualen Inter-Coder-Übereinstimmungen[52] sind für alle Kategorien zufriedenstellend: Für die Kategorie „Itemverständnis" betrug sie 100%, für die Kategorie „Anzahl und Art von Indikatoren" 89%, für die Kategorie „Schwierigkeiten bei der Suche und Auswahl von Indikatoren" 81% und für die Kategorie „Schwierigkeiten bei der Antwortkategoriewahl" 96%.

---

52 Es werden an dieser Stelle wiederum lediglich prozentuale Übereinstimmungen der Coder berichtet, da Kodierungen teilweise auch für Teilaussagen in Bezug auf einzelne Items vergeben wurden (s. auch Studie 2, Kapitel 8.3.3.2).

Tabelle 21:   Kategoriensystem mit Beispielaussagen

Urteilsschritt	Kategorie	Subkategorien	Beispielaussage
Suche und Auswahl von Indikatoren	Anzahl und Art von Indikatoren	positive, vorkommende Indikatoren	„Der Lehrer hat durch seine gezielten Fragen Anleitung zum weiteren Verlauf der Stunde gegeben."
		positive, fehlende Indikatoren	„Es stand kein Schüler vor der Klasse und hat etwas alleine präsentiert."
		negative, vorkommende Indikatoren	„Am Anfang der Stunde wurden die Wochentags-Daten wiederholt und somit ging Zeit für den Lernstoff verloren."
		negative, fehlende Indikatoren	„Es fielen keine Beiträge auf, in denen Schüler unterbrochen oder an Äußerungen gehindert wurden."
		uneindeutige Indikatoren	„Nein, sie hat direkt mit den durcheinandergewürfelten Satzbausteinen an der Tafel begonnen und die Schüler ihre Ideen dazu äußern lassen."
	Einbezug des Manuals		((blättert))
	Schwierigkeiten bei der Suche und Auswahl	explizite Nennung von Problemen	„Ja, das fand ich sehr schwer zu beantworten, weil ähm ich mir nich sicher war, ob da wirklich n Unterrichtsgespräch aufkam."
		intuitive Vorgehensweisen	„Freundlich. Ja."
Antwort-kategoriewahl	Schwierigkeiten bei der Antwort-kategoriewahl	Unsicherheiten bei der Antwortkategoriewahl	„Also ich fand eigentlich, dass so – Ich hab kurzzeitig überlegt, ob ich stimme zu oder stimme eher zu, eher zu? Ja. Ne."
		Inkongruenzen zwischen Antwortkategorie und Begründung	Antwortkategorie: 4; Begründung: „Wertschätzend. Ja, aber da war ja … (5s) Verbesserungspotenzial."

10.3.4.2 Analysen zur Eignung der Methode des lauten Denkens

In den Abschlussinterviews wurden die Rater zu drei Aspekten befragt, die auf die Güte der Daten des lauten Denkens abzielen. Die Antworten der Rater wurden mittels der zusammenfassenden Inhaltsanalyse nach Mayring (2008) kategorisiert. Die Inter-Coder-Übereinstimmungen lagen für alle drei Fragen bei 100%.

Für die erste Frage danach, ob die Rater alle Gedanken und Überlegungen verbalisieren konnten (Fragestellung 4.6), wurden vier Kategorien gebildet: Gedanken und Überlegungen konnten (a) alle verbalisiert werden, (b) mit leichten Einschränkungen verbalisiert werden, (c) mit deutlichen Einschränkungen verbalisiert werden und (d) nicht verbalisiert werden.

In Bezug auf die zweite Frage danach, ob die Vorgehensweise beim Denken trotz des lauten Denkens dieselbe geblieben ist (Fragestellung 4.7), wurden zwei Kategorien entwickelt: (a) uneingeschränkte Zustimmung und (b) Zustimmung mit Einschränkungen.

Zu Frage drei schließlich, ob die Probanden Dinge verbalisiert haben, die ihnen so nicht durch den Kopf gingen (Fragestellung 4.8), wurden drei Kategorien gebildet: Es wurden (a) keine Dinge, (b) eventuell Dinge und (c) Dinge verbalisiert, die den Probanden nicht durch den Kopf gingen.

10.4 Ergebnisse

Im Folgenden werden zunächst die Ergebnisse zu den inhaltlichen Fragestellungen dargestellt (Kapitel 10.4.1). Anschließend wird auf die Ergebnisse zu den methodischen Fragestellungen und damit auf die Befunde zur Eignung der Methode des lauten Denkens eingegangen (Kapitel 10.4.2).

10.4.1 Die vier Schritte des Urteilsprozesses

Um die inhaltlichen Fragestellungen zu beantworten, werden im Folgenden zu jedem der vier von Tourangeau (1984) unterschiedenen Schritte des Urteilsprozesses – Iteminterpretation (Kapitel 10.4.1.1), Indikatorensuche und -auswahl (Kapitel 10.4.1.2), Informationsintegration (Kapitel 10.4.1.3), Antwortkategoriewahl (Kapitel 10.4.1.4) – Befunde der verbalen Protokolle, der Interviews und der quantitativen Fragebogenerhebungen berichtet. Darüber hinaus wird darauf eingegangen, in welcher Reihenfolge die Rater diese Schritte durchliefen (Kapitel 10.4.1.5).

10.4.1.1 Itemverständnis

Um zu überprüfen, ob externe Beobachter Items zur Erfassung von Unterrichtsqualität unterschiedlich interpretieren (Fragestellung 4.1), wurde zum einen im Rahmen des Abschlussfragebogens die Verständlichkeit der eingesetzten Items aus Sicht der Rater erfragt und zum anderen die durch das laute Denken resultierenden Aussagen der Rater im Hinblick auf die dahinterstehende Interpretation der Items analysiert.

Verständlichkeit der Items

Im Rahmen des Abschlussfragebogens wurden die Rater gebeten einzuschätzen, für wie verständlich sie die im Rahmen der Erhebung eingesetzten Items auf einer Skala von eins bis sechs (1 = sehr schwer; 6 = sehr leicht) hielten (s. auch 10.3.3.2). Mittelwerte, Standardabweichungen und die Spannbreite der eingeschätzten Verständlichkeit der einzelnen Items sind in Tabelle 22 aufgelistet. Die Ergebnisse zeigen, dass alle Items der Dimensionen Klassenführung und Schülerorientierung im Urteil der Rater im Mittel verständlich bis leichtverständlich eingeschätzt wurden. Unterschiede zwischen den Items zeigen sich jedoch im Hinblick auf die Streuung der Einschätzungen durch die Rater (Variation: $4.00 \leq M \leq 5.75$).

Tabelle 22: Überblick über die von den Ratern eingeschätzte Verständlichkeit
der einzelnen Items

Item	Itemformulierung	*M*	*SD*	Min.	Max.
	Klassenführung				
1	Der Unterricht hat pünktlich begonnen.	5.25	.62	4	6
2	Die Klassenregeln waren den Schüler/-inne/-n klar.	5.00	.74	4	6
3	Die Schüler/-innen konnten ungestört arbeiten.	4.67	.99	3	6
4	Den Schüler/-inne/-n war im Laufe der Unterrichtssequenz jederzeit klar, was sie tun sollten.	4.75	.87	3	6
5	Die gesamte Zeit wurde für den Unterrichts-stoff verwendet.	5.25	.62	4	6
	Schülerorientierung				
6	Mit Schülerbeiträgen ist die Lehrkraft wertschätzend umgegangen.	5.08	.67	4	6
7	Die Lehrkraft war freundlich zu den Schüler/-inne/-n.	5.75	.45	5	6
8	Die Lehrkraft hat die Schüler/-innen ausreden lassen, wenn sie dran waren.	5.33	.49	5	6
9	Wenn die Lehrkraft eine Frage gestellt hat, hatten die Schüler/-innen ausreichend Zeit zum Nachdenken.	5.08	1.00	3	6
10	Die Lehrkraft hat die Schüler/-innen für Beiträge zum Unterricht angemessen gelobt.	4.75	.87	3	6
11	Der Unterrichtsausschnitt war für die Schüler/-innen interessant.	4.33	1.07	2	6
12	Im Hinblick auf die unterschiedlichen Lernvoraussetzungen der Schüler/-innen war das Unterrichtsangebot angemessen.	4.00	1.35	2	6

Verständnis der Items

Um erste Indizien dafür zu erhalten, ob sich Rater in ihren Interpretationen von Items unterscheiden, wurden die im Rahmen des lauten Denkens von den Ratern genannten Punkte itemweise mittels der zusammenfassenden Inhaltsanalyse nach Mayring verglichen. Für die Analyse wurden zwei Items ausgewählt: Das Item, das im Urteil der Rater am wenigsten verständlich war (Item 12, $M = 4.00$, $SD = 1.35$), sowie ein Item, das im Urteil der Rater als sehr leicht verständlich eingeschätzt wurde (Item 5, $M = 5.25$, $SD = .62$).[53]

In Bezug auf Item 12 („Im Hinblick auf die unterschiedlichen Lernvoraussetzungen der Schüler/-innen war das Unterrichtsangebot angemessen") zeigten sich deutliche Unterschiede der Rater in ihrem Verständnis eines angemessenen Eingehens auf unterschiedliche Lernvoraussetzungen. So verstehen die Rater beispielsweise angemessenes Eingehen auf unterschiedliche Lernvoraussetzungen in Bezug auf Unterrichtssequenz 3 im Rahmen des lauten Denkens wie folgt (s. auch Tabelle 23): Während die Rater 3, 6 und 8 unter einem angemessenen Eingehen auf unterschiedliche Lernvoraussetzungen vornehmlich verstehen, dass die Lehrkraft im Rahmen des Unterricht erklärt, wiederholt, nachfragt und die Schüler sich je nach ihren Fähigkeiten beteiligen können, versteht Rater 12 darüber hinaus v. a. auch nicht vorkommendes Blamieren als adäquates Eingehen auf unterschiedliche Lernvoraussetzungen. Rater 9 geht davon aus, dass die Tatsache, dass Schüler sich zu Hause vorbereiten konnten, ein Indiz für ein angemessenes Eingehen auf unterschiedliche Lernvoraussetzungen ist. Die Rater 7, 10 und 11 schließlich verstehen unter dem Umgang mit unterschiedlichen Lernvoraussetzungen Aspekte von Differenzierung.[54]

---

53 Es wurde an dieser Stelle nicht das Item ausgewählt, das die Rater als am leichtesten verständlich empfanden (Item 7, s. auch Tabelle 22), weil für dieses Item beim lauten Denken kaum Indikatoren genannt wurden.
54 Das Verständnis von vier Ratern (Rater 1, 2, 4, 5) fehlt an dieser Stelle, weil deren Verständnis eines angemessenen Eingehens auf unterschiedliche Lernvoraussetzungen aus dem lauten Denken nicht ersichtlich war.

Tabelle 23: Lautes Denken der Rater zu Item 12 in Unterrichtssequenz 3
sowie die von ihnen im Ratingbogen gewählte Antwortkategorie

Rater	Kat.	Lautes Denken
3	4	Im Bick, im Hinblick auf die unterschiedlichen Lernvoraussetzungen der Schüler und Schülerinnen war das Unterrichtsangebot angemessen. .... (4s) Mmh .... (8s) Ja. Da stimme ich zu. Es wurd halt alles nochma näher besprochen und ähm .. (2s) für also die Schüler, die's wussten, sollten's erklärn und die, dies wiss-, nicht wussten, ham's dadurch ja nochmal erzählt bekommen.
5	4	Angemessen .... (10s) Joa.
6	4	Und ange, ja, war schon angemessen, weil die Lehrerin alles ja ganz gut eigentlich so erklärt hat und .. (2s) zusammengefasst hat nochmal für die schwie-, äh schwächeren Schüler und so.
7	4	Jetz: Die unterschiedlichen Lernvoraussetzungen der Schüler. Das Unterrichtsangebot angemessen. .. (3s) Auf jeden Fall. .. (2s) Die Fragen war net zu schwierig gstellt und net zu einfach gstellt. Es war glaub ich niemand überfordert oder unterfordert. Das einzigste was ma (anmeckern?) könnte, is dass vielleicht keine .. (2s), nich differenziert hat zwischen Schülern. Wobei ich der Meinung bin, dass des net geht, wenn man was wiederholen lässt. .... (10s) Also, ich stimme zu.
8	3	Öhm im Hinblick auf die unterschiedlichen Lernvoraussetzungen der Schülerinnen war das Unterrichtsangebot angemessen. Ähm .. (2s) Hm, gute Frage, ähm .. (3s) ähmmm .. (2s) Also die Lehrerin hat schon gezielt nachgefragt, hat auch einige Dinge nochmal dann gesagt .. (2s) ähm .. (3s) Schüler ham sich auch gegenseitig geholfen, sie hat auch noch mal 'n Begriff erklärt, also 'n Begriff wurde nochmal geklärt. Ähm .... (5s) Ja, bei den Kindern äh, die jetz nich so Bescheid wussten, is sie nich so gezielt .. (2s) immer drauf eingegangen, deswegen würde ich sagen stimme eher zu, ähm ja.
9	3	Ähm, ja, es war schon angemessen, weil jeder konnt sich ja zu Hause vorbereiten.
12	3	Angemessen schon, weil ich denke, dass ((lautes Ausatmen)) .. (2s) se drauf geachtet hat, dass sich keiner blamiert. Sie hat keinen vor die Klasse geholt, der jetzt nich ohne Weiteres was hätte sagen können. Grade die schwachen Schüler ham dadurch auch die Möglichkeit, sich zu üben. .... (4s) Oder sich im Zweifel einfach die .. (3s) äh Zusammenfassung .. (3s) von anderen Schülern abzuhören.
1	2	–
2	2	–
4	2	Lernvoraussetzungen .... (11s) (angemessen ?) .... (7s) hm ((blättert))
10	1	Im Hinblick auf die unterschiedlichen Lernvoraussetzungen der Schüler war das Unterrichtsangebot angemessen. Das äh, da stimme ich nicht zu, weil .. (2s) es kein differenziertes Unterrichtsangebot gab.

Rater	Kat.	Lautes Denken
11	1	Unterschiedlichen Lernvoraussetzungen Schülerinnen war das Angebot angemessen. Ne, da war nix, was irgendwie, grad mal in den Unterlagen ... suchen. Ähm, des müsste, Unterrichts-, unterschiedlichen Lernvoraussetzungen, was is des denn? Das is das letzte, 25. ((blättert)) Ähmm, hmhmhmhmhm. Ja durch mangelndes Vorwissen hätten se schon überfordert werden können, wenn se's nich gelesen haben, ne. Hmhmhmhmhm. Was gibt's denn hier? Die gleichen Aufgaben wurden bearbeitet. Ja, in dem Sinne, ja. Hm. Nein, das ist definitiv nicht differenziert.

Anmerkung. Kat. = im Ratingbogen gewählte Antwortkategorie (1=stimme nicht zu; 4=stimme zu).

Auch für das von den Ratern als leicht verständlich eingeschätzte Item 5 („Die gesamte Zeit wurde für den Unterrichtsstoff verwendet") wurden die Aussagen der Rater im Rahmen des lauten Denkens mittels der zusammenfassenden Inhaltsanalyse verglichen. Im Ratingmanual finden sich zu diesem Item 12 Indikatoren (vgl. auch Tabelle 27). Bei der Einschätzung von Unterrichtssequenz 3 nennen die Rater von diesen neun Indikatoren drei explizit im Rahmen des lauten Denkens: Von allen 12 Ratern wird die Stuhlkreisbildung genannt (Indikator 7), 6 Rater nennen darüber hinaus das durchgeführte Ritual (Indikator 12) und 1 Rater nennt nicht vorhandene organisatorische Dinge (Indikator 5). Die Rater beziehen sich somit größtenteils auf dieselben Indikatoren für den Begriff „Lernstoff". Einen Hinweis darauf, dass die Rater den Ausdruck „die gesamte Zeit" unterschiedlich wörtlich nehmen, findet sich in den von den Ratern gewählten Antwortkategorien, die sich deutlich zwischen den Ratern unterscheiden (s. auch Tabelle 23): Vier Rater haben die höchste Antwortkategorie 4 vergeben, sechs Rater die Antwortkategorie 3, ein Rater Antwortkategorie 2 und ein weiterer Rater Antwortkategorie 1.

10.4.1.2 Suche und Auswahl von Indikatoren

Zur Untersuchung der Frage, inwiefern Items an beobachtbaren Indikatoren festgemacht werden können (Fragestellung 4.2), wurden die Aussagen aus den Interviews und dem lauten Denken mithilfe der qualitativen Inhaltsanalyse kodiert und der begleitende Fragebogen mittels deskriptiver Statistiken ausgewertet. Insgesamt wurden vier Kategorien untersucht (vgl. Tabelle 20): Die Beobachtbarkeit von Items, die Anzahl sowie Art der einbezogenen Indikatoren, Probleme bei der Suche und Auswahl von Indikatoren und der Einbezug des Ratingmanuals. Die Ergebnisse werden im Folgenden aufgeschlüsselt nach diesen Bereichen aufgeführt.

Beobachtbarkeit von Items

Um zu erfassen, wie gut die Items über die jeweiligen Indikatoren beobachtbar sind, wurden die Rater im Rahmen des Abschlussfragebogens darum gebeten, auf einer sechsstufigen Skala (1 = sehr schlecht; 6 = sehr gut) anzugeben, wie beobachtbar sie die betreffenden Items fanden (vgl. Kapitel 10.3.3.2). Wie aus Tabelle 24 ersichtlich, unterscheiden sich die Items in ihrer Beobachtbarkeit um bis zu anderthalb Skalenpunkte. Nichtsdestotrotz liegen die Mittelwerte für alle Items über dem theoretischen Mittel und werden den Ratern zufolge daher als eher beobachtbar bis sehr gut beobachtbar eingeschätzt. An der Spannbreite der Ausprägungen für die Items lässt sich jedoch erkennen, dass sich die Rater bei manchen Items deutlich darin unterscheiden, für wie beobachtbar sie das Item halten.

Tabelle 24: Überblick über die von den Ratern wahrgenommene Beobacht-barkeit der Items

Item	Itemformulierung	M	SD	Min.	Max.
	Klassenführung				
1	Der Unterricht hat pünktlich begonnen.	5.42	.52	5	6
2	Die Klassenregeln waren den Schüler/-inne/-n klar	4.42	1.00	2	6
3	Die Schüler/-innen konnten ungestört arbeiten.	4.75	.75	4	6
4	Den Schüler/-inne/-n war im Laufe der Unterrichtsse-quenz jederzeit klar, was sie tun sollten.	4.08	1.00	2	5
5	Die gesamte Zeit wurde für den Unterrichtsstoff verwendet.	4.91	.94	3	6
	Schülerorientierung				
6	Mit Schülerbeiträgen ist die Lehrkraft wertschätzend umgegangen.	4.75	.75	3	6
7	Die Lehrkraft war freundlich zu den Schüler/-inne/-n.	5.17	.94	3	6
8	Die Lehrkraft hat die Schüler/-innen ausreden lassen, wenn sie dran waren.	5.00	1.41	1	6
9	Wenn die Lehrkraft eine Frage gestellt hat, hatten die Schüler/-innen ausreichend Zeit zum Nachdenken.	4.50	1.38	1	6
10	Die Lehrkraft hat die Schüler/-innen für Beiträge zum Unterricht angemessen gelobt.	4.25	.75	3	5
11	Der Unterrichtsausschnitt war für die Schüler/-innen interessant.	3.67	1.23	2	5
12	Im Hinblick auf die unterschiedlichen Lernvorausset-zungen der Schüler/-innen war das Unterrichtsangebot angemessen.	3.83	1.19	2	5

Einbezogene Indikatoren: Anzahl und Art

Um nähere Informationen dazu zu erhalten, welche Indikatoren Rater für ihre Einschätzungen von Unterrichtsqualität heranziehen, wurden die im Rahmen des lauten Denkens genannten Indikatoren kodiert. Betrachtet man zunächst allein die Anzahl an Indikatoren, zeigt sich, dass Rater sich deutlich darin unterscheiden, wie viele Indikatoren sie nennen. Am deutlichsten unterscheiden sich Rater 8 und Rater 4 bzw. Rater 5: Rater 8 nannte bei der Beurteilung der drei Unterrichtssequenzen 210 Indikatoren zur Beantwortung der 12 Items, während Rater 4 und 5 jeweils nur 6 Indikatoren nannten (s. auch Tabelle 25).

Kodiert man die Daten des lauten Denkens im Hinblick auf das Auftreten von positiven vs. negativen sowie vorkommenden vs. nicht vorkommenden Indikatoren (s. auch Kapitel 10.3.5), zeigt sich, dass v. a. positive, vorkommende Indikatoren genannt werden (s. Tabelle 25). Wie der Tabelle entnommen werden kann, unterscheiden Rater sich jedoch auch darin, inwiefern sie eher positive oder negative Indikatoren nennen. So nennt Rater 8 beispielsweise in 51% der Fälle positive Indikatoren und in 43% der Fälle negative Indikatoren, während Rater 10 in 71% der Fälle positive Indikatoren und in 21% der Fälle negative Indikatoren nennt. Dieser Unterschied ist auch signifikant ($\chi^2 = 5.74$; krit. $\chi^2_{(1; 95\%)} = 3.84$). Bei den positiven Indikatoren werden von allen Ratern v. a. vorkommende positive Indikatoren genannt, bei den negativen Indikatoren ist es stärker vom Rater abhängig, ob eher vorkommende oder fehlende Indikatoren genannt werden.

Tabelle 25: Unterschiede zwischen den Ratern hinsichtlich der Nennung von positiven und negativen Indikatoren (in %)

Rater	Ind. (n)	positive Indikatoren (in %)			negative Indikatoren (in %)			uneind. (in %)
		ges.	+	-	ges.	+	-	
1	43	60	58	2	30	21	9	9
2	39	62	56	5	28	18	10	10
3	46	54	48	7	43	22	22	2
4[a]	6	–	–	–	–	–	–	–
5[a]	6	–	–	–	–	–	–	–
6	23	52	48	4	39	13	26	9
7	77	57	51	6	38	9	29	5
8	210	51	47	5	43	12	30	6
9[a]	11	–	–	–	–	–	–	–
10	34	71	59	12	21	12	9	9
11[a]	17	–	–	–	–	–	–	–
12	31	48	45	3	42	26	16	10

Anmerkungen. Ind. = Anzahl an Indikatorennennungen; ges. = gesamt; „+" = vorkommend; „-" = fehlend; uneind. = uneindeutig.
[a] Bei einer Nennung von weniger als 20 Indikatoren wurden aufgrund der mangelnden Aussagekraft keine prozentualen Werte angegeben

Probleme bei der Suche und Auswahl von Indikatoren

Um zu klären, welche Probleme sich bei der Suche und Auswahl von Indikatoren identifizieren lassen, wurden die Interviews und das laute Denken mittels der strukturierenden Inhaltsanalyse ausgewertet. Es wurden zwei Subkategorien unterschieden: explizite Nennung von Problemen und intuitive Vorgehensweisen. Im Durchschnitt über die drei in die Analysen einbezogenen Unterrichtssequenzen zeigten sich bei 27% der Antworten in den verbalen Protokollen oder den Interviews Probleme bei der Suche und Auswahl von Indikatoren (s. auch Tabelle 26). Nahezu der gesamte Anteil geht dabei auf intuitive Vorgehensweisen zurück.

Tabelle 26: Häufigkeit des Auftretens von Problemen bei der
Indikatorensuche und -auswahl (in %)

	Interview 1	Interview 3	Interview 4
Probleme bei der Indikatorensuche/-auswahl gesamt	19	26	35[a]
Thematisierung von Problemen	2	1	3
Intuitive Vorgehensweise	17	25	33

Anmerkung. [a] Aufgrund von Rundungsdifferenzen entspricht der Wert nicht der Summe der Unterkategorien.

Nachstehend findet sich ein Beispiel für die explizite Nennung von Problemen bei der Suche und Auswahl von Indikatoren im Rahmen eines Interviews:

Interview 1, Rater 12, Item 8, Antwortkategorie 4

Ja. Also ich .. (1s) sie hat die Schüler erzählen lassen so dass mir nicht aufgefallen wäre, dass sie jemand mal abgewürgt hätte oder äh jemandem ins Wort gefallen wäre. Da muss ich allerdings auch äh einräumen, da hatt ich bei äh allen Sequenzen in den vergangenen Tagen auch immer äh große Probleme, das äh so wirklich ähm ..(1s) abschließend zu beurteilen. ((räuspert sich)) Weil ich mir ((räuspert sich)) da wirklich nich sicher bin, ob ich da immer alles ähm erfasst habe. So auch hier. Also (h) zumal ich glaube, dass ich selbst jemand bin, der tendenziell ((beide lachen)) gerne ähm Leuten ins ähäh Wort fällt, ähm denk, ich denke, dass mir deshalb vielleicht sowas auch schlechter auffällt.

Rein intuitive Vorgehensweisen von Ratern wurden als zweite Subkategorie für Probleme bei der Suche und Auswahl von Indikatoren eingesetzt. Ein Beispiel für ein Lautes-Denken-Transkript mit einem hohen Anteil an intuitiven Urteilen findet sich im Folgenden. Bei vielen Items finden sich deutlich intuitive Vorgehensweisen (z. B. Item 1, 3, 4). Darüber hinaus thematisierte der Rater bei einem Item (Item 8) explizit, dass er sich nicht mehr erinnern kann.

Lautes Denken 4, Rater 4	
Item 1.	Pünktlich begonnen (ja ?).
Item 2.	Klassenregeln .. (1s) Warn klar.
Item 3.	Ungestört (ja ?).
Item 4.	...
Item 5.	War des alles Lernstoff? Hm .. (3s) ((flüstert)) (Lernstoff ?) .... (4s) (...)
Item 6.	Wertschätzend .. (1s) Ja.
Item 7.	Freundlich. Ja.
Item 8.	Ausreden lassen .... (9s) Weiß jetzt gar nimmer genau .. (3s) glaub schon.
Item 9.	Hatten se ausreichend Zeit? .... (14s) Sie hat aufgerufen. .. (2s) Hat sie aber (lang gewartet ?) .... (14s) Hat se definitiv nich.
Item 10.	Angemessen .... (14s) ((blättert)) angemessen gelobt (...) ((blättert))
Item 11.	Interessant. .... (9s) Ja. .. (2s) richtig .... (4s) (...).
Item 12.	...

Bei einigen Items hingegen verbalisierte der Rater zwar kaum etwas, durch die Pausen ist jedoch zu vermuten, dass er nicht intuitiv vorgegangen ist (z. B. Item 9). Dass dies jedoch nicht unbedingt immer der Fall sein muss, zeigt das anschließende Interview. Auf die Frage, wieso der Rater bei Item 9 ein „stimme eher zu" gewählt hat, antwortet er:

Rater 4:	Ja. Ich wusst nimmer ganz genau, ob sie ihnen so lange Zeit gelassen hat. Ähm, ja mir kam's eher ähm kürzer vor, da sich auch immer net zu viele Schüler gemeldet hatten. Und von daher hab ich dann eher, stimme eher zu, weil ähm es mir auch net so kurz vor kam, dass ich gedacht hab, ei, dass ich eher auf die negative Seite gehe.
Interviewer:	Hmhm. Hmhm. Ähm dass es Ihnen trotzdem aber zum Teil recht kurz vorkam, lag das vor allem, wie Sie jetzt gesagt ham, an, dass sich nicht so viele Schüler gemeldet haben oder gab's da noch irgend 'n anderen Indikator oder irgendwas an dem Sie des dann festgemacht haben?
Rater 4:	Hmmm, nee, eigentlich net. Also ich kann, hab mich irgendwie nimmer so dran erinnert und hab mir leider auch nix aufgeschrieben.
Interviewer:	Hmhm. Ok. Und dann ham Sie jetzt quasi geraten.
Rater 4:	Ja. Intuitiv.

Einbezug des Manuals bei der Suche und Auswahl von Indikatoren

Um Indizien dafür zu finden, ob die im Ratingmanual aufgelisteten Indikatoren von den Ratern vollkommen verinnerlicht wurden, wurden die Transkripte des lauten Denkens auf die Häufigkeit des Einsatzes des Ratingmanuals hin überprüft. Die Kodierungen der Protokolle zum lauten Denken zeigen, dass die Rater auch nach der Einschätzung von knapp 60 Unterrichtssequenzen immer noch vereinzelt auf das Ratingmanual zurückgreifen, um die zu einem Item gehörigen Indikatoren nachzuschlagen: Im Laufe der Beantwortung eines Fragebogens mit 12 Items setzten die Rater das Manual durchschnittlich einmal ein. Dabei gibt es jedoch auch Unterschiede zwischen Ratern: Während es Rater gibt, die das Manual gar nicht verwendeten, finden sich auch Rater, die das Manual pro einzuschätzender Unterrichtssequenz viermal einsetzten. Im Folgenden findet sich ein Beispiel für den Einsatz des Ratingmanuals:

Lautes Denken 3, Rater 11, Item 12, Antwortkategorie 1

Unterschiedlichen Lernvoraussetzungen Schülerinnen war das Angebot angemessen. Ne, da war nix, was irgendwie, grad mal in den Unterlagen ... suchen. Ähm, des müsste, Unterrichts- unterschiedlichen Lernvoraussetzungen, was is des denn? Das is das letzte, 25. ((blättert)) Ähmm, hmhmhmhmhm. Ja durch mangelndes Vorwissen hätten se schon überfordert werden können, wenn se's nich gelesen haben, ne. Hmhmhmhmhm. Was gibt's denn hier? Die gleichen Aufgaben wurden bearbeitet. Ja, in dem Sinne, ja. Hm. Nein, das ist definitiv nicht differenziert.

10.4.1.3 Informationsintegration

Um einen ersten Hinweis dazu zu erhalten, wie Rater einzelne Indikatoren gewichten (Fragestellung 4.3), wurden die Rater im begleitenden Fragebogen dazu befragt, welche Indikatoren des Manuals sie einbezogen haben und welche ungefähre Gewichtung sie ihrer Einschätzung nach den einbezogenen Indikatoren zugemessen haben.[55] Diese Angaben wurden mittels Häufigkeits- angaben und der Spannbreite der prozentualen Angaben analysiert. Für die Darstellung der Ergebnisse wurde wiederum das von den Ratern als leicht verständlich eingeschätzte Item 5 („Die gesamte Unterrichtszeit wurde für den Lernstoff verwendet"; s. Kapitel 10.4.1.1) ausgewählt. Die Ergebnisse können Tabelle 27 entnommen werden.

---

55 Für eine Auseinandersetzung mit der Tatsache, dass eine solche Angabe nicht den tatsächlichen Urteilsprozess von Ratern widerspiegeln kann, siehe Kapitel 10.5.1.1.

Tabelle 27:   Angaben der Rater zum Einbezug der Indikatoren im Manual und
deren Gewichtung in Bezug auf Item 5 in Unterrichtssequenz 3

Ind.-Nr.	Indikatorformulierung	Einbe-zug (n)	Gewichtung (in %)	
			Min.	Max.
	Positive Indikatoren			
1	Übergänge zwischen einzelnen Unterrichts-phasen erfolgen schnell und reibungslos. Es gibt keinen Leerlauf.	7	10	25
2	Das Austeilen und Einsammeln von Materialien ist gut organisiert und wird rasch erledigt.	5	10	40
3	Schülerbeiträge, die nicht dem „roten Faden" der Unterrichtsstunde zuzuordnen sind, werden von der Lehrkraft nicht weiter verfolgt.	2	10	20
4	Die Schüler sind nahezu ausnahmslos die gesamte Unterrichtszeit mit dem Unterrichtsinhalt befasst.	11	10	50
5	Organisatorische Maßnahmen sind auf das unbedingt Erforderliche beschränkt.	6	10	20
6	Mit Störungen wird so umgegangen, dass der Lehr-Lernprozess möglichst wenig beeinträchtigt wird.	5	10	30
	Negative Indikatoren			
7	Aufbau und Handhabung von Medien oder die Umgestaltung der Sitzordnung verbrauchen viel Zeit.	11	10	80
8	Organisatorische Dinge (z. B. Geldeinsam-meln, Klassenfahrt) werden besprochen.	2	10	15
9	Die Lehrkraft schweift vom Unterrichtsinhalt ab.	2	10	10
10	Die Lehrkraft lässt sich durch Schülerbeiträge von dem geplanten Stundeninhalt abbringen.	2	10	10
11	Der Unterrichtsfluss wird durch Störverhalten von Schülern unterbrochen.	7	10	30
12	Es gibt Interaktionen, die rein sozialen Charakter und damit keinen Bezug zum Lehrstoff haben.	2	10	10

Anmerkungen. Ind.-Nr. = Indikatorennummer; Einbezug = Anzahl an Ratern, die angegeben haben, den betreffenden Indikator in ihr Urteil einbezogen zu haben; Gewichtung = prozentualer Anteil, in dem die Rater, die den betreffenden Indikator einbezogen haben, diesen ihren Angaben zufolge gewichtet haben.

Es zeigen sich deutliche Unterschiede zwischen den Indikatoren im Hinblick darauf, von wie vielen Ratern sie deren Angaben zufolge einbezogen wurden (Spannweite R = 9 Rater). Auch das Ausmaß, in dem der prozentuale Einbezug der Indikatoren zwischen den Ratern variiert, ist deutlich indikatorenabhängig. So gibt es sechs Indikatoren, die von allen Ratern, die den entsprechenden Indikator einbezogen haben, mit 10% bis maximal 20% ähnlich niedrig gewichtet wurden (z. B. Indikator 9: „Die Lehrkraft schweift vom Unterrichtsinhalt ab"), aber auch drei Indikatoren, bei denen sich große Unterschiede in der Gewichtung durch die Rater zeigen (v. a. Indikator 7, Spannweite R = 70%; aber auch Indikator 4, Spannweite R = 40% und Indikator 2, Spannweite R = 30%). Diese Unterschiede in der Gewichtung zeigen sich auch in den Interviews. So begründet beispielsweise ein Rater, der Indikator 7 zu 80% gewichtet hat, sein Urteil mit einer vergebenen Antwortkategorie von 1 wie folgt:

Interview 3, Rater 9, Item 5, Antwortkategorie 1

Ja, da hab ich nicht zugestimmt, weil ähm ich finde, dass es relativ lang gedauert hat, bis die Kinder sich in dem Stuhlkreis zusammengefunden haben, bis sie ihre Bücher hatten, bis sie dann endlich mal ruhig waren und äh dann wurde noch'n Lied gesungen auf Englisch, so'n Gutemor-, Gutemorgenlied. Und ja, für die Sachen ging relativ viel Zeit nicht für den Lernstoff drauf und deswegen stimm ich nicht zu.

Ein Rater, der Indikator 7 mit nur 10% gewichtet hat, begründet sein Urteil mit der Antwortkategorie 4 hingegen wie folgt:

Interview 3, Rater 1, Item 5, Antwortkategorie 4

Am Anfang hat's 'n bisschen gedauert, bis sie alle im Stuhlkreis waren, aber .. des kommt, also es dauert einfach, bis 'n Stuhlkreis da is; Und es war jetz nich irgendwie übertrieben lange, dass es irgendwie ganz, ganz lange gedauert hat, bis wirklich, ähm, der Unterricht beginnen konnte. Somit … Stimme zu.

10.4.1.4 Antwortkategoriewahl

Zur Beantwortung der Frage, ob Schwierigkeiten bei der Wahl von Antwortkategorien festzustellen sind (Fragestellung 4.4), wurden zum einen die Interviews dahingehend kodiert, ob Rater zwischen zwei Antwortkategorien hin und her schwankten, und zum anderen, ob Inkongruenzen zwischen der gewählten Antwortkategorie und der gegebenen Begründung im lauten Denken bestanden. Insgesamt finden sich im Mittel über die drei Interviews in Bezug auf 12% der Items Aussagen, die sich als Schwierigkeiten der Rater beim Wählen einer Antwortkategorie kodieren lassen (Variation zwischen den einzelnen Interviews: 9% bis 17%).

Im Folgenden findet sich ein Beispiel für den Fall, dass Rater im Rahmen des Interviews artikulierten, dass sie sich nicht zwischen zwei Antwortkategorien entscheiden konnten:

Interview 3, Rater 4, Item 11, Antwortkategorie 3

Rater:	Hm, ja ((lacht)). Ähm, ja. Ich hab ähm stimme eher zu angekreuzt, da es halt um dieses ähm Kapitel aus dem Buch ging. Sie ham schon den Eindruck gemacht, als w – Also sie ham sich beteiligt und ham auch gut zughört, ähm von daher denk ich, wars schon interessant. Aber ich hab dann stimme eher zu angekreuzt, weil ich halt dachte: Naja, manche ham sich eben dann doch ab und zu mal net ganz so zugehört und ähm .. (1s). Ich denk mal auch net, dass alle sich wahrscheinlich für des Buch interessieren. Ja. ((lacht))
Interviewer:	Hmhm.
Rater:	Weiß man halt immer net so genau. Des is auch wieder die Entscheidung stimme eher zu oder stimme zu. Jetzt hab ich mich für den im einen Fall für des stimme zu entschieden. Bei den andern des eher nicht (stimme eher zu, ja. ?)
Interviewer:	Aha. Und können Sie des selbst nachvollziehen, warum des eine Mal des stimme zu geworden is und des andere Mal des stimme eher zu geworden is?
Rater:	Ja, wahrscheinlich, weil ich beides Mal dazwischen stand und dann halt des eine Mal des positiver bewertet hab und des andere Mal dann nicht, um des vielleicht auszugleichen ((lacht)), des negativere gewählt.

Ein Beispiel für eine Inkongruenz zwischen der gewählten Antwortkategorie und der entsprechenden Begründung findet sich im folgenden Transkript zum lauten Denken. In diesem Beispiel wählt der Rater die höchste Antwortkategorie, trifft in seiner Aussage dann aber deutliche Einschränkungen:

Lautes Denken 1, Rater 12, Item 11, Antwortkategorie 4

Interessant schon. Zwar kannte 'n Mädchen die Fußballspieler nicht, aber sie wirkte jetzt auch nich gelangweilt. Genauso auch die anderen Mädchen. Nicht äh zu Tode gelangweilt zumindest. Für die Jungen auf jeden Fall.

Neben den Kodierungen von Inkongruenzen im lauten Denken und den Interviews finden sich weitere Indizien für Inkongruenzen. Ein diesbezügliches Beispiel ist in Abbildung 21 zu sehen: Die Rater wurden nach der Einschätzung von Item 12 („Der Unterrichtsausschnitt war für die Schüler/-innen interessant") in Bezug auf Unterrichtssequenz 4 im Rahmen des begleitenden Fragebogens darum gebeten einzuschätzen, welcher Prozentanteil an Kindern die Unterrichtssequenz interessant fand. Abbildung 21 zeigt dabei auf, dass der Zusammenhang zwischen dem wahrgenommenen Anteil an interessierten Schülern und der gewählten Antwortkategorie zwischen den Ratern nicht vollkommen stimmig ist: Antwortkategorie 2 wird beispielsweise bei einem eingeschätzten Anteil von 10% interessierten Schülern vergeben (Rater 11), aber auch bei 65% interessierten Schülern (Rater 3). Auch Antwortkategorie 3 wird auf Basis deutlich unterschiedlicher Grundlagen vergeben, so z. B. von Rater 2 für geschätzte 50% interessierte Schüler und von Rater 8 für geschätzte 90% interessierte Schüler.

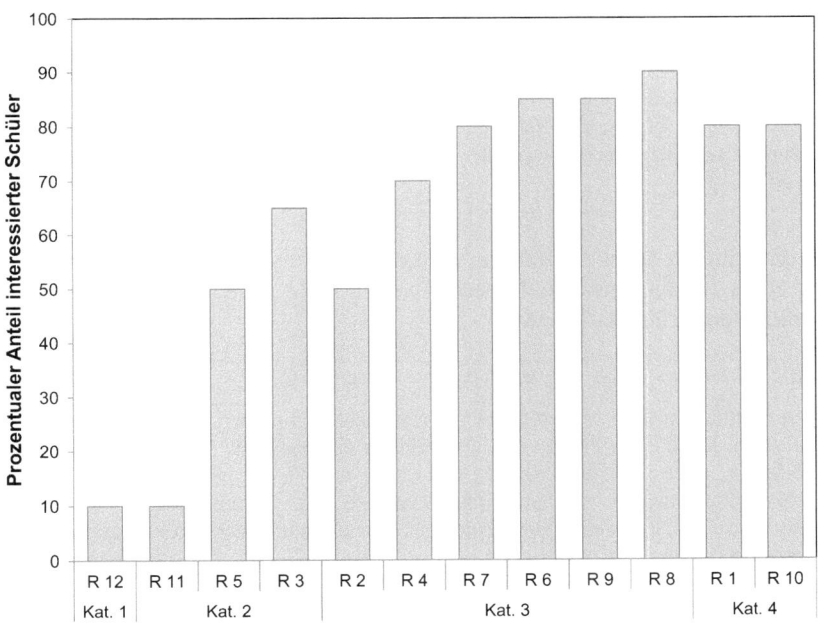

Abbildung 21:   Eingeschätzter Anteil interessierter Schüler und vergebene Antwortkategorie. R = Rater; Kat. = gewählte Antwortkategorie (1= stimme nicht zu; 4 = stimme zu).

10.4.1.5 Reihenfolge der Schritte des Urteilsprozesses

Um zu klären, ob unterschiedliche Reihenfolgen im Ablauf der Schritte des Urteilsprozesses festzustellen sind (Fragestellung 4.5), wurden exemplarische Textstellen herausgesucht. Auf eine Quantifizierung wurde an dieser Stelle verzichtet, da anhand des lauten Denkens oftmals nur ein oder zwei der Urteilsschritte identifiziert werden konnten und quantitative Aussagen somit wenig Aussagekraft besitzen. Betrachtet man diejenigen Transkripte, aus denen mehrere Urteilsschritte entnommen werden konnten, lassen sich unterschiedliche Reihenfolgen der Urteilsschritte feststellen. So findet sich in den Transkripten zum lauten Denken zum einen die vom Vierstufenmodell postulierte Reihenfolge: Rater benennen erst das Item, nennen dann die entsprechenden Indikatoren, bewerten diese dann und geben abschließend ein Urteil ab:

Lautes Denken 3, Rater 8, Item 11, Antwortkategorie 3

Die Lehrkraft hat die Schülerinnen für Beiträge zum Unterricht angemessen gelobt. Ähm .. (2s) Ja sie hat auf jeden Fall gelobt ähm .. (3s) gerade bei dem Schüler, der eben ja auch länger gebraucht hat, etwas zu formulieren. Da hat sie ihn sehr ausdrücklich gelobt. Ähm .. (2s) ja also sie hat des schon anerkannt, was sie gesagt haben. Ähm .. (2s) ja aber ich finde, sie hätte doch noch ein bisschen mehr loben können, mmh bei den Beiträgen der Schüler. Ähm und deshalb stimme ich eher zu. Weiter.

Darüber hinaus lesen die Rater in einigen Fällen erst das Item vor, geben dann sofort ihr Rating hinsichtlich dieses Items ab und zählen erst am Schluss die Indikatoren für ihr Rating auf:

Lautes Denken 3, Rater 10, Item 6, Antwortkategorie 4

Mit Schülerbeiträgen ist die Lehrkraft wertschätzend umgegangen. Da stimme ich zu. Also, ja sie is im Prinzip auf alle Beiträge eingegangen. Äh, hat zum Teil auch gesagt, wenn's nicht ganz korrekt war. Aber das ist durchaus 'n wertsch-, wertschätzender Umgang. Sie hat durchaus gezeigt, dass sie den Beitrag ernst nimmt, dass sie zuhört, dass sie, ja eben dann auch darauf eingeht, auch wenn's eben nich so korrekt is.

10.4.2 Die Eignung der Methode des lauten Denkens

Bislang wurden die Daten aus dem lauten Denken inhaltlich interpretiert. Um einen ersten Anhaltspunkt dafür zu erhalten, wie vertrauenswürdig diese Daten als Informationsquelle zu Urteilsprozessen sind, wurden die Rater im Abschluss-Interview (vgl. Kap. 10.3.4.3) zu ihren Erfahrungen mit der Methode des lauten Denkens befragt. Es wurden drei Fragen gestellt und zwar (a), ob alle Gedanken und Überlegungen verbalisiert werden konnten, (b) ob die Vorgehensweise beim Denken trotz des lauten Denkens dieselbe geblieben ist, und (c), ob die Rater Aspekte verbalisiert haben, die ihnen nicht durch den Kopf gingen. Die Häufigkeitsverteilungen der Antworten der Rater zu diesen Fragen werden nachfolgend berichtet.

Verbalisierung aller Gedanken und Überlegungen

Um mögliche Einbußen im Hinblick auf die Validität des lauten Denkens zu klären, wurden die Rater in den Abschlussinterviews (vgl. Kap. 10.3.4.3) gefragt, ob sie all ihre Gedanken und Überlegungen während des Ratings verbalisiert haben (vgl. Fragestellung 4.6). Fünf der zwölf Rater bejahten diese Frage mit leichten Einschränkungen (z. B.: „Eher ja. Manchmal habe ich das laute Denken vergessen, aber das habe ich oft direkt gemerkt und die Gedanken dann nochmal ausgesprochen."), vier Rater bejahten die Frage mit deutlichen Einschränkungen (z. B.: „War bemüht, aber Bilder sind schwer zu verbalisieren.") und drei verneinten die Frage (z. B.: „Nur etwas mehr als die Hälfte der Gedanken. Manche Gedanken konnten nicht verbalisiert werden und manche waren nicht bewusst, da war einfach die Antwort klar."). Keiner der Rater gab an, alle Gedanken und Überlegungen verbalisiert zu haben.

Das folgende Transkript ist ein Beispiel für diese Problematik: Die langen Pausen zwischen den Aussagen bei 5 der 12 Items (z. B. Item 4) machen deutlich, dass nicht davon ausgegangen werden kann, dass die Rater alle Gedanken und Überlegungen verbalisierten.

Lautes Denken 4, Rater 5	
Item 1.	Stimmt.
Item 2.	((blättert)) …. (10s) Hm. Joa.
Item 3.	War auch gut.
Item 4.	Hmm, hmhm …. (18s) Hm. War aber nich so verständlich ((atmet laut)).
Item 5.	Wurde für den Unterricht verwendet. Stimmt. ((blättert)).
Item 6.	Wertschätzend. Joa. ((blättert)) …. (9s) Stimmt.
Item 7.	Freundlich.
Item 8.	Ausreden lassen. Ja.

Lautes Denken 4, Rater 5

Item 9.   ((flüstert)) ausreichend Zeit zum Nachdenken. ((blättert))

Item 10.   Angemessen gelobt ((pustet)) .... (14s) Stimme zu.

Item 11.   Hm. Interessant. Gute Frage. ((blättert))

Item 12.   Angemessen. Gute Frage. ((flüstert)) ((blättert)) .... (9s) Hm.

Vorgehensweise lautes Denken vs. reguläres Denken

Der Frage, ob die Vorgehensweise beim Denken trotz des laut Denkens dieselbe bleibt (vgl. Fragestellung 4.7), stimmten vier der zwölf Rater uneingeschränkt zu und acht Rater stimmten mit Einschränkungen zu (z. B. „Ja, aber das Sprechen hat ein bisschen abgelenkt."). Keiner der Rater gab eine deutliche Veränderung in den Denkprozessen durch das Verbalisieren an.

Im Folgenden findet sich ein Beispiel dafür, wie ein Rater Veränderungen des Denkens durch das laute Denken thematisiert. Das Transkript bezieht sich auf eine Situation, in der der Rater überlegt, welches Gesamturteil er in Bezug auf eine Unterrichtssequenz abgeben soll, die er soeben beurteilt hat:

Lautes Denken 2, Rater 11, Gesamturteil

Tja, wie habe ich jetzt wohl geantwortet? Vor lauter Reden weiß ich nicht mehr, was ich bewertet habe ... (?) Mal überlegen ...(6s) Der erste Teil hat mir ja doch ...(6s) (unverständliche Stimme). Ja, ich denke das kommt auch ganz gut hin. Eine Zwei war es definitiv nicht. Weil es ein paar Mal ein bisschen blöd (unverständliche Stimme), ein bisschen altbacken war es. Aber, doch eine Drei war es. Die kann man ihm geben.

Im nächsten Beispieltranskript wird ersichtlich, dass das laute Denken nicht ausschließlich als inneres Sprechen – und damit als Abbildung des Denkprozesses von Personen – verstanden werden kann, sondern auch dialogische Aspekte enthält:

Lautes Denken 5, Rater 8, Item 7, Antwortkategorie 3

Ähm die Lehrkraft war freundlich zu den Schülerinnen. Ähm also die ausdrückliche Begrüßung hat gefehlt, die hat meiner Ansicht nach vorher stattgefunden. Ähm .. (1s) dann Höflichkeit, ja, sie war soweit ganz höflich, war ganz nett, hat jetzt auch nich irgendwie .. (1s) geflucht oder war irgendwie unfreundlich ((gähnt)) – Entschuldigung! – ähm ((lacht)) zu den Schülern ähm deswegen stimme eher zu. Weiter.

Verbalisierung von Zusatzerklärungen

Auf die Frage des Interviewers, ob die Rater beim lauten Denken Dinge verbalisiert haben, die sie so nicht gedacht haben (vgl. Fragestellung 4.8), gaben sechs der zwölf Rater an, dass sie nichts verbalisierten, was ihnen nicht durch den Kopf ging, fünf Rater gaben an, dass sie eventuell Aspekte verbalisierten, die ihnen nicht durch den Kopf gingen und ein Rater gab an, dass er Aspekte verbalisierte, die ihm nicht durch den Kopf gingen.

10.5 Diskussion

Die explorativ angelegte Studie 4 sollte dazu dienen, einen ersten Einblick in Wahrnehmungs- und Deutungsprozesse von Ratern bei der Einschätzung von Unterrichtsqualität zu erhalten. Obwohl divergierende Wahrnehmungs- und Deutungsprozesse von Ratern als zentrale Ursachen von Rater-Bias diskutiert werden (z. B. Hoyt, 2000; Myford & Wolfe, 2003; Pietsch & Tosana, 2008), existieren in der Unterrichtsforschung bislang keine Studien, die auf entsprechende Urteilsprozesse fokussieren (s. auch Kapitel 10.1). In der vorliegenden Studie wurden Wahrnehmungs- und Deutungsprozessen von Ratern bei der Einschätzung von Unterricht mithilfe von lautem Denken, Interviews und quantitativen Fragebogendaten untersucht. Als Grundlage der Auswertung diente das Vierstufenmodell von Tourangeau (1984).

Im Folgenden werden die Befunde zu Wahrnehmungs- und Deutungsprozessen von Ratern bezogen auf die einzelnen Schritte des Vierstufenmodells diskutiert (Kapitel 10.5.1.1). Anschließend wird kritisch auf die in dieser Studie getroffene Einordnung bestimmter Vorkommnisse als Probleme im Urteilsprozess eingegangen sowie auf die Identifikation von entsprechenden Problemen (Kapitel 10.5.1.2). Dabei wird auch diskutiert, inwiefern sich das Vierstufenmodell für die Untersuchung der vorliegenden Fragestellungen eignet. Das Kapitel schließt mit einer kritischen Betrachtung einiger methodischer Gesichtspunkte der Studie (Kapitel 10.5.2).

10.5.1 Inhaltliche Diskussion

10.5.1.1 Wahrnehmungs- und Deutungsprozesse: Analyse mithilfe des Vierstufenmodells

In der Unterrichtsforschung wird geschulten Beobachtern eine hohe Fähigkeit zur Einschätzung von Unterricht beigemessen (s. z. B. Clare et al., 2001; Helmke, 2009; Petko et al., 2003; Pianta & Hamre, 2009; Rakoczy, 2008; Waldis et al., 2010). Durch das durchlaufene Training sollten sich die

Beobachter erstens einig darüber sein, was mit den einzelnen Items gemeint ist (Iteminterpretation), zweitens wissen, welche Indikatoren für die Ausprägung eines Items herangezogen werden können (Suche und Auswahl von Indikatoren), und drittens sich darüber im Klaren sein, wie diese in ein Urteil integriert werden können (Informationsintegration). Viertens sollten Rater auch kompetent darin sein, dieses Urteil mithilfe der zur Verfügung stehenden Antwortkategorien auszudrücken (Antwortkategoriewahl). Jeder dieser Schritte ist hoch komplex und kann daher von Ratern auf verschiedene Arten vollzogen werden (vgl. Groves et al., 2009; Salvia & Meisel, 1980). Die Ergebnisse der empirischen Analysen von Studie 4 werden im Folgenden für jeden der genannten Schritte besprochen und diskutiert.

Iteminterpretation

In Studie 4 wurde zunächst der Frage nachgegangen, wie verständlich die einzelnen Items für die Rater sind. Es zeigte sich, dass die Rater alle eingesetzten Items verständlich bis sehr verständlich fanden. Für ausgewählte Items wurde daraufhin der Frage nachgegangen, ob bei der Einschätzung von Unterricht durch externe Beobachter unterschiedliche Iteminterpretationen eine Rolle spielen. Trotz der von den Ratern wahrgenommenen hohen Verständlichkeit der Items zeigten die Daten, dass die Rater einzelne Begriffe deutlich unterschiedlich verstanden. Wie bei den quantitativen Rater-Effekten scheint auch bei der Interpretation von Items keine vollständige Eliminierung von Rater-Unterschieden durch ein entsprechendes Training möglich zu sein (s. auch Ang-Aw & Goh, 2011). Solche unterschiedlichen Interpretationen von Items bedeuten eine deutliche Einschränkung der Validität von Ratings (Desimone & Le Floch, 2004; Karabenick et al., 2007; Mallinson, 2002; McNamara, 1996; Orr, 2002; Urdan & Mestas, 2006). Betrachtet man die von den Ratern empfundene hohe bis sehr hohe Verständlichkeit der Items und die dennoch auftretenden Unstimmigkeiten bezüglich der Iteminterpretationen gemeinsam, lässt sich außerdem vermuten, dass Rater sich oft nicht darüber im Klaren sind, dass ihre eigenen Iteminterpretationen nicht unbedingt denen anderer Rater sowie denen der Forscher entsprechen (vgl. auch Morton-Williams & Sykes, 1984; Oksenberg et al., 1991).

Die Befunde der vorliegenden Studie lassen erstens vermuten, dass die Qualität von Fragen nicht allein über die Einschätzung der Verständlichkeit der Fragen festgestellt werden kann; zweitens, dass Rater-Trainings noch stärker auf Iteminterpretationen fokussieren sollten, und drittens, dass beim Einsatz von Ratern eine explizite Überprüfung (z. B. mittels eines Tests) notwendig ist, ob das Itemverständnis der Rater tatsächlich dem intendierten Verständnis entspricht.

Suche und Auswahl von Indikatoren

In Bezug auf den Schritt „Suche und Auswahl von Informationen" des Vier-stufenmodells wurden die Rater zunächst im Rahmen der begleitenden Frage-bogenerhebung dazu befragt, in welchem Ausmaß sie die einzelnen Items an beobachtbaren Indikatoren festmachen konnten. Alle Items wurden im Mittel als beobachtbar bis sehr gut beobachtbar eingeschätzt, es zeigten sich jedoch deutliche Unterschiede zwischen den Items. Wie zu erwarten wurden Items, die sich auf offen sichtbare Aspekte beziehen (z. B. der pünktliche Unter-richtsbeginn) als sehr gut beobachtbar wahrgenommen; Items hingegen, zu de-ren Beantwortung Hintergrundinformationen nötig sind (z. B. die Beurteilung, inwiefern der Unterricht adäquat in Bezug auf die unterschiedlichen Lernvor-aussetzungen der Schüler war), erhielten deutlich niedrigere Werte. Solche Un-terschiede zwischen Items sind ein Hinweis darauf, dass in zukünftigen Stu-dien verstärkt Schritte unternommen werden sollten, schwer zu beobachtende Items an konkreten Indikatoren zu verankern.

In der vorliegenden Studie nannten die Rater v. a. positive vorkommende Indikatoren, negative vorkommende oder fehlende Indikatoren sowie fehlende positive Indikatoren wurden hingegen deutlich seltener genannt. Dass v. a. positive vorkommende Indikatoren genannt wurden, kann an den beobachteten Unterrichtssequenzen liegen – es kann sein, dass sie tatsächlich kaum negative Indikatoren beinhalteten. Die häufige Nennung positiver vorkommender Indikatoren könnte aber auch ein Hinweis auf einen Akquieszenz-Bias sein: Aus etlichen Studien weiß man, dass Personen bei positiv formulierten Items v. a. nach bestätigenden Informationen suchen und daher dazu neigen, poten-tiell vorhandene negative Indikatoren außen vor zu lassen (zusammenfassend Krosnick, 1999). Das in Studie 4 eingesetzte Ratinginstrument enthält ausschließlich positiv formulierte Items. Gilt der Akquieszenz-Bias auch für den Bereich der Einschätzung von Unterricht, würde dies zu deutlichen Fehleinschätzungen der tatsächlichen Ausprägungen von Unterrichtsqualitäts-merkmalen führen. Um zu überprüfen, inwiefern für die Einschätzung von Unterrichtsqualität solche Strategien eine Rolle spielen, ist ein experimentelles Design notwendig, das auch negativ formulierte Items oder entsprechend manipulierte Unterrichtsvideos verwendet.

Probleme beim Suchen und Finden von Indikatoren traten im Mittel über die Unterrichtssequenzen bei einem Viertel der Items auf. Diese Probleme wurden v. a. auf intuitive Vorgehensweisen von Ratern zurückgeführt, die in den ver-balen Protokollen keinerlei Indikatoren für ihr Urteil angegeben haben (für ei-ne Diskussion der Frage, ob intuitive Vorgehensweisen als Problem beim Su-chen und Finden von Indikatoren angesehen werden kann, siehe Kapitel

10.5.1.2). Es lässt sich vermuten, dass hinter den intuitiven Vorgehensweisen heuristische Strategien stehen (für einen Überblick zu Heuristiken s. Gigerenzer & Gaissmaier, 2011). Welche Art von Heuristiken bei der Einschätzung von Unterrichtsqualität eine Rolle spielen und in welchem Ausmaß sie auftreten, sind interessante Fragen für zukünftige experimentelle Untersuchungen.

Neben den Befunden im Rahmen des lauten Denkens fanden sich auch in den Interviews explizite Angaben zu Problemen bei der Indikatorensuche und -auswahl – allerdings nur vereinzelt. Einen ähnlichen Befund berichten auch Oksenberg und Kollegen (1991). Die Autoren untersuchten das Antwortverhalten von Probanden bei der Beantwortung eines Fragebogens zur Gesundheitsvorsorge. Auch hier gaben nur wenige Probanden in den Interviews Probleme bei der Suche und Auswahl von Informationen an; die Kodierung des Verhaltens der Probanden in den Interviews hingegen ließ auf einen hohen Anteil an Problemen bei der Suche und Auswahl von Informationen schließen. Die Autoren interpretieren diesen Befund so, dass Probanden annehmen, sie hätten als Person keine Probleme bei der Beantwortung von Items, weil sie sich ihrer inadäquaten Antworten nicht hinreichend bewusst sind.

Die Tatsache, dass die im Ratingmanual für jedes Item aufgelisteten Indikatoren auch zum Zeitpunkt der Interviews – und damit nach der Einschätzung von knapp 60 Videosequenzen – noch vereinzelt nachgeschlagen wurden, ist ein Hinweis darauf, dass nicht alle Indikatoren unmittelbar eingängig sind. Dies zeigt, dass die übliche Praxis in der Unterrichtsforschung, Ratern für die Durchführung der Einschätzungen Ratingmanuale zur Verfügung zu stellen, sinnvoll und wichtig ist.

Entsprechend dem PERSON-Modell von Kenny (2004; s. auch Kapitel 4.4.1) zur Erklärung von Unterschieden in der interpersonellen Wahrnehmung, sollten unterschiedliche Rater bei der videobasierten Einschätzung von Unterricht ähnliche Indikatoren für ihr Urteil heranziehen: Zum einen steht jedem Rater dieselbe Informationsgrundlage zur Verfügung (*complete overlap*) und zum anderen wurden die Rater im Hinblick auf ein gemeinsames Merkmalsverständnis sowie auf die Berücksichtigung ähnlicher Indikatoren trainiert (*shared meaning system*). Es ist jedoch ein zentrales Ergebnis der vorliegenden Studie, dass sich Rater deutlich in Bezug auf den Schritt Suche und Auswahl von Informationen unterschieden. So wurde zum einen die Beobachtbarkeit der einzelnen Items von den Ratern als sehr unterschiedlich eingeschätzt. Die von den Ratern einbezogenen Indikatoren variieren zudem deutlich in ihrer Anzahl. Rater unterscheiden sich außerdem darin, in welchem Ausmaß sie positive bzw. negative Indikatoren herangezogen haben (s. Kapitel 10.4.2.2). Die genannten Befunde zeigen auf, dass vorhandene Unterschiede zwischen Ratern in ihren Ratings u. a. darauf zurückzuführen sind, dass Rater für ihr Urteil unterschiedliche Informationen heranziehen: „When evaluating performance, raters may look at any and all behaviors that are demonstrated and deemed relevant" (Uggerslev & Sulsky, 2008, S. 712). Inwiefern die vorhandenen Unterschiede zwischen Ratern in Bezug auf die Suche und Auswahl von Informationen in Zusammenhang mit der Qualität der Ratings stehen, lässt sich mit der vorliegenden Untersuchung nicht erschließen. Dies zu klären ist eine wichtige Aufgabe für zukünftige Studien: Stehen Rater-Unterschiede tatsächlich in Zusammenhang mit der Qualität von Ratings, könnten ideale Rater-Verhaltensweisen identifiziert werden, die in einem nächsten Schritt dann in Rater-Trainings vermittelt werden könnten.

Informationsintegration

Für den Schritt der Informationsintegration liegen im Vergleich zu den anderen Schritten in der vorliegenden Studie nur wenige Ergebnisse vor. Dies ist darauf zurückzuführen, dass die in der Studie eingesetzten Methoden für eine Untersuchung der Integration von Informationen nur bedingt geeignet sind. Die Angaben der Rater zur Gewichtung deuten darauf hin, dass Rater sich zum Teil auf dieselben Indikatoren bezogen, diese aber unterschiedlich gewichteten. Diese Befunde finden Unterstützung in den Interviews. Trotz der Übereinstimmung zwischen den Interviewaussagen und den Angaben zur Gewichtung ist jedoch nicht davon auszugehen, dass die im Nachhinein von den Ratern eingeschätzten Gewichtungen den tatsächlichen Gewichtungen entsprechen, da Rater vermutlich nicht über einen umfassenden Einblick in die von ihnen einbezogenen Indikatoren und auch nicht in deren Gewichtung verfügen. Die Befunde können daher lediglich als erstes Indiz dafür gesehen werden, dass sich auch die Integration von Informationen zwischen Ratern unterscheidet. Daher sollte dieser Schritt der Urteilsbildung in weiteren Untersuchungen mittels experimenteller Untersuchungen in den Blick genommen werden.

Antwortkategoriewahl

Im Mittel ließen sich bei 12% der Items Probleme bei der Wahl einer geeigneten Antwortkategorie nachweisen. Dass dabei auch hinter derselben Antwortkategoriewahl unterschiedliche Wahrnehmungen des einzuschätzenden Gegenstands stehen können, zeigt der Vergleich der gewählten Antwortkategorien in Bezug auf Item 12 („Der Unterrichtsausschnitt war für die Schüler-/innen interessant") mit dem prozentualen Anteil an Schülern, die von den Ratern in einer Unterrichtssequenz als interessiert eingeschätzt wurden: Zum Teil beziehen sich dieselben Antwortkategorien auf einen deutlich unterschiedlich eingeschätzten Prozentanteil interessierter Schüler.

Etliche Autoren weisen darauf hin, dass unspezifische Antwortkategorien, wie sie auch in der vorliegenden Untersuchung angewandt wurden, aufgrund ihrer unterschiedlichen Verwendung je nach Rater oft problematisch sind (z. B. Fiske, 1995; Groves et al., 2009; Karabenick et al., 2007; Krosnick, 1999). Um Unterschiede zwischen Ratern im Hinblick auf ihren Umgang mit Antwort-kategorien zu minimieren, bieten sich alternative, konkreter formulierte Antwortkategorien an, wie sie z. B. in den Untersuchungen von Kobarg und Seidel (2005) oder Rakoczy und Pauli (2006) eingesetzt wurden. In Bezug auf das Item zu sachlich-konstruktiver Rückmeldung durch die Lehrkraft finden sich bei Rakoczy und Pauli (2006) beispielsweise folgende Antwortkategorien: „keine Rückmeldung ist sachlich-konstruktiv", „weniger als die Hälfte der Rückmeldungen ist sachlich-konstruktiv", „mehr als die Hälfte der Rück-meldungen ist sachlich-konstruktiv" und „alle Rückmeldungen sind sachlich-konstruktiv". Dass eine solche konkrete Benennung nicht einfach umzusetzen ist, zeigt sich dadurch, dass im Ratingmanual von Rakoczy und Pauli (2006) nur ein Fünftel der Items konkrete Kategorienbenennungen aufweist. Auf Basis der vorliegenden Untersuchung scheint es sinnvoll, verstärkt über solche Verankerungsmöglichkeiten von Antwortkategorien nachzudenken – auch wenn empirische Untersuchungen dazu, ob Probleme im Hinblick auf die Wahl von Antwortkategorien mit konkret benannten Antwortkategorien tatsächlich minimiert werden können, noch ausstehen.

Reihenfolge der Stufen

Krosnick (1999) sowie Tourangeau und Kollegen (2000) halten es für wahrscheinlich, dass Rater die Schritte des Urteilsprozesses in unterschied-lichen Reihenfolgen durchlaufen. Die vorliegende Studie liefert über das laute Denken erste empirische Indizien für diese Annahme. Welche Konsequenzen unterschiedliche Reihenfolgen der Schritte haben, bleibt in den genannten Publikationen offen. Um dies zu klären, wären Befunde dazu notwendig, ob unterschiedliche Vorgehensweisen mit der Qualität von Ratings in Zusam-menhang stehen. Es scheint auch deshalb sinnvoll, Studien zu dieser Frage durchzuführen, weil deren Ergebnisse für das Training von Ratern genutzt werden könnten: Sollte eine bestimmte Vorgehensweise mit einer höheren Ratingqualität verbunden sein, könnten Trainings darauf ausgerichtet werden, Rater entsprechend zu schulen.

10.5.1.2 Annahmen bei der Untersuchung von Urteilsprozessen

Zuschreibung von Problemen im Urteilsprozess

Willis (2004) zufolge sollte ein Ziel von Untersuchungen des Urteilsprozesses sein, Probleme im Urteilsprozess zu identifizieren: „Key objective of cognitive interviewing is not simply to understand the strategies or general approaches that subjects use to answer the questions, but to detect potential sources of response error associated with the targeted questions" (S. 24f.). Zu einer solchen Identifikation von Problemen bietet sich nach Willis (2004) das Vierstufenmodell an.

In der vorliegenden Studie wurden folgende Fälle als Probleme für den Urteilsprozess angesehen: (a) Rater sprachen im Interview von sich aus oder durch Nachfrage des Interviewers an, dass sie nicht genau wussten, welche Indikatoren sie heranziehen sollten bzw. ob die gewählten Indikatoren adäquat sind, (b) Rater nannten keinerlei Indikatoren, sondern gingen rein intuitiv vor, (c) Rater gaben an, dass sie sich nicht entscheiden konnten, welche Antwortkategorie am angemessensten ist, und (d) die gegebene Begründung und die gewählte Antwortkategorie waren deutlich inkongruent.

Dass die Aspekte a und c Probleme für den Urteilsprozess darstellen, kann recht eindeutig angenommen werden, da die Rater selbst diese Aspekte als Probleme thematisieren. Nicht eindeutig feststellbar ist hingegen, ob Aspekt d ein Problem darstellt: Zwar treten zwischen Begründung und Antwortkategorie deutliche Inkongruenzen auf; eine eindeutige Zuordnung, dass die Inkongruenz auf ein Problem bei der Antwortkategoriewahl hindeutet und nicht eine andere Ursache zugrunde liegt, ist auf Basis der vorliegenden Analysen nicht möglich. Der meiste Diskussionsbedarf besteht in Bezug auf Aspekt b und damit in Bezug auf die Frage, ob intuitive Vorgehensweisen von Ratern als Problem bei der Suche und Auswahl von Indikatoren betrachtet werden sollten. Insbesondere aus der Forschung zu Bounded Rationality weiß man, dass Heuristiken nicht zu schlechteren Urteilen führen müssen und in manchen Fällen sogar adäquatere Urteile zur Folge haben (Kahneman et al., 1982; Marewski et al., 2010; Strack & Deutsch, 2004). Strong und Kollegen (2011) argumentieren für den Bereich der Einschätzung von Unterricht jedoch damit, dass rationale, abwägende Vorgehensweisen zu bevorzugen sind. Sie vermuten in diesem Zusammenhang, dass intuitive Vorgehensweisen bei der Einschätzung von Unterricht einer der Gründe dafür sein könnten, dass Unterrichtsbeobachtungen und die Lern- und Leistungsentwicklung von Schülern nur gering zusammenhängen. Strong und Kollegen (2011) schlussfolgern aus den Ergebnissen ihrer Studien, dass Rater darin trainiert werden sollten, rational statt intuitiv vorzugehen. Dies ist schon allein auch deswegen sinnvoll, weil intuitive Vorgehensweisen kaum vermittelbar sind (Funder, 1999). Zudem dienen Trainings dazu, dass Rater Unterricht entsprechend der Vorstellungen der Forscher einschätzen lernen. Dies setzt einen hinreichenden Bezug zu den Indikatoren der jeweiligen Manuale voraus. Aus den genannten Gründen wurden in der vorliegenden Untersuchung intuitive Vorgehensweisen von Ratern als problematisch im Hinblick auf die Suche und Auswahl von Indikatoren gesehen. Ist die dargestellte Argumentation richtig, sollten Unterschiede im Ausmaß an Problemen zwischen Ratern – und damit auch im Hinblick auf intuitive Vorgehensweisen – mit Unterschieden in der Qualität der Urteile einhergehen (vgl. für diese Argumentation auch Groves et al., 2009). Es ist eine wichtige Aufgabe für zukünftige Untersuchungen, dies empirisch zu überprüfen.

Die Eignung des Vierstufenmodells

Die durchgeführten Analysen basieren auf dem Vierstufenmodell von Tourangeau (1984). In der vorliegenden Arbeit wurde damit angenommen, dass das Modell eine annähernd korrekte Beschreibung des Urteilsprozesses liefert. Die Angemessenheit des Vierstufenmodells zur Beschreibung des Urteilsprozesses von Ratern kann unter Rückgriff auf die Forschung zu Bounded Rationality (s. Gigerenzer & Selten, 2002) und zur sozialen Kognition (s. Fiske & Taylor, 2008) jedoch hinterfragt werden. Unabhängig von der Frage, wie wünschenswert eine rationale Vorgehensweise ist (s. Kapitel 10.5.1.2), müsste für Unterrichtseinschätzungen geschulter Beobachter ein gezielter Vergleich von Modellen der sozialen Kognition oder der Bounded Rationality mit dem Vierstufenmodell erfolgen. Nur so kann identifiziert werden, welches Modell die Vorgehensweise von Ratern im Bereich der Unterrichtsforschung adäquater abbilden kann. Um dies zu erforschen, sind jedoch andere als die in der vorliegenden Studie eingesetzten Methoden und dabei v. a. experimentelle Ansätze notwendig.

10.5.2 Methodische Diskussion

10.5.2.1 Die Aussagekraft der gewählten Erhebungsmethoden

Die Befunde der vorliegenden Studie basieren zu einem Großteil auf verbalen Protokollen und Interviews, auf Erhebungsmethoden also, bei denen vorausgesetzt werden muss, dass Personen die Gründe für ihre Einschätzungen bewusst sind und Urteilsprozesse verbalisierbar sind. In der Literatur wird kontrovers diskutiert, inwiefern dies der Fall ist (Conrad et al., 1999; Ericsson & Simon, 1993; Fiske, 1995; Funder, 1999; Nisbett & Wilson, 1977; Winkielman & Schooler, 2009).

Die Methode des lauten Denkens

Der Einsatz der Methode des lauten Denkens ist nicht unproblematisch. Aus vielen Studien ist bekannt, dass die Methode zu Verzerrungen von Daten über Urteilsprozesse führen kann (s. auch Kapitel 10.1.3.1). Um solchen potentiellen Verzerrungen nachzugehen, wurden in der vorliegenden Studie Selbstberichte der Rater herangezogen. Neun von zwölf Ratern berichteten, dass sie im Rahmen des lauten Denkens nicht all ihre Gedanken und Überlegungen verbalisieren konnten. Acht der zwölf Rater gaben zudem an, dass ihre Vorgehensweise beim Denken durch das laute Denken leicht verändert wurde. Dass beim lauten Denken Aspekte verbalisiert wurden, die so nicht gedacht wurden, bejahte ein Rater und fünf waren sich nicht sicher. Die Interpretierbarkeit der Ergebnisse des lauten Denkens muss auch durch die potentielle Orientierung der Rater auf einen Kommunikationspartner hin eingeschränkt werden. Sasaki (2008) konnte in einer Studie zeigen, dass das laute Denken von Probanden auch dann, wenn der jeweilige Interviewer während des lauten Denkens nicht im Raum war, nicht als inneres Sprechen ablief, sondern auf einen imaginären Zuhörer hin ausgerichtet war. Soziale Orientierungen dieser Art fanden sich auch in der vorliegenden Arbeit. Sasaki (2008) weist darauf hin, dass lautes Denken daher nur unter Berücksichtigung des jeweiligen Kontexts interpretiert werden sollte.

Zusammengenommen deuten die Selbstberichte der Rater analog zur Studie von Praetorius und Kollegen (2010) darauf hin, dass die Methode des lauten Denkens für die vorliegende Fragestellung nur mit Einschränkungen nutzbar ist. Diese Problematik findet sich in etlichen anderen Studien (z. B. Russo et al., 1989; für einen Überblick siehe Leighton, 2004). Brinkman (1992) weist darauf hin, dass es auch bei partiellen Problemen der Methode sinnvoll sein kann, sie einzusetzen, um erste Hinweise auf die ablaufenden Urteilsprozesse zu erhalten. Dies gilt insbesondere aufgrund der wenigen Alternativen: „There are really only two ways in which researchers can attempt to measure judgment/formation, through thinkalouds and through experimentation" (Sudman et al., 1996, S. 4). Ähnlich wie in den oben erwähnten Studien ist daher auch das Fazit der vorliegenden Studie: Die Methode des lauten Denkens ist aus methodischer Sicht an bestimmten Stellen problematisch. Aufgrund der Einblicke in die Denkprozesse der Probanden sowie mangelnder methodischer Alternativen wurde die Methode im Rahmen der vorliegenden Studie eingesetzt. Die Ergebnisse müssen daher jedoch mit Vorsicht interpretiert werden. Mit dem Wissen, dass die Methode des lauten Denkens für die Untersuchung von Urteilsprozessen bei der Einschätzung von Unterrichtsqualität zu Problemen führt, sollten in zukünftigen Untersuchungen anstelle oder ergänzend zum lauten Denken andere Prozessdaten wie z. B. Eye-tracking (für eine Übersicht siehe Duchowski, 2007) oder aber experimentelle Ansätze gewählt werden, in denen einzelne Komponenten des Urteils manipuliert werden können (s. auch Wilson, 1994). Die durch das laute Denken identifizierten Auffälligkeiten können dabei als Ausgangspunkt für die Bildung von Hypothesen genutzt werden.

Neben der Frage, ob Personen dazu in der Lage sind, Auskunft über den Prozess ihres Urteils zu geben, kann auch diskutiert werden, inwiefern interindividuelle Unterschiede zwischen Ratern hinsichtlich ihrer Vorgehensweise oder der von ihnen thematisierten Probleme tatsächlich rein inhaltlich interpretiert werden können. Es ist möglich, dass einige Rater bestimmte Dinge verbalisieren, andere hingegen nicht (s. auch Conrad et al., 1999; Kail & Bisanz, 1982): „The rub for cognitive interviewing is that the inability to report on a process does not mean it is free of problems. It simply means we do not have any data about the process" (Conrad et al., 1999, S. 3). Tourangeau (2003) sowie Kail und Bisanz (1982) betonen die Notwendigkeit, mehrere Erhebungsmethoden zu kombinieren. Dies wurde mit verbalen Protokollen, verbalen Probes und quantitativen Fragebogenerhebungen in der vorliegenden Untersuchung in Ansätzen umgesetzt, sollte in zukünftigen Studien jedoch noch stärker realisiert werden.

Die Methode verbaler Probes

Auch die ergänzend zum lauten Denken durchgeführten verbalen Probes im Rahmen von Interviews sind nicht unproblematisch: Erstens wurden die Probanden dazu aufgefordert, ihr Urteil im Nachhinein zu begründen. Dies kann zu Verzerrungen der berichteten Gründe im Vergleich zu den tatsächlichen Gründen führen. Zweitens war das Interview vergleichsweise offen gehalten: Lediglich der Eingangs-Probe war standardisiert, in dem die Interviewer die Rater nach der Begründung für die von ihnen gewählte Antwortkategorie baten. Je nach Antwort der Rater und der Situation stellten die Interviewer unterschiedliche Anschlussfragen. Dies bedeutet, dass in einigen Interviews Probleme hinsichtlich der Antwortkategoriewahl oder der Suche und Auswahl von Indikatoren thematisiert wurden, in anderen Interviews diese Probleme hingegen nicht zur Sprache kamen. Es kann daher vermutet werden, dass der tatsächliche Anteil an Problemen bei der Antwortkategoriewahl und der Suche und Auswahl von Indikatoren höher liegt, als es die vorliegenden Analysen suggerieren. Eine dritte Einschränkung der verbalen Probes betrifft die Interviewer: Da in der vorliegenden Untersuchung vier Interviewer eingesetzt wurden, sind Interviewereffekte – insbesondere aufgrund der lediglichen Teilstandardisierung der Interviews – nicht auszuschließen.

10.5.2.2 Analysegegenstand und gewählte Analysemethoden

Analysegegenstand

Ein zentraler Punkt für die Interpretation der Ergebnisse von Studie 4 ist die Tatsache, dass sich die Einschätzungen der Rater nicht auf komplette Unterrichtsstunden, sondern jeweils auf die ersten zehn Minuten der Unterrichtsstunden beziehen. Es ist offen, inwiefern die Ergebnisse der vorliegenden Studie auf Einschätzungen von Ratern generalisiert werden können, die sich auf komplette Unterrichtsstunden beziehen. Es ist zu vermuten, dass das Ausmaß an Problemen bei Einschätzungen kompletter Unterrichtsstunden deutlich höher ist, weil die abzuwägenden Informationen mit längerer Dauer der Videosequenzen zunehmen.

Analysemethoden

In der vorliegenden Arbeit wurde auf die Inhaltsanalyse nach Mayring (2008) zurückgegriffen. Solche Analysen basieren auf vergleichsweisen klaren Vorgaben hinsichtlich der Erstellung und Überarbeitung von Code-Systemen und der Auswertung. Die Ergebnisse wurden an einigen Stellen durch Beispieltranskripte veranschaulicht. Aufgrund der kleinen Stichprobengröße kann die Genauigkeit, Replizierbarkeit und Generalisierbarkeit der Ergebnisse jedoch in Frage gestellt werden (s. auch Woolley, Bowen & Bowen, 2006). Ergänzende Analysen, basierend auf deutlich größeren Stichproben, sind daher wichtig.

10.5.3 Fazit

Die Ergebnisse der Studie können aufgrund der methodischen Einschränkungen nicht als tatsächliche Abbildung des Urteilsprozesses von Ratern bei der Einschätzung von Unterrichtsqualität gesehen werden. Die Studie zeigt aber erstmals, dass bei der Einschätzung von Unterrichtsqualität durch externe Beobachter potentiell einige Probleme im Urteilsprozess auftreten können. Es finden sich u. a. Indizien dafür, dass (a) Rater Items zum Teil unterschiedlich interpretieren, (b) Schwierigkeiten bei der Suche und Auswahl von Indikatoren auftreten und dabei z. B. unterschiedlich viele Indikatoren in das Urteil einbezogen werden, (c) Indikatoren unterschiedlich gewichtet werden und (d) Rater Schwierigkeiten bei der Antwortkategoriewahl berichten bzw. deutliche Inkongruenzen zwischen Antwortkategorie und Begründung auftreten. Diese Befunde können als Ausgangspunkt für die Formulierung von Hypothesen in weiteren Untersuchungen dienen, in denen die methodischen Einschränkungen der vorliegenden Arbeit durch den Einsatz experimenteller Ansätze umgangen werden.

11 Studie 5: Die zeitliche Stabilität von Unterrichtsqualitätsmerkmalen

Studie 5 lässt sich in Bezug auf das der Arbeit zugrundeliegende Forschungsmodell Forschungsfrage 3 (Wie aussagekräftig sind Einschätzungen einzelner Unterrichtsstunden hinsichtlich der Unterrichtsqualität von Lehrkräften im Allgemeinen?) zuordnen (s. auch Kapitel 5).

11.1 Theoretischer Hintergrund

Zur Erfassung von Unterrichtsqualität wird oftmals auf Beobachterratings zurückgegriffen. Diese gelten als „Königsweg zur Beschreibung und Bewertung von Unterricht" (Helmke, 2009, S. 288), u. a. deswegen, weil geschulte Beobachter nicht in das unterrichtliche Geschehen involviert sind und dieses daher am ehesten in seiner Komplexität wahrnehmen und beurteilen können (s. auch Clare et al., 2001; Petko et al., 2003; Pianta & Hamre, 2009). Eine entscheidende Einschränkung von Beobachterratings zu Unterrichtsqualität ist jedoch, dass sich Unterrichtsbeobachtungen aus Kosten- und Akzeptanzgründen in den allermeisten Untersuchungen lediglich auf einen kurzen Beobachtungszeitraum von einer bis einigen wenigen Unterrichts-stunden beziehen. Es ist keine triviale Frage, inwiefern auf Basis eines solchen kurzen Beobachtungszeitraums Aussagen über die Unterrichtsqualität von Lehrkräften im Allgemeinen und damit Aussagen über die beobachteten Unterrichtsstunden hinweg getroffen werden können. Solche Schlussfolgerungen von einzelnen Unterrichtsstunden auf die Unterrichtsqualität von Lehrkräften im Allgemeinen sind nur dann möglich, wenn die interessierenden Merkmale von Unterrichtsqualität über einzelne Unterrichtsstunden hinweg stabil zu beobachten sind. Erstaunlicherweise gibt es bislang kaum empirische Untersuchungen, in denen die zeitliche Stabilität von Merkmalen der Unterrichtsqualität überprüft wurde (vgl. auch Brophy, 2006; Calkins et al., 1997; Sommer, 2011). Mithilfe der G-Theorie (Brennan, 2001a; Shavelson & Webb, 1991) wird in Studie 5 daher der Frage nach der zeitlichen Stabilität von Unterrichtsqualität nachgegangen. Der Fokus der Studie liegt dabei wiederum auf den drei Basisdimensionen von Unterrichtsqualität (Klassen-führung, Schülerorientierung, kognitive Aktivierung).

Nach einem Überblick über Beobachtungszeiträume in bisherigen Videostudien (Kapitel 11.1.1) wird auf eine notwendige Annahme zur Interpretierbarkeit von kurzen Beobachtungszeiträumen (Kapitel 11.1.2) sowie auf damit verbundene Pro- (Kapitel 11.1.3) und Contra-Argumente (Kapitel 11.1.4) eingegangen. In einem nächsten Schritt werden bislang durchgeführte empirische

Untersuchungen zur zeitlichen Stabilität von Unterrichtsqualitätsmerkmalen dargestellt (Kapitel 11.1.5). Aus den Befunden werden die Fragestellungen von Studie 5 abgeleitet (Kapitel 11.2).

11.1.1 Beobachtungszeiträume in bisherigen Videostudien

In der Forschung werden Beobachterratings oftmals im Rahmen von Videostudien eingesetzt. In Tabelle 28 findet sich eine Übersicht über die Anzahl an beobachteten Unterrichtsstunden pro Lehrkraft für die laut Helmke (2009) sowie Janík, Seidel und Najvar (2009) zentralen Unterrichtsvideostudien, ergänzt um aktuelle weitere Videostudien. Es wird deutlich, dass die Anzahl an pro Lehrkraft videografierten Unterrichtsstunden in der Regel gering ist, mit ein bis 10 Unterrichtsstunden pro Lehrkraft jedoch auch deutliche Unterschiede zwischen den Studien festzustellen sind.

Tabelle 28: Übersicht über die in Videostudien eingesetzte Anzahl an
                    Unterrichtsstunden pro Lehrkraft

Studie	Literaturverweis	Fach	Stunden-anzahl
CES	Anderson et al. (1989)	Mathematik	6-10
CPV-Videostudie	Janík et al. (2006)	Physik	4-8
Co²Ca	Bürgermeister et al. (2011)	Mathematik	2
DESI	Helmke, T. et al. (2008)	Englisch	2
IPN-Videostudie	Seidel et al. (2009)	Physik	2
LPS	Clarke et al. (2007)	Mathematik	10
PERLE	Lotz et al. (2013)	Mathematik	2
		Deutsch	2
		Kunst	2
Pythagoras	Klieme et al. (2009)	Mathematik	5
Berner Videostudie	Labudde & Duit (2007)	Physik	2
SINUS an Grundschulen	Kobarg et al. (in Vorb.)		3
TIMSS	Baumert et al. (1997) Stigler et al. (2000)	Mathematik	1 (-3[a])
TIMSS 1999 Videostudie	Hiebert et al. (2003) Roth et al. (2006)		
VERA	Helmke et al. (2008)	Deutsch	0-2[b]
		Mathematik	0-2[b]
		Weitere Fächer	0-1[b]

Anmerkungen. [a] In der deutschen Studie zu TIMSS wurden für einen Teil der Stichprobe insgesamt 3 Unterrichtsstunden pro Lehrkraft gefilmt (Kunter, 2005). [b] In dieser Studie wurde die Anzahl der gefilmten Unterrichtsstunden und das Fach nicht vorgegeben, so dass nicht jede Lehrkraft in jedem Fach gefilmt wurde.

11.1.2 Interpretierbarkeit von videobasierten Befunden über Unterrichtsqualität

Videoanalysen können zu unterschiedlichen Verwendungszwecken durchgeführt werden. Zum einen können die videografierten Unterrichtsstunden als solche im Fokus stehen, die spezifisch analysiert und beschrieben werden. Aussagen werden demnach lediglich in Bezug auf den bzw. die spezifischen Messzeitpunkt(e) getroffen, die auch videografiert wurden. Zum anderen kann die Unterrichtsqualität von Lehrkräften *im Allgemeinen* im Fokus stehen. Aussagen werden hier demnach über die videografierte(n) Unterrichtsstunde(n) hinaus getroffen.

Möchte man Aussagen über die Unterrichtsqualität von Lehrkräften im Allgemeinen treffen, ist eine grundlegende Annahme notwendig: Die Anzahl der in einer Studie umgesetzten Messzeitpunkten reicht aus, um eine zuverlässige Schätzung von Unterrichtsqualität zu erhalten (vgl. auch Doyle, 1977; Shavelson & Dempsey-Atwood, 1976). Diese Annahme ist dann gerechtfertigt, wenn Unterrichtsqualitätsmerkmale zwischen Unterrichtsstunden nur gering variieren und einzelne Stunden somit repräsentativ für den Unterricht einer Lehrkraft im Allgemeinen sind. Variieren Unterrichtsstunden jedoch stark in Bezug auf die untersuchten Qualitätsmerkmale, sollten einzelne Stunden keinen guten Schätzer für Unterrichtsqualität darstellen und damit zu invaliden Aussagen und Schlussfolgerungen führen (vgl. auch Kunter, 2005). Abbildung 22 veranschaulicht den Unterschied zwischen beiden Fällen: Das Venn-Diagramm im linken Abbildungsteil weist deutliche Unterschiede zwischen Unterrichtsstunden hinsichtlich eines hypothetischen Unterrichtsqualitätsmerkmals auf; die diesbezügliche Überschneidung zwischen allen Stunden ist hier nur gering. Die Aussagekraft einer einzelnen Unterrichtsstunde für die Ausprägung des Unterrichtsqualitätsmerkmals einer Lehrkraft im Allgemeinen ist daher sehr begrenzt. Das Venn-Diagramm im rechten Abbildungsteil hingegen weist sehr große Überschneidungen zwischen den Unterrichtsstunden in Bezug auf das Unterrichtsqualitätsmerkmal auf. Eine einzelne Stunde ist demnach ein guter Indikator für die Ausprägung des Unterrichtsqualitätsmerkmals einer Lehrkraft im Allgemeinen.

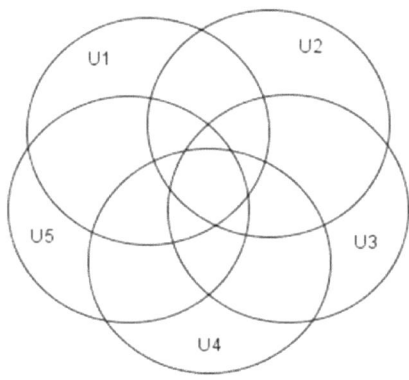 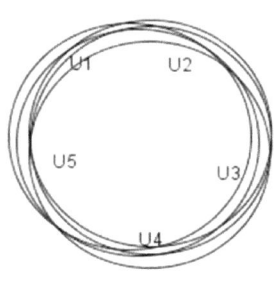

Abbildung 22:   Zwei Venn-Diagramme möglicher Unterschiede und Gemeinsamkeiten zwischen Unterrichtsstunden im Hinblick auf ein hypothetisches Unterrichtsqualitätsmerkmal. U = Unterrichtsstunde.

11.1.3 Argumente für die Aussagekraft kurzer Beobachtungszeiträume

In Videostudien wird in der Regel die Annahme getroffen, dass eine bis wenige Unterrichtsstunden als Indikator(en) für die Unterrichtsqualität von Lehrkräften hinreichend sind. Zu Begründung werden die folgenden drei Argumente herangezogen:

Erstens wird angenommen, dass bestimmte Unterrichtsverhaltensweisen nicht kurzfristig veränderbar sind und daher in jeder Unterrichtsstunde sichtbar sein sollten (s. z. B. Klieme et al., 2001; Kunter, 2005; Stigler et al., 1999).

Zweitens werden Selbstauskünfte von Lehrkräften herangezogen, um die Repräsentativität der videografierten Unterrichtsstunden für den Unterricht der Lehrkräfte im Allgemeinen zu untermauern. So beschreiben beispielsweise 96% der TIMSS-Lehrkräfte in der Untersuchung von Clausen (2002) die videografierte Unterrichtsstunde als sehr typisch oder größtenteils typisch für ihren Unterricht im Allgemeinen.[56] Analog berichten Janík, Miková, Najvar und Najvarová (2006), dass 90% der Lehrkräfte in der CPV-Videostudie den

---

56 Die jeweiligen Häufigkeiten der beiden Unterkategorien werden nicht noch einmal getrennt berichtet.

videografierten Unterricht als sehr typisch (27%) oder größtenteils typisch (63%) für ihren Unterricht im Allgemeinen halten. Seidel und Kollegen (2006) korrelierten die in den IPN-Videos identifizierten Unterrichtspraktiken der Lehrkräfte mit deren Selbstangaben zu ihren Unterrichtspraktiken im Verlauf des Schuljahres und fanden mittlere Korrelationen zwischen $.36 \leq r \leq .44$. Clausen (2002), Janík und Kollegen (2006) sowie Seidel und Kollegen (2006) deuten ihre jeweiligen Ergebnisse so, dass sich von den videografierten Unterrichtsstunden auf den Unterricht von Lehrkräften im Allgemeinen schließen lässt.

Drittens wird darauf verwiesen, dass empirische Studien die Stabilität von Unterrichtsmerkmalen über Unterrichtsstunden hinweg zeigen (Kunter, 2005; Meyer, Seidel & Prenzel, 2006). Es handelt sich dabei um Studien zu Oberflächenmerkmalen von Unterricht von Seidel und Kollegen (2002), Seidel und Prenzel (2006) sowie Mayer (1999).

11.1.4 Argumente gegen die Aussagekraft kurzer Beobachtungszeiträume

Neben den Argumenten für eine hinreichende Aussagekraft kurzer Beobachtungszeiträume finden sich in der Literatur diesbezüglich auch kritische Aussagen:

Erstens: In einigen Publikationen wird darauf hingewiesen, dass die Anzahl an Unterrichtsstunden pro Lehrkraft in einem Großteil der Studien zu gering ist (z. B. Berliner, 2005; Brophy, 2006; Helmke, 2009; Medley & Mitzel, 1963). So schreibt beispielsweise Brophy (2006) in seinem Überblicksartikel zu Unterrichtsbeobachtungsstudien davon, dass in Videostudien zwar oft nur ein bis zwei Unterrichtsstunden pro Lehrkraft erfasst werden, 20 bis 30 Stunden jedoch angemessener wären. In den meisten Publikationen wird die Einschätzung der zu geringen Anzahl an Unterrichtsstunden jedoch nicht weiter begründet.

Zweitens: Stigler und Kollegen (1999) begründen die Notwendigkeit, Lehrkräfte mehrfach zu beobachten, wenn Aussagen über deren Unterricht auf Individualebene getroffen werden sollen, wie folgt:

> One key issue is the number of times any given teacher in the sample should be video-taped. This obviously will depend on the level of analysis to be used. If we need a valid and reliable picture of individual teachers, then we must tape the teacher multiple times, as teachers vary from day to day in the kind of lesson they teach, as well as in the

success with which they implement the lesson. If we want a school-level picture, or a national-level picture, then we obviously can tape each teacher fewer times, provided we resist the temptation to view the resulting data as indicating anything reliable about the individual teacher. (Stigler et al., 1999, S. 7)

Drittens: Klieme, Pauli und Reusser (2009) thematisieren die Problematik des gewählten Effektivitätskriteriums, wenn nur eine einzelne Unterrichtsstunde pro Lehrkraft videografiert wird: Den Autoren zufolge ist es nicht sinnvoll, Zusammenhänge zwischen einer einzelnen Unterrichtsstunde und der über ein Jahr gemessenen Entwicklung von Schülern zu untersuchen.

11.1.5 Empirische Untersuchungen zur Variation von Unterrichtsmerkmalen zwischen Unterrichtsstunden

Auffällig ist, dass sich die in der Literatur angeführten Argumente für und gegen die Eignung eines kurzen Beobachtungszeitraums zur Erfassung von Unterrichtsqualitätsmerkmalen vornehmlich auf Plausibilitätsannahmen stützen. Schon Shavelson und Dempsey-Atwood (1976) weisen jedoch darauf hin, dass die Generalisierbarkeit von Lehrerverhaltensweisen weniger eine theoretische als vielmehr eine empirische Frage ist. Werden in der Literatur empirische Argumente angeführt, beziehen sich diese zum einen auf Oberflächenmerkmale von Unterricht (z. B. der Einsatz von Taschenrechnern bei Mayer, 1999; vgl. auch die Studien von Seidel et al., 2002; Seidel & Prenzel, 2006). Inwiefern eine unmittelbare Übertragung auf Tiefenmerkmale von Unterricht möglich ist, bleibt dabei offen. Zum anderen werden als empirische Belege globale Selbstberichte von Lehrkräften herangezogen.[57] Erste Indizien dafür, dass die Ergebnisse deutlich anders ausfallen können, wenn statt globaler Selbstberichte spezifische Selbstberichte verwendet werden, finden sich in einer Studie von Dresel, Martschinke und Kopp (2009). Die Autoren untersuchten mittels Lehrertagebüchern die Variation von Instruktionspraktiken von 38 Lehrkräften über zehn Unterrichtsstunden. Je nach untersuchtem Faktor (öffentliches negatives Feedback, privates verbales Feedback, privates schriftliches Feedback, öffentliches positives Feedback) zeigten sich im Rahmen einer exploratorischen Faktorenanalyse Intraklassenkorrelationen zwischen $.29 \leq ICC \leq .44$. Diese Werte deuten auf eine hohe Variation zwischen, aber auch innerhalb von Lehrkräften – und damit zwischen Unterrichtsstunden – hin.

---

57 Dies ist auch deswegen interessant, da die Vorteile von Videostudien oftmals damit begründet werden, dass die Einschätzungen externer Beobachter nicht im selben Ausmaß Verzerrungen unterliegen wie diejenigen von Lehrkräften (z B. Clausen, 2002). Um die Eignung von Videostudien unter Beweis zu stellen, werden dann aber Lehrereinschätzungen herangezogen.

In den bisher genannten Studien fanden sich eher indirekte Indizien für die Generalisierbarkeit von Unterrichtsqualitätsmerkmalen über Unterrichtsstunden hinweg. Daneben existieren auch einige Studien, die sich explizit mit der zeitlichen Stabilität von Unterrichtsmerkmalen beschäftigt haben (zusammenfassend Shavelson & Dempsey-Atwood, 1976). Die Befunde dieser empirischen Studien werden im Folgenden kurz beschrieben. Dabei werden zunächst diejenigen Studien aufgeführt, in denen zur Beantwortung der Frage nach der zeitlichen Stabilität von Unterrichtsmerkmalen Korrelationen zwischen Messzeitpunkten berechnet wurden (z. B. Kunter, 2005; Rakoczy, 2008), und anschließend diejenigen Studien, in denen G-Analysen verwendet wurden (z. B. Calkins et al., 1997; Hill et al., 2012).

Korrelative Untersuchungen

Ein erstes Review in Bezug auf die Stabilität von Lehrerverhalten über Messzeitpunkte hinweg wurde von Shavelson und Dempsey-Atwood (1976) vorgelegt. In ihr Review bezogen die Autoren solche Studien ein, die Korrelationen von Messungen zwischen Messzeitpunkten berichten.[58] Shavelson und Dempsey-Atwood (1976) weisen darauf hin, dass solche Korrelationen nicht eindeutig im Sinne einer vorhandenen oder nicht vorhandenen Stabilität interpretiert werden können, da im Rahmen von Korrelationen die Stabilität mit weiteren Faktoren konfundiert ist. In den einbezogenen elf Studien variieren die Korrelationen sehr stark zwischen Messzeitpunkten: Es finden sich Korrelationen zwischen $-.90 \leq r \leq .92$ (Lehrkräfte: $5 \leq n \leq 84$; Messzeitpunkte: $2 \leq t \leq 10$). Shavelson und Dempsey-Atwood (1976) unterscheiden auf Basis inhaltlicher Gesichtspunkte diverse Cluster (z. B. Feedback; Lehrerfragen) über Studien hinweg. Sie fassen zusammen, dass vier der Cluster moderat stabil über Messzeitpunkte sind (z. B. positives und neutrales Feedback), sechs uneinheitlich (z. B. Präsentation von Inhalten) und sechs instabil (z. B. Lehrerfragen). Die genauen Kriterien zur Unterscheidung von stabilen und instabilen Verhaltensweisen lassen sich dem Review nicht entnehmen, genauso wenig wie Aussagen dazu, inwiefern es sich bei den einbezogenen Items und Skalen um hoch- oder niedrig-inferente Items handelt.

Auch Kunter (2005) berichtet deutlich variierende Korrelationen zwischen je zwei Messzeitpunkten von $.07 \leq r \leq .65$ in Bezug auf die im Rahmen des

---

58 Den Autoren zufolge existierten zum damaligen Zeitpunkt lediglich drei Studien, die sich jenseits von Korrelationen mit der Generalisierbarkeit von Lehrerverhaltensweisen über Facetten wie Lehrer, Messzeitpunkte und Unterrichtsfächer hinweg auseinandersetzten. Zwei der Studien zeigen eine nur unzureichende Generalisierbarkeit auf, die statistischen Auswertungen der dritten Studie erlauben keine entsprechenden Aussagen.

deutschen TIMSS-Videolängsschnitts (Lehrkräfte: $n = 28$) mittels hoch-inferenter Ratings eingeschätzten konstruktivistischen Unterrichtselemente aktive Konstruktion, Relevanz und Eigenständigkeit.

In der Untersuchung von Rakoczy (2008) finden sich ebenfalls stark variierende Korrelationen zwischen $.05 \leq r \leq .69$ zwischen zwei Unterrichtseinheiten (Lehrkräfte: $n = 40$) in Bezug auf die mittels hoch-inferenter Items eingeschätzten motivationsunterstützenden Unterrichtsmerkmale organisatorische Freiräume, Classroom Management, wertschätzende Beziehung und Rückmeldung, kognitives Niveau sowie Alltagsrelevanz.[59]

Untersuchungen mittels G-Analysen

Zur Untersuchung der zeitlichen Stabilität von Unterrichtsmerkmalen bieten sich neben korrelativen Maßen G-Analysen an (für einen Überblick zur G-Theorie s. Kapitel 6). G-Analysen bieten den Vorteil, dass die Stabilität von Unterrichtsmerkmalen von weiteren Einflussfaktoren getrennt werden kann.

Erlich und Shavelson (1978) untersuchten 10 Lehrkräfte zu je drei Messzeitpunkten und setzten dazu eine Mischung aus hoch- und niedrig-inferenten Items ein, die im Ergebnisteil jedoch nicht unterschieden wurden. Das Design war teilweise geschachtelt: Unterrichtsstunden waren in Lehrkräfte genestet und mit Ratern gekreuzt. Die Autoren setzten als generalisierbar einen G-Koeffizienten von mindestens .70 unter Einbezug von maximal vier Ratern und 10 Messzeitpunkten an. Sie berichten Ergebnisse zu vier Clustern (Lehrerpräsentation von Inhalten; Lehrerfragen; Lehrerfeedback, Klassenführung bzw. Kontrolle; interpersonales Lehrerverhalten)[60] und finden für diese Cluster zwischen 57% und 90% nicht generalisierbare Items.

Calkins und Kollegen (1997) bezogen in ihre Untersuchung 12 Lehrkräfte mit jeweils drei Unterrichtsstunden ein, die u. a. mithilfe zweier hoch-inferenter Beobachtungssysteme eingeschätzt wurden. Sie legten ein vollkommen gekreuztes Drei-Facetten-Design zugrunde (Lehrkräfte × Messzeitpunkte × Rater). Sie interpretieren ihre Ergebnisse dahingehend, dass ca. 30% der einbezogenen Items generalisierbar und damit brauchbar sind, während 70% hohe Instabilitäten aufweisen. Als generalisierbar sehen Calkins und Kollegen (1997) Messungen mit bis zu acht Ratern und acht Messzeitpunkten an.

---

59 Die der Untersuchung zugrundeliegenden Daten sind zum Teil dieselben Daten, die in der vorliegenden Studie zum Einsatz kommen.
60 Sie unterscheiden zudem auch Globalratings, geben hierfür aber keine G-Koeffizienten an.

Newton (2010) ließ den Mathematikunterricht von 32 Lehrkräften zu drei Messzeitpunkten durch vier Rater[61] einschätzen (Lehrkräfte × Messzeitpunkte × Rater-Design). Über die von der Autorin untersuchten Dimensionen hinweg fanden sich 23% der Varianz (für die Grundschullehrkräfte) bzw. 28% der Varianz (für die Sekundarstufenlehrkräfte), die auf Effekte der Messzeitpunkte zurückgingen. Dieser Anteil variierte deutlich zwischen den untersuchten Dimensionen (0% für den Bezug zu Standards; 50% für Klarheit in Bezug auf den Lerngegenstand). Um für die von Newton (2010) unterschiedenen Dimensionen eine Reliabilität von .80 zu erreichen, sind der Autorin zufolge für die Grundschullehrkräfte vier Rater und sechs Messzeitpunkte notwendig und für die Sekundarstufenlehrkräfte vier Rater und fünf Messzeitpunkte.

Hill und Kollegen (2012) schließlich untersuchten acht Lehrer zu jeweils drei Messzeitpunkten. Die Unterrichtsstunden wurden in 7.5 Minutensequenzen eingeschätzt und diese Einschätzungen dann anschließend aggregiert. Das Design war teilweise geschachtelt: Unterrichtsstunden waren in Lehrkräfte genestet und mit Ratern gekreuzt. Die Analysen zeigen, dass je nach Item zwischen 0% und 46% der Varianz auf Lehrkräfte und zwischen 3% und 40% der Varianz auf spezifische Unterrichtsstunden zurückzuführen sind. Das Verhältnis von stabiler Varianz zu instabiler Varianz variiert zwischen 0:24 (Einzelitem: Entwicklung von Generalisierungen) und 15:1 (holistische Einschätzung der Dimension mathematische Vielfalt). Hill und Kollegen (2012) schlussfolgern aus ihren Analysen, dass für die drei einbezogenen Dimensionen (mathematische Vielfalt; Schülerbeteiligung in Bezug auf mathematische Sinngebung und Begründung; Fehler und mangelnde Präzision) drei Unterrichtsstunden pro Lehrkraft notwendig sind, die durch zwei Rater eingeschätzt werden.

Zusammenfassend lässt sich feststellen, dass sowohl die korrelativen Untersuchungen als auch die G-Analysen aufzeigen, dass es deutliche Unterschiede zwischen Unterrichtsqualitätsmerkmalen in ihrer zeitlichen Stabilität gibt.

11.2 Ableitung der Fragestellungen

Fasst man die in Kapitel 11.1.5 dargestellten Untersuchungen zusammen, lässt sich feststellen, dass die Stabilität von Unterrichtsmerkmalen über Unterrichtsstunden hinweg offensichtlich deutlich vom untersuchten Unterrichtsmerkmal

---

61 Rater und Beobachter waren in der Studie von Newton (2010) verschiedene Personen. Die Varianz, die auf die Beobachter zurückzuführen ist, ist in den Analysen von Newton (2010) nicht berücksichtigt.

abhängig ist. Eine Diskussion möglicher Gründe für diese Unterschiede findet sich in kaum einer der genannten Untersuchungen.

Einen Erklärungsansatz für Unterschiede in der Zeitstabilität zwischen Unterrichtsdimensionen bietet das didaktische Dreieck (z B. Reusser, 2008; s. auch Kapitel 2.2.1). Im Rahmen des didaktischen Dreiecks werden für das unterrichtliche Geschehen drei Pole unterschieden: Lehrkräfte, Schüler und Lerngegenstand. Finden in Bezug auf einen dieser Pole Veränderungen statt, verändert sich auch der Unterricht. Betrachtet man nun eine bestimmte Klasse, die von einer bestimmten Lehrkraft unterrichtet wird, sollten potentielle Veränderungen vornehmlich auf Variation in Bezug auf den Lerngegenstand zurückzuführen sein. Es erscheint daher sinnvoll anzunehmen, dass diejenigen Unterrichtsdimensionen, die gegenstandsspezifisch sind, in einem größeren Ausmaß zwischen Unterrichtsstunden einer Lehrkraft in einer bestimmten Klasse variieren als Dimensionen, die gegenstandsunabhängig sind (s. auch Rakoczy, 2008). Dass kurze Beobachtungszeiträume nicht hinreichend aussagekräftig sind für den Unterricht einer Lehrkraft im Allgemeinen, sollte dementsprechend nur für gegenstandsspezifische Dimensionen von Unterrichtsqualität zutreffen.

Wendet man die obigen Überlegungen auf die drei Basisdimensionen von Unterrichtsqualität – Klassenführung, Schülerorientierung und kognitive Aktivierung – an, würde man Folgendes erwarten: Da Klassenführung auf allgemeinem pädagogischen Wissen basiert (s. Baumert et al., 2010), und damit gegenstandsunabhängig sein sollte, kann vermutet werden, dass die Ausprägungen der Dimension Klassenführung in nur geringem Ausmaß zwischen verschiedenen Unterrichtsstunden einer Lehrkraft variieren (Hypothese 5.1). Der Fokus der Dimension Schülerorientierung liegt auf Aspekten des Klassenklimas, das ebenfalls keinen konkreten Lerngegenstandsbezug aufweist. Auch hier liegt demnach die Vermutung nah, dass es sich um ein zeitstabiles Merkmal handelt (Hypothese 5.2). Im Gegensatz dazu sollte die Ausprägung der Dimension kognitive Aktivierung in Abhängigkeit vom Inhalt und der Art der Stunde (z B. Einführungsstunde vs. Übungsstunde; s. auch Lipowsky et al., 2009; Pauli & Reusser, 2011) deutlich zwischen Unterrichtsstunden variieren (Hypothese 5.3).

Rosenshine und Furst (1973, zit. nach Shavelson et al., 1986) fassten in den siebziger Jahren zusammen, dass in Studien die Entscheidung über die Anzahl an Unterrichtsbeobachtungen kaum auf empirischer Basis getroffen wird. Dies hat sich bis zum heutigen Tag nur wenig geändert: In den in Kapitel 11.1.1 aufgeführten Publikationen finden sich kaum Aussagen dazu, auf welcher Basis die jeweils gewählte Anzahl an Unterrichtsstunden pro Lehrkraft bestimmt wurde. Wurde mehr als eine Unterrichtsstunde pro Lehrkraft videografiert, findet sich in einigen Publikationen die Begründung, die Variabilität zwischen Unterrichtsstunden abbilden zu wollen (z. B. Hugener, 2008; Seidel et al., 2005). Auf welcher Basis die genaue Anzahl an Unterrichtsstunden letztendlich bestimmt wurde, bleibt jedoch offen. Dies ist aus zwei Gründen problematisch. Zum einen sind die aus den empirischen Daten gezogenen Schlussfolgerungen unter Umständen nicht hinreichend zuverlässig. Zum anderen sind Videoerhebungen und -auswertungen sehr kostenintensiv. Aus forschungspragmatischer Sicht sollten daher so viele Unterrichtsstunden wie nötig, aber so wenige wie möglich videografiert werden (s. auch Stodolsky, 1984). Die vorliegende Untersuchung zielt demnach auch auf die Beantwortung der Frage nach der notwendigen Anzahl an Unterrichtsstunden pro Lehrkraft für eine zuverlässige Erfassung der drei Basisdimensionen von Unterrichtsqualität ab (Fragestellung 5.1).

Zusammenfassend geht die vorliegende Studie drei Hypothesen und einer Fragestellung nach:

$H_{5.1}$: Die Unterrichtsqualitätsdimension Klassenführung variiert in geringem Ausmaß zwischen unterschiedlichen Unterrichtsstunden einer Lehrkraft.

$H_{5.2}$: Die Unterrichtsqualitätsdimension Schülerorientierung variiert in geringem Ausmaß zwischen unterschiedlichen Unterrichtsstunden einer Lehrkraft.

$H_{5.3}$: Die Unterrichtsqualitätsdimension kognitive Aktivierung variiert in hohem Ausmaß zwischen unterschiedlichen Unterrichtsstunden einer Lehrkraft.

$F_{5.1}$: Wie viele Unterrichtsstunden pro Lehrkraft sind nötig, um die drei Basisdimensionen von Unterrichtsqualität hinreichend zuverlässig zu erfassen?

11.3 Methode

Bei den Analysen der vorliegenden Studie handelt es sich um Reanalysen von Ratingdaten, die im Rahmen der Pythagoras-Studie (Hugener et al., 2006; s. auch Kapitel 11.3.1) erhoben wurden.

11.3.1 Videografierte Stimuli

Um der Frage nach der Stabilität von Unterrichtsqualitätsmerkmalen über Unterrichtsstunden hinweg nachzugehen, wurden Videos aus der deutschschweizerischen Videostudie „Unterrichtsqualität, Lernverhalten und mathematisches Verständnis" (Hugener et al., 2006; Laufzeit: 2000-2006) eingesetzt, die unter dem Namen Pythagoras-Studie bekannt wurde. Die Videoerhebungen wurden im Zeitraum zwischen Oktober 2002 und Dezember 2003 in 20 deutschen Schulklassen der 9. Jahrgangsstufe sowie in 20 schweizerischen Schulklassen der 8. Jahrgangsstufe in weiterführenden Schulen durchgeführt. In der deutschen Stichprobe war das Verhältnis zwischen Realschulen und Gymnasien ausgewogen, in die schweizerische Stichprobe wurden vier Gymnasien und 16 Realschulen einbezogen. Aufgrund der Konfundierung von Land und Schulart werden die Analysen der vorliegenden Studie nicht getrennt für die schweizerische und die deutsche Stichprobe berichtet.

Es nahmen jeweils 20 Lehrkräfte aus Deutschland und der Schweiz teil. Da die Teilnahme an der Studie freiwillig war, kann nicht davon ausgegangen werden, dass die Stichprobe repräsentativ ist. Pro Lehrkraft wurden zwei Unterrichtseinheiten à drei bzw. zwei Unterrichtsstunden, insgesamt also fünf Unterrichtsstunden pro Lehrkraft, videografiert. Für zwei Lehrkräfte wurde jeweils nur eine der beiden Unterrichtseinheiten videografiert.[62] Sie wurden daher von den Analysen ausgeschlossen. Die Stichprobe der vorliegenden Untersuchung besteht daher aus 38 Lehrkräften.

Der Inhalt der Unterrichtsstunden in der Pythagoras-Studie wurde durch das Forscher-team standardisiert, um eine höhere Vergleichbarkeit zwischen Klassen bzw. Lehrkräften herzustellen. In der ersten Unterrichtseinheit (à drei Unterrichtsstunden) wurde die Einführung in die Satzgruppe des Pythagoras videografiert. Die Lehrkräfte erhielten Anweisung, den Satz des Pythagoras mittels eines Beweises einzuführen. Weitere Vorgaben (z. B. zur didaktischen Umsetzung) wurden nicht gemacht. In der zweiten Unterrichtseinheit (à zwei Unterrichtsstunden) ging es um den Umgang mit Textaufgaben. Für diese Unterrichtseinheit wurde den Lehrkräften ein Set an Aufgaben gegeben, aus dem sie für ihre Klasse adäquate Aufgaben auswählen und in der Unterrichtseinheit einsetzen sollten.[63] Zudem wurden die Lehrkräfte aufgefordert, innerhalb der Textaufgaben-Lektionen eine Gruppenarbeitsphase einzuplanen. Die Lehrkräfte wurden darum gebeten, im Rahmen der Videoerhebung alltäglichen Unterricht zu halten.

Der zeitliche Abstand zwischen den Unterrichtseinheiten wurde nicht standardisiert. Die Abstände zwischen den beiden Unterrichtseinheiten variieren daher

---

62   Eine Lehrkraft verließ nach der ersten Videoerhebung aufgrund des unterdurchschnittlichen Abschneidens ihrer Klasse die Studie; die zweite Lehrkraft hatte den Satz des Pythagoras schon im Vorfeld der Videoerhebung durchgenommen.

63   Für nähere Informationen zu den eingesetzten Aufgaben siehe Rakoczy (2008).

beträchtlich: Im Mittel liegen 16 Wochen zwischen der ersten und der letzten videografierten Unterrichtsstunde, die Standardabweichung beträgt 6 Wochen. Da für beide Unterrichtseinheiten jeweils aufeinander-folgende Mathematik-stunden videografiert wurden, variieren die Abstände innerhalb der beiden Unterrichtseinheiten hingegen in nur geringem Umfang: Bei der Textaufga-ben-Unterrichtseinheit fanden bei 35 der 38 Lehrkräfte beide Unterrichtsstun-den als Doppelstunde am selben Tag und in drei Fällen an zwei aufeinander-folgenden Tagen statt. Bei der Pythagoras-Unterrichtseinheit fanden die drei Lektionen bei 30 Lehrkräften an insgesamt zwei Tagen statt, bei fünf Lehr-kräften im Rahmen von drei Tagen und bei drei Lehrkräften im Rahmen von vier Tagen.

11.3.2 Rater

Die Reanalysen der vorliegenden Studie basieren auf den hoch-inferenten Ratings der Rater, die in der Pythagoras-Studie eingesetzt wurden: Die 114 Videos der Pythagoras-Lektionen wurden von drei geschulten Beobach-terinnen eingeschätzt, die 76 Videos der Textaufgaben-Lektionen von zwei geschulten Beobachterinnen. Eine Beobachterin schätzte dabei sowohl die Pythagoras- als auch die Textaufgaben-Lektionen ein, die anderen Beobach-terinnen schätzten jeweils nur eine der beiden Unterrichtseinheiten ein. Es handelt sich um eine Gelegenheitsstichprobe von Raterinnen, da die Rekru-tierung im Rahmen von Lehrveranstaltungen erfolgte. Alle Raterinnen befanden sich zum Zeitpunkt der Durchführung der Ratings (2004-2005) im Studiengang Pädagogische Psychologie an der Universität Zürich und hatten bereits eigene Erfahrungen im Unterrichten.[64]

11.3.3 Ratinginstrument und -manual

Die Unterrichtsstunden wurden von den Ratern im Hinblick auf diverse Aspekte von Unterrichtsqualität eingeschätzt. Die dafür eingesetzten Items wurden im Rahmen des Pythagoras-Projekts unter der Federführung von Professor Dr. Kurt Reusser sowie Professor Dr. Eckhard Klieme entwickelt. Für die vorliegende Untersuchung sind diejenigen acht Items relevant, mit denen die drei Basisdimensionen von Unterrichtsqualität (Klassenführung, Schülerorientierung, kognitive Aktivierung) erfasst wurden. Eine Übersicht über die Items findet sich in Tabelle 29.[65] Bei allen Items handelt es sich um

---

64 Das Alter der Raterinnen wurde im Rahmen des Pythagoras-Projekts nicht dokumentiert, so dass hierzu keine Aussagen getroffen werden können.

65 Welche Items des Ratinginstruments den drei Basisdimensionen zuzuordnen sind, wurde einem Artikel von Lipowsky et al. (2009) entnommen.

hoch-inferente Items. Das Antwortformat der Items ist vierstufig; die Bezeichnungen der Antwortkategorien sind zum Teil an das jeweilige Item angepasst (s. Abbildung 23 für ein Beispielitem; vgl. auch Rakoczy & Pauli, 2006).

Tabelle 29: Zuordnung der Items der Pythagoras-Studie zu den Basisdimensionen von Unterrichtsqualität

Dimension	Itemanzahl	Gegenstand der Items
Klassenführung	2	Disziplinprobleme/Unterrichtsstörungen
		Classroom Management
Schülerorientierung	3	Anerkennung durch die Schüler/-innen
		Sachlich-konstruktive Rückmeldung
		Lerngemeinschaft
Kognitive Aktivierung	3	Exploration der Denkweisen von Schüler/-inne/-n
		Zum Denken herausfordernde Probleme
		Rezeptives Lernverständnis der Lehrperson

Jedes der in der Tabelle aufgeführten Items besteht aus einer Bezeichnung (z. B. Disziplinprobleme/Unterrichtsstörungen), einer Beschreibung der Grundidee des Items und einer Auflistung diverser Indikatoren für das Item (s. Abbildung 23 für ein Beispiel). Das Rating soll den Gesamteindruck über diese Indikatoren darstellen. Für einige Items finden sich zudem weitere Anmerkungen, beispielsweise zur Gewichtung der einzelnen Indikatoren. Das Ratinginstrument in der Pythagoras-Studie stellt somit eine Kombination aus Ratingsintrument und Ratingmanual dar.

Disziplinprobleme/Unterrichtsstörungen

Quelle: Eigenentwicklung in Anlehnung an Clausen, Reusser & Klieme (2003)

Grundidee: Diese Dimension soll erfassen, inwiefern der Unterrichtsverlauf immer wieder durch größere oder kleinere Störungen unterbrochen oder beeinträchtigt wird, sodass er nicht in geordnetem Rahmen durchgeführt werden kann. Das kann dazu führen, dass die Lehrperson Mühe hat, sich durchzusetzen, es kann aber auch sein, dass sie die Störungen zu ignorieren versucht.

Indikatoren:

-   Im Unterricht wird häufig Blödsinn gemacht (z. B. Umherwerfen von Gegenständen, Schülerinnen und Schüler rempeln sich an, tauschen Gegenstände oder Zettel aus, machen Faxen hinter dem Rücken der Lehrperson usw.).
-   Der Unterricht wird stark gestört (z. B. durch andauerndes lautes Gequatsche der Schülerinnen und Schüler).
-   Die Lehrperson muss häufig geradezu brüllen, um gehört zu werden.
-   Die Lehrperson muss wiederholt zur Ruhe mahnen (z. B. wiederholtes „schsch..."; Aufrufen von störenden Schülerinnen und Schülern) oder die Schülerinnen und Schüler zur Arbeit auffordern, weil sie sonst nichts anderes tun, außer störenden Nebenbeschäftigungen nachzugehen.
-   Die Mahnungen oder Versuche der Lehrperson, die Klasse zum ruhigen Arbeiten zu bewegen, haben in den meisten Fällen keine oder nur sehr kurzzeitige Wirkung.

Antwort: Gesamteindruck von „keine Störungen" bis „hohe Disziplinprobleme"

Abbildung 23:   Beispielitem zur Erfassung von Disziplinstörungen im Projekt Pythagoras (nach Rakoczy & Pauli, 2006, S. 230f.)

11.3.4 Durchführung

11.3.4.1 Rater-Training

Das Training fand im Juni 2004 statt und dauerte ca. 40 Stunden, die sich auf fünf Tage à acht Stunden verteilten. Die Dauer des Trainings wurde zum einen auf Basis von Erfahrungswerten aus anderen Projekten und zum anderen auf Basis der Länge des Manuals festgelegt (K. Rakoczy, persönl. Mitteilung, 27.04.2012). Da die an das Training anschließenden Ratings der Pythagoras-Lektionen keine hinreichende Reliabilität aufwiesen, wurde ein zweitägiges Nachtraining durchgeführt.

Im Vorfeld des Trainings wurden die Rater dazu aufgefordert, das Rating-manual selbstständig durchzuarbeiten. Zu Beginn des Trainings gab die Trainingsleitung eine Einführung in das Gesamtprojekt, erklärte, was unter hoch-inferenten Ratings zu verstehen ist und welche Analyseeinheit (komplette Unterrichtsstunden) für diese Ratings eingesetzt wird. Zudem erläuterte sie das Antwortformat der Items. Anschließend wurden die zu ratenden Dimensionen jeweils nacheinander theoretisch durchgegangen und dann praktisch erprobt. Dazu beschrieb die Untersuchungsleitung die jeweilige Dimension zunächst und es wurden diesbezügliche Beispiele besprochen und im Video angeschaut. Zudem wurden Verständnisfragen geklärt und die Rater einigten sich auf ein gemeinsames Verständnis in Bezug auf die Dimension und die einzelnen Items (K. Rakoczy, persönl. Mitteilung, 27.04.2012). Anschließend sahen die Rater einige Videoaufzeichnungen, die sie hinsichtlich des zuvor besprochenen Unterrichtsmerkmals einschätzten. Die Einschätzungen wurden in einem nächsten Schritt in der Gruppe diskutiert.

11.3.4.2 Ratingablauf

Die Videos wurden zwischen August 2004 und Januar 2005 eingeschätzt. Die Länge des Zeitraums ergibt sich daraus, dass die Ratings der zwei Rater der Pythagoras-Lektionen im ersten Durchgang keine zufriedenstellende Reliabilität erzielten und daher ein Nachtraining durchgeführt wurde. Da auch mittels des Nachtrainings keine hinreichende Reliabilität erreicht werden konnte, wurde für die Pythagoras-Unterrichtseinheit ein zusätzlicher, dritter Rater herangezogen.

Die Durchführung der Ratings erfolgte innerhalb des angegebenen Zeitraums zeitlich und örtlich flexibel. Das Ansehen und Raten der Videos führte jeder Rater alleine durch. Die Reihenfolge der Videosequenzen war jedoch für alle Rater gleich. Der Ablauf der Einschätzung sah für jedes Video wie folgt aus: Die Rater schauten in einem ersten Schritt das Video der zu bewertenden Unterrichtsstunde an. Dafür standen den Ratern die Videoaufnahmen der Lehrerkamera zur Verfügung. Einzelne Stellen durften in unsicheren Fällen nochmals angeschaut werden und die Rater konnten sich Notizen machen. In einem zweiten Schritt füllten sie eine Print-Version des Ratinginstruments aus und übertrugen ihre Ratings in einem dritten Schritt in ein für das Projekt erstelltes Online-Instrument. Ein Auslassen von Items wurde in dem Online-Tool nicht zugelassen. Im Gegensatz zu den Studien 1 bis 4 beziehen sich die Einschätzungen der Rater in der vorliegenden Studie 5 auf die kompletten Unterrichtsstunden.

11.3.5 Design und Analysen

Die Ratings der vorliegenden Studie wurden mithilfe der G-Theorie (s. Kapitel 6) ausgewertet.

In der vorliegenden Untersuchung wurden jeweils fünf Unterrichtsstunden (u) pro Lehrkraft (l) beobachtet und bewertet. Da die Unterrichtsstunden (z. B. Unterrichtsstunde 1) zwischen Lehrkräften nicht zeitgleich aufgenommen wurden (vgl. auch Hill et al., 2012; Shavelson et al., 1986) und auch die Abstände zwischen Unterrichtsstunden innerhalb von Lehrkräften (z. B. zwischen Unterrichtsstunde 1 und 2) zum Teil geringer waren als die Abstände einer Unterrichtsstunde zwischen Lehrkräften (z. B. Unterrichtsstunde 1 von Lehrkraft A zu Unterrichtsstunde 1 von Lehrkraft B; vgl. hierzu auch Shavelson et al., 1986), wurde für die vorliegenden Analysen auf ein teilweise genestetes Design zurückgegriffen: Unterrichtsstunden wurden in Lehrkräfte geschachtelt.

Jede Unterrichtsstunde wurde von mehreren Ratern (r) beurteilt (Pythagoras-Stunden: drei Rater; Textaufgaben-Stunden: zwei Rater). Da beide Unterrichtseinheiten nicht von denselben Ratern eingeschätzt wurden, wurden die Analysen in der vorliegenden Untersuchung getrennt für beide Unterrichtseinheiten durchgeführt und dann anschließend gemittelt (vgl. die subdiving method von Chiu & Wolfe, 2002). Ein Rater schätzte beide Unterrichtseinheiten ein; dieser Rater ist daher in beiden Teildatensätzen enthalten.

Die Analysen wurden (entsprechend den Ergebnissen von Studie 1) auf Itemebene durchgeführt. Daher wurden neben Ratern auch Items (i) als Facette aufgenommen.

Das Design der vorliegenden Studie ist demnach ein teilweise genestetes, auf Zufallseffekten beruhendes Zwei-Facetten-Design ((u:l) $\times$ r $\times$ i-Design). Mit diesem Design ist es möglich, 11 Varianzquellen voneinander zu separieren: Varianz der Ratings, die auf

-    die Lehrkräfte (σ^2_l),

-    die in Lehrkräfte geschachtelten Unterrichtsstunden ($\sigma^2_{u:l}$),

-    die Rater (σ^2_r),

-    die Items (σ^2_i),

-    die Interaktion zwischen Lehrkräften und Ratern (σ^2_{lr}),

- die Interaktion zwischen Lehrkräften und Items (σ^2_{li}),

- die Interaktion zwischen Ratern und Items (σ^2_{ri}),

- die Interaktion zwischen in Lehrkräften geschachtelten Unterrichtsstunden und Ratern ($\sigma^2_{(u:l)r}$),

- die Interaktion zwischen in Lehrkräften geschachtelten Unterrichtsstunden und Items ($\sigma^2_{(u:l)i}$),

- die Interaktion zwischen Lehrkräften, Ratern und Items (σ^2_{lri}) und

- die Interaktion zwischen in Lehrkräften geschachtelten Unterrichtsstunden und Ratern und Items ($\sigma^2_{(u:l)ri,e}$) zurückzuführen ist; diese letzte Varianzquelle ist allerdings mit dem Residuum konfundiert.

G-Koeffizienten werden im Folgenden lediglich für relative Entscheidungen berichtet, da die vorliegenden Fragestellungen hinsichtlich der Variabilität der Basisdimensionen zwischen Unterrichtsstunden sowie der für zuverlässige Messungen notwendigen Anzahl an Unterrichtsstunden pro Lehrkraft vornehmlich forschungsrelevant sind und im Forschungskontext in der Regel relative Entscheidungen eine Rolle spielen (für die Unterscheidung zwischen relativen und absoluten Entscheidungen s. Kapitel 6).

Zur Durchführung der G-Analysen wurde die Software urGENOVA, Version 2.1 (Brennan, 2001b) und für die Durchführung der D-Studien die Software GENOVA (Crick & Brennan, 1983) verwendet. Als Schätzer wird – wie in den Studien 1-3 – auf die analoge ANOVA-Prozedur zurückgegriffen. Es mussten keine Überlegungen zu einer Imputation getroffen werden, da der Datensatz keine fehlenden Werte enthält.

Für alle durchgeführten Analysen wurde die $l \times i$-Interaktion als universescore-Varianz angesehen (vgl. hierzu die Argumentation in Studie 1 bzgl. der $u \times i$-Interaktion).

11.4   Ergebnisse

Die deskriptiven Statistiken zu den in der vorliegenden Studie eingesetzten Daten können Kapitel 11.4.1 entnommen werden. In Kapitel 11.4.2 wird auf die Ergebnisse der G-Analysen in Bezug auf die Frage nach der zeitlichen Stabilität von Unterrichtsqualitätsmerkmalen eingegangen, bevor schließlich in Kapitel 11.4.3 die Analysen der D-Studien hinsichtlich der Frage nach der notwendigen Anzahl an Unterrichtsstunden pro Lehrkraft für eine zuverlässige Schätzung von Unterrichtsqualität dargestellt werden. Die Ergebnisse werden jeweils separat für die Dimensionen Klassenführung, Schülerorientierung und kognitive Aktivierung berichtet.

11.4.1 Deskriptive Statistiken

Tabelle 30 enthält eine Übersicht über die Mittelwerte und Standardabweichungen der einzelnen Items, getrennt nach Unterrichtseinheit und Unterrichtsstunde. Für die Dimension Klassenführung liegen die Mittelwerte für die Skala sowie die einzelnen Items deutlich über dem theoretischen Mittel, für die Dimension Schülerorientierung um das theoretische Mittel und für die Dimension kognitive Aktivierung unter dem theoretischen Mittel. Die internen Konsistenzen der Skalen liegen für alle Pythagoras-Lektionen oberhalb von .70 und sind damit zufriedenstellend ausgeprägt; dies ist für die Textaufgaben-Lektionen nicht der Fall (α_{min} = .57).

Tabelle 30: Deskriptive Statistiken der eingesetzten Items und Skalen, getrennt nach Basisdimension, Unterrichtseinheit sowie Unterrichtsstunde, gemittelt über Lehrkräfte und Rater

	Skala			Item 1		Item 2		Item 3	
	M	*SD*	α	*M*	*SD*	*M*	*SD*	*M*	*SD*
Dimension Klassenführung									
PY gesamt	3.64	0.54	1.00	3.63	0.54	3.64	0.53	–	–
PY 1	3.74	0.50	1.00	3.74	0.50	3.74	0.50	–	–
PY 2	3.60	0.55	.99	3.60	0.57	3.61	0.54	–	–
PY 3	3.57	0.67	1.00	3.56	0.68	3.57	0.67	–	–
TA gesamt	3.65	0.64	1.00	3.66	0.63	3.64	0.66	–	–
TA 1	3.71	0.66	.99	3.72	0.65	3.69	0.68	–	–
TA 2	3.60	0.68	1.00	3.60	0.66	3.59	0.70	–	–
Dimension Schülerorientierung									
PY gesamt	2.58	0.46	.82	2.42	0.37	2.85	0.67	2.48	0.55
PY 1	2.59	0.46	.77	2.45	0.46	2.78	0.64	2.54	0.54
PY 2	2.58	0.48	.71	2.38	0.40	2.89	0.70	2.46	0.66
PY 3	2.58	0.55	.83	2.41	0.42	2.88	0.79	2.44	0.65

	Skala			Item 1		Item 2		Item 3	
	M	*SD*	α	*M*	*SD*	*M*	*SD*	*M*	*SD*
TA gesamt	2.66	0.48	.62	2.22	0.26	2.97	0.79	2.79	0.70
TA 1	2.69	0.49	.66	2.23	0.28	3.04	0.81	2.81	0.68
TA 2	2.64	0.48	.57	2.22	0.25	2.91	0.83	2.78	0.73
Dimension kognitive Aktivierung									
PY gesamt	1.96	0.47	.81	2.07	0.55	1.81	0.45	1.99	0.64
PY 1	2.14	0.65	.74	2.09	0.76	2.11	0.75	2.22	0.88
PY 2	1.89	0.57	.81	2.04	0.67	1.70	0.65	1.91	0.69
PY 3	1.85	0.50	.74	2.09	0.57	1.63	0.54	1.82	0.74
TA gesamt	1.86	0.60	.67	1.96	0.82	1.67	0.52	1.95	0.91
TA 1	1.83	0.69	.69	1.96	0.88	1.68	0.65	1.86	1.06
TA 2	1.88	0.74	.65	1.95	1.01	1.65	0.80	2.04	1.08

Anmerkungen. PY = Pythagoras; TA = Textaufgaben. Die Nummerierungen 1-3 bei PY bzw. 1-2 bei TA stellen die Nummern der videografierten Lektionen dar. „–" bedeutet, dass die Skala kein drittes Item umfasst. Die Daten beziehen sich auf *N* = 38 Lehrkräfte.

Tabelle 31 enthält die Mittelwerte, Standardabweichungen und internen Konsistenzen der über alle Unterrichtsstunden gemittelten Skalen. Auch hier findet sich wiederum ein hoher Mittelwert für die Dimension Klassenführung, ein Mittelwert um das theoretische Mittel für die Dimension Schülerorientierung und ein Mittelwert unterhalb des theoretischen Mittels für die Dimension kognitive Aktivierung. Wie an den Prozenträngen abgelesen werden kann, ist die Skala Klassenführung deutlich linksschief verteilt; die Verteilung der Skala kognitive Aktivierung ist hingegen deutlich rechtsschief. Die internen Konsistenzen sind für alle drei Skalen zufriedenstellend.

Tabelle 31: Deskriptive Statistiken für die Skalen Klassenführung, Schülerorientierung und kognitive Aktivierung, gemittelt über Lehrkräfte, Unterrichtsstunden und Rater

				Prozentränge				
Skala	*M*	*SD*	α	0	25	50	75	100
Klassenführung	3.64	.54	1.00	1.90	3.37	3.92	4.00	4.00
Schülerorientierung	2.60	.43	.83	1.60	2.34	2.59	2.98	3.37
Kognitive Aktivierung	1.93	.40	.74	1.13	1.68	1.96	2.19	2.87

Anmerkung. Die Daten beziehen sich auf $N = 38$ Lehrkräfte.

11.4.2 Die Variation der drei Basisdimensionen zwischen Unterrichtsstunden

11.4.2.1 Dimension Klassenführung

Für die Dimension Klassenführung findet sich im Mittel über beide Teildatensätze (Pythagoras-Unterrichtseinheit sowie Textaufgaben-Unterrichtseinheit) ein großer Anteil universe-score-Varianz, der über alle Unterrichtsstunden hinweg stabil ist (s. auch Tabelle 32): Der stabile Varianzanteil (*l*, *li*) von 63% fällt im Vergleich zu dem stundenspezifischen Varianzanteil (*u:l*, (*u:l*)*i*) von 13% hoch aus. Hypothese 5.1, dass die Ausprägungen der Dimension Klassenführung in nur geringem Ausmaß zwischen unterschiedlichen Unterrichtsstunden einer Lehrkraft variieren, kann demnach beibehalten werden.

Auf Rater-Bias (*r*, *lr*, (*u:l*)*r*, *ir*, *lir*) entfallen 22% der Varianz. Der Anteil unerklärter Varianz ((*u:l*)*ir,e*) schließlich fällt mit 2% sehr gering aus. Für die Dimension Klassenführung kann somit durch die in die Analysen einbezogenen Facetten Rater und Items sowie die Unterrichtsstunden nahezu die gesamte Varianz in den Ratings erklärt werden.

Tabelle 32: Ergebnisse der G-Analysen für die Dimension Klassenführung

Varianzkomponente	VK	%	*SD* VK
l	0.29	63	0.10
u:l	0.06	13	0.01
i	0	0	0.00
r	0.01	2	0.01
li	0	0	0.00
lr	0.04	8	0.04
(u:l)i	0	0	0.00
(u:l)r	0.05	11	0.04
ir	0	0	0.00
lir	0	1	0.00
(u:l)ir,e	0.01	2	0.01
Gesamtvarianz	0.47		
Eρ^2	.92		
Φ	.91		

Anmerkungen. l = Lehrkraft; u = Unterrichtsstunde; r = Rater; i = Items; e = Fehlerterm; VK = absolute Varianzkomponente; % = relative Varianzkomponente; *SD* VK = Standardabweichung der Varianzkomponenten zwischen den beiden Teildatensätzen; Eρ^2 = relativer G-Koeffizient; Φ = absoluter G-Koeffizient. In die Berechnung der G-Koeffizienten geht die Interaktion $l \times i$ als universe-score-Varianz ein. [a] Kleine negative Varianzen wurden auf Null fixiert.

Betrachtet man die Variation der über Rater gemittelten Skalenwerte für die einzelnen Unterrichtsstunden der Lehrkräfte grafisch (s. Abbildung 24), stellt man fest, dass die hohe Stabilität der Dimension Klassenführung insbesondere darauf zurückzuführen ist, dass die Lehrkräfte mit einem hohen Gesamtmittelwert für die Dimension Klassenführung keine (14 Lehrkräfte) oder eine nur sehr geringe Variation (acht Lehrkräfte) zwischen Unterrichtsstunden aufweisen. Für die sieben Lehrkräfte mit den niedrigsten Gesamtmittelwerten in Bezug auf die Dimension Klassenführung hingegen findet sich eine hohe intraindividuelle Variation.

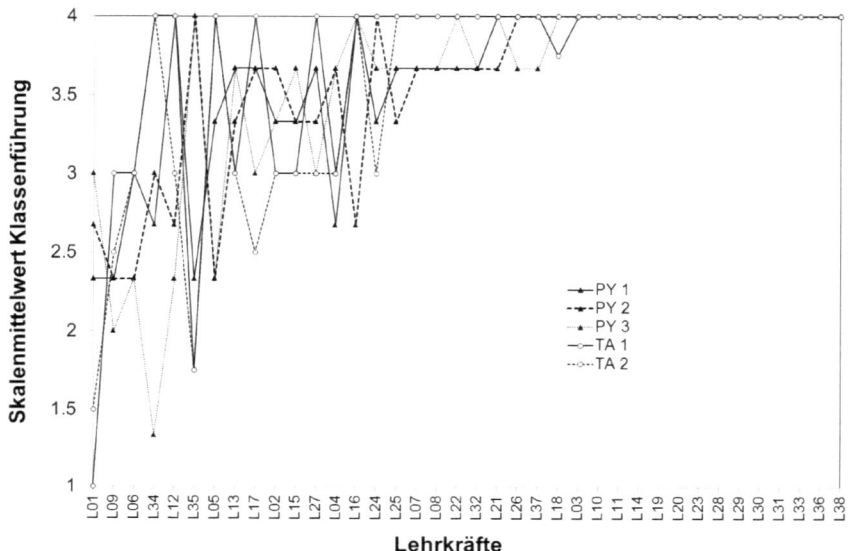

Abbildung 24:   Unterschiede zwischen Unterrichtsstunden innerhalb von
                 Lehrkräften für die Dimension Klassenführung. Die
                 Lehrkräfte sind entsprechend ihres über alle Rater und
                 Unterrichtsstunden gemittelten Gesamtskalenmittelwerts
                 ansteigend angeordnet.

11.4.2.2 Dimension Schülerorientierung

Auch für die Dimension Schülerorientierung zeigt sich, dass ein hoher Anteil der universe-score-Varianz über Unterrichtsstunden hinweg stabil ist (s. auch Tabelle 33): Der stabile Varianzanteil (l, li) von 37% fällt im Vergleich zu dem stundenspezifischen Varianzanteil ($u{:}l$, $(u{:}l)i$) von 5% hoch aus. Hypothese 5.2, dass die Ausprägungen der Dimension Schülerorientierung in nur geringem Ausmaß zwischen unterschiedlichen Unterrichtsstunden einer Lehrkraft variieren, kann demnach ebenfalls beibehalten werden. Der Varianzanteil, der zusammengenommen auf lehrkraftspezifische und stundenspezifische Varianz zurückzuführen ist, ist dabei im Vergleich zur Gesamtvarianz deutlich niedriger ausgeprägt als dies bei der Dimension Klassenführung der Fall ist.

Der Rater-Bias (r, lr, $(u{:}l)r$, ir, lir) für die Dimension Schülerorientierung umfasst für den Gesamtdatensatz 27% der Varianz. Der Anteil unerklärter Varianz ($(u{:}l)ir,e$) beträgt für den Gesamtdatensatz 18% der Varianz.

Tabelle 33: Ergebnisse der G-Analysen für die Dimension Schülerorientierung

Varianzkomponente	VK	%	SD VK
l	0.14	21	0.00
u:l	0.01	2	0.01
i	0.08	12	0.07
r	0.02	3	0.02
li	0.11	16	0.07
lr	0.06	9	0.06
(u:l)i	0.02	3	0.01
(u:l)r	0	0	0.00
ir	0.02	3	0.02
lir	0.08	12	0.02
(u:l)ir,e	0.12	18	0.11
Gesamtvarianz	0.66		
Eρ^2	.94		
Φ	.83		

Anmerkungen. l = Lehrkraft; u = Unterrichtsstunde; r = Rater; i = Items; e = Fehlerterm; VK = absolute Varianzkomponente; % = relative Varianzkomponente; *SD* VK = Standardabweichung der Varianzkomponenten zwischen den beiden Teildatensätzen; Eρ^2 = relativer G-Koeffizient; Φ = absoluter G-Koeffizient. In die Berechnung der G-Koeffizienten geht die Interaktion $l \times i$ als universe-score-Varianz ein.
[a] Kleine negative Varianzen wurden auf Null fixiert.

Betrachtet man die Variation der über die Rater gemittelten Skalenwerte für die einzelnen Unterrichtsstunden der Lehrkräfte grafisch (s. Abbildung 25), stellt man fest, dass analog zu den Ergebnissen der G-Analysen kaum Variation innerhalb von Lehrkräften festzustellen ist.

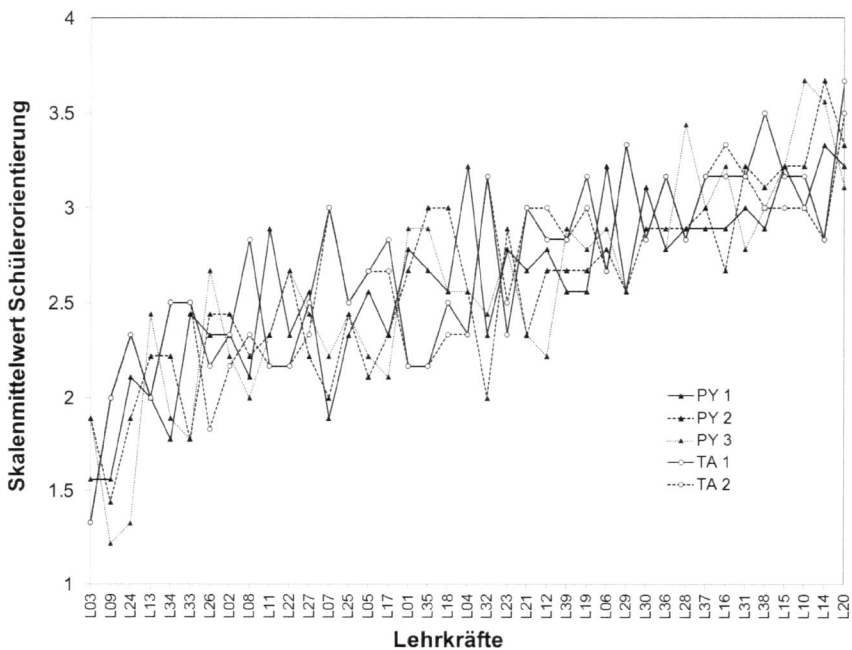

Abbildung 25:   Unterschiede zwischen Unterrichtsstunden innerhalb von
Lehrkräften für die Dimension Schülerorientierung. Die
Lehrkräfte sind entsprechend ihres über alle Rater und
Unterrichtsstunden gemittelten Gesamtskalenmittelwerts
ansteigend angeordnet.

11.4.2.3 Dimension kognitive Aktivierung

Für die Dimension kognitive Aktivierung zeigt sich, dass lediglich ein geringer
Anteil der universe-score-Varianz über Unterrichtsstunden hinweg stabil ist
(s. auch Tabelle 34): Der stabile Varianzanteil (l, li) liegt bei 14%, der
stundenspezifischen Varianzanteil ($u{:}l$, $(u{:}l)i$) bei 46% der Varianz. Hypothese 5.3, dass die Ausprägungen der Dimension kognitive Aktivierung in
hohem Ausmaß zwischen unterschiedlichen Unterrichtsstunden einer Lehrkraft
variieren, kann demnach ebenfalls beibehalten werden.

Für die Dimension kognitive Aktivierung sind 18% der Varianz des Gesamtdatensatzes auf Rater-Bias (r, lr, $(u{:}l)r$, ir, lir) zurückzuführen. Der Anteil

unerklärter Varianz (($u:l)ir,e$) beträgt für den Gesamtdatensatz 22% der Varianz.

Tabelle 34: Ergebnisse der G-Analysen für die Dimension kognitive Aktivierung

Varianzkomponente	VK	%	SD VK
l	0.13	12	0.02
u:l	0.17	16	0.11
i	0	0	0.00
r	0.01	1	0.01
li	0.02	2	0.03
lr	0.05	4	0.02
(u:l)i	0.33	30	0.46
(u:l)r	0.03	3	0.03
ir	0.06	5	0.07
lir	0.06	5	0.07
(u:l)ir,e	0.24	22	0.17
Gesamtvarianz	1.10		
Eρ^2	.63		
Φ	.60		

Anmerkungen. l = Lehrkraft; u = Unterrichtsstunde; r = Rater; i = Items; e = Fehlerterm; VK = absolute Varianzkomponente; % = relative Varianzkomponente; SD VK = Standardabweichung der Varianzkomponenten zwischen den beiden Teildatensätzen; Eρ^2 = relativer G-Koeffizient; Φ = absoluter G-Koeffizient. In die Berechnung der G-Koeffizienten geht die Interaktion $l \times i$ als universe-score-Varianz ein.
[a] Kleine negative Varianzen wurden auf Null fixiert. [b] In diesem Fall wurde eine hohe negative Varianz geschätzt, die für die Analysen auf Null gesetzt wurde.

Auch grafisch zeigt sich, dass die Ausprägung der kognitiven Aktivierung deutlich zwischen einzelnen Unterrichtsstunden einer Lehrkraft variiert (s. Abbildung 26).

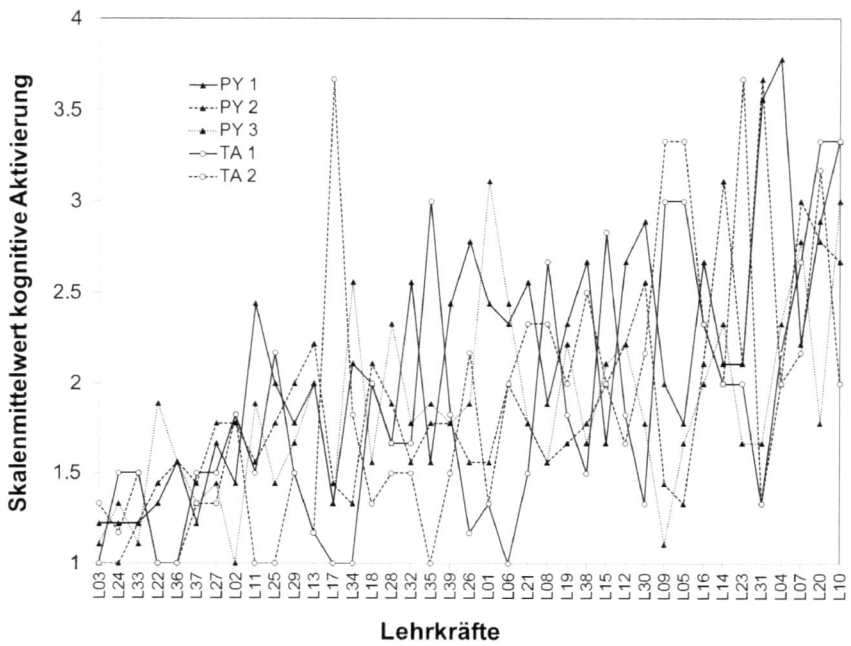

Abbildung 26:   Unterschiede zwischen Unterrichtsstunden pro Lehrkraft für
die Dimension kognitive Aktivierung. Die Unterrichtssequenzen sind entsprechend ihres über alle Rater
gemittelten Skalenmittelwerts ansteigend angeordnet.

Die Befunde zur kognitiven Aktivierung sind allerdings nur beschränkt interpretierbar, da die Interaktion zwischen Lehrern und Items im Textaufgaben-
Datensatz hoch negativ geschätzt wird (s. auch Tabelle 34). Dies deutet auf
eine Missspezifikation des Modells hin (für weitere diesbezügliche Erläuterungen siehe Kapitel 11.5.2). Um abzuklären, in welchem Ausmaß durch diese
Missspezifikation mit einer Verzerrung der Ergebnisse zu rechnen ist, wurden
die Daten mithilfe eines weiteren Designs analysiert, in dem Lehrkräfte mit
Messzeitpunkten mit Ratern mit Items gekreuzt wurden ($l \times m \times r \times i$-Design).
Wie in Kapitel 11.3.5 erläutert, sind die Voraussetzungen für ein solches De-

sign verletzt.[66] Ein Vergleich der Ergebnisse für die beiden inadäquaten Designs kann jedoch einen Hinweis darauf geben, in welchem Ausmaß die Ergebnisse durch die geschätzte hohe negative Varianz verzerrt sind. Die Analysen des $l \times m \times r \times i$-Designs ergeben einen prozen-tualen Varianzanteil von
11%, der auf stabile Unterschiede zwischen Lehrkräften zurückgeht (l, li) und
einen Anteil von 76%, der auf stundenspezifische Unterschiede zwischen
Lehrkräften zurückgeht (m, mi, lmi). Diese Anteile sind nahezu identisch mit
denjenigen im geschachtelten Design (12% zu 77%; s. auch Tabelle 34).

11.4.3 Die notwendige Anzahl an Unterrichtsstunden zur Erfassung der drei Basisdimensionen

Haupterhebung

Zur Beantwortung der Frage, wie viele Unterrichtsstunden pro Lehrkraft notwendig sind, um eine hinreichend zuverlässige Schätzung der Unterrichtsqualität von Lehrkräften zu erhalten (Fragestellung 5.1), wurden Analysen für 1 bis
20 Unterrichtsstunden pro Lehrkraft durchgeführt. Die Anzahl an Ratern sowie
Items wurde auf die in der Studie jeweils tatsächlich vorhandene Anzahl
fixiert. Die Ergebnisse der D-Studien finden sich für die Dimension Klassenführung in Abbildung 27, für die Dimension Schülerorientierung in Abbildung
28 und für die Dimension kognitive Aktivierung in Abbildung 29. Für jede der
Dimensionen sind die Ergebnisse für drei Datensätze dargestellt: für die Pythagoras-Lektionen, für die Textaufgaben-Lektionen und gemittelt über beide Unterrichtseinheiten. Auch für die nachfolgend berichteten Ergebnisse muss be-
achtet werden, dass die Analyseergebnisse für die Dimension kognitive Aktivierung in Bezug auf den Datensatz Textaufgaben aufgrund der geschätzten
hohen negativen Varianz nur eingeschränkt interpretierbar sind. Aufgrund der
nahezu identischen Schätzergebnisse auf Basis des alternativen $l \times m \times r \times i$-
Designs (s. Kapitel 11.4.2.3) kann jedoch vermutet werden, dass die resultierenden Verzerrungen nicht allzu groß sein sollten.

Im Folgenden wird zusammenfassend berichtet, wie viele Unterrichtsstunden
in Bezug auf den Gesamtdatensatz notwendig sind, um Reliabilitäten von .70,
.80 und .90 oder höher zu erreichen.

---

66 Ein solches Design setzt voraus, dass die Messzeitpunkte austauschbar sind. Dies ist dann
gegeben, wenn die Messzeitpunkte zwischen Lehrkräften zeitgleich liegen bzw. die Abstände
desselben Messzeitpunkts zwischen Lehrkräften geringer sind als die Abstände zwischen
Messzeitpunkten innerhalb der Lehrkräfte.

Reliabilitätskriterium ≥ .70. Will man Unterrichtsqualität mit einer Reliabilität von .70 oder höher erfassen, so ist für die Dimensionen Klassenführung und Schülerorientierung lediglich eine Unterrichtsstunde pro Lehrkraft notwendig, wenn man die Daten des Gesamtdatensatzes heranzieht. Für die Dimension kognitive Aktivierung sind neun Unterrichtsstunden pro Lehrkraft notwendig, um eine Reliabilität von .70 oder höher zu erreichen.

Reliabilitätskriterium ≥ .80. Will man Unterrichtsqualität mit einer Reliabilität von .80 oder höher erfassen, so ist auf Basis des Gesamtdatensatzes für die Dimension Schülerorientierung wiederum lediglich eine Unterrichtsstunde pro Lehrkraft notwendig; für die Dimension Klassenführung sind es mindestens 2 Unterrichtsstunden pro Lehrkraft und für die Dimension kognitive Aktivierung kann eine Reliabilität von .80 mit den 20 variierten Unterrichtsstunden pro Lehrkraft nicht erreicht werden.

Reliabilitätskriterium ≥ .90. Will man Unterrichtsqualität mit einer Reliabilität von .90 oder höher erfassen, so sind für die Dimension Klassenführung mindestens fünf Unterrichtsstunden pro Lehrkraft notwendig, wenn man den Gesamtdatensatz betrachtet. Für die Dimensionen Schülerorientierung und kognitive Aktivierung ist es mit der in der Studie variierten Anzahl an Unterrichtsstunden von $k = 20$ nicht möglich, eine Reliabilität von .90 zu erreichen.

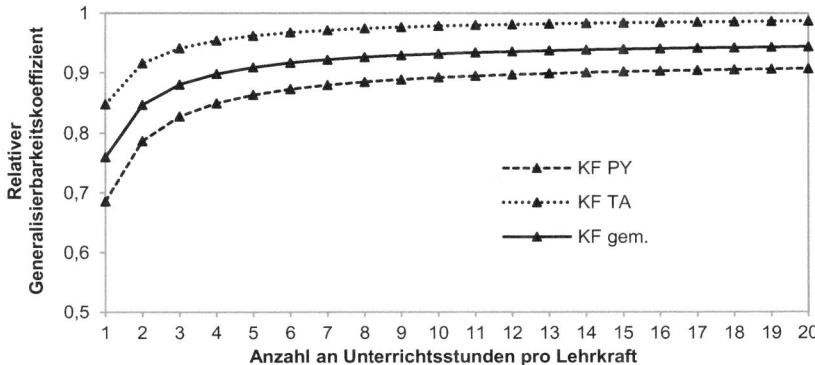

Abbildung 27: Relative G-Koeffizienten für D-Studien mit 1-20
Unterrichtsstunden pro Lehrkraft für den Bereich
Klassenführung. KF = Klassenführung; PY = Pythagoras-
Datensatz; TA = Textaufgaben-Datensatz; gem. = gemittelt
über beide Datensätze.

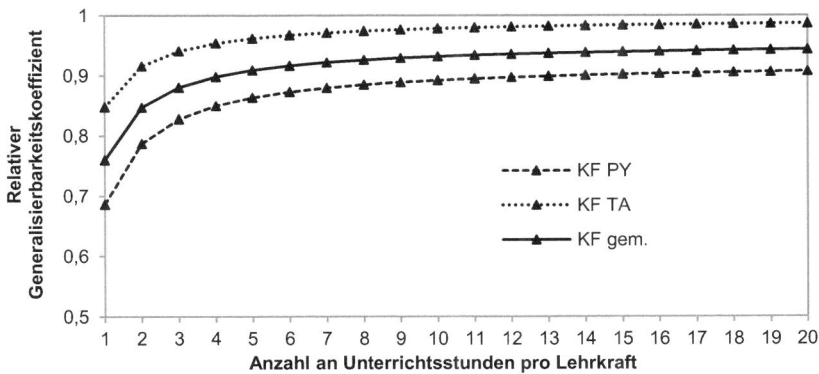

Abbildung 28: Relative G-Koeffizienten für D-Studien mit 1-20
Unterrichtsstunden pro Lehrkraft für den Bereich
Schülerorientierung. SO = Schülerorientierung;
PY = Pythagoras-Datensatz; TA = Textaufgaben-Datensatz;
gem. = gemittelt über beide Datensätze.

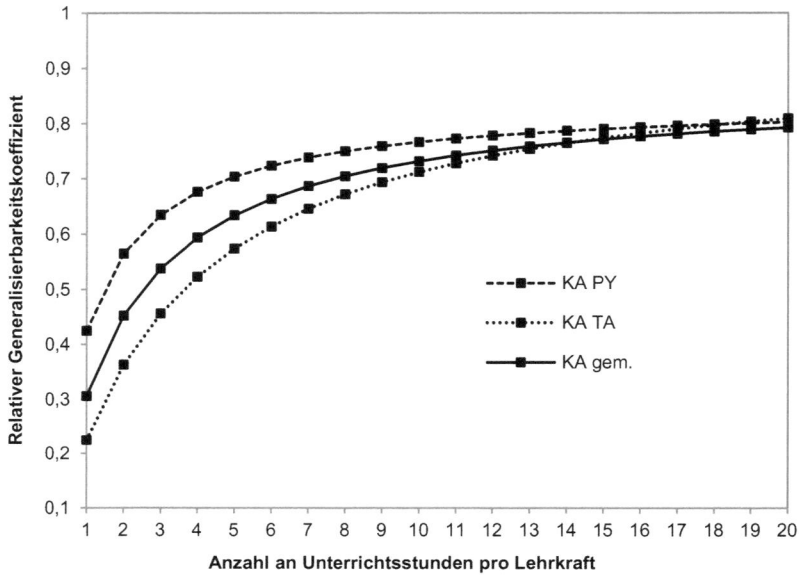

Abbildung 29:   Relative G-Koeffizienten für D-Studien mit 1-20
Unterrichtsstunden pro Lehrkraft für den Bereich kognitive
Aktivierung. KA = kognitive Aktivierung;
PY = Pythagoras-Datensatz; TA = Textaufgaben-Datensatz;
gem. = gemittelt über die beiden Datensätze.

11.5 Diskussion

Setzt man Beobachterratings zur Messung von Unterrichtsqualität ein, ist es in
der Regel aus Kosten- und Akzeptanzgründen nur möglich, eine sehr begrenzte
Anzahl an Unterrichtsstunden pro Lehrkraft zu erfassen. Um basierend auf
einer solchen Unterrichtsstichprobe Schlussfolgerungen über die Unterrichtsqualität einer Lehrkraft im Allgemeinen treffen zu können, ist es notwendig,
dass die Variabilität von Unterrichtsqualitätsmerkmalen zwischen Unterrichtsstunden nur gering ist. Bislang existieren allerdings kaum empirische Untersuchungen, die der Frage nachgehen, wie hoch die Variabilität von Unterrichts-
qualitätsmessungen zwischen Unterrichtsstunden ist und wie viele Unterrichtsstunden in einem nächsten Schritt notwendig sind, um zuverlässige Aussagen
über die Unterrichtsqualität von Lehrkräften treffen zu können. Dies war daher
Gegenstand von Studie 5.

In den Kapiteln 11.5.1.1 und 11.5.1.2 werden die Ergebnisse in Bezug auf die Hypothesen und die Fragestellung der vorliegenden Studie diskutiert. In Kapitel 11.5.1.3 werden weiterführende Aspekte angesprochen. Abschließend erfolgt in Kapitel 11.5.2 eine methodische Diskussion der Ergebnisse, bei der sowohl auf Einschränkungen bezüglich der Interpretierbarkeit der vorliegenden Daten eingegangen wird als auch Schlussfolgerungen für zukünftige Studien gezogen werden.

11.5.1 Inhaltliche Diskussion

11.5.1.1 Die Variation der drei Basisdimensionen zwischen Unterrichtsstunden

Die Stabilität der Dimension Klassenführung

Die Ratings der Dimension Klassenführung waren hypothesenkonform über die Unterrichtsstunden hinweg sehr stabil ausgeprägt: Das Verhältnis von stabiler zu instabiler Varianz beträgt 4:1. Die empirischen Befunde der vorliegenden Studie stützen demnach die in der Forschung oftmals getroffene Annahme, dass es sich bei Klassenführung um ein stabiles Lehrermerkmal handelt. So findet sich beispielsweise bei Brophy (2000) eine Beschreibung von effektiven Lehrkräften in Bezug auf Klassenführungsmerkmale, die die Schlussfolgerung nahelegt, dass sich auch schon bei einer nur kurzzeitigen Beobachtung des Unterrichts von effektiven Lehrkräften die entsprechenden Aspekte zeigen sollten:

> Effective teachers convey a sense of the purposefulness of schooling and the importance of getting the most out of the available time. They begin and end lessons on time, keep transitions short, and teach their students how to get started quickly and maintain focus when working on assignments. Good planning and preparation enable them to proceed through lessons smoothly without having to stop to consult a manual or locate an item needed for display or demonstration. (Brophy, 2000, S. 11)

Betrachtet man ergänzend zu den G-Analysen die grafische Darstellung der Variation zwischen Unterrichtsstunden innerhalb von Lehrkräften (vgl. Abbildung 24), so zeichnet sich jedoch ein nicht ganz so eindeutiges Bild ab: Zwar erreichen etliche Lehrkräfte für alle fünf einbezogenen Unterrichtsstunden den gleichen oder einen sehr ähnlichen hohen Wert.[67] Es gibt jedoch auch sieben

---

67 Dies kann entweder bedeuten, dass bei diesen Lehrkräften tatsächlich keine Variabilität in Bezug auf ihre Klassenführung festzustellen ist. Es kann jedoch auch bedeuten, dass die Skala existierende Unterschiede nicht abbilden kann und die Verteilung dadurch abgeschnitten wird.

Lehrkräfte, die eine sehr hohe Variabilität aufweisen.[68] Würde man bei diesen Lehrkräften verschiedene Zufallsstichproben mit je einer Unterrichtsstunde herausgreifen, käme man zu sehr unterschiedlichen Aussagen über die Klassenführung der betreffenden Lehrkräfte. Dies deutet darauf hin, dass situationale Variablen einen größeren Einfluss auf die Klassenführung ausüben können, als bislang oftmals angenommen wird. Erklärt werden kann dies damit, dass Unterricht stets auch eine hohe Koproduktionskomponente beinhaltet (s. z. B. Shavelson et al., 1986) und somit Verhaltensweisen der Schüler die Klassenführung der Lehrkraft stark beeinflussen. Selbstverständlich ist es dabei auch von der Art der Operationalisierung der Dimension Klassenführung abhängig, in welchem Ausmaß Schülerverhaltensweisen in die jeweilige Messung einfließen.[69] Darüber hinaus erscheint es naheliegend, dass der Einfluss von Schülerverhaltensweisen auf die Klassenführung auch von der jeweils dominierenden Sozialform der Unterrichtsstunde abhängt. Es erscheint lohnend, in weiteren Studien den Ursachen der Variabilität der Dimension Klassenführung auf den Grund zu gehen, um zu identifizieren, welche Situations- und Kontextmerkmale eine gute Klassenführung erleichtern oder erschweren.

Die Stabilität der Dimension Schülerorientierung

Die Stabilität der Unterrichtsratings über Unterrichtstunden hinweg ist hypothesenkonform auch für die Dimension Schülerorientierung sehr hoch: Das Verhältnis von stabiler zu instabiler Varianz beträgt 8:1.

Im Gegensatz zu den Dimensionen Klassenführung und kognitive Aktivierung ist ein erheblicher Anteil der universe-score-Varianz nicht auf den Haupteffekt der Lehrkräfte zurückzuführen, sondern auf eine Interaktion zwischen den Lehrkräften und den Items. Dies bedeutet, dass sich Lehrkräfte über Unterrichtsstunden hinweg konsistent darin unterscheiden, in welcher Reihenfolge die Itemschwierigkeiten angeordnet sind bzw. welchen Abstand die Itemschwierigkeiten haben (vgl. auch Studie 1). Lehrkräfte unterscheiden sich also nicht nur darin, wie hoch die Dimension Schülerorientierung in ihrem

---

68 Betrachtet man diese Lehrkräfte in Bezug auf ihre Herkunft, so fällt auf, dass sechs der sieben Lehrkräfte aus Deutschland sind. Dieses Ergebnis bestätigt den Befund der TIMS-Videostudie, bei der sich zeigte, dass Schweizer Lehrkräfte über eine im Mittel noch höher ausgeprägte Klassenführung verfügen als deutsche Lehrkräfte und es nahezu keine Varianz zwischen Lehrkräften gibt (vgl. Clausen et al., 2003).

69 In der Pythagoras-Studie wurde gute Klassenführung beispielsweise konzipiert als störungspräventive Verhaltensweisen der Lehrkraft auf der einen Seite und Nichtauftreten von Disziplinproblemen und Unterrichtsstörungen durch die Schüler auf der anderen Seite (s. auch Rakoczy & Pauli, 2006, S. 230ff.).

Unterricht ausgeprägt ist, sondern auch darin, welche spezifischen Merkmale von Schülerorientierung besonders stark und welche besonders schwach ausgeprägt sind: Während eine Lehrkraft beispielsweise einerseits besonders gut darin sein kann, sachlich-konstruktive Rückmeldung zu geben, andererseits aber beispielsweise die Schüler ihrer Klassen in geringerem Ausmaß eine Lerngemeinschaft bilden, kann dies bei einer anderen Lehrkraft genau anders herum sein. Dieses Ergebnis weist Parallelen auf zu dem erstmals im Rahmen der SCHOLASTIK-Studie berichteten Befund, dass Lehrkräfte zum Teil sehr unterschiedliche Unterrichtsprofile aufweisen (Weinert & Helmke, 1997). Auch wenn die Untersuchungen nur begrenzt vergleichbar sind, da sich die Studie von Weinert und Helmke (1997) ausschließlich auf als herausragend identifizierte Lehrkräfte bezieht, könnten die vorliegenden Ergebnisse als Hinweis daraufhin gewertet werden, dass Unterricht nicht nur auf Ebene von Unterrichtsmerkmalen unterschiedliche Muster aufweist, sondern auch innerhalb eines Merkmals bezogen auf die einzelnen Items.

Befunde dieser Art stellen in Frage, inwiefern ein Stufenmodell zu Unterrichtsqualität, wie es beispielsweise im Kontext der Hamburger Schulinspektion entwickelt wurde (s. z. B. Pietsch, 2010), Unterrichtsqualität auf der Individualebene einzelner Lehrkräfte abbilden kann. Stufenmodelle bieten den Vorteil, dass Befunde kriteriumsorientiert interpretiert werden können (Hartig & Jude, 2007; Klieme, Maag-Merki & Hartig, 2007): Mittels dieser Modelle lassen sich die auf einem Kontinuum angeordneten Items sowie die gemessenen Fähigkeiten in Abschnitte bzw. Stufen unterteilen; dadurch kann man beschreiben, was eine Person kann bzw. (noch) nicht kann. Für die Messung von Unterrichtsqualität unterscheidet Pietsch (2010) auf Basis seiner Analysen der Daten der Hamburger Schulinspektion vier Stufen: (1) Lernklima und pädagogische Strukturen sichern, (2) Klassen effizient führen und Methoden variieren, (3) Schüler motivieren, aktives Lernen sowie Wissenstransfer ermöglichen und (4) differenzieren sowie Schüler wirkungs- und kompetenzorientiert fördern. Jeder dieser Stufen sind dem Modell von Pietsch (2010) zufolge Items des Merkmals Schülerorientierung zugeordnet. Variiert die Anordnung dieser Items nun aber wie in der vorliegenden Untersuchung deutlich zwischen Lehrkräften, ist eine feste Zuordnung von Items zu Stufen nur begrenzt sinnvoll, da die Items nicht eindeutig auf einem Kontinuum angeordnet werden können. Die Abbildungsfunktion eines solchen Modells (vgl. Stachowiak, 1973) ist somit zumindest auf Individualebene fraglich, d. h. es ist strittig, inwiefern das Modell tatsächlich den Unterricht einzelner Lehrkräfte abbilden kann.

Die Stabilität der Dimension kognitive Aktivierung

Für die Dimension kognitive Aktivierung ist die Stabilität der Unterrichtsratings über Unterrichtsstunden hinweg hypothesenkonform sehr gering: Das Verhältnis von stabiler zu instabiler Varianz beträgt 1:4. Aufgrund der deutlichen methodischen Einschränkungen für die Analysen der Textaufgaben-Daten (s. Kapitel 11.5.2) können die Ergebnisse demnach nur mit Vorbehalt wie folgt inhaltlich interpretiert werden: Die geringe Stabilität der Ratings über Unterrichtsstunden hinweg deutet darauf hin, dass ein Problem bei der Messung von kognitiver Aktivierung besteht. Mögliche Ursachen für dieses Problem sind die folgenden:

Die erste mögliche Ursache für die hohe Variabilität von kognitiver Aktivierung zwischen Unterrichtsstunden ist Messfehler (s. auch Kane & Staiger, 2012): Es kann vermutet werden, dass kognitive Aktivierung in Abhängigkeit von dem unterrichteten Inhalt, der Sozialform, der Stundenart etc. unterschiedlich gut beobachtbar ist (Pauli & Reusser, 2011). Dies führt zu einer Verringerung der Datenreliabilität. Ist der Grund für die Instabilität zwischen Unterrichtsstunden Messfehler, kann das Problem durch eine Erhöhung der Anzahl an beobachteten Unterrichtsstunden gelöst werden, da dies eine Erhöhung der Reliabilität zur Folge hat.

Die zweite mögliche Ursache für die hohe Variabilität von kognitiver Aktivierung zwischen Unterrichtsstunden ist die möglicherweise begrenzte Eignung des Konstrukts kognitive Aktivierung für Unterricht jeglicher Art: Während unmittelbar einleuchtend ist, wie kognitive Aktivierung in einer Einführungsstunde gefördert werden kann (u. a. durch das Stellen von zum Denken herausfordernden Problemen), erscheint es deutlich unklarer, wie eine Übungsstunde kognitiv aktivierend gestaltet werden könnte, in der es v.a. um die Automatisierung von Fertigkeiten geht. Man könnte demnach argumentieren, dass kognitive Aktivierung einen zentralen Aspekt von Unterricht darstellt – allerdings nur für bestimmte Arten von Unterrichtsstunden. Die Variabilität von kognitiver Aktivierung zwischen Unterrichtsstunden wäre dann weder überraschend noch anzustreben, sondern lediglich ein Hinweis darauf, dass die Erfassung von kognitiver Aktivierung auf Einführungsstunden und ähnliche Stundenarten beschränkt werden sollte.

Der dritte mögliche Grund für die hohe Variabilität von kognitiver Aktivierung zwischen Unterrichtsstunden ist eine Diskrepanz zwischen dem Konstrukt kognitive Aktivierung und dessen Messung. Unter Bezug auf die theoretische Fundierung von kognitiver Aktivierung – teaching for understanding (s. z. B. Pauli, Reusser & Grob., 2007) – wäre das Ziel eine kognitiv aktivierende Gestaltung möglichst jeder einzelnen Unterrichtsstunde. Es ist unmittelbar einsichtig, dass kognitive Aktivierung dabei in einer Einführungsstunde nicht genau dasselbe bedeuten kann wie in einer Übungsstunde. Wird lediglich ein ausgewählter Aspekt von kognitiver Aktivierung erfasst (z B. kognitive Aktivierung hinsichtlich Einführungsstunden, vgl. Lipowsky et al., 2009), kann dies hinreichend sein, um einen Bezug zum Lernen der Schüler innerhalb der ausgewählten Unterrichtsstunde(n) herzustellen. Wenn kognitive Aktivierung jedoch als Prädiktor für eine über diese Unterrichtsstunde(n) hinausgehende Entwicklung von Schülern oder sogar als Indikator für über Klassen und Inhalte generalisierte Unterrichtsqualität verwendet werden soll, muss die Adäquatheit der bisherigen Operationalisierung von kognitiver Aktivierung in Frage gestellt werden: Die existierenden Instrumente fokussieren jeweils nur einen Teilaspekt von Unterricht (z B. Aufgaben im Instrument von Baumert et al., 2010; Beobachterratings mit Fokus auf Einführungsstunden im Instrument von Lipowsky et al., 2009). Um das Konstrukt in seiner Komplexität zu erfassen, erscheint eine Kombination verschiedener Methoden notwendig; so sind beispielsweise manche Aspekte und Formen kognitiver Aktivierung mittels Beobachtung kaum zu erfassen (z. B. kann das Finden von Aufgabenlösungen hoch kognitiv aktivierend sein, dies ist jedoch für einen Beobachter nicht direkt ersichtlich).

Zwei Konsequenzen können aus den obigen Überlegungen abgeleitet werden. Die unmittelbare Konsequenz für Untersuchungen, in denen eines der existierenden Instrumente zur Erfassung von kognitiver Aktivierung eingesetzt wird, ist, deutlich zu machen, dass nur ein kleiner Teil von kognitiver Aktivierung mit dem Messinstrument erfasst werden kann. Langfristig gesehen scheint es von hoher Bedeutung, das theoretische Verständnis von kognitiver Aktivierung weiterzuentwickeln (s. auch Brophy, 2006; Pauli & Reusser, 2011): Ist kognitive Aktivierung ein wichtiger Bestandteil für alle Stundenarten? Und falls dies der Fall ist, wie kann kognitive Aktivierung dann für Stundenarten über Einführungsstunden hinaus definiert und gemessen werden?

Auffällig an den Ergebnissen der G-Analysen für die Dimension kognitive Aktivierung ist zudem die hohe Ausprägung der Interaktion zwischen Unterricht und Items. Diese Interaktion bedeutet, dass je nach Unterrichts-stunde die Anordnung der Itemschwierigkeiten und/oder deren Abstände variieren; für die vorliegenden Daten ist beides der Fall. Analog zur Interaktion zwischen Lehrkräften und Items, die für die Dimension Schülerorientierung bereits diskutiert wurde (s. Kapitel 11.5.1.1), bedeutet die Interaktion zwischen Unterrichtsstunden und Items, dass das Verhältnis von Itemschwierigkeiten *über Unterrichtsstunden hinweg* nicht gleich bleibt; ein schwieriges Item in der einen Unterrichtsstunde kann daher ein leichtes Item in einer anderen Unterrichtsstunde derselben Lehrkraft sein. Dieser Befund zeigt nochmals die Unterschiedlichkeit der gegenstandsabhängigen Dimension kognitive Aktivierung im Vergleich zu der gegenstandsunabhängigen Dimension Schülerorientierung auf: Während bei der Dimension Schülerorientierung konsistente Unterschiede in den Itemverhältnissen zwischen Lehrkräften auftreten, sind diese Unterschiede bei der kognitiven Aktivierung unterrichtsstundenspezifisch ausgeprägt. Wie bei der Dimension Schülerorientierung stellt die hohe Interaktion zwischen Unterricht und Items auch für die Dimension kognitive Aktivierung in Frage, inwiefern ein Stufenmodell von Unterrichtsqualität (s. Pietsch, 2010) die Komplexität von Unterrichtsqualität hinreichend abbilden kann.

11.5.1.2 Die notwendige Anzahl an Unterrichtsstunden zur Erfassung von Unterrichtsqualität

In der Literatur zur Erfassung von Unterrichtsqualität mittels Beobachtungsverfahren wird an einigen Stellen darauf hingewiesen, dass einzelne Unterrichtsstunden einer Lehrkraft sich in ihrer Qualität unterscheiden können und dass das Heranziehen einer bzw. weniger Unterrichtsstunden pro Lehrkraft daher unzureichend sein kann, um zuverlässige Aussagen über Unterrichtsqualität zu treffen (z. B. Brophy, 2006; Calkins et al., 1997; Clarke et al., 2007; Erlich & Shavelson, 1978; Hill et al., 2012; Shavelson et al., 1986; Staub, 2007). In der vorliegenden Studie wurde überprüft, welche Anzahl an Unterrichtsstunden zur Erfassung der drei Basisdimensionen von Unterrichtsqualität notwendig ist (Fragestellung 5.2). Die Ergebnisse deuten darauf hin, dass die obige kritische Annahme nicht für alle Qualitätsdimensionen von Unterricht zutrifft: Die Dimensionen Klassenführung und Schülerorientierung lassen sich in der vorliegenden Untersuchung schon mittels einer Unterrichtsstunde hinreichend reliabel erfassen, sofern man als Mindestreliabilität .70 setzt. Für die Dimension kognitive Aktivierung hingegen zeigen sich problematische Instabilitäten über Unterrichtsstunden hinweg; die notwendige Anzahl an Unterrichtsstunden pro Lehrkraft für eine stabile Einschätzung von Unterrichtsqualität ist mit neun Unterrichtsstunden dementsprechend hoch. Dass sich die Basisdimensionen im Hinblick auf ihre zeitliche Stabilität unterscheiden, steht in Einklang mit anderen Studien, in denen sich ebenfalls deutliche Unterschiede in der Stabilität von Unterrichtsvariablen über Messzeitpunkte zeigten (z. B. Calkins et al., 1997; Erlich & Shavelson, 1978; Kunter, 2005; Rakoczy, 2008).

Aus den obigen Ergebnissen können zumindest zwei Schlussfolgerungen gezogen werden: Erstens scheint es sinnvoll, Unterrichtsqualität dimensionsspezifisch zu untersuchen, da sich deutliche Unterschiede zwischen den einzelnen Dimensionen in ihrer Zeitstabilität zeigen (s. auch Calkins et al.,

1997; Erlich & Shavelson, 1978; Hill et al., 2012; Kunter, 2005; Rakoczy, 2008). Zweitens: Möchte man die Messgenauigkeit in einer Untersuchung erhöhen, bietet es sich für die Dimension Klassenführung an, die Anzahl an Unterrichtsstunden pro Lehrkraft zu erhöhen. Für die Dimension Schüler-orientierung ist dies nur bedingt sinnvoll: der Varianzanteil, der auf Unter-richtsstunden zurückzuführen ist, ist nur sehr gering. Um die Reliabilität effizient zu erhöhen, müsste für die Dimension Schülerorientierung die Anzahl an Items erhöht werden, die eine vergleichsweise große Varianzquelle darstellt Die vergleichsweise hohe Anzahl an Unterrichtsstunden, die zur Erfassung von kognitiver Aktivierung notwendig ist, deutet darauf hin, dass es wichtig ist, in zukünftigen Studien stärker auf die Analyseeinheit in Videostudien zu achten (vgl. auch Staub, 2007): Werden zu wenige Unterrichtsstunden pro Lehrkraft einbezogen, kann die tatsächliche Unterrichtsqualität von Lehrkräften nicht adäquat abgebildet werden (s. auch Kane & Staiger, 2012; Lakes & Hoyt, 2008). Ist es in einer Untersuchung nicht möglich, mehrere Unterrichtsstunden pro Lehrkraft zu erfassen, scheint es unabdingbar, die entsprechende Unter-suchung entweder auf diejenigen Variablen zu reduzieren, die mittels einer Unterrichtsstunde stabil erfasst werden können, oder aber Generalisierungen über die beobachteten Prozesse und Ergebnisse der einzelnen beobachteten Unterrichtsstunde hinaus zu vermeiden (s. auch 11.1.2). Einschränkend muss allerdings nochmals darauf hingewiesen werden, dass bei einer hohen Varia-bilität eines Unterrichtsmerkmals eine Erhöhung der Anzahl an Unterrichts-stunden pro Lehrkraft nur dann sinnvoll ist, wenn sichergestellt ist, dass die Variabilität des Merkmals tatsächlich vornehmlich durch Messfehler bedingt ist und nicht auf Probleme bei der Konzeption des Merkmals zurückzuführen ist (s. auch 11.5.1.1).

Einschränkend in Bezug auf Schlussfolgerungen hinsichtlich der notwendigen Anzahl an Unterrichtsstunden pro Lehrkraft muss darauf hingewiesen werden, dass es sich bei den analysierten Unterrichtsstunden um im Hinblick auf den Inhalt standardisierte Stunden handelt. Inwieweit die Ergebnisse auf Studien mit einer zufälligen Auswahl an Unterrichtsstunden pro Lehrkraft übertragbar sind, bleibt somit offen. Es ist vorstellbar, dass die notwendige Anzahl an Unterrichtsstunden in einem solchen Fall höher liegt als in der vorliegenden Studie.

11.5.1.3 Fazit

Shavelson und Dempsey-Atwood (1976) schreiben im Diskussionsteil ihres Reviews zur Generalisierbarkeit von Lehrerverhaltensweisen: „Pessimistically, we entertained the possibility that generalizability may be extremely limited in an educational context" (S. 609). Sie fassen zusammen, dass der damalige

Forschungsstand eine empirische Überprüfung dieser Hypothese nur sehr begrenzt zulässt und daher diesbezüglich weitere Forschung notwendig ist. Die Ergebnisse der vorliegenden Studie deuten darauf hin, dass die pessimistische Aussage der Autoren relativiert werden kann: Mit Klassenführung und Schülerorientierung weisen zwei der drei untersuchten Basisdimensionen von Unterrichtsqualität eine sehr hohe zeitliche Stabilität auf. Für die dritte Basisdimension, kognitive Aktivierung, hingegen findet sich eine nur geringe zeitliche Stabilität. Es ist daher weitere Forschung dazu notwendig, auf welche Faktoren die hohe Instabilität zurückzuführen ist und ob ggf. alternative Operationalisierungen kognitiver Aktivierung möglich sind.

Die für alle drei Basisdimensionen existierenden Unterschiede zwischen den beiden untersuchten Teildatensätzen (Pythagoras vs. Textaufgaben) deuten zudem darauf hin, dass die konkrete Auswahl von Unterrichtsstunden in einer Untersuchung einen sehr entscheidenden Einfluss auf die Interpretation der Befunde hat. Überlegungen zu einer Standardisierung von Unterrichtssettings scheinen demnach für zukünftige Studien im Bereich der videobasierten Unterrichtsforschung von hoher Bedeutung.

11.5.2 Methodische Diskussion

Grundlegend für die Relevanz der vorliegenden Studie ist die Frage nach der Generalisierbarkeit der Ergebnisse über die Stichprobe der Pythagoras-Studie sowie deren Items hinaus. In einem ersten Schritt wäre es daher wichtig zu überprüfen, ob sich die Befunde der vorliegenden Studie replizieren lassen. Ist dies der Fall, sollte über Möglichkeiten der konzeptuellen Neufassung von kognitiver Aktivierung nachgedacht werden (s. 11.5.1). Eine Replikation der Befunde ist insbesondere auch deswegen von hoher Bedeutung, da die Ergebnisse der Generalisierbarkeitsanalysen z.T. nur eingeschränkt interpretierbar sind:

Für die Interaktion zwischen Lehrkräften und Items wurde für den Textaufgaben-Datensatz eine *hohe negative Varianz* geschätzt (s. Kapitel 11.4.2.3). Während kleine negative Varianzen aufgrund von Stichprobenfehlern im Kontext von G-Analysen häufig auftreten und Brennan (2001a) zufolge nach der Schätzung aller Varianzkomponenten auf Null gesetzt werden können, sind große negative Varianzen deutlich problematischer. Sie deuten auf eine Missspezifikation des Modells hin (vgl. Shavelson & Webb, 1991). Diese Missspezifikation lässt sich leicht erklären: Für die Textaufgaben-Lektionen ist der Anteil an instabiler Varianz mit 77% sehr hoch, der Anteil stabiler Varianz mit 12% hingegen nur sehr gering ausgeprägt. Die Modellannahme einer Schachtelung von Unterrichtsstunden in Lehrkräfte ist somit für die Dimension kognitive Aktivierung unzutreffend. Ergänzend wurde daher ein alternatives Modell spezifiziert, bei dem Lehrkräfte und Unterrichtsstunden (im Sinne von Messgelegenheiten) als jeweils eigenständige Facetten eingingen. Die hinter diesem Alternativmodell stehenden Annahmen sind für die vorliegenden Daten nicht zutreffend (s. Kapitel 11.3.5; s. auch Shavelson & Webb, 1991). Die Analysen wurden dennoch durchgeführt, um durch einen Vergleich der Ergebnisse der beiden Modelle abschätzen zu können, in welchem Ausmaß durch die Fehlannahmen mit Verzerrungen in den Ergebnissen zu rechnen ist. Da die Ergebnisse beider Modelle nahezu identisch sind, wurde angenommen, dass die Ergebnisse auch inhaltlich interpretiert werden können. Zur Absicherung der Ergebnisse sollte die zeitliche Stabilität von kognitiver Aktivierung jedoch nochmals in Bezug auf eine weitere Stichprobe untersucht werden. Geht man davon aus, dass auch in einer anderen Stichprobe wiederum eine hohe Variabilität zu erwarten ist, ist eine Spezifikation des geschachtelten Modells wenig sinnvoll. Daher sollten idealerweise die einzelnen Messzeitpunkte bei allen Lehrkräften zeitgleich liegen, um den Modellannahmen des vollständig gekreuzten Modells zu entsprechen – auch wenn dies eine große logistische Herausforderung darstellt.

Auffällig sind zudem die deutlichen Unterschiede in den Varianzkomponentenschätzungen zwischen den beiden Unterrichtseinheiten. Beispielsweise fällt das Ausmaß an Rater-Bias für die Pythagoras-Unterrichtseinheit insgesamt deutlich höher aus als für die Textaufgaben-Unterrichtseinheit. Mindestens vier Gründe sind plausibel für diese Unterschiede: Ein erster möglicher Grund könnte eine mangelnde Stabilität der Varianzkomponentenschätzungen sein. Deren Stabilität ist im Rahmen von Generalisierbarkeitsanalysen insbesondere bei komplexen Designs mit zwei oder mehr Facetten oftmals problematisch (Brennan, 2001a; Shavelson & Webb, 1991; Smith, 1979). Die Unterschiede zwischen den beiden Unterrichtseinheiten wären in diesem Fall demnach rein methodisch begründet. Ein zweiter möglicher Grund ist ebenfalls methodischer Art: Die beiden Unterrichtseinheiten wurden nicht von denselben Ratern eingeschätzt (s. Kapitel 11.3.2); es kann daher sein, dass die Unterschiede zwischen den beiden Unterrichtseinheiten auf Unterschiede in der Kompetenz der Rater zurückzuführen sind. Ein dritter möglicher Grund ist, dass die Textaufgaben-Unterrichtseinheit aufgrund des höheren Standardisierungsgrads zwischen Lehrkräften (z B. im Hinblick auf die Sozialform; s. auch Kapitel 11.3.1) leichter beurteilbar war. Und schließlich könnten Unterschiede zwischen den beiden Unterrichtseinheiten auch durch die inhaltsbedingten unterschiedlichen Vorgehensweisen und damit mathematikdidaktische Aspekte begründet sein. Im Hinblick auf zukünftige Untersuchungen erscheint es sinnvoll, zunächst einmal die methodischen Gründe zu überprüfen und gegebenenfalls auszuschließen und dann in einem nächsten Schritt darauf zu fokussieren, in welchem Ausmaß Gründe der Standardisierung oder aber mathematikdidaktische Aspekte der jeweiligen Unterrichtsinhalte die Qualität von Ratings beeinflussen (siehe auch Kennedy, 2010; Malmberg, Hagger, Burn, Mutton & Colls, 2010; Shavelson & Dempsey-Atwood, 1976).

12 Gesamtdiskussion

12.1 Zusammenfassung der Ergebnisse der fünf empirischen Studien

Beobachterratings sind eine der zentralen Methoden zur Erfassung von Unterrichtsqualität. Trotzdem existieren in der Unterrichtsforschung bislang nur wenige Arbeiten, die sich dezidiert mit der Eignung von Beobachterratings zur Messung von Unterrichtsqualität – und somit deren Reliabilität und Validität – beschäftigen (s. auch Hill et al., 2012; Pietsch & Tosana, 2008). Die vorliegende Arbeit thematisierte mittels fünf empirischer Studien die Reliabilität und Validität von Beobachterratings in Bezug auf Unterrichtsqualität. Die zentralen Befunde der einzelnen Studien können wie folgt zusammengefasst werden.

In *Studie 1* wurde mithilfe von Generalisierbarkeitsanalysen untersucht, in welchem Ausmaß Beobachterratings zu Unterrichtsqualität durch Rater-Bias verzerrt sind. Es zeigte sich, dass in etwa 20% der Varianz in den Ratings der Unterrichtsqualitätsdimensionen Klassenführung und Schülerorientierung auf Rater-Effekte zurückzuführen sind, während 50% bzw. 40% der Varianz auf die eigentlich zu messenden Merkmale zurückgeführt werden können. Knapp die Hälfte der in den Daten vorhandenen Rater-Effekte (z. B. unterschiedliche Iteminterpretationen von Ratern) ist dabei nur mit Analysen auf Itemebene, nicht hingegen mit Analysen auf Skalenebene identifizierbar. Um Unterrichtsqualität mit einer Reliabilität von .70 zu erfassen, sind basierend auf den obigen Varianzanteilen für die Dimension Klassenführung zwei Rater und acht Items notwendig und für die Dimension Schülerorientierung zwei Rater und 15 Items.

Studie 2 untersuchte die Reliabilität und Validität von Unterrichtseinschätzungen geschulter und ungeschulter Rater im Vergleich. Mittels G-Analysen zeigte sich, dass der Varianzanteil, der auf die untersuchten Unterrichtsqualitätsdimensionen Klassenführung und Schülerorientierung zurückführbar ist, für die geschulten Rater nicht höher liegt als für die ungeschulten Rater. Das Ausmaß an Rater-Bias lag – mit einer Ausnahme – bei den geschulten Ratern etwas niedriger als bei den ungeschulten Ratern. Die Anzahl an Ratern, die notwendig ist, um Unterrichtsqualität mit einer Reliabilität von .70 zu erfassen, war für die geschulten Rater nicht geringer als für die ungeschulten Ratern – und dies sowohl für die Dimension Klassenführung als auch für die Dimension Schülerorientierung. Zudem wurden die Rater in Bezug auf eine Unterrichtssequenz dazu aufgefordert, ihre Einschätzungen zu begründen. Die mittels der qualitativen Inhaltsanalyse nach Mayring (2008) ausgewerteten Begründungen der geschulten Rater wiesen einen höheren Differenzierungsgrad auf als diejenigen der ungeschulten Rater und die geschulten Rater nahmen häufiger auf Aspekte Bezug, die in der Forschung als bedeutsam für die Messung der betreffenden Items erachtet werden.

In *Studie 3* wurde thematisiert, in welchem Ausmaß situative Merkmale einen Einfluss auf Ratings aufweisen. Dazu wurde untersucht, wie stabil Ratings über die Zeit sind: Die Rater schätzten zu drei Messzeitpunkten dieselben Unterrichtssequenzen ein. Die quantitative Auswertung der Ratings wurde mittels Multi-State-Multi-Trait-Analysen und G-Analysen durchgeführt. Für die Dimension Schülerorientierung zeigten sich sehr hohe zeitliche Stabilitäten für beide Analysemethoden. Für die Dimension Klassenführung wiesen die G-Analysen für relative Entscheidungen ebenfalls sehr hohe Stabilitäten auf, nicht hingegen für absolute Entscheidungen. MSMT-Analysen konnten aufgrund von Schätzfehlern für die Dimension Klassenführung nicht durchgeführt werden. Ein Vergleich der Begründungen der Rater über die Messzeitpunkte mittels der qualitativen Inhaltsanalyse nach Mayring (2008) zeigte, dass die Begründungen der Rater über die Messzeitpunkte hinweg zum Teil deutlich schwankten.

In der explorativ angelegten *Studie 4* wurden die Urteilsprozesse von Ratern während der Beurteilung von Unterricht mithilfe der Methode des lauten Denkens, mit teilstrukturierten Interviews und mit quantitativen Fragebögen untersucht. Die Daten der Fragebogenerhebung wurden mittels deskriptiver Statistiken, die Daten zum lauten Denken und die Daten aus den Interviews mittels der qualitativen Inhaltsanalyse ausgewertet. Für die Auswertungen wurde das Vierstufenmodell von Tourangeau (1984) herangezogen. Für alle vier Urteilsschritte des Modells von Tourangeau deuten sich Probleme an: So zeigten sich Unstimmigkeiten bezüglich der Iteminterpretationen sowie der Indikatorensuche und -auswahl. Zudem gewichteten Rater Indikatoren im Rahmen der Informationsintegration unterschiedlich und es traten Probleme bei der Wahl der geeigneten Antwortkategorie auf.

Studie 5 ging schließlich der Frage nach, wie stabil Unterrichtsqualitätsmerkmale über Unterrichtsstunden hinweg sind. Zur Klärung dieser Frage wurde wiederum die G-Theorie eingesetzt. Es zeigten sich deutliche Unterschiede zwischen den untersuchten Dimensionen: Während die Dimensionen Klassenführung und Schülerorientierung über Unterrichtsstunden hinweg sehr stabil waren, war die Dimension kognitive Aktivierung über die Unterrichtsstunden hinweg nur wenig stabil. Dementsprechend sind zur reliablen Erfassung je nach interessierendem Merkmal unterschiedlich viele Unterrichtsstunden pro Lehrkraft nötig: Die Dimensionen Klassenführung und Schülerorientierung lassen sich den Analysen von Studie 5 zufolge schon mittels einer Unterrichtsstunde mit einer Reliabilität von .70 erfassen, für die Dimension kognitive Aktivierung sind hingegen neun Unterrichtsstunden für eine entsprechende Messgenauigkeit notwendig.

Basierend auf den Ergebnissen der vorliegenden Arbeit wird im Folgenden die Eignung externer Beobachter zur Erfassung von Unterrichtsqualität reflektiert (Kapitel 12.2). Es folgen abschließende Überlegungen zur Messung von Unterrichtsqualität mittels Beobachterratings (Kapitel 12.3). Die Arbeit schließt mit einem Fazit und Ausblick (Kapitel 12.4).

12.2 Die Eignung externer Beobachter zur Erfassung von Unterrichtsqualität

12.2.1 Unterrichtseinschätzungen externer Beobachter: Perspektivenspezifische Validität?

Geringe Übereinstimmungen zwischen Unterrichtseinschätzungen von Lehrkräften, Schülern und Beobachtern werden in der Literatur unter Bezug auf Clausen (2002) sowie Kunter und Baumert (2006) oft als perspektivenspezifische Validitäten interpretiert. Im Rahmen der vorliegenden Arbeit wurde argumentiert, dass perspektivenspezifische Validitäten nur dann angenommen werden können, wenn die Reliabilität und Validität der einzelnen Perspektiven hinreichend sichergestellt ist (vgl. Kapitel 5). Die Studien der vorliegenden Arbeit zeigen für die Ratings von Beobachtern jedoch zum Teil deutliche Einschränkungen in Bezug auf die Zuverlässigkeit und damit auch die Validität der Ratings auf. Für die Interpretation der Zusammenhänge zwischen den Unterrichtseinschätzungen der Perspektiven bedeutet dies, dass die mangelnden Zusammenhänge zu einem beträchtlichen Teil auch durch Messprobleme verursacht sein können. Um die tatsächlichen Zusammenhänge zwischen den Einschätzungen identifizieren und inhaltlich interpretieren zu können, ist es daher unabdingbar, die Reliabilität und Validität der perspektivenspezifischen Einschätzungen sicherzustellen.

12.2.2 Verzicht auf den Einsatz von externen Beobachtern zur Erfassung von Unterrichtsqualität?

Die empirischen Studien der vorliegenden Arbeit zeigen auf, dass die Perspektive der Beobachter zum Teil deutliche Einschränkungen in Bezug auf die Reliabilität und damit auch die Validität von Unterrichtseinschätzungen aufweist. Bezogen auf den Titel der Arbeit – „Eignung von hoch-inferenten Beobachterratings zur Messung von Unterrichtsqualität" – stellt sich somit die Frage, ob aufgrund der identifizierten Probleme (zusammenfassend Kapitel 12.1) zukünftig auf Beobachterratings zur Erfassung von Unterrichtsqualität verzichtet werden sollte.

Auch Einschätzungen von Lehrkräften oder Schülern zur Erfassung von Unterrichtsqualität weisen bisherigen Untersuchungen zufolge zum Teil deutliche Einschränkungen hinsichtlich ihrer Interpretierbarkeit auf (Clausen, 2002; Desimone et al., 2010; Porter, 2002). Mangels Alternativen kann demnach nicht für einen Verzicht auf Beobachterratings plädiert werden – vielmehr sollte das Ziel zukünftiger Untersuchungen sein, die Reliabilität und Validität von Beobachterratings zu erhöhen. Eine ähnliche Argumentation für Ratings im Allgemeinen findet sich auch bei Saal, Downey und Lahey (1980; für ähnliche Überlegungen siehe zudem Berliner, 2005):

> Considering the complexity of contemporary human behavior and the inability of objective measures to capture the richness of that behavior, there can be little doubt that ratings will continue to play a major role in both theoretical and applied psychological research for many years to come. It is therefore imperative that psychologists pursue research that is designed to maximize the desirable psychometric characteristics of ratings and to minimize or eliminate the undesirable characteristics. (Saal et al., 1980, S. 426)

Eine Erhöhung bzw. Sicherstellung der Qualität von Ratings erfordert adäquate Möglichkeiten zur Feststellung der Qualität von Ratings (s. Kapitel 12.3.1), qualifizierte Rater (s. Kapitel 12.3.2), gut konzipierte Trainings sowie gut konzipierte Ratingmanuale (s. Kapitel 12.3.3) und eine hinreichende Aussagekraft der Video-Datengrundlage in der Videoforschung in Bezug auf Unterrichtsqualität (s. Kapitel 12.3.4).

12.3 Die Messung von Unterrichtsqualität über Beobachterratings: Abschließende Überlegungen

12.3.1 Die Bestimmung der Qualität von Ratings

Grundlegend für die Auseinandersetzung mit der Qualität von Ratings ist die Definition von Qualität. Für eine solche Definition existieren unterschiedliche Möglichkeiten. Der prominenteste Weg zu Bestimmung der Qualität von Ratings sind Inter-Rater-Übereinstimmungen (s. auch Studie 2). Neben der Reliabilität der Urteile können auch die Urteilsakkuratheit und prozess-orientierte Merkmale (z. B. die Informationsverarbeitung von Ratern) zur Bestimmung der Qualität von Ratings herangezogen werden.

In der Unterrichtsforschung wird die Qualität von Ratings nahezu ausschließlich über *Inter-Rater-Übereinstimmungen* bestimmt. Auch weiten Teilen der vorliegenden Arbeit liegt diese Operationalisierung von Ratingqualität zugrunde. Die Eignung einer rein mathematischen Bestimmung der Qualität von Ratings über die zentrale Tendenz der Ratereinschätzungen kann jedoch kritisch hinterfragt werden. Murphy und DeShon (2000) beispielsweise weisen darauf hin, dass Übereinstimmungen lediglich geteilte Wahrnehmungen wider-spiegeln. Diese geteilten Wahrnehmungen müssen aber in keinem Zusammen-hang zu der tatsächlichen Merkmalsausprägung stehen (vgl. auch Hill et al., 2012; Pretsch, 2012). Für den Bereich der Unterrichtsforschung bedeutet dies, dass mittels Rater-Übereinstimmungen nicht unterschieden werden kann, wel-cher Anteil der true-score- bzw. universe-score-Varianz auf tatsächliche Unter-schiede zwischen Lehrkräften in der Qualität ihres Unterrichts zurückgeführt werden kann und welcher Anteil darauf zurückzuführen ist, dass Lehrkräfte le-diglich von allen Ratern als unterschiedlich wahrgenommen wurden (s. hierzu auch Strong et al., 2011).[70] Helmke (2009) spricht in diesem Zusammenhang von kollektivem Irrtum. Im Falle eines solchen kollektiven Irrtums ist die Sinnhaftigkeit der Bestimmung von Rater-Bias über Abweichungen zu einem solchen gemittelten Wert jedoch äußerst fragwürdig. Es erscheint daher sinn-voll, über alternative Kriterien nachzudenken, mithilfe derer eine eindeutigere Bestimmung der Qualität von Ratings möglich ist. Dass die Wahl eines sol-chen alternativen Kriteriums nicht trivial ist, wurde bereits in Studie 2 thema-tisiert: Die naheliegende Bestimmung der *Akkuratheit der Urteile* lässt sich in

---

70 Diese Problematik betrifft jedoch nicht nur die Erfassung der Qualität von Ratings, sondern auch die Erfassung von Unterrichtsqualität: Der gemittelte Wert über Rater (true score bzw. universe score) stellt in einem nächsten Schritt die Schätzung für die tatsächliche Merkmalsausprägung der jeweiligen Lehrkräfte dar.

der Unterrichtsforschung schwerlich umsetzen, weil adäquate Akkuratheitskriterien bislang nicht existieren. *Prozessorientierte Kriterien* wären hingegen möglich: So könnte das Wissen (s. z. B. die Untersuchung von Dierdorff et al., 2010, in der mittels eines Multiple-Choice-Tests deklaratives Wissen in Bezug auf die einzuschätzende mündliche Ausdrucksfähigkeit von Personen erfasst wurde) oder die Art und Weise der Informationsverarbeitung (z. B. kategorien- vs. merkmalsbasiert; s. Fiske, 1993; Fiske & Neuberg, 1990) als Qualitätskriterium herangezogen werden. Vor dem Einsatz solcher Kriterien muss jedoch kritisch reflektiert werden, inwiefern diese Kriterien die Qualität von Ratings tatsächlich in höherem Ausmaß sicherstellen als dies Rater-Übereinstimmungen ermöglichen. So ist vorstellbar, dass Rater zwar hinreichendes Wissen über den einzuschätzenden Gegenstand und das Vorgehen bei der Einschätzung des Gegenstands besitzen, dieses Wissen jedoch nicht in Handeln (d. h. das Raten) umsetzen. Möchte man die Art und Weise der Informationsverarbeitung als Kriterium heranziehen, sind normative Annahmen dazu notwendig, welche Art der Informationsverarbeitung als qualitativ hochwertig gilt. Auch solche Annahmen können hinterfragt werden, wie in Studie 4 bereits ausgeführt wurde.

Zusammenfassend lässt sich also festhalten, dass die bisherige Überprüfung der Ratingqualität mittels Interrater-Übereinstimmungen kein hinreichendes Kriterium für die Feststellung der Ratingqualität darstellt. Es scheinen daher weitere Studien notwendig, in denen gezielt unterschiedliche Kriterien zur Bestimmung der Qualität von Ratings miteinander verglichen werden, um abschließende Aussagen dazu treffen zu können, welches Kriterium bzw. welche Kombinationen an Kriterien zur Bestimmung der Qualität von Ratings in Zukunft idealerweise eingesetzt werden sollten.

12.3.2 Die Identifikation geeigneter Rater

Die Analysen im Rahmen der vorliegenden Arbeit zeigen, dass zwischen den Einschätzungen der Rater zum Teil deutliche Varianz besteht. Auch die qualitativen Analysen deuten auf große Unterschiede in den Urteilsprozessen zwischen den Ratern und auf damit verbundene Probleme hin. Darüber hinaus finden sich nur gering ausgeprägte Unterschiede zwischen trainierten und untrainierten Ratern im Hinblick auf die Reliabilität der Einschätzungen. Dies führt erstens zu der Frage, welche dieser Rater eine hohe Ratingqualität aufweisen, und zweitens zu der Frage, durch welche Ratermerkmale (z. B. Motivation oder Gewissenhaftigkeit, vgl. hierzu auch das Optimizing-Satisficing-Modell, Kapitel 10.1) solche Rater gekennzeichnet sind. Neben motivationalen Aspekten könnten dabei insbesondere das deklarative und prozedurale Wissen von Ratern in Bezug auf den einzuschätzenden Gegenstand bedeutsam sein. Dass die Identifikation von Ratermerkmalen, die einen guten Rater ausmachen, eine wichtige Aufgabe zukünftiger Forschung ist, lässt sich auch mit einer Aussage von Funder (1999) zu Persönlichkeitseinschätzungen untermauern: „...personality judgments are sometimes wrong and sometimes right, so a much better question for the study of personality judgment is not *whether* personality judgments are accurate, but *when*" (S. 137).

12.3.3 Konzeption von Trainings und Ratingmanualen

Zur Sicherstellung der Qualität von Unterrichtsratings externer Beobachter werden in der Unterrichtsforschung Rater-Trainings durchgeführt und den Ratern Manuale mit Indikatoren für einzelne Items u.ä. als Hilfestellung für die Ratings zur Verfügung gestellt. Die Studien 1 bis 4 der vorliegenden Arbeit geben einen Hinweis darauf, dass der Einsatz von Rater-Trainings und Ratingmanualen eine Sicherstellung der Qualität von Ratings nicht automatisch leistet. Es erscheint daher wichtig, zukünftig vermehrt ein Augenmerk auf die Konzeption von Trainings sowie Ratingmanualen zu legen.

Konzeption von Trainings

Die Ergebnisse der vorliegenden Arbeit deuten über den Vergleich von geschulten und ungeschulten Ratern darauf hin, dass Rater-Trainings nicht unbedingt zu einer Erhöhung der Reliabilität von Ratings führen (vgl. Studie 2). Auch die im Urteilsprozess von Ratern auftretenden Probleme (vgl. Studie 4) können als Hinweis dafür interpretiert werden, dass Trainings nicht vollständig zu der intendierten Professionalisierung von Ratern führen. Um die Reliabilität und Validität von Ratings zukünftig weiter zu erhöhen, erscheinen daher Untersuchungen sinnvoll, in denen die Konzeption von Rater-Trainings gezielt in den Blick genommen wird.

So erscheint es beispielsweise ertragreich zu thematisieren, inwiefern Trainings in ihrer bisherigen Konzeption statt zu einer stabilen Veränderung des Wissens und der Vorgehensweisen beim Raten zu einer diesbezüglichen Destabilisierung führen (s. auch Studie 2): Es könnte sein, dass Rater im Anschluss an das Training unsicher sind, auf welche Indikatoren und Faktoren sie sich verlassen sollen, und daher eine Mischung von Indikatoren einsetzen: Indikatoren, die sie im Training gelernt haben, und Indikatoren, die auf subjektiven impliziten Theorien beruhen.

In der Expertiseforschung finden sich zahlreiche Studien, die belegen, dass es viele tausend Stunden intensiver Auseinandersetzung mit einem Gegenstand braucht, um die erforderliche Expertise aufzubauen (zsf. Ericsson et al., 1993; Gruber, 2010). Gilt dies auch für Ratings, könnten die nicht vorhandenen Unterschiede zwischen verschiedenen Trainingsdauern in der Metaanalyse von Hoyt und Kerns (1999) darauf zurückzuführen sein, dass auch die von den Autoren als lang eingestuften Trainingsdauern (> 24 h) für den Aufbau von Expertise zu kurz waren. Die oben erwähnte Destabilisierung der Rater bei der Einschätzung von Unterrichtsqualität könnte daher auch auf die kurze Trainingsdauer zurückzuführen sein, in der keine hinreichend sicher anwendbaren Alternativen zu den impliziten Theorien der Rater erlernt wurden. Überprüft werden sollte in zukünftigen Untersuchungen daher auch, ob bestimmte Trainingsdauern zu einer Verminderung statt einer Anhebung der Ratingqualität führen können und wie lange Trainings dauern müssen, um die Ratingqualität substantiell zu erhöhen.

Auch Untersuchungen zu den konkreten Inhalten von Rater-Trainings erscheinen sinnvoll. So ist z. B. für den Bereich der Unterrichtsforschung bislang ungeklärt, ob theoretische Informationen zu Rater-Effekten und Möglichkeiten zu deren Minimierung ein sinnvoller Bestandteil von Trainings sind. In anderen Forschungsbereichen zeigen sich für Trainings mit Fokus auf Rater-Effekten zum Teil negative Effekte hinsichtlich der Wirksamkeit der Trainings (vgl. Bernardin & Buckley, 1981). Unklar ist zudem, ob Personen im Rahmen von Rater-Trainings dazu angeleitet werden sollten, bei ihren Ratings bewusst und überlegt vorzugehen. Dass dies zumindest bis zum Erreichen eines hohen Expertisegrades sinnvoll sein könnte, lässt sich auf der Basis von Studien aus dem Bereich der Wissenspsychologie vermuten (s. z. B. Renkl, 1996; Schnotz, 1994): Diese Studien zeigen, dass deklaratives Wissen nur mit hinreichender Übung in prozedurales Wissen überführt werden kann. Dies würde für das Training von Ratern und die anschließende Durchführung von Ratings bedeuten, dass ein zu rascher Wechsel von ausführlichen Überlegungen in Bezug auf einzelne Indikatoren der einzuschätzenden Items hin zu globalen Einschätzungen dieser Items kontraproduktiv für die Qualität der Ratings sein könnte. Konzeption von Ratingmanualen

Füglister und Messner (1976, zit. nach Feller, 1999) sowie Kuster (1988) nennen als einen zentralen Punkt für die Messung von Unterrichtsqualität die Operationalisierung der Merkmale mittels geeigneter Indikatoren des konkret beobachtbaren Schüler- und Lehrerverhaltens (s. auch Kapitel 3.2). In Ratingmanualen im Bereich der Unterrichtsforschung werden in der Regel zu allen hoch-inferenten Items Indikatoren zu beobachtbarem Schüler- und Lehrerverhalten angegeben. Diese Indikatoren sollen dabei helfen, die Ausprägung des jeweiligen Items zu bestimmen. Allerdings wird in den Manualen

aufgrund der hohen Komplexität des einzuschätzenden Gegenstands nicht festgelegt, welche Indikatoren bei der Unterrichtsbeurteilung herangezogen und
wie sie gewichtet werden sollen sowie ob darüber hinaus zusätzliche Indikatoren notwendig sind. Soar und Kollegen (1983) kritisieren dies deutlich:

> ... leaving all the important decisions to the rater: observing and re-
> membering the teaching behaviors that occur, deciding which ones are
> relevant, and determining how much weight to give each. (...) If wise
> decision regarding relevance and weighting are difficult to make while
> developing a scoring key, when developers have ample time to deliber-
> ate, how can a rater do this on the spot? (S. 244)

Auch Orr (2002) kritisiert, dass die genaue Einordnung von Verhaltensweisen
in Ratingsystemen oft nur unzureichend beschrieben ist: „Raters need to be
taught what is 'sufficient', what is insufficient and what is clearly more than
sufficient" (S. 153).

Die in der vorliegenden Arbeit identifizierten Interaktionen zwischen Ratern
und Items weisen ebenfalls auf diesen Aspekt hin: Die jeweiligen Indikatoren
verankern Items nicht hinreichend in beobachtbarem Verhalten und führen
daher zu unterschiedlichen Iteminterpretationen durch die Rater (vgl. für diese
Argumentation auch Clausen et al., 2003). Die Weiterentwicklung bestehender
hoch-inferenter Beobachtungsinstrumente erscheint daher sinnvoll. Sollte der
Versuch, bestehende Items stärker in beobachtbarem Verhalten zu verankern,
nicht erfolgreich sein, erscheint es sinnvoll, anstelle der entsprechenden Items
solche Items zu entwickeln, die in höherem Maße beobachtbar sind.

12.3.4 Die Kontext- und Situationsabhängigkeit von unterrichtlichem Verhalten

Vielen Videostudien liegt die implizite Annahme zugrunde, dass unterschiedlichste, mehr oder weniger zufällig durch die Lehrkräfte ausgewählte
Unterrichtsstunden vergleichbar sind. Schon Shavelson und Dempsey-Atwood
(1976) weisen jedoch darauf hin, dass Unterrichtseinschätzungen über die
tatsächlichen Lehrerfähigkeiten hinaus stark durch Kontext- und Situations-
merkmale wie Stundeninhalte und die Klassenzusammensetzung beeinflusst
werden (vgl. für diese Argumentation auch Kennedy, 2010).

Einige Autoren schlagen daher eine Standardisierung von Unterrichtssettings
zwischen Lehrkräften vor, um Kontext- und Situationseinflüsse in Videostudien so weit wie möglich zu minimieren (u. a. Hiebert et al., 2003; Klieme
et al., 2009; Seidel, 2005; Shavelson & Dempsey-Atwood, 1976; Stigler et al.,
1999). Aus methodischen Gründen erscheint dies sinnvoll: Durch eine

Standardisierung werden viele Variationsquellen in Bezug auf das komplexe Unterrichtsgeschehen konstant gehalten. Dies sollte zu einer Erhöhung der Reliabilität der Daten führen. Aus inhaltlicher Sicht muss eine Standardisierung jedoch auch kritisch betrachtet werden: Ziel einer Erfassung von Unterrichtsmerkmalen ist eine valide Erfassung vorhandener Unterschiede zwischen Lehrkräften in Bezug auf bedeutsame Merkmale von Unterrichtsqualität. Inwieweit bei einer Standardisierung diese valide Erfassung gewährleistet ist, ist unklar (vgl. auch das Reliabilitäts-Validitäts-Dilemma, s. z B. Hoyt & Kerns, 1999), da durch Vorgaben in Bezug auf Unterrichtsinhalte und -abläufe die natürliche Variabilität von Lehrkräften hinsichtlich der Gestaltung von Unterrichtsstunden (z. B. unterschiedliche Präferenzen bezüglich bestimmter Unterrichtsmethoden) nicht abgebildet werden kann.

Einen Mittelweg zwischen zufälliger Variation und Standardisierung bei der Erfassung von Unterrichtsqualität könnte eine systematische Variation von Unterrichtssettings bieten (z B. hinsichtlich Unterrichtsinhalt, Unterrichtsablauf, Methodenwahl). Dies stünde in Einklang mit Forderungen von Shavelson und Kollegen (1986), die die Notwendigkeit betonen, neben der Variation in Ratings, die auf Rater und Messzeitpunkte zurückzuführen ist, auch diejenige Variation zu erfassen, die durch unterschiedliche Settings bedingt ist. Allerdings erscheint ein solches Vorgehen kaum in die Praxis umsetzbar, da zeitgleich eine sehr hohe Anzahl an Parametern berücksichtigt werden müsste.

Unter Umständen setzt die Diskussion um die Vorzüge einer Standardisierung vs. Nicht-Standardisierung von Unterrichtssettings zur Erfassung von Unterrichtsqualität jedoch auch an der falschen Stelle an. So impliziert der folgende Vorschlag von Brophy (2006), dass in Bezug auf die Problematik von situationalen Parametern zunächst eine theoretische Auseinandersetzung erfolgen sollte:

> There is also a need for differentiated models of teaching that take into account the different conditions of learning that are presented by different school subjects and (especially) instructional situations. In this regard, many of the currently popular models of teaching and learning require qualification concerning their spheres of application. (Brophy, 2006, S. 773)

Interessant in diesem Zusammenhang ist auch eine Überlegung von Doyle (1977), derzufolge gerade die situationale Anpassung von Lehrerverhaltensweisen guten Unterricht ausmachen könnte:[71]

> In terms of a model of teaching, however, stability may not determine how teacher effects occur. Variations resulting from adaptations to momentary classroom conditions may be the most important teacher behaviors from the perspective of the student. There is little reason to presume on a priori grounds that behaviors which are either stable or generalizable across settings are necessarily those that are the most powerful correlates of achievement in a given classroom situation. (Doyle, 1977, S. 169)

12.3.5 Die Aussagekraft videobasierter Unterrichtsforschung

Beobachterratings zu Unterrichtsqualität werden in den letzten Jahren vermehrt im Rahmen von Videostudien erhoben (vgl. auch Studie 5, Kapitel 11). Als zentraler Vorteil von Videoerhebungen wird deren Flexibilität genannt (z. B. Helmke, 2009; Petko et al., 2003): Anders als bei Fragebogen- oder Interviewerhebungen müssen die Daten nicht schon mit einer bestehenden Theorie erhoben werden. Diese geringe Vorstrukturierung der Daten erlaubt es, Videomaterial unter den unterschiedlichsten Gesichtspunkten zu analysieren.

Der Einsatz von Beobachterratings im Rahmen videobasierter Unterrichtsforschung ist jedoch nicht unkritisch hinsichtlich der Aussagekraft der über die Beobachterratings ermittelten Ausprägungen von Unterrichtsqualität. So wird in einigen Publikationen (s. z. B. Berliner, 2005; Brophy, 2006; Helmke, 2009; Medley & Mitzel, 1963; Shavelson et al., 1986) in Frage gestellt, ob der im Vergleich zur Langzeitperspektive von Schülern und Lehrern nur geringe Beobachtungszeitraum von externen Beobachtern Aussagen über die Qualität des Unterrichts einer Lehrkraft im Allgemeinen ermöglicht oder ob die Aussagen der externen Beobachter nur für die beurteilten einzelnen Unterrichtsstunden relevant sind. Die Analysen der vorliegenden Arbeit weisen darauf hin, dass die Unterrichtsqualitätsdimensionen Klassenführung und Schülerorientierung als sehr stabil über Unterrichtsstunden hinweg gelten können und dass eine einzelne Unterrichtsstunde von Lehrkräften daher als Schätzer für die entsprechende Qualitätsdimension hinreichend ist. Für die Unterrichtsqualitätsdimension kognitive Aktivierung hingegen sind neun Unterrichtsstunden notwendig, um eine stabile Einschätzung der Unterrichtsqualität von Lehr-

---

71 Gleichzeitig betont Doyle (1977) jedoch auch, dass insbesondere für die Lehrerbildung stabile Unterrichtsvariablen unabdingbar sind.

kräften im Allgemeinen zu erhalten. Auf Basis der Befunde für die Dimension kognitive Aktivierung wurde im Rahmen von Studie 5 vermutet, dass neben einer Erhöhung der Anzahl an Unterrichtsstunden pro Lehrkraft die Kontext- und Situationsspezifität von Unterricht stärker berücksichtigt werden sollte, um einzelne Unterrichtsstunden zwischen Lehrkräften hinreichend vergleichen zu können. Eine Möglichkeit hierfür ist die Standardisierung von Unterrichts-settings (s. z. B. Klieme et al., 2009; Seidel, 2005; Shavelson & Dempsey-Atwood, 1976; Stigler et al., 1999).

Neben der nur begrenzten Anzahl an Unterrichtsstunden, auf die sich Unterrichtseinschätzungen von Ratern in der Regel beziehen, sind fehlende Kontextinformationen sowie Reaktivitätseffekte weitere potentielle Nachteile der Erfassung von Unterrichtsqualität über videobasierte Beobachterratings. Mit Reaktivitätseffekten sind dabei Veränderungen des Verhaltens auf Seiten der Lehrkräfte und/oder Schüler gemeint, die durch das Vorhandensein eines Beobachters bzw. einer Kamera zustande kommen. Stigler (1998) beschreibt videografierten Unterricht daher als eine idealisierte Fassung des alltäglichen Unterrichts von Lehrkräften. Aussagen zu möglichen Reaktivitätseffekten be-ruhen jedoch bislang vornehmlich auf Plausibilitätsannahmen oder auf Berich-ten durch Lehrkräfte und Schüler. Auch zum Kritikpunkt, dass Ratern in der Regel nur unzureichende Informationen über den Klassenkontext und die ein-zelnen Schüler vorliegen, existieren bislang keine Untersuchungen. Um zu klä-ren, welche Aussagekraft Beobachterratings in Bezug auf die Unterrichtsquali-tät von Lehrkräften im Allgemeinen zukommt, sind Studien notwendig, die sich mit solchen potentiellen Nachteilen von Beobachterratings auch empirisch auseinandersetzen.

12.4 Fazit und Ausblick

Abschließend soll zunächst noch einmal festgehalten werden, dass aufgrund einiger methodischer Einschränkungen der Arbeit (s. auch die spezifischen methodischen Diskussionen in den einzelnen Studien) eine Replikation der Befunde und damit eine Überprüfung der Übertragbarkeit auf andere Instrumente, Rater und Unterrichtssequenzen von hoher Bedeutung ist. Eine solche Generalisierbarkeit ist insbesondere deswegen nicht trivial, weil (a) zum Teil nur kleine Stichproben einbezogen wurden und (b) die zentrale Methode – die G-Theorie – unzureichend zuverlässige Varianzkomponenten-schätzungen liefern kann (s. hierzu Kapitel 6). Darüber hinaus kann hinterfragt werden, ob sich die hier eingesetzten Methoden zur Erfassung der Urteils-prozesse von Ratern sowie der Gründe von Ratings eignen. Der Einsatz von Methoden wie der des lauten Denkens und Interviews ist nur dann angemessen, wenn der Urteilsprozess von Ratern in weiten Teilen bewusst abläuft. Eine entsprechende Überprüfung steht für die Erfassung von Urteilsprozessen bei der Einschätzung von Unterrichtsqualität noch aus. Interpretiert man die Befunde der Arbeit trotz der vorhandenen methodischen Einschränkungen, so kann festgehalten werden, dass die gezielte Untersuchung von hoch-inferenten Beobachterratings für die Unterrichtsforschung ein wichtiges Thema ist: Die Reliabilität und damit auch die Validität dieser Ratings ist teilweise nur unzureichend ausgeprägt. Die ist sowohl für die Forschung, als auch für die Schulpraxis problematisch: So ist eine sinnvolle Interpretation von Befunden zur Qualität von Unterricht in der Unterrichtsforschung nur auf Basis hinreichend reliabler und valider Messungen möglich. Auch für die Unterrichts- und Schulentwicklung in der schulischen Praxis ist es von fundamentaler Bedeutung, dass die Feststellung des Ist-Standes als Grundlage der Entwicklung von Unterricht hinreichend zuverlässig und valide ist. Ein stärkerer Fokus auf die Qualität von Ratings und damit verbunden auch auf eine Weiterentwicklung existierender Beobachtungsinstrumente scheint daher unabdingbar. Darüber hinaus gibt die vorliegende Arbeit aber auch Hinweise auf Klärungsbedarf in Bezug auf die Konzeption von Unterrichtsqualität.

In Bezug auf die Qualität der Ratings besteht u. a. im Hinblick auf die folgenden Fragen Forschungsbedarf: Über welches Kriterium sollte die Qualität von Ratings definiert werden (z. B. Urteiler-Übereinstimmung, Akkuratheit, Informationsverarbeitung)? Welche Merkmale der Rater, der Untersuchungsobjekte und der einzuschätzenden Merkmale beeinflussen die Qualität von Ratings? Über welche Kompetenzen (u. a. deklaratives Wissen, prozedurale Kompetenzen) müssen Rater daher in einem nächsten Schritt verfügen, um die Qualität von Ratings sicherzustellen? Wie müssen Trainings und Ratingmanuale konzipiert sein, damit sie zu einer Erhöhung der Qualität von Ratings führen? Mit welchen Einschränkungen in Bezug auf die Interpretierbarkeit von Befunden zu Unterrichtsqualität ist die videobasierte Erforschung von Unterrichtsqualität verbunden?

Hinsichtlich der Konzeption von Unterrichtsqualität weist die vorliegende Arbeit insbesondere auf Klärungsbedarf in Bezug auf die Dimension kognitive Aktivierung hin. Es wurde deutlich, dass die Erfassung kognitiver Aktivierung entweder auf Einführungsstunden begrenzt werden sollte, oder aber eine theoretische Weiterentwicklung des Konstrukts notwendig ist, aus der deutlich wird, wie kognitive Aktivierung für andere Stundenarten definiert und operationalisiert werden kann. Insgesamt unterstützen die Befunde zur kognitiven Aktivierung die Forderung von Brophy (2006), die Kontext- und Situationsspezifität von Unterricht in zukünftigen Untersuchungen stärker zu berücksichtigen und in Modelle zu Unterrichtsqualität zu integrieren.

Literatur

Aaronson, D., Barrow, L. & Sander, W. (2007). Teachers and student achievement in the Chicago public high schools. *Journal of Labor Economics, 25,* 95-135.

Aebli, H. (1983). *Zwölf Grundformen des Lehrens: Eine Allgemeine Didaktik auf psychologischer Grundlage.* Stuttgart: Klett.

Altrichter, H. (2010). Schul- und Unterrichtsentwicklung durch Datenrückmeldung. In H. Altrichter & K. Maag-Merki (Hrsg.), *Handbuch neue Steuerung im Schulsystem* (S. 219-254). Wiesbaden: VS Verlag für Sozialwissenschaften.

Altrichter, H., Messner, E. & Posch, P. (2004). *Schulen evaluieren sich selbst: Ein Leitfaden.* Seelze/Velber: Kallmeyersche Verlagsbuchhandlung.

Anderson, G. J. & Walberg, H. J. (1968). Classroom climate and group learning. *International Journal of Educational Sciences, 2,* 175-180.

Anderson, L. W. & Burns, R. B. (1989). *Research in classrooms: The study of teachers, teaching and instruction.* Oxford: Pergamon Press.

Anderson, M. J. (1985). Some evidence on the effect of verbalization on process: A methodological note. *Journal of Accounting Research, 23,* 843-852.

Ang-Aw, H. T. & Goh, C. C. M. (2011). Understanding discrepancies in rater judgement on national-level oral examination tasks. *RELC Journal, 42,* 31-51.

Arnold, K.-H., Koch-Priewe, B. & Lin-Klitzing, S. (2007). Allgemeine Didaktik, Fachdidaktik und Unterrichtsqualität. In K.-H. Arnold (Hrsg.), *Unterrichtsqualität und Fachdidaktik* (S. 19-50). Bad Heilbrunn: Klinkhardt.

Athey, T. R. & McIntyre, R. M. (1987). Effect of rater training on rater accuracy: Levels-of-processing theory and social facilitation theory perspectives. *Journal of Applied Psychology, 72,* 567-572.

Barber M. & Mourshed, M. (2007). *How the world's best performing schools come out on top.* New York, NY: McKinsey & Company.

Barnes, L. L. B. & Barnes, M. W. (1993). Academic discipline and generalizability of student evaluations of instruction. *Research in Higher Education, 34,* 135-149.

Bastian, J. (2007). *Einführung in die Unterrichtsentwicklung.* Weinheim: Beltz.

Baumert, J., Kunter, M., Blum, W., Brunner, M., Voss, T., Jordan, A. et al. (2010). Teachers' mathematical knowledge, cognitive activation in the classroom, and student progress. *American Educational Research Journal, 47,* 133-180.

Baumert, J., Kunter, M., Brunner, M., Krauss, S., Blum, W. & Neubrand, M. (2004). Mathematikunterricht aus Sicht der PISA-Schülerinnen und -Schüler und ihrer Lehrkräfte. In PISA-Konsortium Deutschland (Hrsg.), *PISA 2003. Der Bildungs-stand der Jugendlichen in Deutschland* (S. 314-354). Münster: Waxmann.

Baumert, J., Lehmann, R., Lehrke, M., Schmitz, B., Clausen, M., Hosenfeld I. et al. (1997). *TIMSS – Mathematisch-naturwissenschaftlicher Unterricht im internationa-len Vergleich: Deskriptive Befunde.* Opladen: Leske + Budrich.

Bergkvist, L. & Rossiter, J. R. (2007). The predictive validity of multiple-item versus single-item measures of the same constructs. *Journal of Marketing Research, 44,* 175-184.

Berliner, D. C. (2001). Learning about and learning from expert teachers. *International Journal of Educational Research, 35,* 463-482.

Berliner, D. C. (2005). The near impossiblity of testing for teacher quality. *Journal of Teacher Education, 56,* 205-213.

Bernardin, H. J. (1978). Effects of rater training on leniency and halo errors in student ratings of instructors. *Journal of Applied Psychology, 63,* 301-308.

Bernardin, H. J. & Buckley, M. R. (1981). Strategies in rater training. *The Academy of Management Review, 6,* 205-212.

Bernardin, H. J. & Pence, E. C. (1980). Effects of rater training: Creating new response sets and decreasing accuracy. *Journal of Applied Psychology, 65,* 60-66.

Bernardin, H. J. & Walter, C. S. (1977). Effects of rater training and diary-keeping on psychometric error in ratings. *Journal of Applied Psychology, 62,* 64-69.

Bessoth, R. (1994). *Lehrerberatung – Lehrerbeurteilung* (3. Aufl.). Neuwied: Luchterhand.

Bickart, B. & Flecher, E. M. (1996). Expanding and enhancing the use of verbal protocols in survey research. In N. Schwarz & S. Sudman (Hrsg.), *Answering questions. Methodology for determining cognitive and communicative processes in survey research* (S. 115-143). San Francisco: Jossey-Bass.

Biehal, G. & Chakravarti, D. (1989). The effects of concurrent verbalization on choice processing. *Journal of Marketing Research, 26,* 84-96.

Blömeke, S. & Müller, C. (2008). Zum Zusammenhang von Allgemeiner Didaktik und Lehr-Lernforschung im Unterrichtsgeschehen. *Zeitschrift für Erziehungswissenschaft, 10,* 239-258.

Bloom, B. S. (1976). *Human characteristics and school learning.* New York, NY: McGraw-Hill.

Bloom, B. S. (1984). The search for methods of group instruction as effective as one-to-one tutoring. *Educational Leadership, 41,* 4-17.

Borich, G. D. (2007). *Effective teaching methods: Research-based practice* (6th ed.). Upper Saddle River, NJ: Pearson Merrill.

Borman, W. C. (1979). Individual differences correlates of accuracy in evaluating others' performance effectiveness. *Applied Psychological Measurement, 3,* 103-115.

Bortz, J. (2005). *Statistik für Human- und Sozialwissenschaftler* (6. Aufl.). Berlin: Springer.

Bortz, J. & Döring, N. (2006). *Forschungsmethoden und Evaluation für Human- und Sozialwissenschaftler* (4. Aufl.). Berlin: Springer.

Bottari, C., Dassa, C., Rainville, C. & Dutil, E. (2010). A generalizability study of the instrumental activities of daily living profile. *Archives of Physical Medicine and Rehabilitation, 91,* 734-742.

Bradburn, N. M. (2004). Understanding the question-answer process. *Statistics Canada, 30,* 5-15.

Brennan, R. L. (2000). Performance assessments from the perspective of generalizability theory. *Applied Psychological Measurement, 24,* 339-353.

Brennan, R. L. (2001a). *Generalizability theory.* New York, NY: Springer.

Brennan, R. L. (2001b). *Manual for urGenova (Version 2.1).* Iowa City, IA: Iowa Testing Programs, University of Iowa.

Brennan, R. L. (2007). Unbiased estimates of variance components with bootstrap procedures. *Educational and Psychological Measurement, 67,* 784-803.

Brinkman, J. A. (1992). *Methodological problems when determining verbal protocol accuracy empirically* (Report EUT/BDK Nr. 52). Eindhoven: University of Technology.

Bromme, R. (1992). *Der Lehrer als Experte: Zur Psychologie des professionellen Wissens.* Bern: Hans Huber.

Bromme, R. (1997). Kompetenzen, Funktionen und unterrichtliches Handeln des Lehrers. In F. E. Weinert (Hrsg.), *Enzyklopädie der Psychologie* (Bd. 1, S. 177-212). Göttingen: Hogrefe.

Brophy, J. (2000). *Teaching.* Brüssel: International Academy of Education.

Brophy, J. (2006). Observational research on generic aspects of classroom teaching. In P. A. Alexander & P. H. Winne (Eds.), *Handbook of educational psychology* (2nd ed., pp. 755-780). Mahwah, NJ: Erlbaum.

Brophy, J. & Good, T. (1986). Teacher behavior and student achievement. In M. C. Wittrock (Ed.), *Handbook of research on teaching* (3rd ed., pp. 328-375). New York, NY: Macmillan.

Bürgermeister, A., Klimczak, M., Klieme, E., Rakoczy, K., Blum, W., Leiß, D. et al. (2011). Leistungsbeurteilung im Mathematikunterricht: Eine Darstellung des Projekts „Nutzung und Auswirkungen der Kompetenzmessung in mathematischen Lehr-Lernprozessen". *Schulpädagogik – heute, 2,* 1-18.

Burstein, L., McDonnell, L., Van Winkle, J., Ormseth, T., Mirocha, J., & Guiton, G. (1995). *Validating national curriculum indicators.* Santa Monica, CA: Rand.

Cabello, F. & O'Hora, D. (2002). Addressing the limitations of protocol analysis in the study of complex human behavior. *International Journal of Psychology and Psychological Therapy, 2,* 115-130.

Cadwell, J. & Jenkins, J. (1986). Teachers' judgments about their students: The effect of cognitive simplification strategies on the rating process. *American Educational Research Journal, 23,* 460-475.

Calkins, D., Borich, G. D., Pascone, M., Kluge, S. & Marston, P. T. (1997). Generalizability of teacher behaviors across classroom observation systems. *Journal of Classroom Interaction, 13,* 9-22.

Callegaro, M. (2005, Juli). *Origins and developments of the cognitive models of answering questions in survey research.* Paper presented at the First annual meeting of the European Association for Survey Research (EASR), Barcelona.

Carroll, J. B. (1963). A model of school learning. *Teachers College Record, 64,* 723-733.

Cellar, D. F., Curtis, J. R., Kohlepp, K., Poczapski, P. & Mohiuddin, S. (1989). The effects of rater training, job analysis format and congruence of training on job evaluation ratings. *Journal of Business and Psychology, 3,* 387-401.

Centra, J. A. (1975). Colleagues as raters of classroom instruction. *The Journal of Higher Education, 46,* 327-337.

Chen, F., Bollen, K. A., Paxton, P., Curran, P. & Kirkby, J. (2001). Improper solutions in structural equation models: Causes, consequences, and strategies. *Sociological Methods & Research, 29,* 468-508.

Chen, G. H. & Watkins, D. (2010). Stability and correlates of student evaluations of teaching at a Chinese university. *Assessment & Evaluation in Higher Education, 35,* 675-685.

Chen, H. C. & Naquin, S. S. (2006). An integrative model of competency development, training design, assessment center, and multi-rater assessment. *Advances in Developing Human Resources, 8,* 265-282.

Chiu, C. W. T. & Wolfe, E. W. (2002). A method for analyzing sparse data matrices in the generalizability theory framework. *Applied Psychological Measurement, 26,* 321-338.

Clare, L. (2000). *Using teachers' assignments as an indicator of classroom practice* (CSE Technical Report No. 532). Los Angeles: National Center for Research on Evaluation.

Clare, L., Valdés, R., Pascal, J. & Steinberg, J. (2001). *Teachers' assignments as indicators of instructional quality in elementary schools* (CSE Technical Report No. 545). Los Angeles: National Center for Research on Evaluation.

Clarke, D., Mesiti, C., O'Keefe, C., Xu, L. H., Jablonka, E., Mok, I. A. C. et al. (2007). Addressing the challenge of legitimate international comparisons of classroom practice. *International Journal of Educational Research, 46,* 28-293.

Clausen, M. (2002). *Qualität von Unterricht – Eine Frage der Perspektive?* Münster: Waxmann.

Clausen, M., Reusser, K. & Klieme, E. (2003). Unterrichtsqualität auf der Basis hochinferenter Unterrichtsbeurteilungen: Ein Vergleich zwischen Deutschland und der deutschsprachigen Schweiz. *Unterrichtswissenschaft, 31,* 122-141.

Clausen, M., Schnabel, K. & Schröder, S. (2002). Konstrukte der Unterrichtsqualität im Expertenurteil. *Unterrichtswissenschaft, 30,* 246-260.

Clauser, B. E., Clyman, S. G. & Swanson, D. B. (1999). Components of rater error in a complex performance assessment. *Journal of Educational Measurement, 36,* 29-45.

Cohen, J. (1988). *Statistical power analysis for the behavioral sciences* (2nd ed.). Hillsdale: Erlbaum.

Cohen, J. (1992). A power primer. *Psychological Bulletin, 112,* 155-159.

Coleman, J. S., Campbell, E. Q., Hobson, C. J., McPartland, J., Mood, A. M., Weinfeld, F. D. et al. (Hrsg.). (1966). *Equality of educational opportunity.* Washington, DC: National Center for Educational Statistics.

Congdon, P. J. & McQueen, J. (2000). The stability of rater severity in large-scale assessment programs. *Journal of Educational Measurement, 37,* 163-178.

Conrad, F. G., Blair, J. & Tracy, E. (1999). Verbal reports are data! A theoretical approach to cognitive interviews, *Proceedings of the 1999 Federal Committee on Statistical Methodology Research Conference.* Washington, DC: U.S. Office of Management and Budget.

Costin, F., Greenough, W. T. & Menges, R. J. (1971). Student ratings of college teaching: Reliability, validity, and usefulness. *Review of Educational Research, 41,* 511-535.

Creswell, J. W., Plano, C., Vicki, L. G., Michelle, L. & Hanson, W. E. (2003). Advanced mixed methods research design. In A. Tashakkori & C. Teddlie (Eds.), *Handbook of mixed methods in social & behavioral research* (pp. 209-240). Thousand Oaks, CA: Sage.

Crick, J. E. & Brennan, R. L. (1983). *Manual for GENOVA: A generalized analysis of variance system.* (American College Testing Technical Bulletin No. 43). Iowa City, IA: ACT, Inc.

Cronbach, L. J. (1955). Processes affecting scores on "understanding of others" and "assumed similarity". *Psychological Bulletin, 52,* 177-193.

Cronbach, L. J., Gleser, G., Nanda, H. & Rajaratnam, N. (1972). *The dependability of behavioral measurements: Theory of generalizability for scores and profiles.* New York, NY: Wiley.

Cronbach, L. J., Linn, R. L., Brennan, R. L. & Haertel, E. H. (1997). Generalizability analysis for performance assessments of student achievement or school effectiveness. *Educational and Psychological Measurement, 57,* 373-399.

Cronbach, L. J. & Meehl, P. E. (1955). Construct validity in psychological tests. *Psychological Bulletin, 52,* 281-302.

Crooks, T. J. & Kane, M. T. (1981). The generalizability of student ratings of instructors: Item specificity and section effects. *Research in Higher Education, 15,* 305-313.

Crutcher, R. J. (1994). Telling what we know: The use of verbal report methodologies in psychological research. *Psychological Science, 5,* 241-244.

Day, D. V. & Sulsky, L. M. (1995). Effects of frame-of-reference training and information configuration on memory organization and rating accuracy. *Journal of Applied Psychology, 80,* 158-167.

Deci, E. L. & Ryan, R. M. (1985). *Intrinsic motivation and self-determination in human behavior.* New York, NY: Plenum.

DeMaio, T. J. & Rothgeb, J. M. (1996). Cognitive interviewing techniques: In the lab and in the field. In N. Schwarz & S. Sudman (Eds.), *Answering questions. Methodology for determining cognitive and communicative processes in survey research* (pp. 177-195). San Francisco: Jossey-Bass.

Desimone, L. M. & Le Floch, K. C. (2004). Are we asking the right questions? Using cognitive interviews to improve surveys in education research. *Educational Evaluation and Policy Analysis, 26,* 1-22.

Desimone, L. M., Smith, T. M. & Frisvold, D. E. (2010). Survey measures of classroom instruction: Comparing student and teacher reports. *Educational Policy, 24,* 267-329.

Dickey, D. L. (2003). *Recency effect in university student evaluation of faculty instruction.* Unveröffentlichte Dissertation, University of West Florida. Pensacola.

Dierdorff, E. C., Surface, E. A. & Brown, K. G. (2010). Frame-of-reference training effectiveness: Effects of goal orientation and self-efficacy on affective, cognitive, skill-based, and transfer outcomes. *Journal of Applied Psychology, 95,* 1181-1191.

Ditton, H. (2002). Unterrichtsqualität: Konzeptionen, methodische Überlegungen und Perspektiven. *Unterrichtswissenschaft, 30,* 197-212.

Doyle, W. (1977). Paradigms for research on teacher effectiveness. *Review of Research in Education, 5,* 163-198.

Dresel, M., Martschinke, S. & Kopp, B. (2009, April). *Elementary school teacher's feedback practices, perceived classroom goal structures, and students' personal achievement goals.* Paper presented at the 90. Annual Meeting of the American Educational Research Association (AERA), San Diego, USA.

Duchowski, A. (2007). *Eye tracking methodology: Theory and practice* (2nd ed.). London: Springer.

Dunkin, M. J. & Biddle, B. J. (1974). *The study of teaching*. New York, NY: Holt, Rhinehart & Winston.

Dweck, C. (1999). *Self-theories: Their role in motivation, personality, and development*. Philadelphia, PA: Psychology Press.

Eid, M. (1995). *Modelle der Messung von Personen in Situationen*. Weinheim: Beltz.

Eid, M. (1996). Longitudinal confirmatory factor analysis for polytomous item responses: Model definition and model selection on the basis of stochastic measurement theory. *Methods of Psychological Research Online, 1*, 65-85.

Eid, M. (1997). Happiness and satisfaction: An application of a latent state-trait model for ordinal variables. In J. Rost & R. Langeheine (Eds.), *Applications of latent trait and latent class models in the social sciences* (S. 148-154). Münster: Waxmann.

Eid, M., Gollwitzer, M. & Schmitt, M. (2011). *Statistik und Forschungsmethoden* (2. Aufl.). Weinheim: Beltz.

Einsiedler, W. (1997). Unterrichtsqualität und Leistungsentwicklung: Literaturüberblick. In F. E. Weinert & A. Helmke (Hrsg.), *Entwicklung im Grundschulalter* (S. 225-240). Weinheim: Beltz.

Einsiedler, W. (2000). Von Erziehungs- und Unterrichtsstilen zur Unterrichtsqualität. In M. K. W. Schweer (Hrsg.), *Lehrer-Schüler-Interaktion. Pädagogisch-psychologische Aspekte des Lehrens und Lernens in der Schule* (S. 109-128). Opladen: Leske + Budrich.

Engelhard, G. (1996). Evaluating rater accuracy in performance assessments. *Journal of Educational Measurement, 33*, 56-70.

Ericsson, K. A., Krampe, R. T. & Tesch-Römer, C. (1993). The role of deliberate practice in the acquisition of expert performance. *Psychological Review, 100*, 363-406.

Ericsson, K. A. & Simon, H. A. (1980). Verbal reports as data, *Psychological Review, 87*, 215-251.

Ericsson, K. A. & Simon, H. A. (1993). *Protocol analysis: Verbal reports as data*. Cambridge, MA: MIT Press.

Erlich, O. & Shavelson, R. J. (1978). The search for correlations between measures of teacher behavior and student achievement: Measurement problem, conceptualization problem, or both? *Journal of Educational Measurement, 15*, 77-89.

Evertson, C., Anderson, C., Anderson, L. & Brophy, J. (1980). Relationship between classroom behavior and student outcomes in junior high mathematics and English classes. *American Elementary Research Journal, 17*, 43-60.

Farkas, R. D. (2003). Effects of traditional versus learning-styles instructional methods on middle school students. *The Journal of Educational Research, 97*, 42-51.

Fauth, B., Decristan, J., Rieser, S., Klieme, E. & Büttner, G. (2014). Student ratings of teaching quality in primary school: Dimensions and prediction of student outcomes. *Learning and Instruction, 29*, 1-9.

Fehrmann, M. L., Woehr, D. J. & Arthur, W. (1991). The Angoff cutoff score method: The impact of frame-of-reference rater training. *Educational and Psychological Measurement, 51*, 857-872.

Feller, M. (1999). *Unterrichtswahrnehmung aus zwei verschiedenen Perspektiven: Schülerinnen und Schüler sowie eine Expertengruppe bewerten die Unterrichtsqualität einer videografierten Mathematiklektion.* Unveröffentlichte Lizentiatsarbeit, Universität Zürich.

Finn, A. (2007). Doing a double take: Accounting for occasions in service performance assessment. *Journal of Service Research, 9,* 372-387.

Firth, M. (1979). Impact of work experience on the validity of student evaluations of teaching effectiveness. *Journal of Educational Psychology, 71,* 726-730.

Fisicaro, S. A. & Lance, C. E. (1990). Implications of three causal models for the measurement of halo error. *Applied Psychological Measurement, 14,* 419-429.

Fiske, S. T. (1993). Social cognition and social perception. *Annual Review of Psychology, 44,* 155-194.

Fiske, S. T. (1995). Words! Words! Words! Confronting the problem of observer and self reports. In P. E. Shrout & S. T. Fiske (Eds.), *Personality research, methods, and theory. A festschrift honoring Donald W. Fiske* (pp. 221-240). Hillsdale, NJ: Erlbaum Associates.

Fiske, S. T. & Neuberg, S. L. (1990). A continuum of impression formation, from category-based to individuating processes: Influences of information and motivation on attention and interpretation. In M. P. Zanna (Ed.), *Advances in experimental social psychology* (Vol. 23, pp. 1-74). San Diego: Academic Press.

Fiske, S. T. & Taylor, S. E. (2008). *Social cognition: From brains to culture.* Boston: McGraw-Hill.

Flick, U. (2006). *Qualitative Sozialforschung: Eine Einführung* (4. Aufl.). Reinbek: Rowohlt.

Flick, U. (2008). *Triangulation: Eine Einführung* (2. Aufl.). Wiesbaden: VS Verlag für Sozialwissenschaften.

Flora, D. B. & Curran, P. J. (2004). An empirical evaluation of alternative methods of estimation for confirmatory factor analysis with ordinal data. *Psychological Methods, 9,* 466-491.

Foddy, W. (1998). An empirical evaluation of in-depth probes used to pretest survey questions. *Social Methods & Research, 27,* 103-133.

Fölling-Albers, M., Hartinger, A. & Mörtl-Hafizović, D. (2004). Situiertes Lernen in der Lehrerbildung. *Zeitschrift für Pädagogik, 50,* 727-747.

Fraser, J. (1982). Differences between student and teacher perceptions of actual and preferred classroom learning environment. *Educational Evaluation and Policy Analysis, 4,* 511-519.

Funder, D. (1999). *Personality judgment: A realistic approach to person perception.* San Diego: Academic Press.

Funke, J. (1996). Methoden der Kognitiven Psychologie. In E. Erdfelder, R. Mausfeld, T. Meiser & G. Rudinger (Hrsg.), *Handbuch quantitative Methoden* (S. 515-528). Weinheim: Beltz.

Gage, N. L. & Needels, M. C. (1989). Process-product research on teaching: A review of criticisms. *The Elementary School Journal, 89,* 253-300.

Gaugler, B. B. & Thornton, G. C. (1989). Number of assessment center dimensions as a determinant of assessor accuracy. *Journal of Applied Psychology, 74,* 611-618.

Gigerenzer, G. & Brighton, H. (2009). Homo heuristicus: Why biased minds make better inferences. *Topics in Cognitive Science, 1,* 107-143.

Gigerenzer, G. & Gaissmaier, W. (2011). Heuristic decision making. *Annual Review of Psychology, 62,* 451-482.

Gigerenzer, G. & Selten, R. (2002). *Bounded rationality: The adaptive toolbox.* Cambridge, MA: MIT Press.

Gillmore, G. M. & Greenwald, A. G. (1999). Using statistical adjustment to reduce biases in student ratings. *American Psychologist, 54,* 518-519.

Gillmore, G. M., Kane, M. T. & Smith, P. L. (1983). The dependability of student evaluations of teaching effectiveness: Matching the conclusions to the design. *Educational and Psychological Measurement, 43,* 1015-1018.

Gorman, C. A. & Rentsch, J. R. (2009). Evaluating frame-of-reference rater training effectiveness using performance schema accuracy. *Journal of Applied Psychology, 94,* 1336-1344.

Greenwald, A. G. (1997). Validity concerns and usefulness of student ratings of instruction. *American Psychologist, 52,* 1182-1186.

Greguras, G. J. & Robie, C. (1998). A new look at within-source interrater reliability of 360-degree feedback ratings. *Journal of Applied Psychology, 83,* 960-968.

Groves, R. M. (1996). How do we know what we think they think is really what they think? In N. Schwarz & S. Sudman (Eds.), *Answering questions. Methodology for determining cognitive and communicative processes in survey research* (pp. 389-402). San Francisco: Jossey-Bass.

Groves, R. M., Fowler, F. J., Couper, M. P., Lepkowski, J. M. & Singer, E. (2009). *Survey methodology.* Hoboken, NJ: John Wiley & Sons.

Gruber, H. (2004). Kompetenzen von Lehrerinnen und Lehrern – Ein Blick aus der Expertiseforschung. In A. Hartinger & M. Fölling-Albers (Hrsg.), *Lehrerkompetenzen für den Sachunterricht* (S. 21-33). Bad Heilbrunn: Klinkhardt.

Gruber, H. (2010). Expertise. In D. Rost (Hrsg.), *Handwörterbuch Pädagogische Psychologie* (4. Aufl., S. 183-189). Weinheim: Beltz.

Gruehn, S. (2000). *Unterricht und schulisches Lernen.* Münster: Waxmann.

Gruschka, A. (2007). „Was ist guter Unterricht?" Über neue Allgemein-Modellierungen aus dem Geiste der empirischen Unterrichtsforschung. *Pädagogische Korrespondenz, 36,* 10-43.

Gudjons, H., Teske, R. & Winkel, R. (Hrsg.). (1997). *Didaktische Theorien* (8. Aufl.). Hamburg: Bergmann + Helbig.

Guilford, J. P. (1954). *Psychometric methods* (2. Aufl.). New York, NY: McGraw-Hill.

Häder, M. & Rexroth, M. (1998). *Erfassung kognitiver Aspekte des Antwortverhaltens in einer Delphi-Studie* (ZUMA-Arbeitsbericht Nr. 98/06). Mannheim: Zentrum für Umfragen, Methoden und Analysen (ZUMA).

Hartig, J. & Jude, N. (2007). Empirische Erfassung von Kompetenzen und psychometrische Kompetenzmodelle. In J. Hartig & E. Klieme (Hrsg.), *Möglichkeiten und Voraussetzungen technologiebasierter Kompetenzdiagnostik* (S. 17-36). Bonn, Berlin: Bundesministerium für Bildung und Forschung.

Hattie, J. (2009). *Visible Learning: A synthesis of over 800 meta-analyses relating to achievement.* London: Routledge.

Hedge, J. W. & Kavanagh, M. J. (1988). Improving the accuracy of performance evaluations: Comparison of three methods of performance appraiser training. *Journal of Applied Psychology, 73,* 68-73.

Heimann, P., Otto, G. & Schulz, W. (1965). *Unterricht: Analyse und Planung.* Hannover: Schroedel.

Hellferich, C. (2005). *Die Qualität qualitativer Daten. Manual für die Durchführung qualitativer Interviews.* Wiesbaden: VS Verlag für Sozialwissenschaften.

Helmke, A. (2009). *Unterrichtsqualität und Lehrerprofessionalität: Diagnose, Evaluation und Verbesserung des Unterrichts.* Seelze: Klett-Kallmeyer.

Helmke, A., Helmke, T., Heyne, N., Hosenfeld, A., Hosenfeld, I., Schrader, F.-W. et al. (2008). Zeitnutzung im Grundschulunterricht: Ergebnisse der Unterrichtsstudie „VERA – Gute Unterrichtspraxis". *Zeitschrift für Grundschulforschung, 1,* 23-36.

Helmke, A., Helmke, T., Lenske, G., Pham, G., Praetorius, A.-K., Schrader, F.-W. et al. (2010). *Studienbrief Unterrichtsdiagnostik: Projekt UdiKom der Kultusminister-konferenz.* Landau: Universität Koblenz-Landau.

Helmke, A., Helmke, T., Lenske, G., Pham, G., Praetorius, A.-K., Schrader, F.-W. et al. (2011a). *EMU – Unterrichtsdiagnostik.* Landau: Universität Koblenz-Landau.

Helmke, A., Helmke, T., Lenske, G., Pham, G., Praetorius, A.-K., Schrader, F.-W. et al. (2011b). Unterrichtsdiagnostik – Voraussetzungen für die Verbesserung der Unterrichtsqualität. In A. Bartz, M. Dammann, S. Huber, C. Kloft & M. Schreiner (Hrsg.), *PraxisWissen SchulLeitung.* Köln: Wolters Kluwer.

Helmke, A., Helmke, T. & Schrader, F.-W. (2007). Unterrichtsqualität: Brennpunkte und Perspektiven der Forschung. In K.-H. Arnold (Hrsg.), *Unterrichtsqualität und Fachdidaktik* (S. 51-72). Bad Heilbrunn: Klinkhardt.

Helmke, A., Schneider, W. & Weinert, F. (1996). Quality of instruction and classroom learning outcomes. The German contribution to the IEA Classroom Environment Study. *Teaching and Teacher Education, 2,* 1-18.

Helmke, A. & Schrader, F.-W. (2008). Merkmale der Unterrichtsqualität: Potenzial, Reichweite und Grenzen. In A. Mäder & M. Rolshoven (Hrsg.), *Unterrichtsqualität* (S. 17-47). Hohengehren: Schneider.

Helmke, T., Helmke, A., Schrader, F.-W., Wagner, W., Nold, G. & Schröder, K. (2008). Die Videostudie des Englischunterrichts. In E. Klieme, A. Helmke, R. H. Lehmann, G. Nold, H.-G. Rolff, K. Schröder et al. (Hrsg.), *Unterricht und Kompetenzerwerb in Deutsch und Englisch. Ergebnisse der DESI-Studie* (S. 345-363). Weinheim: Beltz.

Herman, J. L., Klein, D. C. D., & Abedi, J. (2000). Assessing students' opportunity to learn: Teacher and student perspectives. *Educational Measurement: Issues and Practice, 19,* 16-24.

Hiebert, J., Gallimore, R., Garnier, H., Givvin, K. B., Hollingsworth, H. & Jacobs, J. et al. (2003). *Teaching mathematics in seven countries. Results from the TIMSS 1999 video study.* Washington, DC: U.S. Department of Education, National Center for Education Studies.

Hill, H. C., Charalambous, C. Y. & Kraft, M. A. (2012). When rater reliability is not enough: Teacher observation systems and a case for the generalizability study. *Educational Researcher, 41,* 56-64.

Horster, L. & Rolff, H.-G. (2001). *Unterrichtsentwicklung: Grundlagen einer reflektorischen Praxis (2. Aufl.)*. Weinheim: Beltz.

Hosenfeld, A. (2010). *Führt Unterrichtsrückmeldung zu Unterrichtsentwicklung? Die Wirkung von videographischer und schriftlicher Rückmeldung bei Lehrkräften der vierten Jahrgangsstufe.* Münster: Waxmann.

Howard, G. S. & Schmeck, R. R. (1979). Relationship of changes in student motivation to student evaluations of instruction. *Research in Higher Education, 10,* 305-315.

Hoyt, W. T. (2000). Rater bias in psychological research: When is it a problem and what can we do about it? *Psychological Methods, 5,* 64-86.

Hoyt, W. T. (2007). Rater biases in genetically informative research designs: Comment on Bartels, Boomsma, Hudziak, van Beijsterveldt, and van den Oord (2007). *Psychological Methods, 12,* 467-475.

Hoyt, W. T. & Kerns, M.-D. (1999). Magnitude and moderators of bias in observer ratings: A meta-analysis. *Psychological Methods, 4,* 403-424.

Hoyt, W. T. & Melby, J. N. (1999). Dependability of measurement in counseling psychology: An introduction to generalizability theory. *Counseling Psychologist, 27,* 325-352.

Hoyt, W. T., Warbasse, R. E. & Chu, E. Y. (2006). Construct validation in counseling psychology research. *The Counseling Psychologist, 34,* 769-805.

Hugener, I. (2008). *Inszenierungsmuster im Unterricht und Lernqualität – Sichtstrukturen schweizerischen und deutschen Mathematikunterrichts in ihrer Beziehung zu Schülerwahrnehmung und Lernleistung. Eine Videoanalyse.* Münster: Waxmann.

Hugener, I., Klieme, E., Pauli, C. & Reusser, K. (Hrsg.). (2006). *Dokumentation der Erhebungs- und Auswertungsinstrumente zur schweizerisch-deutschen Videostudie „Unterrichtsqualität, Lehrerverhalten und mathematisches Verständnis". 3. Videoanalysen.* Frankfurt am Main: Deutsches Institut für Internationale Pädagogische Forschung (DIPF).

Hugener, I., Pauli, C., Reusser, K., Lipowsky, F., Rakoczy, K. & Klieme, E. (2009). Teaching patterns and learning quality in Swiss and German mathematic lessons. *Learning and Instruction, 19,* 66-78.

Hugener, I., Rakoczy, K., Pauli, C. & Reusser, K. (2006). Videobasierte Unterrichtsforschung: Integration verschiedener Methoden der Videoanalyse für eine differenzierte Sicht auf Lehr-Lernprozesse. In S. Rahm, I. Mammes & M. Schratz (Hrsg.), *Schulpädagogische Forschung. Unterrichtsforschung – Perspektiven innovativer Ansätze* (Bd. 1, S. 41-53). Innsbruck: StudienVerlag.

Ivancevich, J. M. (1979). Longitudinal study of the effects of rater training on psychometric error in ratings. *Journal of Applied Psychology, 64,* 502-508.

Janík, T., Miková, M., Najvar P. & Najvarová V. (2006). Unterrichtsformen und -phasen im tschechischen Physikunterricht: Design und Ergebnisse der CPV Videostudie Physik. *Zeitschrift für Didaktik der Naturwissenschaften, 12,* 219-238.

Janík, T. & Seidel, T. (Hrsg.). (2009). *The power of video studies in investigating teaching and learning in the classroom.* Münster: Waxmann.

Janík, T., Seidel, T. & Najvar, P. (2009). Introduction: On the power of video studies in investigating teaching and learning. In T. Janík & T. Seidel (Eds.), *The power of video studies in investigating teaching and learning in the classroom* (pp. 7-19). Münster: Waxmann.

Jencks, C., Smith, M., Acland, H., Bane, M. J., Cohen, D., Gintis, H. et al. (1972). *Inequality: A reassessment of the effect of family and schooling in America.* New York: Basic Books.

Jobe, J. B. & Herrmann, D. (1996). Implications of models of survey cognition for memory theory. In D. Herrmann, C. McEvoy, C. Herzog, P. Herter & M. K. Johnson (Eds.), *Basic and applied memory research. Practical implications* (pp. 193-205). Mahwah, NJ: Lawrence Erlbaum.

Jobe, J. B. & Mingay, D. J. (1989). Cognitive research improves questionnaires. *American Journal of Philology, 79,* 1053-1055.

Jones, E. E. & Nisbett, R. E. (1972). The actor and the observer: Divergent perceptions of the causes of behavior. In E. E. Jones (Ed.), *Attribution. Perceiving the causes of behavior* (pp. 79–94). Morristown, NJ: General Learning Press.

Jonkisz, E. & Moosbrugger, H. (2007). Planung und Entwicklung von psychologischen Tests und Fragebogen. In H. Moosbrugger & A. Kelava (Hrsg.), *Testtheorie und Fragebogenkonstruktion* (S. 27-72). Heidelberg: Springer.

Kahneman, D., Slovic, P. & Tversky, A. (Eds.). (1982). *Judgment under uncertainty: Heuristics and biases.* New York, NY: Cambridge University Press.

Kail, R. & Bisanz, J. (1982). Cognitive strategies. In C. R. Puff (Ed.), *Handbook of research methods in human memory and cognition* (pp. 229-255). New York, NY: Academic Press.

Kane, T. J., McCaffrey, D. F., Miller, T. & Staiger, D. O. (2013). *Have we identified effective teachers? Validating measures of effective teaching using random assignment* (Research paper prepared for the Bill and Melinda Gates Foundation). Retrieved from MET project website: http://metproject.org/downloads/MET_Validating_Using_Random_Assignment_Research_Paper.pdf

Kane, T. J. & Staiger, D. O. (2012). *Gathering feedback for teachers: Combining high-quality observations with student surveys and achievement gains* (Research paper prepared for the Bill and Melinda Gates Foundation). Retrieved from MET project website: http://metproject.org/downloads/MET_Gathering_ Feedback_Research_Paper.pdf

Karabenick, S. A., Woolley, M. E., Friedel, J. M., Ammon, B. V., Blazevski, J., Bonney, C. R. et al. (2007). Cognitive processing of self-report items in educational research: Do they think what we mean? *Educational Psychologist, 42,* 139-151.

Kelle, U. & Erzberger, C. (2001). Die Integration qualitativer und quantitativer Forschungsergebnisse. In S. Kluge, U. Kelle & W. R. Heinz (Hrsg.), *Methodeninnovation in der Lebenslaufforschung. Integration qualitativer und quantitativer Verfahren in der Lebenslauf- und Biographieforschung* (S. 89-133). Weinheim: Juventa.

Kennedy, M. M. (1999). Approximations to indicators of student outcomes. *Educational Evaluation and Policy Analysis, 21,* 345-363.

Kennedy, M. M. (2010). Attribution error and the quest for teacher quality. *Educational Researcher, 39,* 591-598.

Kenny, D. A. (2004). PERSON: A general model of interpersonal perception. *Personality and Social Psychology Review, 8,* 265-280.

Kenny, D. A., Albright, L., Malloy, T. E. & Kashy, D. A. (1994). Consensus in interpersonal perception: Acquaintance and the big five. *Psychological Bulletin, 116*, 245-258.

Kieft, M., Rijlaarsdam, G. & van den Bergh, H. (2008). An aptitude-treatment interaction approach to writing-to-learn. *Learning and Instruction, 18*, 379-390.

Klafki, W. (1963). Studien zur Bildungstheorie und Didaktik. Weinheim: Beltz.

Klieme, E. (2006). Empirische Unterrichtsforschung: Aktuelle Entwicklungen, theoretische Grundlagen und fachspezifische Befunde. *Zeitschrift für Pädagogik, 52*, 765-773.

Klieme, E., Helmke, A., Lehmann, R. H., Nold, G., Rolff, H.-G., Schröder, K. et al. (Hrsg.). (2008). *Unterricht und Kompetenzerwerb in Deutsch und Englisch: Ergebnisse der DESI-Studie*. Weinheim: Beltz.

Klieme, E., Lipowsky, F., Rakoczy, K. & Ratzka, N. (2006). Qualitätsdimensionen und Wirksamkeit von Mathematikunterricht: Theoretische Grundlagen und ausgewählte Ergebnisse des Projekts „Pythagoras". In M. Prenzel & L. Allolio-Näcke (Hrsg.), *Untersuchungen zur Bildungsqualität von Schule. Abschlussbericht des DFG-Schwerpunktprogramms* (S. 127-146). Münster: Waxmann.

Klieme, E., Maag-Merki, K. & Hartig, J. (2007). Kompetenzbegriff und Bedeutung von Kompetenzen im Bildungswesen. In J. Hartig & E. Klieme (Hrsg.), *Möglichkeiten und Voraussetzungen technologiebasierter Kompetenzdiagnostik* (S. 5-15). Bonn, Berlin: Bundesministerium für Bildung und Forschung.

Klieme, E., Pauli, C. & Reusser, K. (2009). The Pythagoras study: Investigating effects of teaching and learning in Swiss and German mathematics classrooms. In T. Janík, T. Seidel & P. Najvar (Eds.), *The power of video studies in investigating teaching and learning in the classroom* (pp. 137-160). Münster: Waxmann.

Klieme, E. & Rakoczy, K. (2008). Empirische Unterrichtsforschung und Fachdidaktik: Outcome-orientierte Messung und Prozessqualität des Unterrichts. *Zeitschrift für Pädagogik, 54*, 222-237.

Klieme, E., Schümer, G. & Knoll, S. (2001). Mathematikunterricht in der Sekundarstufe I: Aufgabenkultur und Unterrichtsgestaltung. In Bundesministerium für Bildung und Forschung (Hrsg.), *TIMSS – Impulse für Schule und Unterricht. Forschungsbefunde, Reforminitiativen, Praxisberichte und Video-Dokumente* (S. 43-57). Bonn: Bundesministerium für Bildung und Forschung.

Kluger, A. N. & DeNisi, A. S. (1996). The effects of feedback interventions on performance: A historical review, a meta-analysis, and a preliminary feedback intervention theory. *Psychological Bulletin, 119*, 254-284.

Kobarg, M., Dalehefte, I. M. & Menk, M. (in Vorb.). Der Einsatz systematischer Videoanalysen zur Untersuchung der Wirksamkeit des Unterrichtsentwicklungsprogramms SINUS an Grundschulen. In M. Kobarg, C. Fischer, I. M. Dalehefte, F. Trepke & M. Menk (Hrsg.), *Maßnahmen zur Lehrerprofessionalisierung wissenschaftlich begleiten – verschiedene Strategien nutzen* . Münster: Waxmann.

Kobarg, M. & Seidel, T. (2005). Coding manual – Process-oriented teaching. In T. Seidel, M. Prenzel & M. Kobarg (Eds.), *How to run a video study. Technical report of the IPN Video Study* (pp. 108-144). Münster: Waxmann.

Köller, O. (2008). Bildungsstandards in Deutschland: Implikationen für die Qualitätssicherung und Unterrichtsqualität. *Zeitschrift für Erziehungswissenschaft, 10*, 47-59.

Konrad, K. (2010). Lautes Denken. In G. Mey & K. Mruck (Hrsg.), *Handbuch Qualitative Forschung in der Psychologie* (S. 476-490). Wiesbaden: VS Verlag für Sozialwissenschaften.

Kounin, J. S. (1976). *Techniken der Klassenführung*. Bern: Huber.

Krantz-Girod, C., Bonvin, R., Lanares, J., Cueánot, S., Feihl, F., Bosman, F. et al. (2004). Stability of repeated student evaluations of teaching in the second preclinical year of a medical curriculum. *Assessment & Evaluation in Higher Education, 29,* 123-133.

Kröhne, U. & Martens, T. (2011). Computer-based competence tests in the national educational panel study: The challenge of mode effects. *Zeitschrift für Erziehungswissenschaft, 14,* 169-186.

Krolak-Schwerdt, S. & Kneer, J. (2006). Lesezeiten- und Blickbewegungsverfahren als Methoden für die soziale Kognitionsforschung. *Zeitschrift für Sozialpsychologie, 37,* 141-150.

Krosnick, J. A. (1991). Response strategies for coping with the cognitive demands of attitude measures in surveys. *Applied Cognitive Psychology, 5,* 213-236.

Krosnick, J. A. (1999). Survey research. *Annual Review of Psychology, 50,* 537-567.

Krosnick, J. A. & Alwin, D. F. (1987). An evaluation of a cognitive theory of response order effects in survey measurement. *Public Opinion Quarterly, 51,* 201-219.

Kulik, J. A. (2001). Student ratings: Validity, utility, and controversy. *New Directions for Institutional Research, 109,* 9-25.

Kunter, M. (2005). *Multiple Ziele im Mathematikunterricht*. Münster: Waxmann.

Kunter, M. & Baumert, J. (2006). Who is the expert? Construct and criteria validity of student and teacher ratings of instruction. *Learning Environments Research, 9,* 231-251.

Kunter, M. & Voss, T. (2011). Das Modell der Unterrichtsqualität in COACTIV: Eine multikriteriale Analyse. In M. Kunter, J. Baumert, W. Blum, U. Klusmann, S. Krauss & M. Neubrand (Hrsg.), *Professionelle Kompetenz von Lehrkräften. Ergebnisse des Forschungsprogramms COACTIV* (S. 85-113). Münster: Waxmann.

Kuster, H. (1988). Beobachten, Besprechen und Beurteilen von Unterricht: Probleme, Forderungen und Hilfen. Ein Überblick. *Beiträge zur Lehrerbildung, 6,* 5-17.

Labudde, P. & Duit, R. (2007). Zum Design einer bi-nationalen Videostudie zum Physikunterricht. In D. Höttecke (Hrsg.), *Naturwissenschaftlicher Unterricht im internationalen Vergleich* (S. 631-633). Münster: LIT.

Lakes, K. D. & Hoyt, W. T. (2008). What sources contribute to variance in observer ratings? Using generalizability theory to assess construct validity of psychological measures. *Infant and Child Development, 17,* 269-284.

Lanahan, L., McGrath, D. J., McLaughlin, M., Burian-Fitzgerald, M. & Salganik, L. (2005*). Fundamental problems in the measurement of instructional processes: Estimating reasonable effect sizes and conceptualizing what is important to measure*. Washington, DC: American Institutes for Research.

Lance, C. E., LaPointe, J. A. & Fisicaro, S. A. (1994). Tests of three causal models of halo rater error. *Organizational Behavior and Human Processes, 75,* 83-96.

Lance, C. E. & Woehr, D. J. (1986). Statistical control of halo: Clarification from two cognitive models of the performance appraisal process. *Journal of Applied Psychology, 71,* 679-685.

Landy, F. J. & Farr, J. F. (1983). *The measurement of work performance: Methods, theory and applications*. San Diego: Academic Press.

Langer, I. & von Thun, F. S. (2007). *Messung komplexer Merkmale in Psychologie und Pädagogik: Ratingverfahren*. Münster: Waxmann.

Latham, G. P., Wexley, K. N. & Pursell, E. D. (1975). Training managers to minimize rating errors in the observation of behavior. *Journal of Applied Psychology, 60*, 550-555.

Leckie, G. & Baird, J.-A. (2011). Rater effects on essay scoring: A multilevel analysis of severity drift, central tendency and rater experience. *Journal of Educational Measurement, 48*, 399-418.

Leighton, J. P. (2004). Avoiding misconception, misuse, and missed opportunities: The collection of verbal reports in educational achievement testing. *Educational Measurement: Issues and Practice, 23*, 6-15.

Lenske, G. (2013). *Schülerfeedback zur Unterrichtsqualität in der Grundschule: Studien zur Validität*. Unveröffentlichte Dissertation, Universität Koblenz-Landau.

Leow, R. P. & Morgan-Short, K. (2004). To think aloud or not to think aloud: The issue of reactivity in SLA research methodology. *Studies in Second Language Acquisition, 26*, 35-57.

Letzring, T. D., Wells, S. M. & Funder, D. (2006). Quantity and quality of available information affect the realistic approach of personality judgment. *Journal of Personality and Social Psychology, 91*, 111-123.

Lievens, F. (1998). Factors which improve the construct validity of assessment centers: A review. *International Journal of Selection and Assessment, 6*, 141.

Lievens, F. (2001). Assessor training strategies and their effects on accuracy, interrater reliability, and discriminant validity. *Journal of Applied Psychology, 86*, 255-264.

Lievens, F. & Sanchez, J. I. (2007). Can training improve the quality of inferences made by raters in competency modeling? A quasi-experiment. *Journal of Applied Psychology, 92*, 812-819.

Linacre, J. M. (1994). *Many-faceted Rasch measurement*. Chicago: MESA Press.

Lipowsky, F. (2006). Auf den Lehrer kommt es an: Empirische Evidenzen für Zusammenhänge zwischen Lehrerkompetenzen, Lehrerhandeln und dem Lernen der Schüler. In C. Allemann-Ghionda (Hrsg.), *Kompetenzen und Kompetenzentwicklung von Lehrerinnen und Lehrern* (S. 47-70). Weinheim: Beltz.

Lipowsky, F. (2009). Unterricht. In E. Wild & J. Möller (Hrsg.), *Pädagogische Psychologie* (S. 73-101). Berlin: Springer.

Lipowsky, F., Rakoczy, K., Klieme, E., Reusser, K. & Pauli, C. (2005). Unterrichtsqualität im Schnittpunkt unterschiedlicher Perspektiven. In H. G. Holtappels & K. Höhmann (Hrsg.), *Schulentwicklung und Schulwirksamkeit* (S. 223-238). Weinheim: Juventa.

Lipowsky, F., Rakoczy, K., Pauli, C., Drollinger-Vetter, B., Klieme, E. & Reusser, K. (2009). Quality of geometry instruction and its short-term impact on students' understanding of the Pythagorean Theorem. *Learning and Instruction, 19*, 527-537.

Lord, F. M. & Novick, M. R. (1968). *Statistical theories of mental test scores*. Reading, MA: Addison-Wesley.

Lord, R. G. (1985). Accuracy in behavioral measurement: An alternative definition based on raters' cognitive schema and signal detection theory. *Journal of Applied Psychology, 70,* 66-71.

Lotz, M., Lipowsky, F. & Faust, G. (Hrsg.) (2013). *Dokumentation der Erhebungsinstrumente des Projekts „Persönlichkeits- und Lernentwicklung von Grundschulkindern" (PERLE) - Teil 3.* Technischer Bericht zu den PERLE-Videoanalysen. Materialien zur Bildungsforschung, Band 23/3, Frankfurt am Main: GFPF.

Lotz, M., Lipowsky, F. & Faust, G. (2011). Kognitive Aktivierung im Leseunterricht der Grundschule: Konzeptionelle Überlegungen und erste empirische Ergebnisse zu ausgewählten Merkmalen kognitiv aktivierender Unterrichtsgespräche. *Osnabrücker Beiträge zur Sprachtheorie, 80,* 145-165.

Lüdtke, O. (2009). Assessing the impact of learning environments: How to use student ratings of classroom or school characteristics in multilevel modeling. *Contemporary Educational Psychology, 34,* 120-131.

Lüdtke, O. & Robitzsch, A. (2010). Umgang mit fehlenden Daten in der empirischen Bildungsforschung. In S. Maschke & L. Stecher (Hrsg.), *Enzyklopädie Erziehungswissenschaft Online. Fachgebiet Methoden der empirischen erziehungswissenschaftlichen Forschung, Quantitative Forschungsmethoden* (S. 1-42). Weinheim: Juventa.

Lüdtke, O., Trautwein, U., Kunter, M. & Baumert, J. (2006). Reliability and agreement of student ratings of the classroom environment: A reanalysis of TIMSS data. *Learning Environments Research, 9,* 215-230.

Lumley, T. (2005). *Assessing second language writing: The rater's perspective.* Frankfurt: Peter Lang.

Lumley, T. & McNamara, T. (1995). Rater characteristics and rater bias: Implications for training. *Language Testing, 12,* 54-71.

Lunz, M. E. & Stahl, J. A. (1990). Judge consistency and severity across grading periods. *Evaluation & the Health Professions, 13,* 425-444.

Lunz, M. E., Stahl, J. A. & Wright, B. D. (1994). Interjudge reliability and decision reproducibility. *Educational and Psychological Measurement, 54,* 913-925.

Lynch, B. & McNamara, T. (1998). Using G-theory and multi-faceted Rasch measurement in the development of performance assessments of the ESL speaking skills of immigrants. *Language Testing, 15,* 158-180.

Mallinson, S. (2002). Listening to respondents: A qualitative assessment of the Short-Form 36 Health Status Questionnaire. *Social Science & Medicine, 54,* 11-21.

Malmberg, L.-E., Hagger, H., Burn, K., Mutton, T. & Colls, H. (2010). Observed classroom quality during teacher education and two years of professional practice. *Journal of Educational Psychology, 102,* 916-932.

Marewski, J. N., Gaissmaier, W. & Gigerenzer, G. (2010). Good judgments do not require complex cognition. *Cognitive Processing, 11,* 103-121.

Marsh, H. W. (1982). Validity of students' evaluations of college teaching: A multitrait-multimethod analysis. *Journal of Educational Psychology, 74,* 264-279.

Marsh, H. W. & Overall, J. U. (1981). The relative influence of course level, course type, and instructor on students' evaluation of college teaching. *American Educational Research Journal, 18,* 103-112.

Marsh, H. W. & Roche, L. A. (1997). Making students' evaluations of teaching effectiveness effective: The critical issues of validity, bias, and utility. *American Psychologist, 52,* 1187-1197.

Mathers, C., Oliva, M. & Laine, S. W. M. (2008). *Improving instruction through effective teacher evaluation: Options for states and districts.* Washington, DC: National Comprehensive Center for Teacher Quality.

Matsumura, L. C., Garnier, H. E., Pascal, J. & Valdés, R. (2002). Measuring instructional quality in accountability systems: Classroom assignments and student achievement. *Educational Assessment, 8,* 207-229.

May, G. L. (2008). The effect of rater training on reducing social style bias in peer evaluation. *Business Communication Quaterly, 71,* 297-313.

Mayer, D. P. (1999). Measuring instructional practice: Can policymakers trust survey data? *Educational Evaluation and Policy Analysis, 21,* 29-45.

Mayring, P. (2008). *Qualitative Inhaltsanalyse: Grundlagen und Techniken* (10. Aufl.). Weinheim: Beltz.

Mayring, P. (2010). Qualitative Inhaltsanalyse. In G. Mey & K. Mruck (Hrsg.), *Handbuch Qualitative Forschung in der Psychologie* (S. 601-613). Wiesbaden: VS Verlag für Sozialwissenschaften.

McCaffrey, D. F., Hamilton, L. S., Stecher, B. M., Klein, S. P., Bugliari, D., & Robyn, A. (2001). Interactions among instructional practices, curriculum, and student achievement: The case of standards-based high school mathematics. *Journal for Research in Mathematics Education, 22,* 493-517.

McIntyre, R. M., Smith, D. E. & Hassett, C. E. (1984). Accuracy of performance ratings as affected by rater training and perceived purpose of rating. *Journal of Applied Psychology, 69,* 147-156.

McKeachie, W. J. (1997). Student ratings: The validity of use. *American Psychologist, 52,* 1218-1225.

McKeachie, W. J., Yi-Guang, L. & Mendelson, C. N. (1978). A small study assessing teacher effectiveness: Does learning last? *Contemporary Educational Psychology, 3,* 352-357.

McNamara, T. F. (1996). *Measuring second language performance.* London: Longman.

Medley, D. M. & Mitzel, H. (1963). Measuring classroom behavior by systematic observation. In N. L. Gage (Ed.), *Handbook of research on teaching* (pp. 247-328). Chicago: Rand-McNally.

Melby, J. N., Hoyt, W. T. & Bryant, C. M. (2003). A generalizability approach to assessing the effects of ethnicity and training on observer ratings of family interactions. *Journal of Social and Personal Relationships, 20,* 171-191.

Melchers, K. G., Lienhardt, N., Aarburg, M. von & Kleinmann, M. (2011). Is more structure really better? A comparison of frame-of-reference training and descriptively anchored rating scales to improve interviewers' rating quality. *Personnel Psychology, 64,* 53-87.

Meredith, W. & Horn, J. (2001). The role of factorial invariance in modeling growth and change. In L. M. Collins & Sayer A. G. (Eds.), *New methods for the analysis of change* (pp. 203-240). Washington, DC: American Psychological Association.

Mey, G. & Mruck, K. (Hrsg.). (2010). *Handbuch Qualitative Forschung in der Psychologie.* Wiesbaden: VS Verlag für Sozialwissenschaften.

Meyer, H. (2004). *Was ist guter Unterricht?* Berlin: Cornelsen.

Meyer, L., Seidel, T. & Prenzel, M. (2006). Wenn Lernsituationen zu Leistungssituationen werden: Untersuchung zur Fehlerkultur in einer Videostudie. *Schweizerische Zeitschrift für Bildungswissenschaften, 28,* 21-41.

Moosbrugger, H. & Kelava, A. (2007). Qualitätsanforderungen an einen psychologischen Test (Testgütekriterien). In H. Moosbrugger & A. Kelava (Hrsg.), *Testtheorie und Fragebogenkonstruktion* (S. 7-26). Heidelberg: Springer.

Morton-Williams, J. & Sykes, W. (1984). The use of interaction coding and follow-up interviews to investigate comprehension of survey questions. *Journal of the Market Research Society, 26,* 109-127.

Müller, S. & Pietsch, M. (2011). Was wir messen, wenn wir Unterrichtsqualität messen: Inter-Beobachter-Reliabilität und -übereinstimmung bei Unterrichtsbeobachtungen im Rahmen von Schulinspektion. In S. Müller, M. Pietsch & W. Bos (Hrsg.), *Schulinspektionen in Deutschland – eine erste Zwischenbilanz* (S. 33-56). Münster: Waxmann.

Murphy, K. R. & Anhalt, R. L. (1992). Is halo error a property of the rater, ratees, or the specific behaviors observed? *Journal of Applied Psychology, 77,* 494-500.

Murphy, K. R. & De Shon, R. (2000). Interrater correlations do not estimate the reliability of job performance ratings. *Personnel Psychology, 53,* 873-900.

Murphy, K. R., Jako, R. A. & Anhalt, R. L. (1993). Nature and consequences of halo error: A critical analysis. *Journals of Applied Psychology, 78,* 218-225.

Muthén, L. K. & Muthén, B. O. (1998-2010). *Mplus Users Guide* (6. Aufl.). Los Angeles, CA: Muthén & Muthén.

Myford, C. M. & Wolfe, E. W. (2000). *Monitoring sources of variability within the test of spoken English assessment system* (Research Reports No. 65). Princeton, NJ: Educational Testing Service.

Myford, C. M. & Wolfe, E. W. (2003). Detecting and measuring rater effects using many-facet Rasch measurement: Part I. *Journal of Applied Measurement, 4,* 386-422.

Myford, C. M. & Wolfe, E. W. (2004). Detecting and measuring rater effects using many-facet Rasch measurement: Part II. *Journal of Applied Measurement, 5,* 189-227.

Nagy, M. S. (2002). Using a single-item approach to measure facet satisfaction. *Journal of Occupational and Organizational Psychology, 75,* 77-86.

Neubrand, M., Jordan, A., Krauss, S., Blum, W. & Löwen, K. (2011). Aufgaben im COACTIV-Projekt: Einblicke in das Potenzial für kognitive Aktivierung im Mathematikunterricht. In M. Kunter, J. Baumert, W. Blum, U. Klusmann, S. Krauss & M. Neubrand (Hrsg.), *Professionelle Kompetenz von Lehrkräften. Ergebnisse des Forschungsprogramms COACTIV* (S. 115-132). Münster: Waxmann.

Newton, X. A. (2010). Developing indicators of classroom practice to evaluate the impact of district mathematics reform initiative: A generalizability analysis. *Studies in Educational Evaluation, 36,* 1-13.

Nisbett, R. E. & Wilson, T. D. (1977). Telling more than we can know: Verbal reports on mental processes. *Psychological Review, 84,* 231-259.

Nunnally, J. (1978). *Psychometric Theory.* New York: McGraw-Hill.

Oksenberg, L., Cannell, C. & Kalton, G. (1991). New strategies for pretesting survey questions. *Journal of Official Statistics, 7,* 349-365.

Orr, M. (2002). The FCE Speaking test: Using rater reports to help interpret test scores. *System, 30,* 143-154.

Overall, J. U. & Marsh, H. W. (1980). Students' evaluations of instruction: A longitudinal study of their stability. *Journal of Educational Psychology, 72,* 321-325.

Papay, J. P. (2011). Different tests, different answers: The stability of teacher value-added estimates across outcome measures. *American Educational Research Journal, 48,* 163-193.

Pauli, C. (2008). Unterrichtsbeobachtung. In F. Hellmich (Hrsg.), *Lehr-Lernforschung und Grundschulpädagogik* (S. 143-155). Bad Heilbrunn: Klinkhardt.

Pauli, C. (2012). Merkmale guter Unterrichtsqualität im mathematisch-naturwissenschaftlichen Unterricht aus der Perspektive von Lernenden und Lehrpersonen. In R. Lazarides & A. Ittel (Hrsg.), *Differenzierung im mathematisch-naturwissenschaftlichen Unterricht. Implikationen für Theorie und Praxis* (S. 13-34). Bad Heilbrunn: Klinkhardt.

Pauli, C., Drollinger-Vetter, B., Hugener, I. & Lipowsky, F. (2008). Kognitive Aktivierung im Mathematikunterricht. *Zeitschrift für Pädagogische Psychologie, 22,* 127-133.

Pauli, C. & Reusser, K. (2011). Expertise in Swiss mathematics instruction. In Y. Li & G. Kaiser (Eds.), *Expertise in mathematics instruction: An international perspective* (pp. 85-107). New York, NY: Springer.

Pauli., C., Reusser, K. & Grob, U. (2007). Teaching for understanding and/or self-regulated learning? A video-based analysis of reform-oriented mathematics instruction in Switzerland. *International Journal of Educational Research, 46,* 294-305.

Payne, J. W. (1994). Thinking aloud: Insights into information processing. *Psychological Science, 5,* 245-248.

Petko, D., Waldis, M., Pauli, C. & Reusser, K. (2003). Methodologische Überlegungen zur videogestützten Forschung in der Mathematikdidaktik: Ansätze der TIMSS 1999 Video Studie und ihrer schweizerischen Erweiterung. *Zentralblatt für Didaktik der Mathematik, 35,* 265-280.

Pianta, R. C. & Hamre, B. K. (2009). Conceptualization, measurement, and improvement of classroom processes: Standardized observation can leverage capacity. *Educational Researcher, 38,* 109-119.

Pietsch, M. (2010). Evaluation von Unterrichtsstandards. *Zeitschrift für Erziehungswissenschaft, 13,* 121-148.

Pietsch, M. & Tosana, S. (2008). Beurteilereffekte bei der Messung von Unterrichtsqualität: Das Multifacetten-Rasch-Modell und die Generalisierbarkeitstheorie als Methoden der Qualitätssicherung in der externen Evaluation von Schulen. *Zeitschrift für Erziehungswissenschaft, 11,* 430-452.

Podsakoff, P. M., MacKenzie, S. B., Lee, J.-Y. & Podsakoff, N. P. (2003). Common method biases in behavioral research: A critical review of the literature and recomended remedies. *Journal of Applied Psychology, 88,* 879-903.

Porter, A. C. (2002). Measuring the content of instruction: Uses in research and practice. *Educational Researcher, 31,* 3-14.

Praetorius, A.-K., Lenske, G. & Helmke, A. (2010, September). *Auf der Suche nach Ursachen für Beurteilungsdifferenzen – Ist die Methode des Lauten Denkens für die Analyse unterrichtsbezogener Urteilsprozesse ertragreich?* Vortrag auf der 74. Tagung der Arbeitsgruppe für Empirische Pädagogische Forschung (AEPF), Jena.

Praetorius, A.-K., Lenske, G. & Helmke, A. (2012). Observer ratings of instructional quality – Do they fulfill what they promise? *Learning and Instruction, 22,* 387-400.

Presser, S., Couper, M. P., Lessler, J. T., Martin, E., Martin, J., Rothgeb, J. M. et al. (2004). Methods for testing and evaluating survey questions. In S. Presser, J. M. Rothgeb, M. P. Couper, J. T. Lessler, E. Martin, H. Martin et al. (Eds.), *Methods for testing and evaluating survey questionnaires* (pp. 1-22). Hoboken, NJ: John Wiley & Sons.

Pretsch, J. (2012). *Thin slices of teacher behavior: Revisiting approaches to judgment accuracy.* Unveröffentliche Dissertation, Universität Koblenz-Landau.

Prüfer, P. & Rexroth, M. (1996). *Verfahren zur Evaluation von Survey-Fragen: Ein Überblick* (ZUMA-Arbeitsbericht Nr. 96/05). Mannheim: Zentrum für Umfragen, Methoden und Analysen (ZUMA).

Pulakos, E. D. (1984). A comparison of rater training programs: Error training and accuracy training. *Journal of Applied Psychology, 69,* 581-588.

Rakoczy, K. (2008). *Motivationsunterstützung im Mathematikunterricht: Unterricht aus der Perspektive von Lernenden und Beobachtern.* Münster: Waxmann.

Rakoczy, K. & Pauli, C. (2006). Hoch inferentes Rating: Beurteilung der Qualität unterrichtlicher Prozesse. In I. Hugener, E. Klieme, C. Pauli & K. Reusser (Hrsg.), *Dokumentation der Erhebungs- und Auswertungsinstrumente zur schweizerisch-deutschen Videostudie „Unterrichtsqualität, Lehrerverhalten und mathematisches Verständnis". 3. Videoanalysen* (S. 206-233). Frankfurt am Main: Deutsches Institut für Internationale Pädagogische Forschung (DIPF).

Rantanen, P. (2013). The number of feedbacks needed for reliable evaluation: A multilevel analysis of the reliability, stability and generalisability of students' evaluation of teaching. *Assessment & Evaluation in Higher Education, 38,* 224-239.

Reeve, J., Jang, H., Carrell, D., Jeon, S. & Barch, J. (2004). Enhancing student's engagement by increasing teachers' autonomy support. *Motivation and Emotion, 28,* 147-169.

Reicks, M., Smith, C., Henry, H., Reimer, K., Atwell, J. & Thomas, R. (2003). Use of the think aloud method to examine fruit and vegetable purchasing behaviors among low income African american women. *Journal of Nutrition Education & Behavior, 35,* 154-160.

Reinmann-Rothmeier, G., Mandl, H. & Prenzel, M. (1994). *Computerunterstützte Lernumgebungen: Planung, Gestaltung und Bewertung.* Erlangen: Publicis MCD.

Renkl, A. (1996). Träges Wissen: Wenn Erlerntes nicht genutzt wird. *Psychologische Rundschau, 47,* 78-92.

Reusser, K. (2006). Konstruktivismus – vom epistemologischen Leitbegriff zur Erneuerung der didaktischen Kultur. In M. Baer, M. Fuchs, P. Füglister, K. Reusser & H. Wyss (Hrsg.), *Didaktik auf psychologischer Grundlage. Von Hans Aeblis kognitionspsychologischer Didaktik zur modernen Lehr- und Lernforschung* (S. 151-168). Bern: h.e.p.

Reusser, K. (2008). Empirisch fundierte Didaktik – didaktisch fundierte Unterrichtsforschung: Eine Perspektive zur Neuorientierung der Allgemeinen Didaktik. *Zeitschrift für Erziehungswissenschaft, 10,* 219-237.

Reusser, K. (2009). Unterricht. In S. Andresen, R. Casale, T. Gabriel, R. Horlacher, S. Larcher Klee & J. Oelkers (Hrsg.), *Handwörterbuch Erziehungswissenschaft* (S. 881-896). Weinheim: Beltz.

Reusser, K. (2011). Von der Unterrichtsforschung zur Unterrichtsentwicklung – Probleme, Strategien, Werkzeuge. In W. Einsiedler (Hrsg.), *Unterrichtsentwicklung und didaktische Entwicklungsforschung* (S. 11-40). Bad Heilbrunn: Klinkhardt.

Reusser, K. & Pauli, C. (2010a). Abschluss und Bilanz. In K. Reusser, C. Pauli & M. Waldis (Hrsg.), *Unterrichtsgestaltung und Unterrichtsqualität. Ergebnisse einer internationalen und schweizerischen Videostudie zum Mathematikunterricht* (S. 341-358). Münster: Waxmann.

Reusser, K. & Pauli, C. (2010b). Unterrichtsgestaltung und Unterrichtsqualität: Ergebnisse einer internationalen und schweizerischen Videostudie zum Mathematikunterricht. In K. Reusser, C. Pauli & M. Waldis (Hrsg.), *Unterrichtsgestaltung und Unterrichtsqualität. Ergebnisse einer internationalen und schweizerischen Videostudie zum Mathematikunterricht* (S. 9-32). Münster: Waxmann.

Rimmele, R. (2011). *Videograph [Computer software].* Kiel: IPN – Leibniz-Institut für die Pädagogik der Naturwissenschaften.

Rosenshine, B. (1970). The stability of teacher effects upon student achievement. *Review of Educational Research, 40,* 647-662.

Roth, K. J., Druker, S. L., Garnier, H., Lemmens, M., Chen, C., Kawanaka, T. et al. (2006). *Teaching Science in five countries: Results from the TIMSS 1999 Video Study.* Washington, DC: National Center for Education Statistics.

Ruiz-Primo, M. A., Baxter, G. P. & Shavelson, R. J. (1993). On the stability of performance assessments. *Personnel Psychology, 30,* 41-53.

Russo, J. E., Johnson, E. J. & Stephens, D. L. (1989). The validity of verbal protocols. *Memory & Cognition, 17,* 759-769.

Saal, F. E., Downey, R. G. & Lahey, M. A. (1980). Rating the ratings: Assessing the psychometric quality of rating data. *Psychological Bulletin, 88,* 413-428.

Salvia, J. A. & Meisel, C. J. (1980). Observer bias: A methodological consideration in special education research. *Journal of Special Education, 14,* 261-270.

Sander, J. E., Conrad, F. G., Mullin, P. A. & Herrmann, D. (1992). Cognitive modeling of the survey interview. In American Statistical Association (Ed.), *Proceedings of the section on survey research methods* (pp. 818-823). Alexandria, VA: American Statistical Association.

Sasaki, T. (2008). Concurrent think-aloud protocol as a socially situated construct. *International Review of Applied Linguistics in Language Teaching, 46,* 349-374.

Schaefer, E. (2008). Rater bias patterns in an EFL writing assessment. *Language Testing, 25,* 465-493.

Scheele, B. (Hrsg.). (1992). *Struktur-Lege-Verfahren als Dialog-Konsens-Methodik: Ein Zwischenfazit zur Forschungsentwicklung bei der rekonstruktiven Erhebung Subjektiver Theorien.* Münster: Aschendorff.

Schermelleh-Engel, K. & Werner, C. (2007). Methoden der Reliabilitätsbestimmung. In H. Moosbrugger & A. Kelava (Hrsg.), *Testtheorie und Fragebogenkonstruktion* (S. 113-133). Heidelberg: Springer.

Schleicher, D. J. & Day, D. V. (1998). A cognitive evaluation of frame-of-reference rater training: Content and process issues. *Organizational Behavior and Human Processes, 73,* 76-101.

Schleicher, D. J., Day, D. V., Mayes, B. T. & Riggio, R. E. (2002). A new frame for frame-of-reference training: Enhancing the construct validity of assessment centers. *Journal of Applied Psychology, 87,* 735-746.

Schmidt, F. L., Viswesvaran, C. & Ones, D. S. (2000). Reliability is not validity and validity is not reliability. *Personnel Psychology, 53,* 901-912.

Schnotz, W. (1994). *Aufbau von Wissensstrukturen: Untersuchungen zur Kohärenzbildung beim Wissenserwerb mit Texten.* Weinheim: Beltz.

Schriesheim, C. A., Kinicki, A. J. & Schriesheim, J. F. (1979). The effect of leniency on leader behavior descriptions. *Organizational Behavior and Human Performance, 23,* 1-29.

Schwarz, N. (2007). Cognitive aspects of survey methodology. *Applied Cognitive Psychology, 21,* 277-287.

Schweer, M. K. W. & Thies, B. (2000). Situationswahrnehmung und interpersonales Verhalten im Klassenzimmer. In M. K. W. Schweer (Hrsg.), *Lehrer-Schüler-Interaktion. Pädagogisch-psychologische Aspekte des Lehrens und Lernens in der Schule* (S. 59-78). Opladen: Leske + Budrich.

Schwindt, K. (2008). *Lehrpersonen betrachten Unterricht: Kriterien für die kompetente Unterrichtswahrnehmung.* Münster: Waxmann.

Seidel, T. (2005). Video analysis strategies of the IPN Video Study: A methodological overview. In T. Seidel, M. Prenzel & M. Kobarg (Eds.), *How to run a video study. Technical report of the IPN Video Study* (pp. 70-78). Münster: Waxmann.

Seidel, T. & Prenzel, M. (2006). Stability of teaching patterns in Physics instruction: Findings from a video study. *Learning and Instruction,16,* 228-240.

Seidel, T., Prenzel, M., Duit, R., Euler, M., Geiser, H., Hoffmann, L. et al. (2002). „Jetzt bitte alle nach vorne schauen!" Lehr-Lernskripts im Physikunterricht und damit verbundene Bedingungen für individuelle Lernprozesse. *Unterrichtswissenschaft, 30,* 52-77.

Seidel, T., Prenzel, M. & Kobarg, M. (Hrsg.). (2005). *How to run a video study. Technical report of the IPN Video Study.* Münster: Waxmann.

Seidel, T., Prenzel, M., Rimmele, R., Dalehefte, I. M., Herweg, C., Kobarg, M. et al. (2006). Blicke auf den Physikunterricht: Ergebnisse der IPN Videostudie. *Zeitschrift für Pädagogik, 52,* 799-821.

Seidel, T., Prenzel, M., Schwindt, K., Rimmele, R., Kobarg, M. & Dalehefte, I. M. (2009). The link between teaching and learning – investigating effects of Physics teaching on student learning in the context of the IPN video study. In T. Janík, T. Seidel & P. Najvar (Eds.), *The power of video studies in investigating teaching and learning in the classroom* (pp. 161-180). Münster: Waxmann.

Seidel, T., Rimmele, R. & Prenzel, M. (2005). Clarity and coherence of lesson goals as a scaffold for student learning. *Learning and Instruction, 15,* 539-556.

Seidel, T. & Shavelson, R. J. (2007). Teaching effectiveness research in the past decade: The role of theory and research design in disentangling meta-analysis results. *Review of Educational Research, 77,* 454-499.

Shavelson, R. & Dempsey-Atwood, N. (1976). Generalizability of measures of teaching behavior. *Review of Educational Research, 46,* 553-611.

Shavelson, R., Ruiz-Primo, M. A. & Wiley, E. W. (1999). Note on sources of sampling variability in science performance assessments. *Journal of Educational Measurement, 36,* 61-71.

Shavelson, R. & Webb, N. (1991). *Generalizability theory: A primer.* Thousand Oaks, CA: Sage.

Shavelson, R. J., Baxter, G. P. & Gao, X. (1993). Sampling variability of performance assessments. *National Council on Measurement in Education, 30,* 215-232.

Shavelson, R. J., Webb, N. M. & Burstein, L. (1986). Measurement of teaching. In M. C. Wittrock (Ed.), *Handbook of research on teaching* (3rd ed., pp. 50-91). New York, NY: Macmillan.

Shuell, T. J. (2001). Learning theories and educational paradigms. In P. B. Baltes (Ed.), *International encyclopedia of the social and behavioral sciences* (pp. 8613-8620). Oxford: Elsevier.

Shumate, S., Surles, J., Johnson, R. & Penny, J. (2007). The effects of the number of scale points and non-normality on the generalizability coefficient: A Monte Carlo study. *Applied Measurement in Education, 20,* 357-376.

Simon, H. A. & Kaplan, C. A. (1989). Foundations of cognitive science. In M. I. Posner (Ed.), *Foundations of cognitive science* (pp. 1-47). Cambridge, MA: MIT Press.

Slonim-Nevo, V. & Nevo, I. (2009). Conflicting findings in mixed methods research: An illustration from an Israeli study on immigration. *Journal of Mixed Methods Research, 3,* 109-128.

Smith, P. L. (1979). The generalizability of student ratings of courses: Asking the right questions. *Journal of Educational Measurement, 16,* 77-87.

Snow, R. E. (1989). Aptitude-treatment interaction as a framework for research on individual differences in learning. In P. L. Ackerman, R. J. Sternberg & R. Glaser (Eds.), *Learning and individual differences. Advances in theory and research* (pp. 13-59). New York, NY: Freeman.

Soar, R. S., Medley, D. M. & Coker, H. (1983). Teacher evaluation: A critique of currently used methods. *The Phi Delta Kappan, 65,* 239-246.

Sommer, N. (2011). Unterrichtsqualität im Urteil der externen Schulevaluation. In S. Müller, M. Pietsch & W. Bos (Hrsg.), *Schulinspektionen in Deutschland – eine erste Zwischenbilanz* (S. 97-136). Münster: Waxmann.

Spillane, J. & Zeuli, J. (1999). Reform and teaching: Exploring patterns of practice in the context of national and state mathematics reforms. *Educational Evaluation & Policy Analysis, 21,* 1-27.

Stachowiak, H. (1973). *Allgemeine Modelltheorie.* Wien: Springer.

Stacy, M. A., Elble, R. J., Ondo, W. G., Wu, S.-C. & Hulihan, J. (2007). Assessment of interrater and intrarater reliability of the Fahn-Tolosa-Marin Tremor Rating Scale in Essential Tremor. *Movement Disorders, 22,* 833-838.

Stamoulis, D. T. & Hauenstein, N. M. A. (1993). Rater training and rating accuracy: Training for dimensional accuracy versus training for ratee differentiation. *Journal of Applied Psychology, 78,* 994-1003.

Staub, F. C. (2007). Mathematics classroom cultures: Methodological and theoretical issues. *International Journal of Educational Research, 46,* 319-326.

Stehle, S., Spinath, B. & Kadmon, M. (2012). Measuring teaching effectiveness: Correspondence between students' evaluations of teaching and different measures of student learning. *Research in Higher Education, 53,* 888-904.

Steyer, R. & Eid, M. (2001). *Messen und Testen* (2. Aufl.). Berlin: Springer.

Stigler, J. (1998). Video surveys: New data for improvement of classroom instruction. In S. G. Paris & H. M. Wellman (Eds.), *Global prospects for education. Development, culture and schooling* (pp. 129-168). Washington, DC: American Psychological Association.

Stigler, J., Gonzales, P., Kawanaka, T., Knoll, S. & Serrano, A. (1999). *The TIMSS-Videotape Classroom Study* (Technical Report). Los Angeles, CA: University of California.

Stigler, J. W., Gallimore, R. & Hiebert, J. (2000). Using video surveys to compare classrooms and teaching across cultures: Examples and lessons from the TIMSS video studies. *Educational Psychologist, 35,* 87-100.

Stigler, J. W. & Hiebert, J. (1999). The teaching gap: Best ideas from the world's teachers for improving education in the classroom. New York, NY: Free Press.

Stodolsky, S. S. (1984). Teacher evaluation: The limits of looking. *Educational Researcher, 13,* 11-18.

Storms, M. D. (1973). Videotape and the attribution process: Reversing actors' and observers' points of view. *Journal of Personality and Social Psychology, 27,* 165-175.

Strack, F. & Deutsch, R. (2002). Urteilsheuristiken. In D. Frey & M. Irle (Hrsg.), *Theorien der Sozialpsychologie* (Bd. 3, S. 352-384). Bern: Hans Huber.

Strack, F. & Deutsch, R. (2004). Reflective and impulsive determinants of social behavior. *Personality and Social Psychology Review, 8,* 220-247.

Strack, F. & Schwarz, N. (1992). Communicative influences in standardized question situations: The case of implicit collaboration. In G. R. Semin & K. Fiedler (Eds.), *Language, interaction and social cognition* (pp. 173-193). London: Sage.

Strong, M., Gargani, J. & Hacifazlioglu, O. (2011). Do we know a successful teacher when we see one? Experiments in the identification of effective teachers. *Journal of Teacher Education, 62,* 367-382.

Stronge, J., Ward, T. & Grant, L. (2011). What makes good teachers good? A cross-case analysis of the connection between teacher effectiveness and student achievement. *Journal of Teacher Education, 62,* 339-355.

Sudman, S., Bradburn, N. M. & Schwarz, N. (1996). *Thinking about answers: The application of cognitive processes to survey methodology.* San Fransisco: Jossey-Bass Publishers.

Sulsky, L. M. & Day, D. V. (1992). Frame-of-reference training and cognitive categorization: An empirical investigation of rater memory issues. *Journal of Applied Psychology, 77,* 501-510.

Teddlie, C., Kirkby, P. & Springfield, S. (1989). Effective versus ineffective schools: Observable differences in the classroom. *American Journal of Education, 97,* 221-236.

Terhart, E. (2006). Kompetenzen von Grundschullehrerinnen und -lehrern: Kontext, Entwicklung, Beurteilung. In P. Hanke (Hrsg.), *Grundschule in Entwicklung. Herausforderungen und Perspektiven für die Grundschule heute* (S. 233-248). Münster: Waxmann.

Thornton, G. C. & Zorich, S. (1980). Training to improve observer accuracy. *Journal of Applied Psychology, 65,* 351-354.

Tiffin-Richards, S. P., Pant, H. A. & Köller, O. (2013). Setting standards for English foreign language assessment: Methodology, valdidation and a degree of arbitrariness. *Educational Measurement: Issues and Practice, 32,* 15-25.

Tom, G., Tong, S. T. & Hesse, C. (2010). Thick slice and thin slice teaching evaluations. *Social Psychology of Education, 13,* 129-136.

Tourangeau, R. (1984). Cognitive science and survey methods. In T. Jabine, M. Straf, J. Xanur & R. Tourangeau (Eds.), *Cognitive aspects of survey methodology. Building a bridge between disciplines* (pp. 73-100). Washington, DC: National Academy Press.

Tourangeau, R. (2003). Cognitive aspects of survey measurement and mismeasurement. *International Journal of Public Opinion Research, 15,* 3-7.

Tourangeau, R. & Rasinski, K. A. (1988). Cognitive processes underlying context effects in attitude measurement. *Psychological Bulletin, 103,* 299-314.

Tourangeau, R., Rips, L. J. & Rasinski, K. A. (2000). *The psychology of survey response.* Cambridge: Cambridge University Press.

Trepke, C., Seidel, T. & Dalehefte, I. M. (2003). Zielorientierung im Physikunterricht. In T. Seidel, M. Prenzel, R. Duit & M. Lehrke (Hrsg.), *Technischer Bericht zur Videostudie „Lehr-Lern-Prozesse im Physikunterricht"* (S. 201-228). Kiel: IPN.

Turner, J. C. & Meyer, D. K. (2000). Studying and understanding the instructional contexts of classrooms: Using our past to forge our future. *Educational Psychologist, 35,* 69-85.

Uggerslev, K. L. & Sulsky, L. M. (2008). Using frame-of-reference training to understand the implications of rater idiosyncrasy for rating accuracy. *Journal of Applied Psychology, 93,* 711-719.

Urdan, T. & Mestas, M. (2006). The goals behind performance goals. *Journal of Educational Psychology, 98,* 354-365.

VERBI Software (1989-2012). *MAXQDA, Software für qualitative Datenanalyse [Computer software].* Marburg: Consult. Sozialforschung GmbH.

Wagner, W. (2008). *Methodenprobleme bei der Analyse der Unterrichtswahrnehmung aus Schülersicht am Beispiel der Studie DESI (Deutsch Englisch Schülerleistungen International) der Kultusministerkonferenz.* Unveröffentlichte Dissertation, Universität Koblenz-Landau.

Walberg, H. J. (1966). *Classroom climate questionnaire.* Cambridge: Harvard University.

Walberg, H. J. & Haertel, G. D. (1980). Validity and use of educational environment assessments. *Studies in Educational Evaluation, 6,* 225-238.

Walberg, H. J. & Paik, S. J. (2000). *Effective educational practices.* Brüssel: International Academy of Education.

Waldis, M., Grob, U., Pauli, C. & Reusser, K. (2010). Der schweizerische Mathematikunterricht aus der Sicht von Schülerinnen und Schülern und in der Perspektive hochinferenter Beobachterurteile. In K. Reusser, C. Pauli & M. Waldis (Hrsg.), *Unterrichtsgestaltung und Unterrichtsqualität. Ergebnisse einer internationalen und schweizerischen Videostudie zum Mathematikunterricht* (S. 171-208). Münster: Waxmann.

Wang, M. C., Haertel, G. D. & Walberg, H. J. (1993). Toward a knowledge base for school learning. *Review of Educational Research, 63,* 249-294.

Wanous, J. P., Reichers, A. E. & Hudy, M. J. (1997). Overall job satisfaction: How good are single-item measures? *Journal of Applied Psychology, 82,* 247-252.

Waxman, H. C., Hilberg, R. S. & Tharp, R. G. (2004). Future directions for classroom observation research. In H. C. Waxman, R. G. Tharp & R. S. Hilberg (Eds.), *Observational research in U.S. classrooms. New approaches for understanding cultural and linguistic diversity* (s.o.). Cambridge: Cambridge University Press.

Waxman, H. C., Tharp, R. G. & Hilberg, R. S. (Eds.). (2004). *Observational research in U.S. classrooms: New approaches for understanding cultural and linguistic diversity.* Cambridge: Cambridge University Press.

Webb, N. M., Schlackman, J. & Sugrue, B. (2000). The dependability and interchangeability of assessment methods in science. *Applied Measurement in Education, 13,* 277-301.

Webb, N. M. & Shavelson, R. (2005). Generalizability theory: Overview. In B. Everitt & D. Howell (Hrsg.), *Encyclopedia of statistics in behavioral science* (S. 717-719). Chichester: Wiley.

Webb, N. M., Shavelson, R. J. & Haertel, E. H. (2006). Reliability coefficients and generalizability theory. In C. Rao & S. Sinharay (Eds.), *Handbook of Statistics* (Vol. 26, pp. 81-124). Amsterdam: Elsevier.

Weigle, S. C. (1998). Using FACETS to model rater training effects. *Language Testing, 15,* 263-287.

Weinert, F. E. (1989). Psychologische Orientierungen in der Pädagogik. In H. Röhrs & H. Scheuerl (Hrsg.), *Richtungsstreit in der Erziehungswissenschaft und pädagogische Verständigung* (S. 203-214). Frankfurt a.M: Lang.

Weinert, F. E. & Helmke, A. (1997). *Entwicklung im Grundschulalter.* Weinheim: PVU.

Weinert, F. E., Schrader, F.-W. & Helmke, A. (1989). Quality of instruction and achievement outcomes. *International Journal of Educational Research, 13,* 895-914.

Westermann, R. (2000). *Wissenschaftstheorie und Experimentalmethodik: Ein Lehrbuch zur psychologischen Methodenlehre.* Göttingen: Hogrefe.

Willis, G. B. (2004). Cognitive interviewing revisited: A useful technique? In S. Presser (Ed.), *Methods for testing and evaluating survey questionnaires* (pp. 23-43). Hoboken, NJ: John Wiley & Sons.

Willis, G. B. (2005). *Cognitive interviewing: A tool for improving questionnaire design.* Thousand Oaks, CA: Sage.

Willis, G. B., DeMaio, T. J. & Harris-Kojetin, B. (1999). Is the bandwagon headed to the methodological promised land? Evaluating the validity of cognitive interviewing techniques. In M. G. Sirken (Ed.), *Cognition and survey research* (pp. 133-153). New York, NY: Wiley.

Wilson, T. D. (1994). The proper protocol: Validity and completeness of verbal reports. *Psychological Science, 5,* 249-252.

Winkel, R. (1997). Die kritisch-kommunikative Didaktik. In H. Gudjons, R. Teske & R. Winkel (Hrsg.), *Didaktische Theorien* (8. Aufl., S. 93-112). Hamburg: Bergmann + Helbig.

Winkielman, P. & Schooler, J. (2009). Unconscious, conscious, and metaconscious in social cognition. In F. Strack & J. Foerster (Eds.), *Social cognition: The basis of human interaction* (pp. 49-69). Philadelphia, PA: Psychology Press.

Woehr, D. J. (1994). Understanding frame-of-reference training: The Impact of training on the recall of performance information. *Journal of Applied Psychology, 79,* 525-534.

Woehr, D. J. & Huffcutt, A. I. (1994). Rater training for performance appraisal: A quantitative review. *Journal of Occupational & Organizational Psychology, 67,* 189-205.

Wolf, R. M. (1994). Rating scales. In T. Husén & T. N. Postlethwaite (Eds.), *The international encyclopedia of education* (2nd ed., pp. 4923-4930). Oxford: Pergamon Press.

Wolfe, E. W. (2004). Identifying rater effects using latent trait models. *Psychology Science, 46,* 35-51.

Woolley, M. E., Bowen, G. L. & Bowen, N. K. (2004). Cognitive pretesting and the developmental validity of child self-report instruments: Theory and applications. *Research on Social Work Practice, 14,* 191-200.

Woolley, M. E., Bowen, G. L. & Bowen, N. K. (2006). The development and evaluation of procedures to assess child self-report item validity. *Educational and Psychological Measurement, 66,* 687-700.

Tabellenverzeichnis

Abbildungsverzeichnis

Anhang

A   Auszug aus dem Ratingmanual

Im Folgenden finden sich die für die vorliegende Arbeit relevanten Abschnitte des Ratingmanuals. Aufgeführt sind zum einen die allgemeinen Anmerkungen für die Rater und zum anderen die in der vorliegenden Arbeit eingesetzten Items mit Beschreibungen und positiven sowie negativen Indikatoren. Die Itemnummerierung wurde der in der vorliegenden Arbeit verwendeten Nummerierung angepasst; sie entspricht nicht der ursprünglichen Nummerierung.

A.1   Allgemeine Anmerkungen

Urteilsgegenstand: Unterricht und Lehrkräfte

- Bitte beurteilen Sie ausschließlich die von Ihnen tatsächlich soeben gesehene Sequenz und weder vermutlich vorausgegangene noch potentiell oder möglicherweise folgende Aktivitäten und Unterrichtsteile.
- Bitte beachten Sie Temperamentsunterschiede zwischen Lehrkräften und relativieren Sie Ihr Urteil daran (z B. angemessenes Lob: Nicht jede Lehrkraft wird enthusiastisch verbal und nonverbal auf bestimmte Schüleräußerungen reagieren, dies ist persönlichkeits- bzw. typabhängig.)
- Bitte widerstehen Sie dem naheliegenden Impuls, bei der Beurteilung der Unterrichtssequenz davon auszugehen, was Sie selbst in diesem Falle getan oder vorgeschlagen hätten oder wie „man" sich als gute Lehrkraft in einem solchen Fall verhalten würde.

Itemformulierungen und -bedeutungen

- Alle Items sind aus Akzeptanzgründen sowie pädagogischen Gründen positiv formuliert: Lehrkräfte sollen nicht durch die Konfrontation mit Negativ-Items demotiviert werden (z B. „Es ging drunter und drüber"). Der Akzent soll nicht defizitorientiert sein, sondern an (unterschiedlich stark ausgeprägten) Stärken des Unterrichts bzw. der Lehrkraft orientiert sein.
- Bitte beachten Sie bei der Itembeantwortung stets, welchem Qualitätsbereich (Klassenführung, Lernförderliches Klima und Motivierung, Klarheit und Strukturiertheit, Aktivierung, Bilanz) das jeweilige Item zugeordnet ist und interpretieren Sie es dementsprechend.

Indikatoren

- Die einzelnen Qualitätsbereiche (z B. Klassenführung oder Aktivierung) sind jeweils durch mehrere konzeptuell ähnliche und oft nicht direkt beobachtbare Items abgedeckt. Die in diesem Manual zusammengestellten Indikatoren sollen als konkrete Anhaltspunkte für die Beurteilung der Items dienen und damit dessen Einschätzung erleichtern.
- Die Indikatoren sind keineswegs umfassend, sondern dienen lediglich der Orientierung, vollkommen analog zu dem – Ihnen möglicherweise bekannten – „Orientierungsrahmen für Schulqualität" (ORS) des Landes Rheinland-Pfalz, der für alle Schulen in diesem Bundesland obligatorisch ist.
- Die Indikatoren weisen teilweise inhaltliche Überlappungen auf und zwar sowohl innerhalb eines Items (die Indikatoren beschreiben zum Teil also etwas Ähnliches) als auch zwischen Items (ein Indikator kann für mehrere Items charakteristisch sein).
- Bei den aufgeführten Indikatoren handelt es sich um „kann"-Indikatoren und nicht um „muss"-Indikatoren. Dies bedeutet, dass auch wenn nicht alle (oder in Extremfällen sogar keiner) der

Positiv- bzw. Negativ-Indikatoren zutreffen, unter Umständen ein „stimme zu" bzw. „stimme nicht zu" angemessen ist. Dies gilt insbesondere für den Bilanz-Bereich.

Beobachtbarkeit und Beurteilbarkeit

Bearbeiten Sie bitte stets alle Items. Lassen Sie Items dann und nur dann aus, wenn Sie von einem logischen Standpunkt her nicht beurteilbar sind. Dies kann bei den folgenden Items der Fall sein:

Item 6: Mit Schülerbeiträgen ist die Lehrkraft wertschätzend umgegangen.

Item 8: Die Lehrkraft hat die Schüler/innen ausreden lassen, wenn sie dran waren.

→ Diese Items sind dann nicht beurteilbar, wenn es keinen einzigen Schülerbeitrag gab.

Item 9: Wenn die Lehrkraft eine Frage gestellt hat, hatten die Schüler/innen ausreichend Zeit zum Nachdenken.

→ Dieses Item ist dann nicht beurteilbar, wenn die Lehrkraft keine einzige Frage gestellt hat.

Alle anderen Items sind unter allen Umständen zu beurteilen!

Videografie

- Die Videografie von Unterricht ist eine komplexe Angelegenheit, bei der viel Unvorhergesehenes auftreten kann. Einige der Videos laufen daher nicht problemlos ab: Es gibt zeitweise Tonprobleme, es gibt verbale Interaktionen der Lehrkraft oder der Schüler mit dem Kamerateam im Rahmen der Unterrichtsstunde, das Transkript läuft nicht mit und vieles mehr. Lassen Sie sich davon bitte nicht irritieren.

- Verbale Interaktionen der Lehrkraft oder der Schüler mit dem Kamerateam im Rahmen der Unterrichtsstunde klammern Sie bitte bei Ihrer Einschätzung des Unterrichts aus. Die Ablenkung mancher Schüler durch die Kamera hingegen soll nicht ausgeklammert werden.

A.2   Definitionen, Hinweise und Indikatoren in Bezug auf die Items

Item 1: Der Unterricht hat pünktlich begonnen.

Definition von Begriffen & Hinweise

Im regulären Unterricht ist das Klingelzeichen bzw. die Uhrzeit ein klarer Indikator für den Stundenbeginn. Dies gilt bei Videoaufzeichnungen nicht, da Videoaufzeichnungen den normalen Stundenrhythmus außer Kraft setzen und die Aufnahme zum Teil deutlich vor Unterrichtsbeginn gestartet wird bzw. alternativ die Lehrkraft warten muss, bis die Aufnahme startet. Beginn der Stunde in den Videoaufzeichnungen ist das „Synchronisations-Klatschen" der Kameraperson.

Der Stundenbeginn ist jedoch nicht zwangsläufig auch der tatsächliche Arbeitsbeginn, also der Zeitpunkt, zu dem der Unterricht wirklich beginnt. Dieser tatsächliche Unterrichtsbeginn soll anhand des vorliegenden Items beurteilt werden.

Positive Indikatoren

Material und Geräte liegen zu Beginn der Stunde auf den Schülertischen bereit.

Negative Indikatoren

Die Lehrkraft richtet nach Stundenbeginn Materialien und Geräte her.
Die Lehrkraft erinnert an den Unterrichtsbeginn.
Die Lehrkraft muss (mehrmals) intervenieren, bis der eigentliche Unterricht beginnen kann.

Item 2: Die Klassenregeln waren den Schüler/inne/n klar.

Definition von Begriffen

„Klassenregeln" = allgemeine Erwartungen/Normen in Bezug auf Schülerverhalten und Unterrichtsabläufe

2 Arten von Regeln:
- Verhaltensregeln („gutes Betragen": störungsfreie Mitarbeit, Hilfsbereitschaft...)
- Verfahrensregeln (konkrete Vorgaben für bestimmte Abläufe in häufig vorkommenden Unterrichtssituationen, z B. Regelung des In-den-Stuhlkreis-Kommens)

Positive Indikatoren

Die Schüler zeigen Verhaltensweisen, die zu einem störungsfreien Unterrichtsablauf beitragen, ohne dass sie von der Lehrkraft darauf hingewiesen werden müssen (z B.: Die Schüler rufen nicht herein).
Abläufe funktionieren reibungslos, ohne dass die Lehrkraft Anweisungen gibt.
Die Organisation des Unterrichts wird über Rituale und Prozeduren gestützt (akustische und visuelle Signale, Symbole, Gestik und Körpersprache, Blickkontakte, Hausaufgabentafel, Ermahnungskarten etc.)
Die Regeln sind visualisiert (z B. in Form von Postern).

Negative Indikatoren

Es gibt Unterbrechungen und Fragen aufgrund von Unklarheiten über das erwartete Schülerverhalten.
Der Unterricht wird mehrmals durch Störungen seitens der Schüler unterbrochen.
Die Lehrkraft erinnert an die Einhaltung der Regeln.

Item 3: Die Schüler/innen konnten ungestört arbeiten.

Definition von Begriffen

Unter „Arbeiten" fallen alle Aktivitäten der Schüler, die sich auf den Unterrichtsinhalt beziehen.

Hinweise

Bei diesem Item ist es wichtig, auf die Intensität und Dauer der Störung zu achten. Wenn beispielsweise einem Schüler ein Stift herunterfällt, ist das zwar eine Störung, aber eine sehr marginale und kurze. Sie sollte daher – sofern sie nicht Ausgangspunkt einer sich daraus entwickelnden Beeinträchtigung des Unterrichtsgeschehens ist – nicht als wirkliche Störung eingeordnet werden.

Positive Indikatoren

Es gibt keinerlei Störungen.
Der Lärmpegel in der Klasse ist in Bezug auf die eingesetzte Sozialform (z B. Einzelarbeit, Gruppenarbeit) angemessen.
Die Lehrkraft geht frühzeitig auf potentielle Probleme ein und nicht erst, wenn diese zur Störung geworden sind.
Wenn eine Störung auftritt, greift die Lehrkraft so ein, dass der Unterrichtsfluss so wenig wie

möglich unterbrochen wird.

Negative Indikatoren

Es gibt Störungen durch Mitschüler.

Es gibt Störungen von außen, denen im Rahmen des Unterrichts Raum gegeben wird (z B. kommt ein Kollege herein und Lehrkraft und Kollege sprechen eine Weile miteinander).

Die Lehrkraft behindert Still- und Gruppenarbeitsphasen durch nachgeschobene Erklärungen/Fragen/Anmerkungen etc.

Vorhersehbare „Stolpersteine" sind nicht im Vorhinein ausgeräumt (z B. eine zu geringe Anzahl an Stationen bei Stationenarbeit, so dass Gedränge entsteht).

Schüler geben zu erkennen, dass sie sich gestört fühlen.

Item 4: Den Schüler/inne/n war im Laufe der Unterrichtssequenz jederzeit klar, was sie tun sollten.

Definition von Begriffen

„Jederzeit klar" meint in diesem Zusammenhang prozedurale, nicht inhaltliche Klarheit. Es geht also nicht darum, wie klar den Schülern der Lernstoff ist, sondern ob sie sich über das von ihnen erwartete Verhalten im Klaren sind (z B. in Bezug auf Arbeitsaufträge).

Hinweise

Ein Großteil der hier aufgezählten Indikatoren sind keine direkten Indikatoren für die Klarheit bei den Schülern, sondern beschreiben Versuche der Lehrkraft, durch ihr Verhalten zur Klarheit bei den Schülern beizutragen.

Positive Indikatoren

Der Ablauf von Schüleraktivitäten funktioniert flüssig und zielgerichtet.

Die Lehrkraft wartet mit ihren Erklärungen, bis bei den Schülern die nötige Aufmerksamkeit vorhanden ist.

Die Lehrkraft erklärt Arbeitsaufträge in gut verständlicher Weise.

Die Lehrkraft vergewissert sich, ob die Schüler die Arbeitsaufträge verstanden haben.

Arbeitsaufträge und Erklärungen sind so aufbereitet, dass die Schüler diese ohne Einschränkungen verstehen und umsetzen können.

Arbeitsaufträge sind übersichtlich gegliedert und als solche erkennbar.

Die Lehrkraft verwendet eine auf die Schüler angepasste Sprachkomplexität (Satzbau, Satzlänge, Einsatz von Fremdwörtern und Fachsprache).

Die Erwartungen an die Schüler seitens der Lehrkraft sind transparent.

Die Lehrkraft gibt Strukturierungshilfen.

Negative Indikatoren

Die Lehrkraft wartet mit Arbeitsanweisungen nicht, bis die Schüler aufnahmebereit sind.

Die Schüler stellen Verständnisfragen zum Arbeitsauftrag.

Schüler fragen bei anderen Schülern in Bezug auf den Arbeitsauftrag nach.

Es gibt Missverständnisse seitens der Schüler in Bezug auf die Arbeitsaufträge.

Übergänge zwischen einzelnen Unterrichtsphasen dauern unverhältnismäßig lange.
Schüler schalten ab und widmen sich anderen Dingen.

Item 5: Die gesamte Unterrichtszeit wurde für den Lernstoff verwendet.

Positive Indikatoren

Übergänge zwischen einzelnen Unterrichtsphasen erfolgen schnell und reibungslos. Es gibt keinen Leerlauf.
Das Austeilen und Einsammeln von Materialien ist gut organisiert und wird rasch erledigt.
Schülerbeiträge, die nicht dem „roten Faden" der Unterrichtsstunde zuzuordnen sind, werden von der Lehrkraft nicht weiter verfolgt.
Die Schüler sind nahezu ausnahmslos die gesamte Unterrichtszeit mit dem Unterrichtsinhalt befasst.
Organisatorische Maßnahmen sind auf das unbedingt Erforderliche beschränkt.
Mit Störungen wird so umgegangen, dass der Lehr-Lernprozess möglichst wenig beeinträchtigt wird.

Negative Indikatoren

Aufbau und Handhabung von Medien oder die Umgestaltung der Sitzordnung verbrauchen viel Zeit.
Organisatorische Dinge (z B. Geldeinsammeln, Klassenfahrt) werden besprochen.
Die Lehrkraft schweift vom Unterrichtsinhalt ab.
Die Lehrkraft lässt sich durch Schülerbeiträge von dem geplanten Stundeninhalt abbringen.
Der Unterrichtsfluss wird durch Störverhalten von Schülern unterbrochen.
Es gibt Interaktionen, die rein sozialen Charakter und damit keinen Bezug zum Lehrstoff haben.

Item 6: Mit Schülerbeiträgen ist die Lehrkraft wertschätzend umgegangen.

Definition von Begriffen

„Schülerbeiträge" bezieht sich in diesem Zusammenhang nur auf fachbezogene Beiträge der Schüler.

Beurteilbarkeit

Dieses Item ist dann nicht beurteilbar, wenn es keine Schülerbeiträge gab.

Positive Indikatoren

Die Lehrkraft nimmt Schülervorschläge und -beiträge ernst.
Gute/interessante Schülerbeiträge, die in eine andere Richtung als die intendierte führen, werden gewürdigt.
Die Lehrkraft würdigt unvollständige/halbrichtige Schülerbeiträge, indem sie die richtigen Aspekte aufgreift.
Positiver Umgang der Lehrkraft mit Fehlern: - die Lehrkraft thematisiert Fehler in konstruktiver Weise

- die Lehrkraft gibt Raum für die Verbesserung von Fehlern
- die Lehrkraft betont den Nutzen von Fehlern im Lernprozess
- die Lehrkraft geht nachsichtig und tolerant mit Fehlern um

Negative Indikatoren

Die Lehrkraft reagiert auf Schülerantworten mit Tadel oder verletzenden Kommentaren. (Achtung: Die bloße Feststellung, dass eine Antwort falsch ist, ist keine negative Lehrerreaktion, solange der Tonfall nicht verletzend ist.)

Die Lehrkraft reagiert nonverbal (z B. über ihre Mimik) aversiv auf Schülerantworten.

Äußerungen, die auf mangelnde Wertschätzung schließen lassen: Beschimpfen, Beleidigungen, Ironie, Spott

Die Lehrkraft greift nicht ein, wenn die Schüler auf einen Beitrag eines Mitschülers mit Auslachen/herabsetzenden Äußerungen reagieren.

Item 7: Die Lehrkraft war freundlich zu den Schüler/inne/n.

Positive Indikatoren

Es gibt eine ausdrückliche Begrüßung und Verabschiedung der Schüler durch die Lehrkraft.

Der Umgangston ist durch Höflichkeit und Respekt gekennzeichnet.

Die Lehrkraft agiert mit Anlächeln/Blickkontakt/positiver Mimik und Gestik.

Negative Indikatoren

Äußerungen, die auf Unfreundlichkeit schließen lassen: Fluchen, Beschimpfen, Streit, Beleidigungen, Ironie, Spott

Item 8: Die Lehrkraft hat die Schüler/innen ausreden lassen, wenn sie dran waren.

Beurteilbarkeit

Dieses Item ist dann nicht beurteilbar, wenn es keine Schülerbeiträge gab.

Positive Indikatoren

Die Schüler werden bei ihrer Antwort nicht unterbrochen.

Die Lehrkraft gibt nach unvollständigen/inkorrekten/verbesserungsbedürftigen Antworten mindestens 3 Sekunden Gelegenheit zur Verbesserung (evtl. unterstützt durch Impulse).

Negative Indikatoren

Die Lehrkraft ergreift das Wort und unterbricht damit die Antwort von Schülern/einem Schüler.

Schüler werden beim Antworten unterbrochen, indem die Lehrkraft einen anderen Schüler aufruft.

Item 9: Wenn die Lehrkraft eine Frage gestellt hat, hatten die Schüler/innen ausreichend Zeit zum Nachdenken.

Beurteilbarkeit

Dieses Item ist dann nicht beurteilbar, wenn die Lehrkraft keine einzige Frage gestellt hat.

Positive Indikatoren

Die Schüler erhalten genügend Zeit, sich auf Fragen eine Antwort zu überlegen. Die Wartezeit ist dabei der Schwierigkeit der Frage angemessen.

Die Lehrkraft gibt auch dann Zeit zum Nachdenken, wenn sich bereits die ersten Schüler melden.

Die Lehrkraft wiederholt/reformuliert eine Frage nach ausreichender Wartezeit.

Negative Indikatoren

Die Lehrkraft nimmt sofort den Schüler dran, der sich als erstes meldet.

Die Lehrkraft wartet weniger als 3 Sekunden, bis sie die Frage an andere Schüler weiterreicht.

Die Lehrkraft beantwortet die an Schüler gestellte Frage selbst.

Andere Schüler rufen die Antwort in den Raum, sodass der eigentlich aufgerufene Schüler nicht in ausreichendem Maß nachdenken kann.

Item 10: Die Lehrkraft hat die Schüler/innen für Beiträge zum Unterricht angemessen gelobt.

Definition von Begriffen

„Angemessen" meint den kognitiven (Vorwissen) und sprachlichen Kompetenzen der Schüler sowie der Situation entsprechend.

Mit Lob sind <u>nicht</u> bloße Kommentare oder Feedback („Mh", „Ja") gemeint.

Positive Indikatoren

Die Schüler werden für gute Leistungen gelobt bzw. ermutigt (kann auch nonverbal erfolgen), so dass den Schülern klar wird, was sie gut gemacht haben und wo sie sich noch verbessern müssen.

Individuelle Fortschritte und Versuche werden anerkannt.

Negative Indikatoren

Lob seitens der Lehrkraft bleibt trotz des Engagements eines/mehrerer Schüler aus.

Das Lob der Lehrkraft ist unpersönlich.

Das Lob der Lehrkraft wirkt floskelhaft.

Schüler werden von der Lehrkraft bei für die Schüler einfachen Aufgaben überschwänglich gelobt.

Die Lehrkraft verwendet Lob in einem inflationären Ausmaß.

Item 11: Der Unterrichtsausschnitt war für die Schüler/innen *interessant*.

Positive Indikatoren

Bei der Vermittlung und Entwicklung von Lerninhalten wird an den Interessen der Schüler angeknüpft.

Es existiert ein Bezug zwischen dem Thema und dem Lebensalltag der Schüler.

Die Schüler werden in den Unterricht mit ihren eigenen Ideen einbezogen.

Das Thema ist didaktisch ansprechend für die Schüler umgesetzt.

Negative Indikatoren

Anzeichen für Langeweile auf Seiten der Schüler sind zu erkennen (z B. Gähnen, aus dem Fenster schauen, Zwischengespräche, Fremdbeschäftigungen).

Item 12: Im Hinblick auf die unterschiedlichen Lernvoraussetzungen der Schüler/innen war das Unterrichtsangebot angemessen.

Definition von Begriffen

Der Begriff „Lernvoraussetzungen" umfasst u. a. individuelle kognitive, motivationale und emotionale Schülervoraussetzungen.

Positive Indikatoren

Die Lehrkraft gestaltet Inhalte der Unterrichtsstunde so, dass die Lernenden nicht durch mangelndes Vorwissen überfordert werden können.

Rückmeldungen der Lehrkraft erfolgen differenziert und informativ/konstruktiv, so dass auch andere Schüler von der Rückmeldung profitieren können.

Die Lehrkraft variiert die Schwierigkeit von Fragen/ Anweisungen/ Rückmeldung je nach Leistungsstand/ Fähigkeiten/ Persönlichkeitsmerkmalen der Schüler.

Es gibt Hilfen und Tipps, die durch die Schüler in Anspruch genommen werden können.

Die Lehrkraft erklärt einzelnen Schülern nochmals die Aufgaben.

Es wird ein Helfersystem (tutorielles Lernen, „Lernen durch Lehren") praktiziert.

Die Lehrkraft geht auf die individuellen Lern- und/oder Arbeitsbedürfnisse der Schüler ein (z B. werden „schnelle" Schüler mit themenbezogenen Extra- oder Erweiterungsaufgaben versorgt; „langsame" Schüler erhalten mehr Zeit oder andere Aufgaben).

Die Unterschiedlichkeit der Lernstrategien und Lernstile der Schüler wird berücksichtigt.

Die Schüler können phasenweise in individuellem Tempo lernen.

Es sind differenzielle Lernziele für verschiedene Schüler vorhanden.

Die Schüler können Arbeitsaufträge/ Aufgaben auf unterschiedliche Arten lösen.

Negative Indikatoren

Alle Schüler bearbeiten zur gleichen Zeit die gleichen Aufgaben.

Schnellere Schüler bekommen inhaltsunabhängige Aufgaben (Ausmalen von Arbeitsblättern etc.).

Aufgaben, die im Rahmen der Schulstunde nicht erledigt werden, sollen als Hausaufgabe bearbeitet werden (=Quasi-Strafarbeit für langsame Schüler).

Danksagung

Nach Abschluss meiner Dissertationsschrift möchte ich allen herzlich danken, die mich bei der Planung, Durchführung und Fertigstellung dieser Arbeit unterstützt haben:

Mein Dank gilt zunächst einmal Prof. Dr. Andreas Helmke und Dr. Friedrich-Wilhelm Schrader für die Betreuung meiner Doktorarbeit. Vielen Dank für den Freiraum bezüglich der thematischen Ausrichtung der Arbeit, die Hinweise und Anregungen, das zur Verfügung stellen der Videos aus der Studie „VERA – Gute Unterrichtspraxis" und dafür, dass Sie zu jeder Zeit bei Fragen ansprechbar waren.

Für die Möglichkeit, im Rahmen des DFG-Graduiertenkollegs „Unterrichtsprozesse" zu promovieren, bin ich ebenfalls sehr dankbar – stellvertretend geht hier mein Dank an die Geschäftsführung, Dr. Heidrun Ludwig, sowie den Leiter des Kollegs, Prof. Dr. Wolfgang Schnotz. Danken möchte ich in diesem Zusammenhang insbesondere auch Prof. Dr. Manfred Schmitt und Prof. Dr. Ingmar Hosenfeld für die sehr gewinnbringenden Gespräche über einzelne Teile meiner Arbeit.

Prof. Dr. Kurt Reusser, PD Dr. Christine Pauli, Prof. Dr. Eckhard Klieme und Dr. Katrin Rakoczy haben mir für eine meiner Studien Daten der Pythagoras-Studie für Reanalysen zur Verfügung gestellt. Herzlichen Dank hierfür sowie für die anregenden Diskussionen in diesem Zusammenhang! Danken möchte ich auch Prof. Dr. Markus Dresel, der mir für eine weitere Studie meiner Arbeit Ratings von Unterrichtsvideos aus dem BMBF-Projekt „Berufliche Zielorientierungen von Lehrkräften" zur Auswertung überlassen hat.

Mein ganz besonderer Dank geht an Marcus Friedrich, Carolin Fischer und Christina Werner, die mir viele wertvolle und immer konstruktive Rückmeldungen zur Verschriftlichung meiner Arbeit gegeben haben. Linda Lenske möchte ich dafür danken, dass sie mir jederzeit hilfsbereit zur Seite stand und dass wir eine so schöne Zeit in unserem gemeinsamen Büro hatten!

Besonders erwähnen möchte ich auch unsere Hilfskräfte Lisa Rösch, Tatjana Bahr und Maren Ebel, die mich bei der Planung, Durchführung und Auswertung der Studien unermüdlich unterstützt haben. Danke!